# UM ANO COM PETER DRUCKER

JOSEPH A. MACIARIELLO

# UM ANO
## com
# PETER DRUCKER
# 52
**SEMANAS DE COACHING PARA SE TORNAR UM LÍDER EFICIENTE**

*Baseado na obra de Peter F. Drucker*

TRADUÇÃO
**André Fontenelle**

PORTFOLIO
PENGUIN

Copyright © 2014 by Joseph A. Maciariello
Publicado mediante acordo com HarperCollins Publishers.

A Portfolio-Penguin é uma divisão da Editora Schwarcz S.A.

PORTFOLIO and the pictorial representation of the javelin thrower are trademarks of Penguin Group (USA) Inc. and are used under license. PENGUIN is a trademark of Penguin Books Limited and is used under license.

*Grafia atualizada segundo o Acordo Ortográfico da Língua Portuguesa de 1990, que entrou em vigor no Brasil em 2009.*

TÍTULO ORIGINAL   A Year with Peter Drucker — 52 Weeks of Coaching for Leadership Effectiveness
CAPA E PROJETO GRÁFICO   Rodrigo Maroja
PREPARAÇÃO   Diogo Henriques
REVISÃO   Luciane Gomide Varela e Isabel Jorge Cury
ÍNDICE REMISSIVO   Probo Poletti

---

Dados Internacionais de Catalogação na Publicação (CIP)
(Câmara Brasileira do Livro, SP, Brasil)

Maciariello, Joseph A.
    Um ano com Peter Drucker : 52 semanas de coaching para tornar um líder eficiente / Joseph A. Maciariello baseado na obra de Peter F. Drucker ; tradução André Fontenelle. — 1ª ed. — São Paulo : Portfolio-Penguin, 2016.

    Título original: A Year with Peter Drucker : 52 Weeks of Coaching for Leadership Effectiveness.
    Bibliografia
    ISBN 978-85-8285-009-1

    1. Administração de empresas  2. Drucker, Peter F. (Peter Ferdinand), 1909-2005  3. Executivos – Formação  4. Executivos – Liderança  5. Formação profissional  6. Liderança  7. Liderança – Treinamento  8. Líderes  I. Título.

| 16-01219 | CDD-658.4092 |

Índice para catálogo sistemático:
1. Liderança organizacional : Administração executiva
658.4092

[2016]
Todos os direitos desta edição reservados à
EDITORA SCHWARCZ S.A.
Rua Bandeira Paulista, 702, cj. 32
04532-002 — São Paulo — sp
Telefone: (11) 3707-3500
Fax: (11) 3707-3501
www.portfolio-penguin.com.br
atendimentoaoleitor@portfolio-penguin.com.br

*Este livro é dedicado a meus filhos, Pat e Joe, com amor.*

# Sumário

*Agradecimentos*  13

Introdução  17

**PARTE I: LÍDERES EFICIENTES**
### Semana 1
Como desenvolver líderes, e não funcionários: líderes eficientes *fazem a coisa certa* e *são dignos de confiança*  23
### Semana 2
O que perguntar antes de dedicar uma parte de sua vida ao serviço de uma organização  30

**PARTE 2: A GESTÃO É UMA ATIVIDADE HUMANA**
### Semana 3
Três perguntas básicas para uma sociedade de organizações que funcione bem  39

**Semana 4**
Educação e gestão: as chaves do desenvolvimento econômico  47
**Semana 5**
Uma gestão enraizada na natureza da realidade  56

## PARTE 3: OLHO NO QUE É IMPORTANTE, NÃO NO QUE É URGENTE
**Semana 6**
Priorize o que é *importante* em vez do que é *urgente*  67
**Semana 7**
A gestão em duas dimensões temporais  73

## PARTE 4: O MAPA PARA A EFICIÊNCIA PESSOAL
**Semana 8**
Concentração  81
**Semana 9**
Organize o trabalho para obter eficiência  87
**Semana 10**
Alfabetização informacional para eficiência executiva  94
**Semana 11**
Princípios de liderança e gestão profissionais  101

## PARTE 5: A GESTÃO NUMA SOCIEDADE PLURALISTA DE ORGANIZAÇÕES
**Semana 12**
Gestão: "O órgão que rege todas as instituições da sociedade moderna"  117
**Semana 13**
A primeira missão de toda organização é tornar eficiente a alta direção  125
**Semana 14**
O controle por missão e estratégia, e não pela hierarquia  131
**Semana 15**
Como sustentar a cultura de uma organização  138

## PARTE 6: COMO NAVEGAR NUMA SOCIEDADE EM TRANSIÇÃO
**Semana 16**
O problema americano é social  147

***Semana 17***
A transição será dura para os Estados Unidos  153
***Semana 18***
Um período de transição decisivo para a sociedade e as pessoas  159
***Semana 19***
Como enxergar o futuro que já chegou: as mudanças sociais e
demográficas em curso nos Estados Unidos  167
***Semana 20***
Como ver o futuro que já chegou: revolução na educação  174

## PARTE 7: COMO SUSTENTAR SUA ORGANIZAÇÃO EM MEIO ÀS TRANSFORMAÇÕES
***Semana 21***
Continuidade e mudança  183
***Semana 22***
Desapego e inovação sistemáticos  190
***Semana 23***
Como usar a declaração de missão da organização para gerar
unidade  197
***Semana 24***
Uma introdução à pesquisa de mercado com não clientes  204
***Semana 25***
Mudanças de fase no crescimento e transformação de uma
organização  212

## PARTE 8: COMO ESTRUTURAR SUA ORGANIZAÇÃO
***Semana 26***
Centralização, confederação e descentralização  223
***Semana 27***
A organização em rede: um modelo para o século XXI  229

## PARTE 9: COMO GERIR SUA EQUIPE
***Semana 28***
Como gerir estrelas  239
***Semana 29***
Uma segunda chance para quem fracassou  245

**Semana 30**
De que tipo de organização os Estados Unidos precisam para reforçar a sociedade americana?  252

## PARTE 10: A ESCOLHA DO SUCESSOR
**Semana 31**
A escolha do sucessor: como manter a moral da organização  261
**Semana 32**
Como planejar a sucessão numa organização  269

## PARTE 11: AS LIÇÕES DO SETOR SOCIAL SOBRE O PODER DO PROPÓSITO
**Semana 33**
A missão  283
**Semana 34**
Como conciliar vários interesses numa missão  289
**Semana 35**
O Exército de Salvação  296
**Semana 36**
A difusão das inovações: as escolas públicas  304
**Semana 37**
A aplicação da metodologia da "ecologia social" de Peter Drucker  312

## PARTE 12: COMO EVOLUIR DO SUCESSO À RELEVÂNCIA
**Semana 38**
Depois do sucesso, a busca da relevância  323
**Semana 39**
Trabalhe no setor em que sua contribuição seja única  328
**Semana 40**
Por que as pessoas precisam de um processo que as ajude a ir do sucesso à relevância  334
**Semana 41**
Onde eu me encaixo de verdade?  340
**Semana 42**
O segundo tempo da vida é para os empreendedores  346

**Semana 43**
Um catalisador para ajudar as pessoas a gerir a si mesmas e a passar ao segundo tempo da vida delas  352

## PARTE 13: CARÁTER E LEGADO
**Semana 44**
A sociedade americana perdeu sua doçura  359
**Semana 45**
O poder do propósito: Rick Warren sobre Peter Drucker  366
**Semana 46**
Um rumo para a *riqueza* e um rumo para a *influência*  373
**Semana 47**
Como sermos úteis para os outros e para nós mesmos  380
**Semana 48**
O que faz um líder lutar?  386
**Semana 49**
Você se torna alguém ao conhecer seus valores  392
**Semana 50**
Como você quer ser lembrado?  397
**Semana 51**
"Fazemos mentoria [...] porque temos a visão daquilo que uma pessoa pode vir a se tornar"  404
**Semana 52**
Os dez princípios de Peter Drucker para encontrar sentido no segundo tempo da vida: relato de Bob Buford  409

*Lições aprendidas*  417
*Apêndice*  429
*Notas*  449
*Referências bibliográficas*  463
*Índice remissivo*  469

# AGRADECIMENTOS

Gostaria, em primeiro lugar, de agradecer a Bob Buford. Bob fundou a Leadership Network e o Halftime Institute e é autor de vários livros, entre eles o best-seller *Halftime: Changing Your Game Plan from Success to Significance* (1994) [ed. bras.: *A arte de virar o jogo no segundo tempo da vida*, 2005] e o recém-lançado *Drucker & Me* (2014).

Bob me concedeu acesso a gravações e transcrições daquilo que é descrito no livro como o Projeto de Diálogo Drucker-Buford. O diálogo é uma série de consultorias de orientação entre Bob e Peter Drucker e inclui consultorias com diversos outros líderes da sociedade civil e do setor privado. Essas consultorias ocorreram entre 1984 e setembro de 2005, a última delas apenas dois meses antes do falecimento de Drucker, em 11 de novembro de 2005. Em 2008, Bob e seu assistente, Derek Bell, me abasteceram com originais, CDs e transcrições, e Bob me incentivou a começar a pesquisa necessária para escrever este livro. Derek e eu entrevistamos Bob e muitos outros líderes da sociedade civil entre 2009 e 2013. Sem a ajuda e o estímulo de Derek, este livro não teria sido possível. O secretário pessoal de Bob, BJ Engle, representou outra fonte de informação e incentivo. Obrigado, BJ.

Steve Hanselman, meu amigo e agente, trabalhou junto comigo durante mais de dois anos, ajudando a montar a estrutura deste livro, de modo que ele proporcionasse uma experiência de mentoria ao longo de um ano para executivos e aspirantes a executivos. Obrigado, Steve.

Gostaria de agradecer a Hollis Heimbouch, vice-presidente e *publisher* da HarperBusiness. Hollis me ajudou a refinar a estrutura do livro num momento crítico do processo de produção. Eric Myers atuou como meu editor o tempo todo e me deu uma enorme ajuda com as minúcias editoriais que se apresentam na criação de um livro cujo objetivo é guiar executivos tanto no serviço público quanto no privado. Obrigado, Eric. A preparadora, Susan Gamer, realizou o trabalho de copidesque mais detalhado que eu já vi na vida. Sou grato a Hollis, Eric, Penny Makras, Joanna Pinsker, Anna Brower, Oliver Munday e todos na HarperBusiness.

O sr. Ming Lo Shao, fundador e diretor do Bright China Group, prestou-me apoio à pesquisa neste e em vários projetos anteriores de pesquisa e edição. Obrigado, sr. Shao.

Kathy Holden, minha assistente na Peter F. Drucker and Masatoshi Ito Graduate School of Management, na Claremont Graduate University, pôde me dar o auxílio de que eu necessitava durante todo o tempo que passei trabalhando neste livro. Obrigado, Kathy.

O Drucker Literary Trust colaborou comigo na feitura deste livro, concedendo-me autorização para utilizar trechos relevantes dos livros de Peter Drucker. Dora Drucker foi uma fonte fiel de amizade e inspiração nesta tentativa de transmitir o legado de Peter Drucker. Aos 103 anos, ela estava na expectativa de poder ler este livro, mas faleceu em 1º de outubro de 2014. Sentirei falta de seu calor humano, seu senso de humor e seu incentivo.

Além das transcrições, Derek e eu entrevistamos Jim Mellado. Jim, atual presidente da Compassion International, em Colorado Springs, estado do Colorado, nos concedeu parte de seu tempo para falar do trabalho da Associação Willow Creek e de seu evento principal, o Global Leadership Summit, cujo objetivo é disseminar informações por toda a sociedade. Obrigado, Jim.

Conversei várias vezes com o dr. Chuck Fromm, que há 25 anos preside a Maranatha Music e fundou e dirige a revista *Worship Leader*. Chuck participou de diversos encontros entre Drucker e Buford e me ajudou muito a contextualizar casos de sucessão, sobretudo aqueles que envolviam a sucessão de fundadores carismáticos em grandes empresas.

Três amigos, todos especialistas no tema deste livro, me ouviram e incentivaram durante todo o processo de pesquisa e redação. Agradeço aos professores Steve Davis e Donald Griesinger e a John Pusztai.

Por fim, e o mais importante, Judy, minha esposa, ouviu e comentou os diversos esboços deste livro. Dizer que ela me ajudou e incentivou é pouco, porque ninguém conhece melhor este livro e me deu mais apoio do que Judy. Mais uma vez, obrigado, Judy.

# INTRODUÇÃO

Peter Drucker foi mentor de executivos e outros "trabalhadores do conhecimento" ao longo de mais de meio século, com seu trabalho de consultoria, suas aulas e seus livros. Tendo sido seu aluno e colega durante muitos anos, tive a oportunidade de observar de perto seu trabalho de mentoria e a sorte de receber seus conselhos. Tudo começou em 1981, quando frequentei um seminário de pós-doutorado ministrado por ele em Claremont. Também tive a oportunidade de aprender com ele durante os 26 anos em que fui seu colega naquela que hoje é chamada de Peter F. Drucker and Masatoshi Ito Graduate School of Management, da Claremont Graduate University.

Quando Drucker começou a dar menos aulas, tive a chance de ministrar, durante dez anos, o curso "Gestão segundo Drucker", destinado a executivos e alunos de MBA em Claremont e no mundo inteiro. Depois, coordenei um curso oferecido em equipe, "O diferencial Drucker", que mobilizou todo o corpo docente da Drucker. Por fim, tive a extraordinária oportunidade de trabalhar diretamente com ele em seus seis últimos anos de vida. Então, em 2008, Bob Buford me pediu para reunir, analisar, editar e estudar as transcrições e ouvir as gravações das mentorias de Drucker com ele e diversos outros líderes associados com sua Leadership Network e o Halftime Institute. Além disso, posteriormente realizei e transcrevi entrevistas relativas àquilo que batizei de Projeto de Diálogo Drucker-Buford, ocorrido entre 1984 e 2005. Nos últimos seis anos, tenho dedicado grande parte do meu tempo a detalhar as ideias contidas neste livro de mentoria, oportunidade que me foi proporcionada por Bob Buford.

O objetivo deste livro é compartilhar as técnicas de gestão de Drucker com seus admiradores do mundo inteiro. Ao longo de um ano de leitura, aulas e exercícios, você terá a oportunidade de vivenciar o trabalho dele como mentor. O objetivo é compartilhar o programa de mentoria de Drucker da mesma forma como ele o compartilhou com Buford e muitos outros.

A obra de Drucker exerceu uma poderosa influência na gestão de organizações de grande porte, uma criação do século XX. Drucker estabeleceu as bases da prática da gestão em 1946 e 1954, em grande parte graças a sua experiência como consultor e a seu conhecimento de ciências sociais e humanas, entre as quais história, ciência política, psicologia e economia.

Drucker possuía uma série de qualidades incomuns. Primeiro, acreditava que era possível organizar a disciplina da administração pela observação das boas práticas: a prática organizava a realidade, e, por isso, boas práticas organizariam a disciplina da administração. Segundo, ele era um arguto observador da realidade e sempre aprendia com as pessoas e organizações às quais se associava. Terceiro, era capaz de integrar esse vasto conhecimento e torná-lo útil na solução de problemas específicos enfrentados pelos executivos das organizações. Quarto, como alguém que havia estudado direito internacional e ciência política, ele enxergava de fora as organizações. Esse ponto de vista despertou seu interesse por todo tipo de organizações na sociedade — não apenas aquelas que visam ao lucro, mas também as organizações dos setores público e social. Ele defendia que a tolerância a desempenhos de qualidade inferior, em qualquer setor, desperdiça riqueza e é prejudicial ao bem-estar geral da sociedade. A força que o impulsionava era atender às necessidades dos cidadãos das sociedades livres, de modo que elas nunca sentissem a tentação de buscar substitutos autoritários, que a história e sua própria experiência inicial de vida mostraram ser desastrosos. Sua área de atuação englobava as organizações privadas, as não lucrativas e as governamentais, e seus textos e seu trabalho de mentoria estão repletos de exemplos, de todos os setores da vida. Não que ele não reconhecesse diferenças entre as organizações desses três setores, mas via muito mais semelhanças. À medida que você for lendo este livro e fizer os exercícios, entenderá o valor que Drucker dava à adoção de uma perspectiva tão ampla.

Este livro é dividido em 52 capítulos, um para cada semana do ano. Estes, por sua vez, são subdivididos em treze tópicos principais. Cada tópico contém uma importante contribuição no sentido de tornar você um líder eficiente. Alguns capítulos lançam mão de exemplos e casos práticos de empresas que podem surpreendê-lo — mas todos eles são importantes dentro da ótica de Drucker e para seus princípios de gestão.

Cada capítulo começa com uma introdução e exemplos que apresentam e contextualizam a lição da semana. Essa introdução é seguida de uma sequência de três partes: leituras, reflexões e ideias práticas. Cada capítulo inclui um novo texto de Drucker sobre o tema em questão, em geral na primeira parte. Na segunda parte, há diversos textos de Drucker, junto com minhas reflexões, que preparam o cenário para os textos. Por fim, a terceira parte consiste em "ideias práticas" que o ajudam a aplicar em sua vida e trabalho aquilo que aprendeu. Algumas das questões são amplas demais para serem tratadas no espaço para as respostas; outras são simples reflexões, sem que se peça uma resposta escrita.

Recomendo que você se concentre prioritariamente nos capítulos que têm aplicação imediata em sua vida e afazeres. Estude-os e tente colocá-los em prática. Reflita sobre aquilo que você espera que aconteça como resultado de seus atos e compare o resultado efetivo com sua expectativa. Esse processo é conhecido como "análise de feedback". Isso o ajudará a determinar aquilo que você realizou de forma correta e aquilo em que ainda é preciso melhorar.

Alguns capítulos também podem se aplicar a outras pessoas — assim como outros setores — de sua organização. Uma ideia é sugerir aos possíveis interessados que deem uma olhada e experimentem o conteúdo desses capítulos. Dessa forma, você estará fazendo uma contribuição à organização como um todo e a outras organizações cuja situação e missão lhe despertem o interesse.

Ao longo de todo o livro, você será apresentado aos princípios de gestão de Drucker — que se encontram resumidos também nas "Lições aprendidas" e divididos em tópicos no "Apêndice". A liderança eficaz se aprende na prática, e essa prática, como qualquer outra, deve ser dominada por meio do processo repetitivo de aprendizado, execução e novo aprendizado. As "Lições aprendidas" e o "Apêndice" vão ajudá-lo nesse processo repetitivo.

Espero que este livro se transforme num manual indispensável. Que o auxilie a se aprofundar na sabedoria e nos conhecimentos de Drucker e lhe permita, tanto como líder quanto como pessoa, converter essa sabedoria em ação efetiva. Boa sorte!

## PARTE 1

# LÍDERES
## EFICIENTES

# Semana
## 1

## COMO DESENVOLVER LÍDERES, E NÃO FUNCIONÁRIOS:

Líderes eficientes *fazem a coisa certa*
e *são dignos de confiança*

## INTRODUÇÃO

Peter Drucker era otimista em relação aos executivos nos Estados Unidos. Esse otimismo aos poucos feneceu, à medida que testemunhou um escândalo atrás do outro e a forma como os líderes pensavam, antes de tudo, em si próprios. Drucker esperava que as grandes organizações industriais proporcionassem aos seus funcionários um ambiente onde houvesse comunhão de princípios e exercício de cidadania, dotando a vida deles de significado e propósito.

Drucker desejava que as empresas criassem uma relação funcional entre indivíduos e nossos ideais como nação, tais como igualdade de oportunidades, liberdade e responsabilidade pessoal. Isso ajudaria a estabelecer uma filosofia de vida prática para as pessoas e serviria como antídoto aos males do totalitarismo. A ausência de uma filosofia funcional nos regimes totalitários foi o tema de seu primeiro livro, *The End of Economic Man* [O fim do homem econômico], de 1939.

Em seu segundo livro, *The Future of Industrial Man* [O futuro do homem industrial], de 1942, ele enquadrou esses conceitos sob a ideia de uma *comunidade fabril autárquica*, para organizações industriais de crescimento rápido, sem aplicá-la, porém, a nenhuma organização específica. Uma comunidade fabril autárquica seria constituída por funcionários empoderados e responsáveis, que, ao assumir responsabilidades gerenciais como indivíduos, poderiam preencher suas necessidades pessoais e sociais, ao mesmo tempo que contribuiriam para a atividade criadora de riqueza de suas organizações. O conceito de comunidades fabris autárquicas se tornaria parte integrante de uma sociedade de organizações estável.

Em seu primeiro livro voltado para a administração, *Concept of the Corporation* [O conceito da corporação], de 1946, Drucker propôs essa ideia à General Motors, mas a empresa não a aceitou. A contragosto, ele deixou de lado a noção de comunidades fabris, embora diversas organizações — sobretudo no Japão e, mais recentemente, na Coreia do Sul — tenham feito uso de um sistema muito parecido, criando um ambiente no qual os envolvidos, ao assumir certas responsabilidades gerenciais, encontrem efetivamente *cidadania*, *significado* e *propósito* em sua vida.

Ao terminar o livro *Administração: Tarefas, responsabilidades, práticas*, de 1974, e devido à sua decepção cada vez maior com a gestão empresarial nos Estados Unidos, Drucker intensificou seus esforços, iniciados na década de 1950, no sentido de ajudar os executivos das instituições sociais a gerenciá-las de maneira profissional. Trata-se de organizações que ajudam a mudar para melhor a vida das pessoas a quem servem e que, ao fazer isso, garantem um alto nível de *comunhão*, *cidadania* e *significado* para empregados e voluntários. Os executivos das organizações sociais mais bem administradas são bons exemplos que todo executivo deve seguir.

Na Semana 1, vamos começar com a consultoria prestada por Drucker no início de 2002 a altos executivos da World Vision International. O tema era o seguinte: "O que os líderes eficientes precisam fazer para criar organizações de alto desempenho?". Seu objetivo era ajudar a criar líderes eficientes, em vez daquilo que ele chamava de "funcionários".[1]

# I. LEITURA

A única definição possível de "líder" é "aquele que tem seguidores". Ao liderar, faça-o à sua maneira, do jeito que dá certo para você. Não tente ser outra pessoa. Liderança é aquisição de confiança. Você sabe o que esperar e vê desempenho e resultados. O que importa é: "Liderar com que objetivo?". *Liderar é fazer as coisas certas.* Não há dois líderes idênticos. Alguns são muito sociáveis, outros, muito distantes; alguns enfeitiçam, outros lembram uma mosca-morta. Alguns são comunicativos, alguns gostam de elogiar, outros nunca fazem um elogio. Todos têm duas coisas em comum: entregam o resultado e são dignos de confiança.

Permita-me dar um exemplo de liderança eficaz. Durante a Segunda Guerra Mundial, eu estava em Vermont, trabalhando numa minúscula faculdade voltada apenas para mulheres, mas também estava à disposição do Departamento de Guerra, onde trabalhava como secretário-assistente de guerra em missões específicas. Eu tinha uma vantagem: não usava uniforme. Por isso, mesmo que um general gritasse comigo, ele não podia me dar ordens. Isso era de suma importância.

Uma das missões que me foram dadas era fazer contato com o desmobilizado exército holandês. Hóspedes e amigos próximos do presidente Roosevelt — a princesa Beatriz, que viria a ser rainha da Holanda; o marido, um príncipe alemão, e três irmãos, desertores do exército germânico — queriam suprimentos que atendessem às especificações holandesas. No entanto, uma vez que o exército holandês havia sido desmobilizado, eu não iria recomendar uma alteração que interrompesse a produção de guerra.

Eu disse "não". Ao que tudo indica, eles foram se queixar ao presidente Roosevelt ou ao general Marshall, chefe do Estado-maior, na esperança de me tirar do caminho. Só que eu não trabalhava para o general Marshall. Mesmo assim, quando o general me ligou e perguntou "Que história é essa?", eu disse a ele o que estava acontecendo. "Você está fazendo o seu trabalho; não pense mais nisso. Deixe que eu resolvo", respondeu ele. Nunca mais ouvi falar do assunto. Isso é liderança. Eu tinha confiança absoluta em Marshall. Como ele havia dito "Agora isso é problema meu; não se preocupe", eu sabia que podia confiar nele.

> Peter F. Drucker, *Executive Summary: A Conversation with Peter Drucker on Leadership and Organizational Development*, 5 fev. 2002, p. 5.

---

# II. REFLEXÃO

---

☒ O foco na missão e no objetivo e a construção da confiança são algumas das diferenças fundamentais entre líderes eficientes e simples funcionários.

☒ Uma organização se constrói com base na confiança, e a confiança se constrói com comunicação e compreensão mútua. Para atingir a compreensão mútua, é preciso entender quais as informações que seus colegas necessitam de você para desempenhar suas funções; eles, por sua vez, precisam entender o que você necessita deles.

## 1. É FUNDAMENTAL CONQUISTAR A CONFIANÇA

Confiar num líder não exige gostar dele. Nem é necessário concordar com ele. A confiança é a convicção de que um líder realmente pensa naquilo que está dizendo. É a crença na integridade. As atitudes de um líder e as convicções que ele prega têm que ser congruentes, ou pelo menos compatíveis. A liderança eficaz — e, repito, isso é sabedoria antiquíssima — não se baseia na inteligência, e sim, antes de tudo, na coerência.

> Peter F. Drucker e Joseph A. Maciariello, *Management: Revised Edition*, 2008, pp. 290-1.

## 2. CONFIANÇA E INTEGRIDADE

Para ser um líder, é preciso ter seguidores. E, para ter seguidores, é preciso adquirir sua confiança. Portanto, a qualidade principal de um líder é, inegavelmente, a integridade. Sem ela, não há êxito possível, seja numa estrada de ferro, num campo de futebol, num exército ou num escritório. Se os subordinados de um líder o consideram uma fraude, se têm a percepção de que lhe falta integridade, ele vai fracassar. Seus ensinamentos e atos precisam se encaixar. O que há de mais necessário, portanto, são a integridade e a grandeza de objetivo.

Dwight David Eisenhower, comandante supremo dos Aliados na Segunda Guerra Mundial e 34º presidente dos Estados Unidos, s.d.

☒ Trabalhadores manuais, intelectuais e da indústria de serviços são, todos eles, capazes de assumir responsabilidades gerenciais. Na economia do conhecimento, delegar responsabilidades aos trabalhadores intelectuais não é mais "enriquecimento do trabalho". O empoderamento baseado na competência e na confiança é essencial para a produtividade do trabalhador intelectual e para o bem-estar da organização.

### 3. DELEGUE RESPONSABILIDADES A TODOS OS FUNCIONÁRIOS ASSIM QUE ELES ESTIVEREM TREINADOS PARA ASSUMI-LAS

De toda a minha obra sobre gestão, considero duas ideias — a de uma comunidade fabril autárquica e a do trabalhador responsável — as mais importantes e mais originais. Uma comunidade fabril autárquica consiste na assunção de responsabilidades gerenciais por cada empregado, pela equipe de trabalho e pelo corpo de empregados em relação à estrutura de cargos individuais, à realização das tarefas principais e à gestão de questões comuns, como horários de trabalho, calendário de férias, jornadas extraordinárias, segurança industrial e, acima de tudo, benefícios trabalhistas. Mas os diretores têm tendência a refutar essas ideias, considerando-as uma "invasão" de suas prerrogativas. E os sindicatos são francamente hostis: têm certeza de que necessitam de um "patrão" visível e identificável, que possa ser enfrentado como "o inimigo".

Peter F. Drucker com Joseph A. Maciariello, "Self-Governing Communities", *The Daily Drucker*, 23 jun. 2004. [Ed. port.: *O diário de Drucker*, 2010.]

⊠ Para que os líderes empresariais recuperem seu prestígio como um grupo de vanguarda na sociedade, eles têm de lutar para que o bem público se reflita em suas atitudes. Precisam fazer com que as instituições ajam em favor da sociedade e da economia, em favor da comunidade e em favor do indivíduo. Isso exige foco no interesse de todos os acionistas da organização, o que, por sua vez, exige uma mudança de visão, da busca da maximização do valor da ação e do lucro de curto prazo para a *maximização da capacidade de produção de riqueza da empresa no longo prazo*. Adotar esse foco requer levar em conta o bem-estar dos empregados e da sociedade, assim como dos consumidores, fornecedores e acionistas.

## 4. SOMOS TODOS ÓRGÃOS DA SOCIEDADE

Nenhuma de nossas instituições existe isoladamente ou é um fim em si mesma. Somos todos órgãos da sociedade e existimos para a sociedade. As empresas não são exceção. A existência da "livre empresa" não se justifica por ser ela boa para os negócios. Ela só se justifica se for boa para a sociedade.

Peter F. Drucker, *Management: Tasks, Responsibilities, Practices*, 1973-4, p. 41. [Ed. bras.: *Administração: Tarefas, responsabilidades, práticas*, 1975.]

# III. IDEIAS PRÁTICAS

Em sua organização, você está criando líderes ou funcionários burocratas, seguidores das regras? O que você pode fazer para melhorar a criação de lideranças? Que práticas você pode instituir ou recomendar para aumentar a confiança dentro da sua organização?

Em sua organização, você faz parte de uma comunidade funcional, em que cidadania, senso de comunhão e responsabilidade individual são estimuladas? Em caso negativo, o que está faltando? Como você pode usar a influência de que dispõe para torná-la uma comunidade altamente funcional?

A autoridade do grupo de líderes de sua organização está fundada na responsabilidade, na integridade e na prestatividade? Ela tira de cada um o melhor de suas energias? Incentiva noções de comunhão e cidadania? O que você pode fazer para aumentar a legitimidade do grupo de líderes em sua área?

# *Semana* 2

## O QUE PERGUNTAR ANTES DE DEDICAR UMA PARTE DE SUA VIDA AO SERVIÇO DE UMA ORGANIZAÇÃO

## INTRODUÇÃO

Peter Drucker tinha em alta conta a capacidade do ser humano, desde que devidamente liderado. Ele também vivenciou na própria pele o poder destrutivo dos líderes ruins sobre o ser humano e a sociedade. Mesmo assim, em seus livros de administração, deu preferência ao foco no lado positivo. No primeiro livro que dedicou exclusivamente à gestão, comentou: "É comum que as organizações mais duradouras e bem-sucedidas levem seus membros a uma evolução intelectual e moral que vai além da capacidade original [das pessoas]" (*Concept of the Corporation*, 1946, p. 28). Esse tipo de evolução exige o tipo adequado de liderança. Por isso, é muito importante que os jovens entendam que as organizações diferem entre si e que as decisões tomadas por eles terão impacto no crescimento e no desenvolvimento dessas organizações. A Semana 2 apresenta a sabedoria de Drucker em relação ao caminho que os jovens devem seguir no desenvolvimento de suas carreiras. Eles devem ser pacientes e compreender por si mesmos a missão e a liderança da organização na qual atuam, além da maneira exata de dar sua contribuição, ao mesmo tempo que evoluem pessoalmente.

# I. LEITURA

Certa vez, o presidente de uma importante instituição de ensino perguntou a Peter Drucker: "Que tipo de pergunta os alunos de MBA devem fazer a potenciais empregadores, em matéria de liderança e missão, antes de dedicar uma parte de suas vidas ao serviço de uma organização?".

Eu provavelmente diria a esse aluno que é melhor segurar essa pergunta por alguns anos, até ele conhecer um pouco mais de si mesmo e da organização. Então, eu lhe perguntaria: você está aprendendo o bastante? Minha pergunta é sempre esta: tem sido desafiador o bastante? A organização aproveita suas qualidades ou capacidades? Enquanto um grupo de seres humanos, sua organização o desafia constantemente e o torna mais ambicioso em relação à sua contribuição? Você sofre de descontentamento criativo agudo? Espero que aos trinta anos você não esteja satisfeito. Isso é bom aos seis anos. Estar satisfeito é algo infantil, mas há uma diferença entre o descontentamento negativo e o positivo. Se você diz "Eles são fracos; nada se realiza; tudo que eles querem é que eu cumpra meu expediente", e se você diz "Sabe, o que esta organização tem de bom é que eu tenho tempo para jogar tênis", basicamente é muito cedo para você se aposentar. Se você diz "Sabe, gostaria de ter mais tempo para minha família, e a partida de tênis foi para o espaço por causa desse grande projeto de construção de uma nova unidade traumatológica — apesar de não ser minha área, fui colocado na equipe", ou "Na escola nova estamos com essa tarefa enorme de contratar o corpo docente, por isso eu passo o fim de semana inteiro me reunindo com candidatos a professor"... O.k., então você está evoluindo e a organização passou no primeiro teste, que é *mobilizar recursos humanos, desafiá-los, fazê-los evoluir*. Em seguida, dê uma olhada na missão. Minha pergunta é: "É uma missão na qual você pode fazer a diferença?". Certo, nenhum de nós faz uma diferença muito grande. Nenhuma instituição é tão importante, mas a sua faz... Seria muita pretensão dizer que ela faz o mundo enriquecer, mas... Ela faz a diferença? Isso dá ênfase à responsabilidade maior que todos nós temos, como seres humanos. Ou é uma organização da qual ninguém sentiria falta? Certo, talvez nenhum de nós chegue a realizar grandes feitos. Mas todos temos a chance de realizá-los.

Diálogo entre Peter Drucker e David Hubbard, 2 fev. 1988.

# II. REFLEXÃO

☒ É impossível dar uma resposta completa à pergunta sobre liderança e missão na organização à qual você pertence, e essa resposta provavelmente mudará de tempos em tempos. De início, só lhe resta fazer o dever de casa na organização em que você teve a oportunidade de atuar e tomar nota de seus pontos fortes e fracos — concentrando-se nos fortes. Você evoluirá muito mais na carreira tentando melhorar seus pontos fortes do que tentando transformar seus pontos fracos em fortes.

## 1. AUTOGESTÃO PESSOAL

"Os trabalhadores do conhecimento precisam assumir a responsabilidade pela própria gestão."

O mais provável é que o trabalhador do conhecimento viva mais tempo do que a organização que o emprega. Em média, a vida útil do trabalhador é de cinquenta anos. Mas a expectativa de vida média de uma empresa bem-sucedida não passa de trinta anos. Portanto, mais do que nunca, o trabalhador do conhecimento vive mais que o empregador, e terá de estar preparado para mais de um emprego. Isso significa que os trabalhadores do conhecimento precisarão, em geral, *gerir a si mesmos*. Terão de se encaixar ali onde darão a maior contribuição; terão de aprender a cuidar da própria evolução. Deverão aprender quando e como mudar aquilo que estão fazendo, como estão fazendo e o momento em que estão fazendo.

A chave para a gestão de si mesmo é saber responder às seguintes perguntas: quem sou eu? Quais são meus pontos fortes? Como eu trabalho para alcançar resultados? Quais são os meus valores? Onde me encaixo? Onde não me encaixo? Por fim, um passo crucial numa bem-sucedida gestão de si mesmo é uma *análise de feedback*. Registre o resultado que você espera de cada atitude-chave ou decisão-chave que tomar e, nove meses ou um ano depois, compare os *resultados efetivos* [com] as suas expectativas.

Peter F. Drucker com Joseph A. Maciariello, "Managing Oneself",
*The Daily Drucker*, 1 jun. 2004.

## 2. COMO FAZER A ANÁLISE DE FEEDBACK

Só existe uma maneira de conhecer [os próprios pontos fortes], e isso se dá pela *análise de feedback*. Sempre que se toma uma decisão-*chave* e uma atitude-*chave*, deve-se tomar nota daquilo que se espera que aconteça. E, nove ou doze meses depois, deve-se fazer a análise dos resultados em relação às expectativas. [...] Em um período relativamente curto, talvez dois ou três anos, esse procedimento simples mostrará, primeiro, quais são os pontos fortes de uma pessoa — e talvez essa seja a coisa mais importante a descobrir a seu próprio respeito. Também mostrará algo que a pessoa faz ou deixa de fazer que impeça o uso pleno desses pontos fortes. Mostrará as áreas em que ela é particularmente competente. E, por fim, mostrará as áreas em que não existem pontos fortes e em que a pessoa não tem bom desempenho. [...] É necessário manter o foco nas áreas de alta capacidade e competência. Evoluir da mediocridade para o desempenho de alta qualidade dá muito mais trabalho e exige muito mais esforço do que evoluir do desempenho de alta qualidade para a excelência.

Peter F. Drucker e Joseph A. Maciariello, *Management:
Revised Edition*, 2008, pp. 481-3.

## 3. BUSQUE RESULTADOS QUE FAÇAM A DIFERENÇA

"Começar pela pergunta 'Como eu posso contribuir?' liberta, porque confere responsabilidade."

Uma pergunta deve ser feita para decidir "como eu posso contribuir": Quando e como posso obter resultados que façam a diferença? A resposta a essa pergunta exige levar em conta diversas coisas. Pode ser que o resultado seja difícil de atingir, exigindo uma "forçação", para usar uma gíria atual. Mas ele tem de ser atingível. Buscar resultados que não podem ser alcançados — ou que só o são sob condições extremamente improváveis — não é ser ambicioso. É ser estúpido. Ao mesmo tempo, os resultados têm de fazer sentido. Têm de fazer a diferença. E têm de ser visíveis e, sempre que possível, mensuráveis.

A decisão sobre "qual deve ser minha contribuição" leva em conta três elementos. Primeiro vem a pergunta "O que esta situação demanda?". Depois, a pergunta "Como posso dar a maior contribuição possível com meus pontos fortes, minha maneira de trabalhar e meus valores para aquilo que precisa ser feito?". Por fim, a pergunta "Que resultados preciso alcançar para fazer a diferença?". Isso leva às *conclusões de atitude*: o que fazer, por onde começar, como começar, quais os objetivos e os prazos a serem estabelecidos.

> Peter F. Drucker, *Management Challenges for the 21st Century*, 1999, pp. 182-3. [Ed. bras.: *Desafios gerenciais para o século XXI*, 2001.]

⊠ Pode levar algum tempo até você conhecer a organização à qual pertence. É preciso que você saiba o máximo possível a seu próprio respeito. Se estiver no cargo errado, deve estar preparado para se transferir quando surgir a oportunidade, em vez de esperar por um timing mais adequado à sua vida pessoal. Oportunidades não obedecem ao seu calendário. Seu papel é estar preparado para reconhecer e agarrar as oportunidades quando elas se apresentarem.

# III. IDEIAS PRÁTICAS

Você conhece seus pontos fortes? Realiza análises de feedback periódicas? Seus pontos fortes mudam à medida que você adquire experiência? Pais, professores e orientadores podem até ter identificado seus pontos fortes mais evidentes no início de sua vida, mas agora é você quem precisa fazer isso.

Você sabe como se colocar de modo a dar contribuições significativas para sua organização, sem deixar de lado a sua satisfação pessoal? Onde você pode fazer isso?

Sua organização conta com um programa sistemático de apoio a seus membros para identificar pontos fortes e assegurar que eles sejam plenamente aproveitados? Drucker conhecia vários instrumentos de avaliação dos pontos fortes, mas dava preferência à análise de feedback. Ele próprio a empregava com frequência, tendo em vista que durante séculos esse recurso foi usado para obter resultados notáveis.

Quantos livros de dieta obtiveram resultados positivos a longo prazo? Não muitos. Não corra atrás de qualquer modismo. Certifique-se de que os instrumentos que você usa se baseiam num histórico de sucesso comprovado na identificação precisa dos pontos fortes.

PARTE 2

# A GESTÃO
## É UMA ATIVIDADE HUMANA

# *Semana* 3

## TRÊS PERGUNTAS BÁSICAS PARA UMA SOCIEDADE DE ORGANIZAÇÕES QUE FUNCIONE BEM

## INTRODUÇÃO

Durante a comemoração do octogésimo aniversário de Peter Drucker, em 1989, Bob Buford, o mestre de cerimônias, entregou uma lembrança a cada pessoa da plateia.[1] Muitos parceiros importantes de Peter Drucker compareceram ao evento. Entre os convidados estavam executivos dos três setores da sociedade americana.[2]

Buford encomendou a um calígrafo, Timothy Botts, uma estampa. Botts produziu uma tapeçaria, ou uma espécie de mosaico, de mãos de diversas cores, que se entrelaçavam e interagiam. Nessas mãos havia diversidade. Havia calor humano na interação entre elas. As mãos entrelaçadas representavam as transações entre os homens para atender às necessidades dos homens. E essa é uma das ideias básicas da vida e da obra de Drucker — e de seu dito tão repetido: "A gestão é uma atividade humana". Quando Chuck Fromm, amigo de Peter e Bob, apresentou a estampa a Drucker para que ele a aprovasse e assinasse, Drucker disse a Fromm, com seu forte sotaque austríaco: *"Esta é minha vida"*.

Drucker acreditava que a gestão, em qualquer dos três setores, deve se concentrar na satisfação das necessidades do ser humano na sociedade. Na parte de baixo da estampa figuram as três perguntas fundamentais de Peter Drucker. A primeira — "Qual é o nosso negócio?" — surge de um ser humano e depende das interações entre seres humanos, seja no setor de cosméticos para mulheres, seja na construção de um porta-aviões para apoiar uma missão da Marinha americana. A segunda — "Quem é o nosso cliente?" — é a mais humana das três. A terceira — "O que o cliente valoriza?" — é, ao mesmo tempo, a característica mais acessível e mais instável do consumidor.

# I. LEITURA

Tom Ashbrook, da National Public Radio, entrevistou Peter Drucker em 8 de dezembro de 2004. Àquela altura, Drucker, que já havia perdido a audição, respondeu às questões por escrito, com antecedência, através de um assistente seu e de Ashbrook. Foi uma entrevista notável, que cobriu um vasto leque de assuntos, alguns deles transformados em capítulos neste livro.

Drucker nunca fazia as três perguntas exatamente do mesmo jeito, e às vezes as ampliava para quatro ou cinco, conforme o contexto. Mesmo assim, as perguntas sempre focavam na satisfação das necessidades dos seres humanos. Naquela entrevista, Drucker usou uma variante das três perguntas para explicar as semelhanças e diferenças entre as organizações empresariais e sociais.

> Eu sempre faço as mesmas três perguntas, não importa se estou numa reunião com representantes de uma igreja, de uma empresa ou de uma universidade, sejam eles americanos ou japoneses. Não faz diferença. A primeira pergunta é: *Qual é o seu negócio?* O que você está tentando realizar? E o que o distingue? A segunda pergunta é: *Quais são os resultados?* Essa é muito mais complicada para uma não empresa do que para uma empresa. E a terceira pergunta é: *Quais são as suas competências centrais?* O que você precisa realizar com excelência

ou grande competência para obter resultados? E isso é tudo, na verdade. Há pouca diferença entre este século [XXI] e o século passado [XX] — existem apenas mais organizações. Nos últimos cem anos, nós nos transformamos numa sociedade de organizações. Agora precisamos de um número enorme de gerentes, de modo a organizar seu desenvolvimento.

"Management Guru Peter Drucker", entrevista à rádio WBUR para a National Public Radio, 8 dez. 2004.

# II. REFLEXÃO

☒ Os editores da revista *Leadership Journal* perguntaram a Peter Drucker por que ele se afastou das organizações que visam ao lucro em favor das não lucrativas, voluntárias e de serviço público, incluindo igrejas. Eis a resposta de Drucker.

## I. "EU ENSINO GESTÃO"

"Depois de uma vida inteira estudando gestão, por que o senhor decidiu agora voltar suas atenções para a igreja?" Drucker respondeu: "Até onde sei, é exatamente o contrário: eu me interessei pela gestão devido ao meu interesse pela religião e pelas instituições. Comecei dando aulas de religião, e toda a minha experiência pessoal em gestão se deu em organizações sem fins lucrativos — o trabalho acadêmico e a atuação em diversos tipos de conselho diretor, da Blue Cross* a museus. [...] Sua pergunta mostra que você, como quase todo mundo, pensa em gestão empresarial ao falar em 'gestão'. Muita gente se surpreende ao saber que durante 35 anos eu trabalhei com instituições sem fins lucrativos — hospitais, colégios e instituições de caridade. Perguntam: 'O que você fez por elas? Consultoria para arrecadar fundos?'. Eu respondo: 'Não, não sei nada sobre arrecadação de fundos. Eu ensino gestão'".[3]

---

* Cooperativa de planos de saúde dos Estados Unidos. (N.T.)

◻ Drucker dedicou sua vida à prática da gestão depois de estudar a ascensão dos regimes fascista e comunista na Europa durante o século XX. Uma sociedade de organizações que funcione e satisfaça as necessidades de seus cidadãos é uma garantia contra a tentação de recorrer a ditadores como solução para uma sociedade disfuncional. Portanto, a eficácia na liderança e na gestão das organizações de uma sociedade é uma alternativa à tirania e um antídoto que preserva a liberdade com responsabilidade e a igualdade de oportunidades.

## 2. "A GESTÃO COMO ALTERNATIVA À TIRANIA"

Quando as instituições de nossa sociedade pluralista [...] não funcionam bem sob uma autonomia responsável, ficamos privados do individualismo e de uma sociedade na qual todos tenham a chance de se realizar. Em vez disso, estaremos impondo a nós mesmos um alinhamento total, que não concederá autonomia a ninguém. Teremos o stalinismo em vez da democracia participativa, sem falar na alegria espontânea de quem realiza suas próprias coisas. A tirania é a única alternativa a instituições fortes, autônomas, de bom desempenho.

A tirania troca o pluralismo de instituições concorrentes pelo chefe absoluto. Troca a responsabilidade pelo terror. Ela consegue se livrar das instituições, mas só o faz afogando todas juntas sob a burocracia abrangente do aparelho [ou da conspiração]. Ela pode até produzir bens e serviços, mas só o faz de forma espasmódica, dispendiosa, num nível inferior, e a um enorme custo de sofrimento, humilhação e frustração. Portanto, fazer com que nossas instituições ajam de forma responsável, autônoma e com um nível de desempenho elevado é a única proteção para a liberdade e a dignidade numa sociedade pluralista de instituições. Uma gestão eficiente e responsável é a alternativa à tirania, e nossa única proteção contra ela.

Peter F. Drucker, *Management: Tasks, Responsibilities, Practices*, 1973, pp. ix-x.

◻ É por essa razão que Drucker postula que o *propósito de um negócio* é criar clientes e satisfazer necessidades sociais. Assim, o marketing se torna a função primordial de uma empresa, transformando-se nas lentes através das quais todo o negócio deve ser observado.

## 3. COMO DEFINIR OBJETIVO E MISSÃO

*"Qual é o nosso negócio?"*

Nada pode parecer mais simples — nem mais óbvio — que saber qual é o negócio [ou a missão] de uma empresa. Uma siderúrgica produz aço; uma empresa ferroviária administra trens de carga e de passageiros; uma seguradora faz seguros contra incêndios; um banco empresta dinheiro. Mas, na verdade, "Qual é o nosso negócio?" é quase sempre uma pergunta complicada, e a resposta correta costuma ser tudo, menos óbvia.

Um negócio não é definido pelo nome da empresa ou por suas cláusulas estatutárias. Ele é definido pelo desejo que o consumidor satisfaz ao adquirir um produto ou um serviço. Satisfazer o consumidor é a missão e o objetivo de todo negócio. Portanto, a pergunta "Qual é o nosso negócio?" só pode ser respondida se olharmos a empresa de fora para dentro, do ponto de vista do consumidor e do mercado. Aquilo que o consumidor vê, pensa, acredita e quer, num determinado momento, deve ser aceito pela diretoria como um fato objetivo e levado tão a sério quanto os relatórios da equipe de vendas, os testes do engenheiro ou os números do contador. E a direção precisa fazer um esforço consciente para receber o retorno do próprio consumidor, em vez de tentar ler seu pensamento.

> Peter F. Drucker com Joseph A. Maciariello, "Defining Business Purpose and Mission", *The Daily Drucker*, 27 fev. 2004.

☒ Drucker foi convidado a auxiliar o comitê de direção da ServiceMaster a responder a essa pergunta. Em uma reunião do comitê, ele perguntou: "Qual é o seu negócio?". Depois de ouvir as tentativas de resposta dos membros do comitê, Drucker retrucou de uma forma que surpreendeu a todos, como conta C. William Pollard no livro *The Soul of the Firm* [A alma da empresa] (1996, p. 113). Eis a resposta: "Seu negócio é simplesmente treinar e desenvolver as pessoas. Vocês embalam isso de várias maneiras diferentes para atender às necessidades e às demandas do cliente, mas seu negócio básico é treinar e motivar pessoas. Vocês fornecem um serviço. E não podem fornecer um serviço sem pessoas. Vocês não têm como fornecer um serviço de qualidade ao consumidor sem pessoas motivadas e treinadas".

⊠ A pergunta de Drucker — "Qual é o seu negócio?" — não é fácil de responder e pode ter muitas variantes, conforme o negócio específico de uma organização multiprodutos, de serviços ou do setor social.

## 4. COMO DEFINIR O OBJETIVO E A MISSÃO DE UMA EMPRESA

*"Quem é o cliente?"*

"Quem é o cliente?" é a primeira e mais importante pergunta na definição do objetivo e da missão da empresa. Não é uma pergunta fácil, tampouco óbvia. A forma como é respondida determina, em grande medida, como a empresa se define. O consumidor — isto é, o usuário final de um produto ou serviço — é sempre um cliente.

A maioria das empresas tem pelo menos dois clientes. Para que uma venda ocorra, é preciso que ambos façam a compra. Os fabricantes de bens de consumo de marca sempre têm, no mínimo, dois clientes: a dona de casa e o varejista. De nada adianta despertar na dona de casa o desejo de comprar se o varejista não fizer estoque da marca. Da mesma forma, de nada adianta fazer o varejista exibir com destaque a mercadoria, dando-lhe espaço nobre na prateleira, se a dona de casa não a compra. Agradar a apenas um dos clientes, sem agradar ao outro, resulta em desempenho falho.

Peter F. Drucker com Joseph A. Maciariello, "Defining Business Purpose and Mission: The Customer", *The Daily Drucker*, 28 fev. 2004.

## 5. COMO DEFINIR O OBJETIVO E A MISSÃO

*"O que o cliente valoriza?"*

A última pergunta necessária para compreender o objetivo e a missão de uma empresa é: "O que tem valor para o cliente?". É, talvez, a pergunta mais importante, mas a menos feita. Uma das razões é que os gerentes acham que já sabem a resposta. O valor é aquilo que eles, em seu negócio, definem como qualidade. Mas essa definição quase sempre está errada. O cliente nunca compra um produto. Por definição, ele compra a satisfação de um desejo. Ele adquire valor.

Para uma adolescente, por exemplo, o valor de um par de sapatos é a moda. Ele precisa ser descolado. O preço é uma preocupação secundária, e a durabilidade não tem valor algum. Anos depois, para a mesma moça, já como jovem mãe, a moda se torna um critério. Ela não vai comprar nada que esteja fora de moda. Mas está em busca de durabilidade, preço, conforto, estilo e assim por diante. O mesmo calçado que para uma adolescente representa a melhor compra não terá quase valor algum aos olhos da irmã um pouco mais velha. O que os diferentes clientes de uma empresa consideram valor é tão complexo que só pode ser respondido pelos próprios clientes. A direção da empresa não deve sequer tentar responder sozinha — deve sempre se dirigir aos clientes, numa busca sistemática por eles.

Peter F. Drucker com Joseph A. Maciariello, "Understanding What the Customer Buys", *The Daily Drucker*, 29 fev. 2004.

# III. IDEIAS PRÁTICAS

Sua organização é parte da sociedade. Você e seus colegas compreendem a importância de conciliar os interesses de sua organização com o interesse público? Que resultados se esperam de sua organização? Ela corresponde a eles?

Como você responderia à pergunta "Qual é o nosso negócio?" (observação: organizações sem fins lucrativos devem trocar a pergunta por "Qual é a nossa missão?"). Até que se chegue a uma resposta correta, a pergunta pode gerar certo conflito em meio ao grupo de líderes, mas uma definição precisa pode ser usada para orientar muitas decisões — e o conflito que a pergunta pode criar vale a pena.

Enquanto a lista de clientes sempre inclui o usuário final de um produto ou serviço, é comum que haja outros — como médicos para hospitais e varejistas para bens de consumo. Escolha uma instituição específica, com ou sem fins lucrativos, com a qual você tenha algum envolvimento. Tente identificar todos os clientes dela, se possível classificando-os como primários, secundários e terciários.

Pergunte a seus clientes o que eles valorizam no que diz respeito a seus produtos e serviços. Que necessidades do consumidor o seu produto satisfaz? Como os seus clientes responderam a essa pergunta? Não suponha que as respostas dos clientes sejam irracionais.

A pergunta "Quais são os resultados?" é muito mais difícil de responder para uma instituição do setor social do que para uma empresa privada. Qual é a instituição do setor social mais importante com a qual você está associado? Como ela define e mede os resultados? Eles medem de maneira precisa se a organização está progredindo rumo à realização de sua missão e à mudança da vida daqueles na sociedade que têm aquela necessidade?

# Semana 4

## EDUCAÇÃO E GESTÃO:

*As chaves do
desenvolvimento econômico*

## INTRODUÇÃO

Entre 2008 e 2010, tive o privilégio de trabalhar com o padre Ben Beltran, fundador da E-Veritas Trading Network, em Manila, nas Filipinas, enquanto ele organizava uma rede de comércio eletrônico feita com e para os membros das Comunidades Eclesiais de Base (CEBS) de Tondo, um distrito de Manila. Beltran criou essa rede para envolver a população de Manila na compra, encomenda, recebimento e distribuição diária de produtos alimentícios, a preços muito inferiores àqueles praticados nas feiras locais. Nesse trabalho, a E-Veritas deu treinamento e instrução a "trabalhadores do conhecimento", para que pudessem lidar com a atividade de comércio eletrônico, recebendo, centralizando e repassando os pedidos aos fornecedores de confiança, distribuindo os alimentos aos consumidores e gerenciando as transações financeiras. Além disso, eles também foram treinados para cuidar da infraestrutura da organização. Padre Beltran e sua equipe formaram negociantes eletrônicos e organizaram uma rede de fornecedores, ao mesmo tempo que aprendiam e ensinavam aos funcionários os princípios básicos de liderança e gestão. Corrupção governamental alguma pode roubar desses trabalhadores o conhecimento que adquiriram, porque esse conhecimento ficou incutido em seres humanos e segue para toda parte com eles. A E-Veritas cria capital humano em pessoas na base da pirâmide econômica e social, de modo a permitir que elas evoluam rapidamente e se livrem da pobreza.

A E-Veritas (nome que vem de "verdade econômica", ou *economic truth*" em inglês) está organizada como uma "empresa comercial com um objetivo moral", qual seja, o bem-estar econômico e social dos habitantes de Tondo. Ela presta contas a um comitê de direção, como qualquer empresa normal. Mas, para além da receita superavitária que obtém com sua atividade, recebe contribuições do mundo inteiro, de fontes comprometidas com investimentos microfinanceiros, a eliminação da pobreza e o estímulo ao desenvolvimento econômico.

Fica claro o propósito moral dessa empresa privada. Smoky Mountain, no distrito de Tondo, é um aterro sanitário[1] que emite gases poluentes. Todos os dias, catadores vasculham o monturo fumegante à procura de comida e de outros itens de que precisam para viver. Padre Beltran foi o pároco de 25 mil catadores. Muitos dos empregados da E-Veritas foram recrutados dentre esses catadores e receberam treinamento em TI e gestão para aprender a operar a rede de comércio eletrônico.

Tendo se associado a Peter F. Drucker, à Masatoshi Ito Graduate School of Management[2] e a filantropos simpáticos à causa, padre Beltran conseguiu arrecadar os fundos necessários para projetar e construir uma usina de tratamento de água, garantindo água limpa para a população do distrito.

Acumulam-se as evidências de que, por meio de *educação e gestão*, a E-Veritas se transformou numa organização de trabalhadores do conhecimento, melhorando a vida daqueles que estão na base da pirâmide econômica e social. Ela fornece um modelo funcional de desenvolvimento para certos setores do mundo subdesenvolvido. Mas, antes de organizar um ente econômico como a E-Veritas, é preciso realizar um longo e penoso trabalho de organização comunitária. Antes de uma comunidade estar pronta para a educação e a gestão, algo semelhante às CEBS ou outra forma de ação comunitária tem de ser estabelecido.[3] A vantagem das CEBS é que estão, de certa forma, protegidas da corrupção dos poderosos, graças ao apoio do cardeal da província de Manila.

As empresas que fazem negócios em âmbito global podem ajudar a proteger da corrupção as populações locais, ajudando-as a se envolver com pelo menos alguma forma de atividade econômica em pequena escala. Falaremos disso mais adiante.

# I. LEITURA

As teorias desenvolvimentistas tradicionais fracassaram de modo retumbante. Cinquenta anos atrás, atuei como conselheiro para os dois primeiros presidentes do Banco Mundial: Eugene Meyer, em 1946, e John J. McCloy, em 1947. Acreditávamos que o investimento de capitais geraria desenvolvimento. No entanto, essa associação se mostrou errônea. Se fosse assim, o Egito seria o Japão de hoje. Há uma relação inversa semelhante entre investimento de capitais e desenvolvimento.

### A exceção: a Coreia do Sul e o investimento de capitais na educação

O desenvolvimento posterior à Guerra da Coreia é, talvez, o caso mais espantoso de geração de desenvolvimento por meio do investimento de capitais. Tendo visto a devastação sofrida por Japão, Rússia e Alemanha, [eu achava que] a Coreia do pós-guerra era infinitamente pior. Durante a Guerra da Coreia, a cada incursão do Norte no Sul, matavam-se na retirada todos os homens adultos, preservando apenas mulheres e crianças.

O presidente dos Estados Unidos, Dwight D. Eisenhower, criou uma estratégia de desenvolvimento que priorizava a educação. A cada ano, cerca de 200 mil jovens coreanos eram levados para os Estados Unidos, custeados pelo governo americano. A maioria esmagadora retornou à Coreia com um nível excepcional de educação secundária.

Hoje, a Coreia tem seu próprio ensino secundário. Embora os japoneses tenham perseguido os missionários, tendo numa só ocasião executado 5 mil deles, logo se deram conta de que não podiam impedir o progresso. Então, passaram a aceitar os missionários, suas missões e seu ensino superior. Por esse motivo, a educação dos coreanos lançou as bases para que a Coreia [do Sul], vinte anos mais tarde, estivesse a um passo de se tornar uma potência econômica mundial. As missões e a educação desempenharam papéis fundamentais no desenvolvimento da Coreia [do Sul]. Toda cidade na Coreia [do Sul] tem uma escola de ensino médio católica e uma protestante.

O islamismo fracassou no desenvolvimento econômico. Em todo o mundo islâmico, só na Indonésia se vê empreendedorismo. Os únicos países em que houve desenvolvimento são aqueles onde há uma influência minoritária da China, como a Indonésia e a Malásia. Uma vez mais, a chave é a educação. Os chineses dão alta prioridade à educação.

> Peter F. Drucker, *Executive Summary: A Conversation with Peter Drucker on Leadership and Organizational Development*, 5 fev. 2002, p. 1.

---

# II. REFLEXÃO

---

⊠ A gestão está se tornando um recurso importante nos países desenvolvidos e em desenvolvimento. É mais eficiente alocar recursos na educação de líderes e líderes em potencial nos países em desenvolvimento do que lhes conceder ajuda econômica.

## 1. A EDUCAÇÃO COMO MOTOR DO DESENVOLVIMENTO ECONÔMICO NA COREIA

Num intervalo de vinte anos — entre os anos 1950, quando terminou a ocupação americana, e os anos 1970 —, o Japão se tornou a segunda potência econômica do mundo, líder no setor de tecnologia. Com o fim da Guerra da Coreia, no início da década de 1950, a Coreia do Sul havia sofrido uma devastação muito maior que a do Japão, sete anos antes. E nunca deixara de ser um país atrasado, até porque os japoneses reprimiram sistematicamente o empreendedorismo e a educação superior na Coreia, ao longo dos 35 anos de ocupação. Mas, ao usar as faculdades e universidades americanas para educar seu povo, jovem e capaz, e *ao importar e aplicar os conceitos da administração* [grifo meu], a Coreia se tornou um país altamente desenvolvido num período de 25 anos.

Peter F. Drucker, *Post-Capitalist Society*, 1993,
p. 44. [Ed. bras.: *Sociedade pós-capitalista*, 1993.]

## 2. O NÚCLEO DA SOCIEDADE DO CONHECIMENTO

"A educação passará a ser o núcleo da sociedade do conhecimento, e a escola será a instituição-chave."

Ao longo da história, um artesão aprendiz, ao cabo de cinco ou sete anos de aprendizagem, chegava aos dezoito ou dezenove anos sabendo tudo de que precisaria ao longo da vida. As profissões modernas exigem uma boa dose de educação formal e a capacidade de absorver e aplicar conhecimentos teóricos e analíticos. Exigem uma atitude e uma visão diferentes em relação ao trabalho. Acima de tudo, exigem o costume da formação contínua, para evitar a obsolescência.

Que conjunto de conhecimentos é exigido de todos? O que podemos considerar "qualidade" no ensino e na aprendizagem? Essas são, necessariamente, preocupações fundamentais e questões políticas centrais na sociedade do conhecimento. Na verdade, não é tão absurdo prever que, na sociedade do conhecimento, a aquisição e a disseminação do conhecimento formal virão a ocupar na política o papel que a aquisição da propriedade e a renda ocuparam nos dois ou três séculos daquilo que passamos a chamar de Era Capitalista.

Peter F. Drucker com Joseph A. Maciariello, "The Center
of the Knowledge Society", *The Daily Drucker*, 9 maio 2004.

☒ Quando a direção de uma organização assume o compromisso de desenvolver pessoas, ela está promovendo a durabilidade dessa organização, uma vez que, à medida que as pessoas evoluírem, sua capacidade empreendedora e gerencial aumentará, gerando para a organização níveis de produtividade e inovação mais elevados, tanto de forma direta, por meio do trabalho, quanto indiretamente, por meio de suas ideias.

⊠ O caso Yuhan-Kimberly, apresentado a seguir, ilustra dois argumentos: primeiro, que os trabalhadores braçais podem se tornar trabalhadores intelectuais, desde que tenham a oportunidade; segundo, que trabalhadores braçais podem dar conta de determinados níveis de responsabilidade gerencial. Em outras palavras, eles podem aprender a praticar a "gestão baseada em responsabilidade" e assumir funções semelhantes às das "comunidades fabris" de Drucker.

## 3. O PARADIGMA DA FORMAÇÃO PERMANENTE

Kook-Hyun Moon, ex-CEO e presidente da Yuhan-Kimberly [Y-K], é veemente quando diz acreditar que as demissões em massa e as reestruturações nas organizações são práticas *ultrapassadas* e *improdutivas*. Ele argumenta que a maioria dos líderes no meio empresarial dos dias de hoje não compreende que a *prática* de investir no desenvolvimento dos funcionários é a mais benéfica que pode ser adotada numa organização. [...] Em vez de demissões em massa [durante a crise financeira asiática do final dos anos 1990], o sr. Moon sugere um sistema de empregos compartilhados, que veio a ser conhecido como "sistema de quartetos em dois turnos". Esse sistema pode até levar a uma piora nas dificuldades financeiras, uma vez que sua implementação imediata resulta, na prática, em aumento do custo trabalhista. No entanto, o sr. Moon acreditava que a aplicação do princípio humanitário da Y-K e a decisão de não demitir funcionários da empresa compensariam o aumento de custo. [...] Nesse sistema, uma equipe faz o turno diurno durante quatro dias, das sete da manhã às sete da noite, e outra equipe faz o turno da noite durante quatro dias, das sete da noite às sete da manhã. Depois de quatro dias, outros dois grupos assumem os dois turnos, e as duas equipes anteriores tiram quatro dias livres (três dias de descanso e um de formação remunerada). [...] A Y-K ofereceu aos empregados a oportunidade de fazer cursos internos, patrocinados pela empresa, em áreas como computação básica e avançada, línguas estrangeiras e habilidades relacionadas a seus cargos. A Y-K também incentivou os empregados a fazer cursos fora do local de trabalho, comprometendo-se a pagar 70% dos custos. A implantação desse novo sistema resultou num "paradigma da formação permanente" dos empregados e produziu resultados financeiros notáveis ao fim de dois anos de implementação. O sr. Moon é um firme entusiasta da importância da formação contínua na transformação de trabalhadores manuais em trabalhadores do conhecimento. Esses trabalhadores, por sua vez, geram mais ideias [inovam] e são capazes de tomar por conta própria um número maior de decisões.

Peter F. Drucker e Joseph A. Maciariello, *Management Cases: Revised Edition*, 2009, pp. 4-5, 7. [Ed. bras.: *50 casos reais de administração*, 2011.]

⊠ A McDonald's Corporation dos dias de hoje é resultado da aplicação de conhecimento ao processo de produção do hambúrguer. Ray Kroc, um ex-vendedor de máquinas de milk--shake, percebeu que um de seus clientes, uma lanchonete da Califórnia, chegava a produzir quarenta milk-shakes ao mesmo tempo. Por curiosidade, decidiu fazer uma visita ao restaurante. Ali, ele se deu conta de que uma espécie de linha de montagem havia sido criada para produzir fast-food. Impressionado, ele montou uma parceria com os proprietários, a família McDonald. Eles começaram a produzir hambúrgueres de qualidade sempre igual. Começando pelos hambúrgueres e sabendo aquilo que o cliente valorizava como produto final, Kroc reprojetou e automatizou todo o processo de gestão. Foram criadas ferramentas específicas para a produção de cada ingrediente básico de um hambúrguer de maneira uniforme. Em seguida, Kroc treinou todos os funcionários da lanchonete para que operassem de maneira padronizada, certificando-se de que todas as instalações estivessem sempre limpas e de que os clientes fossem tratados de maneira educada. Dessa forma, Kroc aumentou a produtividade do conhecimento e produziu um enorme valor, tanto para os clientes quanto para o negócio. (Esse pequeno exemplo de aplicação do conhecimento à gestão — que é, em si mesma, conhecimento — no McDonald's foi adaptado do livro de Drucker *Innovation and Entrepreneurship* (1985, pp. 17-8) [ed. bras.: *Inovação e espírito empreendedor*, 2010]).

## 4. A PRODUTIVIDADE DO CONHECIMENTO

A produtividade do conhecimento será o fator determinante da posição competitiva de empresas, setores e até países inteiros. Nenhum país, setor ou empresa possui uma vantagem ou desvantagem "natural". A única vantagem que possui é a capacidade de explorar os conhecimentos de disponibilidade universal. A única coisa que importará cada vez mais na economia nacional e internacional é o desempenho gerencial na transformação do conhecimento em produção.

Peter F. Drucker, *Post-Capitalist Society*, 1993, p. 193.

☒ Quando ouvi falar pela primeira vez do McDonald's, meu parecer ao comitê de investimento da organização em que eu atuava foi de que o McDonald's apenas produzia "hambúrgueres", o que não lhe dava uma vantagem competitiva sustentável. Como eu estava errado! Ray Kroc aplicou conhecimento à operação, ao marketing e ao serviço da organização que assumiu. Aumentou enormemente a produtividade da organização, aplicando esse conhecimento ao processo de gestão que já existia.

# III. IDEIAS PRÁTICAS

Identifique os empregados de sua organização que têm potencial para se tornar trabalhadores do conhecimento e evoluir em responsabilidade gerencial. Discuta com os superiores deles a possibilidade de treinar essas pessoas para que assumam maiores responsabilidades. Como isso pode ser feito da maneira mais eficiente e no período de tempo mais curto?

Se você e sua organização operam em países desenvolvidos, que atitudes você pode tomar para elevar as competências educacionais e gerenciais das pessoas — não apenas para aumentar sua instrução e desenvolvimento, mas para motivá-las ainda mais a fazer negócios com você e com sua organização no futuro?

Você já tentou transformar o aprendizado num hábito permanente? Em caso negativo, dedique esta semana a elaborar um planejamento. Antes de tudo, certifique-se de que sabe a resposta para a pergunta "Como eu aprendo?". Não se limite a novos conhecimentos técnicos e organizacionais — procure expandir-se pessoalmente.

# Semana 5

## UMA GESTÃO ENRAIZADA NA NATUREZA DA REALIDADE

## INTRODUÇÃO

Como você verá neste capítulo, Peter Drucker considerava Ciro, o Grande, que viveu no século IV a.C., um dos maiores líderes de todos os tempos — sem dúvida em razão de sua integridade (Hedrick, *Xenophon's Cyrus the Great*, p. xiv) —, e apontava sua biografia, a *Ciropédia*, de Xenofonte, como um dos maiores tratados sobre liderança. Drucker também elegia Harry S. Truman um dos mais eficientes presidentes que os Estados Unidos já tiveram.[1] O que esses dois líderes têm em comum? Primeiro, o fato de Ciro, o Grande, ter sido um dos ídolos de Truman (McCullough, *Truman*, p. 58). Segundo, Truman acreditava que, ao reconhecer o Estado de Israel assim que as Nações Unidas aprovaram sua criação, passara a ser um Ciro moderno, por ter agido, como Ciro, pelo bem dos judeus. Truman, embora só tivesse estudado até o ensino médio, era versado em história e sabia que Ciro, o Grande, quando rei da Pérsia, conquistou o império babilônio e, em 538 a.C., devolveu Jerusalém aos judeus, depois de setenta anos de cativeiro babilônio. Ciro também achava que os babilônios que capturaram os judeus mereciam castigo por sua irreverência.

Que características de liderança Ciro, o Grande, e Harry S. Truman tinham em comum? Tanto um quanto outro eram homens íntegros, que se compadeciam da condição humana. Ambos agiram corretamente ao permitir o retorno dos judeus à terra de Israel. Agir corretamente e com integridade é a essência da liderança. Truman não estava em busca da autoglorificação; o risco político era elevado demais. Talvez o maior de todos fosse que o general George Marshall, à época secretário de Estado, era frontalmente contrário ao reconhecimento, ciente do impacto quase certo sobre o fluxo do indispensável petróleo árabe para a Europa. Uma interrupção no fornecimento de petróleo prejudicaria os objetivos do Plano Marshall na Europa. Truman decidiu fazer primeiro o que tinha de fazer e depois se preocupar com o petróleo.

Clark Clifford, conselheiro de Truman, resume assim as motivações do presidente:

> Para o presidente, era muito importante o que ele sentia em relação a Israel do ponto de visto ético, moral, humanitário e sentimental. Sei por que ele lutou por Israel. Sei, por exemplo, que ele acreditava haver, no Velho Testamento, referências ao fato de que os judeus terminariam por ter uma pátria [...]. Ele desejava ver que aquele povo tão vilipendiado por toda a vida e por toda a história teria uma oportunidade.[2]

Portanto, pode-se ver que a liderança, em mais alto nível, está enraizada na história, na religião, na compaixão e na realidade humana.

---

# I. LEITURA

---

Certa vez, David Hubbard disse a Peter Drucker: "Boa parte da sua visão se baseia na própria natureza da realidade. Uma das melhores coisas a seu respeito é que a maioria dos fardos nas faculdades de administração são lições básicas de matemática, economia ou algo assim, e os alunos não sabem bulhufas de filosofia, teologia ou história. Eles não entendem como funciona a vida".

**Peter Drucker**

Posso interrompê-lo? Você aceitaria uma lição de teologia? A melhor coisa de morrer é que você não tem como ler seu obituário, e, sendo sincero, e sem falsa modéstia, você aceitaria o fato de que não é assim que as coisas funcionam? Um dos problemas que encontramos nas escolas de administração, assim como nos seminários, é que ambos são fortemente vocacionais e costumam dar aos alunos o primeiro emprego, que exige deles uma habilidade vendável. No setor comercial, há 150 anos, o foco se concentrava na caligrafia, que é a matemática dos dias de hoje, porque era assim que um escrevente conseguia um emprego em 1830. Os que continuavam a ser escreventes acabavam se tornando chefes, mas aqueles que ensinavam caligrafia, posso lhe garantir, achavam que era isso que realmente fazia girar as rodas do comércio. Isso é extraordinário. Pois bem, eu diria que aquilo que vocês estão fazendo, ou que estão começando a fazer, é a coisa certa, e a intenção não é transformar ninguém [i.e., Drucker] numa estátua de bronze, mas isso estabelece [...] o verdadeiro mecanismo, um organismo exemplar, e atende a uma necessidade e uma oportunidade. Acho que é o momento certo, e acho que são as pessoas certas [primeiro os líderes das instituições sociais; depois, os líderes de todas as instituições].

David Hubbard e Peter Drucker, 24 fev. 1987.

# II. REFLEXÃO

☒ Shaker A. Zahar entrevistou Peter Drucker por ocasião do quinquagésimo aniversário da publicação do livro *The Practice of Management* (1954) [ed. bras.: *Prática da administração de empresas*, 1962]. O texto a seguir foi adaptado da entrevista original.[3]

# 1. FORMAÇÃO EM ADMINISTRAÇÃO

## Shaker Zahar

Qual é a sua impressão a respeito da prática da administração como profissão hoje em dia? E em relação à administração como campo de investigação acadêmica?

## Peter Drucker

Tratar disso exigiria um livro inteiro. O que me agrada ver — e o que pratico há muitos anos na minha própria atividade de professor — é o seguinte:

(1) Formação em administração *exclusiva* para quem já é bem-sucedido. Acredito que é perda de tempo ministrar cursos de administração para quem ainda não tem alguns anos de experiência em gestão.

(2) Formação em administração *conjunta* para quem está nos setores público, privado e sem fins lucrativos.

(3) Alunos fazendo trabalho planeado e sistemático, durante o curso, em missões de trabalho *reais* em organizações reais — o equivalente à residência nos cursos de medicina.

(4) *Ênfase muito maior* em aulas sobre governo, sociedade, história e ciência política.

(5) Professores com efetiva experiência administrativa e suficiente prática de consultoria para conhecer os verdadeiros desafios [...].

(6) Ênfase maior em áreas *não quantificáveis*, que representam os verdadeiros desafios — e especialmente nas áreas não quantificáveis *fora* do negócio; isto é, ênfase maior na compreensão tanto das limitações dos números disponíveis quanto da forma como usar esses números.

Shaker A. Zahar, "An Interview with Peter Drucker",
*Academy of Management Executive*, ago. 2003, pp. 11-2.

⊠ A capacidade de quantificar é muito importante em gestão, mas mais importantes, muitas vezes, são aqueles acontecimentos isolados que só podem ser observados pela percepção humana.

Mudanças de atitude, por exemplo, podem ter um impacto enorme sobre a atividade econômica. Nos Estados Unidos, mudamos a atitude em relação ao sistema de saúde. O copo, hoje, está "meio vazio", em vez de "meio cheio". Isso não apenas afetou o debate político, levando à aprovação da Affordable Care Act [Lei da Assistência Acessível], sancionada em 23 de março de 2010, mas levou a internet, os programas de TV sobre saúde, os comerciais e as revistas sobre bem-estar a proporcionar uma avalanche de informações sobre saúde, porque a questão, hoje, envolve mais responsabilidade pessoal. Há um maior número de oportunidades para a criação de ambulatórios, à medida que os serviços de saúde se fragmentam, e se dá mais atenção ao fitness e à redução do estresse. Diversas organizações empregam a meditação para reduzir o estresse e aumentar a criatividade. E a lista de novas oportunidades de oferta de produtos e serviços de bem-estar tem aumentado. Essa melhora na saúde e na disponibilidade de produtos e serviços é resultado da mudança de percepção acerca do sistema de saúde, de "meio cheio" para "meio vazio". Esse é um exemplo de acontecimento isolado que só pode ser percebido por meio da percepção humana. Seus efeitos ainda são difíceis de quantificar. Mas a percepção pode ser treinada, de modo a identificarmos acontecimentos isolados enquanto ainda estão ocorrendo. Podemos identificá-los por meio do uso de nossas faculdades, além da avaliação das estatísticas relevantes. Aquilo que podemos perceber depende daquilo que sabemos, e, para isso, é importante termos uma formação ampla.

## 2. A ADMINISTRAÇÃO E AS PROFISSÕES LIBERAIS
"A administração é uma profissão liberal."

Quarenta e cinco anos atrás, o cientista e romancista inglês C. P. Snow usou o termo "duas culturas" para se referir à sociedade contemporânea. A administração, porém, não se encaixa nem na cultura "humanista" nem na cultura "científica" de Snow. Ela tem a ver com ação e aplicação; é testada pelos resultados. Por isso, é uma ciência tecnológica. Mas a administração também lida com pessoas, com seus valores, sua evolução e desenvolvimento — o que faz dela uma ciência humana. O mesmo ocorre com sua preocupação e seu impacto em relação à comunidade e à estrutura social. De fato, como aprenderam todos aqueles que, como este autor, durante vários anos trabalharam com gestores de todo tipo de instituição, a administração tem um profundo envolvimento com questões espirituais — a natureza do homem, o bem e o mal.

Assim, a administração é aquilo que tradicionalmente é chamado de profissão liberal — "liberal" porque lida com os fundamentos do conhecimento, do autoconhecimento, da sabedoria e da liderança; "profissão" porque lida com a prática e a aplicação. O gestor faz uso de uma ampla variedade de conhecimentos e insights das ciências humanas e sociais — psicologia e filosofia; economia e história; física e ética. Mas precisa concentrar esse conhecimento na busca da eficiência e dos resultados — a cura de um paciente, o aprendizado de um estudante, a construção de uma ponte, a criação e a venda de um software acessível.

Peter F. Drucker. *The New Realities*, 1989, p. 231.

[Ed. bras.: *As novas realidades*, 1997.]

⊠ A pergunta a seguir foi precedida por um comentário de Zahar a respeito da ênfase constante dada por Drucker, em *The Practice of Management*, à importância da integridade na gestão. Drucker responde de maneira indireta, dando um exemplo de líder íntegro. Em seguida, discute padrões recorrentes de corrupção em líderes ao longo da história.

## 3. OS ÍNTEGROS SOBREVIVEM

### Shaker Zahar

Diante dos recentes escândalos, que revelaram ganância e corrupção corporativa, como restabelecer a integridade?

### Peter Drucker

"A liderança se testa na adversidade", disse Xenofonte 2500 anos atrás na *Ciropédia* — até hoje o melhor livro sobre liderança (ao lado das

Epístolas de são Paulo). É fácil parecer bom nos tempos de vacas gordas. Mas cada período de vacas gordas — e testemunhei quatro ou cinco — leva vigaristas ao topo. Entrei no mundo dos negócios antes de completar dezenove anos, como estagiário, encarregado de dar fim ao primeiro grande "escândalo" do início da Grande Depressão: a pilhagem sistemática que o barão Lowenstein, um belga, fez nas empresas de fibra sintética da Europa, muitas delas criadas por ele próprio. Um ano depois, em janeiro de 1930, minha primeira pauta como jovem repórter foi cobrir o julgamento da diretoria daquela que fora a maior e mais altaneira seguradora da Europa (a Frankfurter Allgemeine). A empresa fora vítima de um saque sistemático. É assim depois de todo período de vacas gordas. Mas o que ocorre é que aqueles que possuem um pouco de integridade sobrevivem e, nos períodos de depressão, prosperam. Nada de novo nisso. A única novidade é que o período recente de prosperidade aumentou muito a tentação de fraudar a contabilidade — a ênfase exclusiva nos dados trimestrais, a ênfase excessiva no valor da ação, a crença bem-intencionada, mas estúpida, na necessidade de dar aos executivos participação acionária, as *stock options* (que eu sempre considerei uma carta branca para a má gestão), e assim por diante. Fora isso, é tudo igual.

Shaker A. Zahar, "An Interview with Peter Drucker",
*Academy of Management Executive*, ago. 2003, p. 11.

⊠ O uso indiscriminado das *stock options*, a ênfase exagerada que os executivos dão ao valor da ação em consequência disso e a tentação de manipular os livros contábeis são diferenças significativas entre as crises econômicas recentes e as do passado.

---

# III. IDEIAS PRÁTICAS

---

Crie um plano para adquirir mais conhecimentos em ciências humanas e sociais e em tecnologia, de forma que sejam aplicáveis aos problemas que enfrenta em seu cargo, sua organização e seu setor.

Empenhe-se em ler a *Ciropédia*, de Xenofonte, para tomar aulas de liderança com Ciro, o Grande.

Um estudo das Epístolas paulinas mostra o quanto Drucker foi influenciado pelos escritos de Paulo de Tarso a respeito de *desenvolvimento*, *secularização* e *aplicação* de conceitos-chave de administração. Entre esses conceitos figura a necessidade simultânea de liberdade e responsabilidade na prática executiva; a importância do foco em pontos fortes das pessoas no recrutamento e na escolha do cargo; os métodos usados para atingir a unidade na diversidade no seio de uma organização. Os conceitos de liberdade e responsabilidade são particularmente fundamentais nas ideias de Drucker. Estão no cerne de sua filosofia de gestão por objetivos. Você se surpreendeu ao saber disso? Será que isso dá conta de explicar por que Drucker fazia leituras tão distantes do campo da administração, e por que talvez você devesse também continuar no mesmo sentido o seu autodesenvolvimento?

É sempre bom reduzir a tentação das fraudes, impondo sanções pesadas a quem as perpetrar, mas isso não eliminará de todo essa tentação, principalmente nos períodos de vacas gordas. A integridade na liderança e um controle estrito também ajudam. No entanto, a história nos ensina que devemos manter a vigilância contra a fraude e os abusos. Que medidas preventivas você e sua organização estão tomando? Qual tem sido o histórico recente? Se ele for ruim, como você pode melhorá-lo?

PARTE 3

# OLHO NO QUE É IMPORTANTE,
## NÃO NO QUE É URGENTE

# PART II

# OLHO NO QUE
# É IMPORTANTE,
# NÃO NO QUE É URGENTE

# *Semana* 6

## PRIORIZE O QUE É *IMPORTANTE* EM VEZ DO QUE É *URGENTE*

## INTRODUÇÃO

Nesta semana, o texto de leitura de Drucker tem a ver com a decisão pessoal de Peter de concentrar seu tempo naquilo que é importante, e não no que é urgente. Com seu exemplo, pode-se aprender muita coisa que se aplica à nossa própria vida.

Muitos dos textos deste livro são oriundos do trabalho do último terço de sua vida, muito longa e produtiva. É um trabalho que ele considerava *importante*. Todos nós podemos aprender a distinguir o importante do urgente, tomando como exemplo a forma como o próprio Peter Drucker fazia isso. Drucker viveu quase 96 anos, idade que muitos de nós não alcançaremos. Agir de acordo com as lições deste capítulo deve ser nossa prioridade imediata!

Durante os 26 anos em que trabalhei com Peter Drucker, tive a oportunidade de observar como ele dividia seu tempo. Desde então, discuto sua mentoria e sua interação com um grupo maior de pessoas. São conhecidos que se tornaram amigos íntimos ao longo de muitos anos de mentoria. Ele ajudou essas pessoas a separar o importante do urgente.

À medida que Drucker envelhecia, percebi que ele passou a recusar convites para escrever prefácios de livros alheios. Abriu mão de participar de comitês universitários; de orientar doutorandos (com uma ou outra exceção); de viajar — que lhe roubava muita energia — e de tirar férias em sua casa de veraneio em Estes Park, no estado do Colorado, porque a altitude o castigava. Em relação a viagens, a única exceção foi uma de ponta a ponta do país, até a capital, Washington, em julho de 2002, para receber das mãos de George W. Bush a Medalha Presidencial da Liberdade.

Peter Drucker viveu uma vida focada naquilo que ele considerava ter nascido para fazer. Atingiu a paz em relação à forma de usar seu tempo. Ele *geria* o tempo com um calendário detalhado de atividades e projetos que ele e a mulher, Doris, atualizavam juntos, estabelecendo prioridades.

Drucker tinha consciência de que chega um momento na vida de uma pessoa em que é preciso trabalhar resguardando energias. Ele trabalhou tempo suficiente com deficientes para saber que, sobretudo nesse momento, é mais importante do que nunca dedicar-se às questões verdadeiramente importantes e deixar de lado todo o resto. Ele optou por trabalhar com seu cérebro, que era brilhante, e não com suas pernas, que eram fracas. Também tinha consciência de seu desejo de ser lembrado como alguém que desenvolvia o potencial humano. Por isso concentrou sua limitada energia na mentoria de um pequeno número de pessoas, algumas das quais este livro cita. Por fim, era um escritor. Por isso, certificou-se de deixar tudo acertado para que seus textos continuassem a ser publicados depois de sua morte.

A impressão que se tinha era que Peter Drucker havia terminado todas as suas tarefas duas semanas antes de morrer, em 11 de novembro de 2005, quando recebeu as provas de seu último livro, *The Effective Executive in Action* (2006) [ed. bras.: *O gerente eficaz em ação*, 2007]. Embora a vida de Drucker seja particularmente instrutiva, cada um de nós, nas palavras dele, é um "Peter especial". Temos nossos próprios objetivos de vida, que devem incluir um equilíbrio entre trabalho e prazer. Mas será sempre necessário fazer uma escolha entre o importante e o urgente. Embora a vida de Drucker seja instrutiva nesse aspecto, este capítulo é dedicado às prioridades que você estabelece em sua própria vida.

# I. LEITURA

Por volta de 1989, Drucker lamentava não ter dedicado mais tempo de sua carreira à gestão das instituições do setor social — arrependimento que tentou compensar de forma resoluta até sua morte, em 2005. Drucker exprimiu esse arrependimento numa entrevista com um de seus melhores amigos:

> Olhando para trás, uma de minhas maiores frustrações, provavelmente, foi ter priorizado, mais do que eu gostaria, aquilo que era urgente em vez daquilo que era importante, e o resultado é que deixei de escrever alguns livros que poderia ter escrito. E escrevi livros que eram urgentes, ou ensinei coisas que eram necessárias naquele momento, em vez de coisas que seriam necessárias cinco anos depois. Aceitei cuidar do imediato, em vez do longo prazo. Mas é fácil olhar para trás.

> Peter F. Drucker, entrevista ao reverendo James Flamming, 1989.

☒ Peter Drucker acabaria por passar boa parte dos vinte e poucos anos finais de sua vida aconselhando líderes de organizações do setor social, inclusive, mas nem de longe exclusivamente, pastores de grandes organizações religiosas e pararreligiosas. Seu foco foi sempre a melhoria dos processos de liderança, organização e gestão, inclusive o *desenvolvimento humano*, a *construção do espírito comunitário* e o *planejamento sucessório* de líderes no topo das organizações. Como veremos, ele e seus alunos, juntos, obtiveram resultados espantosos.

# II. REFLEXÃO

☒ Você é responsável pela forma como divide sua vida.

## 1. APRENDA COM OS DEFICIENTES COMO SEPARAR O IMPORTANTE DO URGENTE

[A] melhor prova de que é falso o risco de podar em excesso [as atividades urgentes] é a notável eficiência de tantas pessoas com deficiências e doenças graves. Um bom exemplo é Harry Hopkins, conselheiro do presidente Roosevelt durante a Segunda Guerra Mundial. Desenganado, com dificuldade até de caminhar, ele só conseguia trabalhar algumas horas por dia, dia sim, dia não. Isso o obrigou a deixar tudo de lado, a não ser os assuntos que fossem de importância realmente vital. Dessa forma, ele não perdeu eficiência. Ao contrário, acabou ganhando de Churchill o apelido de "Lorde Cerne do Problema", e fez mais do que qualquer pessoa em Washington durante a guerra. Esse é um exemplo radical, é claro. Mas ilustra tanto o controle que se pode exercer sobre o próprio tempo, quando se faz um esforço real, quanto o tempo perdido que se pode cortar, sem perda de eficiência.

> Peter F. Drucker, *The Effective Executive*, 1967,
> p. 40. [Ed. bras.: *O gerente eficaz*, 1997.]

☒ Drucker foi um escritor, professor e consultor de grande sucesso para executivos. Mesmo assim, no auge do sucesso, foi capaz de dar o salto daquilo que era urgente para aquilo que considerava importante, recusando um sem-número de propostas. É um poderoso exemplo de como cada um de nós pode se concentrar naquilo que é importante.

## 2. NÃO PERGUNTE O QUE EU QUERO, PERGUNTE O QUE PRECISA SER FEITO

Pouco importa a quase infinita diversidade de personalidade, estilo, competência e interesse nos líderes eficientes que conheci, observei e com quem trabalhei: todos eles se *comportavam* quase do mesmo jeito. Não começavam com a pergunta "O que eu quero?"; começavam com a pergunta "*O que precisa ser feito?*".

Peter F. Drucker, "Not Enough Generals Were Killed", 1996, pp. xii-xiii.

⊠ "Se a eficiência tem um 'segredo' único, esse segredo é a concentração." Isso é ainda mais válido para os executivos, uma vez que os outros costumam demandar continuamente seu tempo. Daí decorre que a necessidade de cuidar de várias coisas ao mesmo tempo tende a ser a realidade do executivo. Mas ele ou ela deve aprender, em meio a múltiplas demandas, a dar prioridade e a destinar a quantidade necessária de tempo e de foco ao que é *importante*, e não ao *urgente*.

## 3. NEM TUDO É TÃO IMPORTANTE QUANTO CERTAS COISAS

Ser executivo significa não ter tempo. Significa que todo mundo quer roubar seu tempo. Todos querem seu tempo. Sempre há mais serviço do que horas no dia. E tudo leva mais tempo do que deveria. E o dobro do tempo que o chefe gostaria. E há uma diferença entre a forma como os executivos eficientes usam seu tempo e a forma como a maioria de nós usa o tempo. O importante é saber quantas horas você realmente tem e em que elas estão sendo usadas. Nem tudo é tão importante quanto certas coisas. Você sabe quanto tempo do dia dedica de verdade às atividades que realmente merecem esse tempo? Será que, por acaso, está deixando passar um monte de tempo entre os dedos?

Peter F. Drucker, transcrição de uma série de fitas de vídeo, 1968.

⊠ A análise de feedback é uma técnica antiquíssima, empregada por santo Inácio de Loyola para desenvolver a si mesmo e aos padres da ordem dos jesuítas. Suas meditações, com variantes modernas e adaptações seculares, representam uma ferramenta de análise periódica do nosso desempenho através da comparação dos resultados com nossas expectativas. É uma ferramenta que pode ser usada para apontar nossos pontos fracos e as áreas em que temos mais chance de dar uma maior contribuição. É nessas áreas que devemos pensar em empregar nosso tempo.

# III. IDEIAS PRÁTICAS

"Decisões de pessoal" — contratações, promoções e demissões — estão quase sempre entre as decisões mais *importantes* que você terá de tomar. Não se apresse ao tomar essas decisões, porque, em caso de erro, vai perder muito tempo lamentando e tentando consertá-lo!

Eu costumo usar um livreto, *The Tyranny of the Urgent*[1] [A tirania da urgência], de Charles Hummel, como lembrete da diferença entre tarefas urgentes e tarefas importantes. Já que essa abordagem específica na gestão do tempo funcionou bem para mim, considere aplicá-la em questões que demandem muito de seu tempo e adquira o hábito de fazer pausas para distinguir entre as demandas de tempo importantes e as urgentes.

Drucker usava a análise de feedback para ajudá-lo a tomar decisões em relação à divisão de sua vida, inclusive as decisões pelas quais queria ser lembrado. Quais são as coisas pelas quais você gostaria de ser lembrado?

A resposta à pergunta "Quais são as coisas pelas quais eu gostaria de ser lembrado?" mudará com o passar dos anos. Por isso, é importante fazer a pergunta e respondê-la diversas vezes ao longo do tempo. A resposta lhe dará um foco e um objetivo de vida. Há uma forte tendência a evitar a pergunta, principalmente quando as tarefas do cotidiano nos tomam tanto tempo. Crises são fundamentais para nos fazer parar e encarar a pergunta, mas não é preciso esperar uma crise para fazer isso. Descobri que os primeiros dias do ano são um bom momento para fazer a pergunta. Mas, se você ainda não a respondeu, que tal tentar agora?

# Semana 7

## A GESTÃO EM DUAS DIMENSÕES TEMPORAIS

## INTRODUÇÃO

Os CEOs têm plena consciência da necessidade de equilibrar os resultados de curto e longo prazo. Eles sabem das vantagens e desvantagens, e levam isso em conta. Por exemplo, é fácil reduzir as verbas de pesquisa e desenvolvimento e de formação de pessoal nos momentos em que o problema é atingir as metas de lucratividade de curto prazo. Mas, se você fizer isso, não se esqueça de restabelecer os recursos e as atividades assim que possível, a fim de manter os níveis de inovação, conhecimento e competência necessários para competir com êxito no futuro. Restabelecer a verba ajudará a manter intacto seu plano estratégico.

E é esta a essência do planejamento estratégico — tomar hoje as decisões de alocação de recursos que afetarão o amanhã. Isso exige alocar, de caso pensado, fundos e pessoal em projetos que visam a assegurar o futuro da organização. No entanto, os resultados de curto prazo são necessários, e essa necessidade pode exigir que você aceite compromissos entre os resultados de curto e os de longo prazo.

Como não costumam dispor de um "pote de ouro" para distribuir ao mesmo tempo a produtos e serviços atuais e futuros, os executivos se veem obrigados a calcular quais novos investimentos em produtos e serviços já existentes — aí incluída a formação de pessoal — tirarão verba de investimentos potenciais da organização. Se a compensação for aceitável, é sinal de que a decisão está correta. Caso contrário, a alocação de recursos entre o presente e o futuro terá de ser repensada até que a compensação seja adequada.

# I. LEITURA

Existem missões de curto prazo e missões de longo prazo, e ambas têm de ser compatíveis. Mas se dermos uma olhada em algumas organizações de hoje... por exemplo, essa mulher muitíssimo capaz que acabou de assumir a HP [Hewlett-Packard]. Ao assumir, ela redigiu uma missão de curto prazo e uma missão de longo prazo, mas as duas missões não são compatíveis. Aliás, ela sabe disso. É extremamente inteligente. *O valor básico, segundo ela, é que primeiro temos que recuperar o que perdemos, e a partir daí construir para o futuro* [grifo meu]. Por sinal, este velho consultor já disse mais de uma vez no passado que isso não funciona. Mas não importa. Esse, porém, é o problema de todo mundo [gerir duas dimensões temporais diferentes], é isso que é necessário. É preciso conseguir resultados de curto prazo e resultados de longo prazo. Um antigo ditado médico diz que não adianta a mulher velha e doente saber que amanhã uma cirurgia vai salvar sua vida, se na véspera ela morrer. Tampouco adianta ela sobreviver na véspera se no dia seguinte não for operada e tiver a vida salva. Por isso, é preciso ter missões de curto e de longo prazo, e ambas têm de ser compatíveis. Apesar disso, é comum que elas sejam diferentes.

> Peter F. Drucker, "The Drucker School". Disponível em:
> <www.youtube.com/watch?v=V1xppECWZPw>. Acesso em: 2 fev. 2009.

# II. REFLEXÃO

☒ Sempre há compensação entre as ações úteis no presente e as que melhoram o desempenho no longo prazo. Ao realizarem essas compensações, os executivos devem estar conscientes do custo que as ações de curto prazo impõem sobre o longo prazo.

☒ As missões em duas dimensões temporais podem ser diferentes, mas têm de ser compatíveis.

## 1. AS TAREFAS DO GESTOR

"Gestores precisam, por assim dizer, manter um olho no chão e outro no céu — um malabarismo e tanto."

Gestores têm duas tarefas específicas. A primeira é a criação de um todo que seja maior que a soma de suas partes, uma entidade produtiva que gere algo maior que a soma dos recursos empregados. A segunda tarefa específica do gestor é harmonizar, em todos os atos e decisões, as exigências do futuro imediato e do futuro distante. Gestores não podem sacrificar um ou outro sem pôr em perigo o empreendimento.

Se o gestor não cuidar dos cem dias seguintes, não haverá cem dias seguintes. Tudo o que o gestor faz tem de fazer sentido tanto para o objetivo e princípio básico imediato quanto para o de longo prazo. E, quando não for possível conciliar essas duas dimensões temporais, ele precisa ao menos equilibrá-las. Ele tem de calcular o sacrifício que vai impor ao futuro de longo prazo do empreendimento para proteger seus interesses imediatos ou o sacrifício que vai impor hoje pelo bem do amanhã. Deve limitar os dois sacrifícios o quanto puder. E precisa consertar o mais rápido possível o dano que provoca. Ele vive e atua em duas dimensões temporais, e é responsável pelo desempenho do empreendimento como um todo e da parte que lhe cabe.

Peter F. Drucker, *Management: Tasks, Responsibilities, Practices*, 1973, cap. 31, pp. 398-9.

⊠ O executivo tem de corrigir os problemas do passado, mas seu verdadeiro papel é alocar os recursos da organização às oportunidades do futuro.

## 2. COMPROMETA COM O FUTURO OS RECURSOS DE HOJE

O executivo, queira ou não, está sempre acertando contas com o passado. Isso é inevitável. O hoje é sempre o resultado de atitudes e decisões tomadas ontem. Qualquer que seja seu cargo ou título, porém, o ser humano não pode antever o futuro. As atitudes e decisões de ontem, por mais corajosas ou sensatas que tenham sido, inevitavelmente se transformam nos problemas, nas crises e nas burrices de hoje. Apesar disso, o papel específico do executivo — quer trabalhe no governo, numa empresa ou em qualquer outra instituição — é comprometer com o futuro os recursos de hoje.

Peter F. Drucker, *The Effective Executive*, 1967, pp. 103-4.

⊠ A missão de uma empresa deve refletir os resultados de curto prazo e também os de longo prazo.

## 3. UMA MISSÃO É SEMPRE DE LONGO PRAZO

A missão é sempre de longo prazo. Ela exige esforços de curto prazo e, com muita frequência, resultados de longo prazo. Começa com um objetivo de longo prazo. Em um dos sermões de John Donne, grande poeta e filósofo religioso do século XVII, há uma frase maravilhosa: "Nunca comece pelo amanhã se queres alcançar a eternidade. A eternidade não se alcança a passos curtos". Portanto, principie sempre pelo longo prazo, para depois retornar e dizer: "O que faremos hoje?". A palavra crucial é "fazer" [...]. Tivemos algumas empresas incrivelmente bem-sucedidas no longo prazo [...]. Todas elas começaram com um conceito de longo prazo muito claro.

Peter F. Drucker, *Managing the Non-Profit Organization: Principles and Practices*, 1990, p. 46. [Ed. bras.: *Administração de organizações sem fins lucrativos: princípios e práticas*, 1994.]

☒ Ao sacrificar qualquer uma das dimensões, o executivo coloca em risco a sobrevivência da organização.

# III. IDEIAS PRÁTICAS

Os objetivos, tanto os de curto quanto os de longo prazo, estão explicitados na missão de sua organização? Quais são eles?

Os objetivos de curto e longo prazo de sua missão são compatíveis?

Sua organização concentra a maior parte do tempo e do esforço em problemas relacionados a decisões do passado?

Como liberar parte de seu tempo e de seus recursos para concentrar-se em oportunidades úteis para o futuro de sua área?

## PARTE 4

# O MAPA PARA A EFICIÊNCIA PESSOAL

# *Semana*
# 8

---

## CONCENTRAÇÃO

---

## INTRODUÇÃO

---

Peter Drucker escreveu uma carta detalhada a Bob Buford, datada de 22 de setembro de 1986, depois de uma Drucker Summit Conference [Conferência de Cúpula Druckeriana] patrocinada por Buford em Estes Park, no estado do Colorado. A carta contém os princípios da eficiência e um planejamento pessoal para o próprio Bob. Nela, Drucker repassa muitos aspectos da eficiência pessoal dos executivos, aplicando-os diretamente ao trabalho de seu interlocutor. A carta foi decisiva no planejamento de trabalho de Bob pelo resto de seus dias, e encerra muitas lições que podemos utilizar em nossa vida e nosso trabalho.

A carta fornece um estudo dos princípios de eficiência contidos num livro clássico de Drucker, *O gerente eficaz* (1967), e no artigo "Managing Oneself" (1999), publicado por ele na *Harvard Business Review*. O próprio artigo é um trecho de outro livro de Drucker, *Management Challenges for the 21st Century* (1999, pp. 161-96).

O tema inicial é o pilar da eficiência pessoal, a *concentração do es-*

*forço* — uma atitude fundamental para fazer aquilo que é certo e, portanto, fundamental para a eficiência pessoal.

# I. LEITURA

Como você definiria as partes específicas do trabalho que exigem intervenção? E como definiria aquelas que não exigem? Você seria capaz de identificar todos aqueles que precisam ou que desejam os seus serviços? Ou é melhor se concentrar apenas em metas oportunistas? Há casos em que é melhor responder "não"? Para quem e onde? Você já conhece, creio eu, as perguntas que considero relevantes. São elas: "Qual é o nosso negócio?", "Qual deveria ser o nosso negócio?", "Qual não deveria ser?", "Quem é o nosso cliente?", "O que o cliente valoriza?".

Minha sugestão é que você foque naquelas áreas em que mesmo um pequeno êxito de sua parte pode vir a ter um grande impacto, tanto porque isso terá alta visibilidade [quanto porque] fará uma autêntica diferença. Isso pode dar a impressão de que eu acho que você não se importa com aqueles que não estão prontos para você. Reconheço que é provável que, logo, logo, você possivelmente tenha mais clientes do que será capaz de atender [...].

Eu [...] excluiria programas nos quais provavelmente nem mesmo um grande êxito faria uma diferença verdadeira. Em outras palavras, você terá tanto trabalho atendendo às demandas que lhe são impostas que não adianta esgotar, um por um, todos os seus recursos. Mas a grande congregação [a igreja pastoral][1] também tem suas necessidades, e é aí que você pode dar uma contribuição verdadeira. Congregações pequenas basicamente não têm necessidade daquilo que você tem a oferecer e não serão capazes de fazer uso disso até se tornarem suficientemente grandes. Prevejo, para um futuro não muito distante, a possibilidade de converter boa parte de sua experiência em guias, cursos, livros e assim por diante, que serão de utilidade para as igrejas pequenas. Nesse momento, nem seria preciso dizer, prevejo que haverá algum tipo de direcionamento — mas não necessariamente como parte do trabalho da sua fundação. Mas eu diria que seu trabalho, num futuro próximo, estará focado na igreja maior. Por isso eu deixaria de lado — ou pelo menos não recomendaria — o trabalho com outras.

Você comentou que há problemas bem parecidos no serviço público em geral. Na verdade, eu diria que boa parte das instituições do serviço público necessitaria daquilo que você oferece tanto quanto grandes igrejas [pastorais], e talvez até mais.

Peter F. Drucker, trechos selecionados da
correspondência com Robert Buford, 22 set. 1986.

# II. REFLEXÃO

☒ Os recursos humanos mais competentes de uma organização, inclusive os talentos gerenciais, devem ser alocados nas oportunidades mais promissoras dessa organização.

## I. CONCENTRE-SE NO MENOR NÚMERO DE ATIVIDADES QUE RENDAM A MAIOR PRODUTIVIDADE

A concentração é a chave para os resultados econômicos. Estes exigem que os gestores concentrem seus esforços no menor número possível de produtos, linhas de produtos, serviços, clientes, mercados, canais de distribuição, usos finais e assim por diante dentre aqueles que produzam a maior receita possível. Os gestores precisam minimizar a atenção dedicada a produtos que geram primordialmente custos em razão, por exemplo, de um volume muito pequeno ou pulverizado.

Atingir resultados econômicos exige que a equipe concentre seus esforços num pequeno número de atividades capaz de gerar resultados empresariais significativos [...].

Por fim, os recursos humanos devem ser concentrados num pequeno número de oportunidades principais. Isso vale principalmente para recursos humanos de alto nível, por meio dos quais o conhecimento se torna eficiente no trabalho. E vale, acima de tudo, para o recurso humano mais raro, mais caro, mas potencialmente mais eficaz de uma empresa: o talento gerencial.

> Peter F. Drucker, *Managing for Results*, 1964, pp. 11-2.
> [Ed. bras.: *Administrando para obter resultados*, 2002.]

☒ Conhecer sua missão ou seu objetivo é essencial ao escolher, dentre todas as oportunidades disponíveis, aquelas com maior probabilidade de produzir *os resultados certos*.

## 2. "CONHECER O OBJETIVO FACILITA A CONCENTRAÇÃO"

O fato é que não temos tempo para fazer tudo na vida, e a boa notícia é que, de qualquer maneira, nem tudo na vida merece ser feito. Por isso, conhecer seu objetivo facilita a concentração. Eis uma citação de Peter: "Concentre-se no menor número de atividades que rendam a maior produtividade". Foque em suas principais competências; foque em seus pontos fortes; não seja o melhor dos piores. Você sabe que uma fonte de luz sem foco não tem nenhum poder, mas se você pegar uma lupa e focar essa luz num pedaço de grama você pode incendiá-la. Se você quer uma vida que faça diferença, se quer que sua organização faça diferença, dê foco a sua vida. Faça pouco, mas faça bem.

> Rick Warren, "The Influence of Peter Drucker on My Life", 13 nov. 2004.

☒ Não se podem acumular projetos indefinidamente sem abrir mão de alguns. Pergunte a você mesmo: "Do que eu vou (ou nós vamos) abrir mão?". Devem-se abandonar projetos que, mesmo que deem muito certo, provavelmente farão pouca diferença.

## 3. DESAPEGO

"Não há nada mais caro e complicado — assim como não há nada mais inútil — que tentar evitar que um cadáver comece a feder."

O executivo eficiente sabe que precisa conseguir que muitas coisas sejam feitas de maneira eficiente. Por isso, ele se concentra. E a primeira regra de concentração do esforço do executivo é se livrar do passado que deixou de ser produtivo. Isso faz com que os melhores recursos — sobretudo aquele recurso tão raro que é a capacidade humana — sejam imediatamente recuperados e postos a serviço das oportunidades futuras. Quando o líder é incapaz de se livrar do ontem, de se desapegar do ontem, simplesmente não será capaz de criar o amanhã.

Sem um desapego sistemático e pensado, a organização é superada pelos eventos. Desperdiçará seus melhores recursos em coisas que não deveria ter feito e não deveria estar fazendo. O resultado é que lhe faltarão recursos, principalmente pessoal capacitado, necessários para explorar as oportunidades que se apresentam. É muito pequeno o número de empresas dispostas a se livrar do passado. Por isso, pouquíssimas dispõem de recursos para o amanhã.

Peter F. Drucker com Joseph A. Maciariello,
"Abandonment", *The Daily Drucker*, 5 jan. 2004.

## III. IDEIAS PRÁTICAS

O que seriam exemplos de "bons resultados" para você e sua organização? Procure encontrá-los.

Quais são as áreas, no seu trabalho e na sua vida, em que você tem elevadas competência e habilidade? Tente aplicar essas competências a atividades e projetos que, caso sejam bem executados, produzam resultados "certos", extraordinários.

É provável que você e sua organização sejam suplantados pelos eventos futuros, a menos que pratiquem o desapego sistemático em relação aos antigos produtos, projetos e processos e redirecionem suas atividades e recursos para programas e atividades que possuam alto potencial de impacto.

Como podemos "criar o amanhã"? Ao procurar oportunidades de criação de um futuro novo e melhor para a sua organização, vale muito mais conhecer as mudanças nas tendências do que as tendências atuais. Pense na *criação do amanhã* focando na *mudança de tendências*, e não apenas nas tendências atuais que afetam sua organização.

Tendo convertido suas principais oportunidades em bons resultados, pense em como esse esforço pode ser adaptado a outras oportunidades e outros mercados.

# Semana 9

## ORGANIZE O TRABALHO PARA OBTER EFICIÊNCIA

## INTRODUÇÃO

Drucker, em *The Effective Executive* (1967, pp. 25-6), afirma: "O executivo eficiente sabe que o tempo é o fator limitador" da eficiência. Ocorre que um dia, uma semana, um mês, um ano etc. são quantidades fixas e inalteráveis. Portanto, é preciso tentar planejar o tempo, certificando-se de que as tarefas mais importantes sejam executadas primeiro, e resistir — o quanto for possível — à pressão de fazer várias coisas ao mesmo tempo. Tanto as evidências empíricas quanto a prática cotidiana confirmam que o *multitasking* reduz nossa eficiência geral.

Em outras palavras, temos de organizar nosso tempo, já que este é nosso maior limitador, e planejar nossas tarefas de acordo com ele. Dito de outra forma, temos de "ter jogo de cintura". Mas como fazer isso? É preciso deixar passar oportunidades inesperadas por falta de tempo para elas? Ou é melhor avaliar oportunidades promissoras à medida que aparecem e pegá-las ou rejeitá-las com base em seus méritos? Se quisermos aceitar uma oportunidade inesperada, temos de decidir aquilo que vamos deixar de lado ou delegar, porque, se acrescentarmos novas oportunidades continuamente, sem dúvida vamos comprometer nossa eficiência ou até mesmo o nosso bem-estar.

As leituras, reflexões e atividades deste capítulo nos ensinam a administrar nosso tempo para atingir uma eficiência geral no trabalho.

# I. LEITURA

"Como você cuidou do seu desenvolvimento pessoal?"

Essa foi a pergunta que Peter Drucker fez a Andy Grove, um dos três fundadores da Intel.

### Andy Grove

Eu meto o nariz numa atividade nova; dedico algum tempo a ela. Percebo que começo a pressionar o tempo que tenho. Em determinado momento chego à conclusão de que tenho de me livrar de alguma coisa. Começo a examinar o que fazer. Procuro oportunidades. Procuro coisas que faço e que posso deixar de fazer. Na maior parte dos casos em que deixo algo de lado, posso arrumar algo em troca. Por exemplo, mudei a reunião de administração de uma vez por semana para uma vez a cada quinze dias. Em todos os casos a pressão envolve tempo. Pergunto a mim mesmo: "O que estou fazendo que não deveria estar fazendo?". Forço a mim mesmo a ficar sobrecarregado e olho para a pilha de coisas, à procura daquilo que devo jogar fora. Examino aquilo que faço. Ainda devo estar fazendo isso? Estou fazendo direito? Estou adicionando valor àquilo que faço? Tem mais ou menos valor que as outras coisas? Eu negocio comigo mesmo. Talvez nem sempre pare de fazer algo de imediato, mas ponho em ação a engrenagem que me fará parar dentro de um determinado período de tempo, digamos seis meses.

Peter F. Drucker e Joseph A. Maciariello, "Andy Grove of Intel: Entrepreneur Turned Executive", *Management Cases: Revised Edition*, 2009, pp. 186-7.

# II. REFLEXÃO

⊠ À medida que aumentam as demandas sobre um executivo, ele precisa criar tempo para aquelas que são importantes, delegando certas atividades, abandonando outras ou flexibilizando a frequência de realização de tarefas repetitivas. Ele tem de agarrar as oportunidades assim que se apresentam e tomar uma ou mais das atitudes acima para reservar tempo para novas oportunidades.

⊠ As tarefas específicas do executivo são: definir objetivos, organizar, motivar, comunicar, medir o desempenho e desenvolver o pessoal. Cada uma dessas tarefas exige a tomada de decisões e o uso das ferramentas da eficiência executiva. Mas a maior parte dos executivos perde muito tempo com tarefas que, em geral, não são as descritas acima. As tarefas operacionais adicionais podem incluir: cuidar dos clientes mais importantes da organização; negociar grandes financiamentos; mostrar reconhecimento pelo pessoal mais antigo, inclusive aqueles que estão se aposentando etc. São tarefas importantes e, embora algumas sejam puramente cerimoniais, têm de ser bem realizadas e nem sempre podem ser delegadas.

## 1. ORGANIZE O TRABALHO PARA SER EFICIENTE

Do pouco que já pude ver de seus parceiros, os pastores, algo que ficou bem claro é que eles precisam organizar seu trabalho e eficiência. Eles têm uma energia tremenda. E fazem muita coisa num tempo muito curto. Apesar disso, a demanda sobre eles cresce numa velocidade maior que o tempo e a energia de que dispõem. O que eles encontraram que permite [a cada um deles] manter-se atuantes e eficientes como pastores, profissionais e líderes — além da pregação? Sabemos que em qualquer profissão o líder não se deve deixar transformar num mero "executivo"; precisa continuar atuante como "profissional". Do contrário, perde sua habilidade rapidamente. Isso vale tanto para o pastor quanto para o cirurgião ou o advogado. Quais desses homens têm conseguido lidar bem com isso, e de que forma? Seria simplesmente uma questão de reservar tempo? Seria uma questão de refletir sobre seus pontos fortes como indivíduo e fazer de tudo para que as atividades-chave que aproveitam esses pontos fortes continuem a ser suas "atividades", em vez de serem delegadas a outros?

> Peter F. Drucker, trechos selecionados da correspondência
> com Robert Buford, 22 set. 1986.

⊠ O executivo bem-sucedido não tem medo de subordinados fortes. Eles o ajudam a dar conta de suas próprias responsabilidades. E conferir maior responsabilidade aos subordinados ajuda a desenvolvê-los. Abraham Lincoln nomeou para seu ministério quatro de seus adversários na luta pela indicação do Partido Republicano em 1860. Pelo menos dois deles, William H. Seward e Salmon P. Chase, se considerados seus currículos formais, inclusive formação e experiência, estavam mais preparados para a presidência que o próprio Lincoln. Seu segundo-secretário da Guerra, Edwin Stanton, um democrata, ex-procurador-geral no governo Buchanan, tinha uma opinião desfavorável sobre a capacidade de Lincoln como advogado. No entanto, Lincoln sabia que estava lidando com problemas graves e que precisava reunir a melhor equipe disponível para ajudá-lo a assumir suas responsabilidades.

## 2. COMO ESCOLHER SUBORDINADOS FORTES
"Como tornar um líder eficiente."

Justamente porque sabe que, no fim das contas, o responsável final é ele e ninguém mais, o líder eficiente não tem medo da força de seus pares e subordinados. Os maus líderes têm, e sempre recorrem a faxinas. Mas o líder eficiente quer ter parceiros fortes; incentiva-os; desafia-os; orgulha-se deles, na verdade. Por considerar-se o responsável máximo pelos erros de seus parceiros e subordinados, ele também vê as vitórias deles como suas vitórias, e não como ameaças. Um líder pode ter vaidade pessoal — era o caso do general Douglas MacArthur, num grau quase patológico. Ou pode ser humilde — tanto Lincoln quanto Truman o eram, a ponto de sofrer de complexo de inferioridade. Mas todos os três queriam ter à sua volta gente capaz, autônoma, segura de si. Incentivavam seus subordinados, elogiando-os e promovendo-os. Foi o mesmo que fez alguém muito diferente: Dwight "Ike" Eisenhower, quando foi o comandante supremo na Europa.

> Peter F. Drucker, *The Essential Drucker*, 2008, pp. 270-1.
> [Ed. port.: *O essencial de Drucker*, 2009]

☒ Para definir padrões, o alto executivo deve se envolver em atividades que incluem o desenvolvimento, a reafirmação e a realização de atos que exemplifiquem a visão e os valores da organização. A menos que a direção os reforce, as pessoas tendem a esquecer rapidamente essa visão, esses valores e esses padrões, tratando-os como "troféus". Reafirmar a missão e os valores é algo que deve ser feito diversas vezes por ano por aqueles que estão no comando de uma organização. Essas atividades de reforço são chamadas, às vezes, de "atividades de conscientização". Elas definem os princípios e aspirações da organização — e, claro, a própria razão de ser.

## 3. SER LÍDER É SER RESPONSÁVEL

"Não mataram generais o bastante."

*Todos* os líderes eficientes que encontrei — tanto aqueles com quem trabalhei quanto aqueles que pude observar — conheciam quatro fatos simples: o líder é aquele que possui *seguidores*; popularidade não é liderança, *resultados são*; líderes têm alta visibilidade e dão exemplo; ser líder não é ter cargos, privilégios, títulos ou dinheiro; ser líder é ser *responsável*.

Quando eu estava terminando o ensino médio, nosso excelente professor de história — um veterano gravemente ferido na guerra — pediu a cada um de nós que escolhesse uma série de livros, de uma lista sobre a história da Primeira Guerra Mundial, e escrevesse um grande ensaio sobre nossa escolha. Quando debatemos em sala de aula esses ensaios, um de meus colegas de classe disse: "Todos esses livros dizem que a Primeira Guerra foi uma guerra de absoluta incompetência militar. *Qual a razão disso?*". Sem titubear, nosso professor respondeu de bate-pronto: "Porque não mataram generais o bastante; eles ficavam atrás das linhas, deixando os outros lutarem e morrerem". Líderes eficientes delegam, mas não aquilo que dará exemplo. Isso eles *fazem*.

Peter F. Drucker com Joseph A. Maciariello, "Leadership is Responsability",
*The Daily Drucker*, 8 abr. 2004.

# III. IDEIAS PRÁTICAS

As exigências sobre você têm crescido mais rapidamente do que seu tempo permite? Que medidas concretas você pode tomar para "ter jogo de cintura", conciliando trabalho e tempo disponível? É possível delegar algumas de suas atividades? Deixar algumas de lado? Alterar a frequência com que realiza outras? Seu superior pode lhe proporcionar algum alívio?

Andy Grove, que foi o CEO altamente eficiente de uma grande empresa de capital aberto, explicou que estabelecia prioridades pondo pressão sobre seu próprio tempo. À medida que surgiam novas oportunidades que tomavam seu tempo, ele identificava outras para deixar de lado ou para delegar a outros. "Pôr pressão sobre seu próprio tempo" funcionaria no seu caso?

Não delegue atividades que definem padrões. E lidere por meio do exemplo nessas atividades importantes.

Escolha subordinados com base em seus pontos fortes. Não tenha medo de escolher subordinados fortes. Eles o ajudarão a dar cabo de suas responsabilidades.

Tendemos a aprender quando ensinamos aos outros. Quando desenvolvemos outras pessoas, desenvolvemos simultaneamente a nós mesmos, porque temos de descobrir uma forma de aumentar a capacidade daqueles que estamos tentando desenvolver — o que é, em si, um exercício de imaginação. Quem você deve buscar e ajudar a desenvolver?

A humildade não é um traço de personalidade problemático na busca pela eficiência executiva. Você é uma pessoa humilde? Essa humildade gera em você um complexo de inferioridade? Que medidas você pode tomar para continuar humilde, mas se livrar de todo e qualquer sentimento de inferioridade?

# Semana 10

## ALFABETIZAÇÃO INFORMACIONAL PARA EFICIÊNCIA EXECUTIVA

## INTRODUÇÃO

As "organizações do conhecimento" se estruturam em torno da informação, e não da hierarquia. Drucker afirma, por exemplo, que "a empresa-padrão será baseada no conhecimento, uma organização composta em grande parte de especialistas que dirigem e disciplinam o próprio desempenho por meio de um retorno sistemático dado por colegas, por clientes e pela diretoria. Por essa razão, é aquilo que eu chamo de organização baseada na informação".[1] Ele citava com frequência dois exemplos de organizações baseadas na informação: os hospitais modernos — que são organizados em torno do paciente e onde uma profusão de especialidades e subespecialidades médicas é usada no diagnóstico e no tratamento desse paciente — e a orquestra sinfônica — organizada em torno da composição musical, e em torno de quatro famílias de instrumentos musicais, cada uma delas composta de diversos instrumentos diferentes. O diretor médico coordena o fluxo de informações entre os especialistas e gerencia o tratamento dos pacientes com a ajuda das enfermeiras. O maestro se comunica com os diferentes músicos, todos eles dirigidos para atuar conforme a partitura.

Tanto o hospital moderno quanto a orquestra sinfônica são exemplos típicos de organizações do conhecimento, ou organizações baseadas na informação. São "planos" e baseiam sua eficiência num grande número de especialistas, entre os quais a comunicação é essencial. Além disso, organizações baseadas na informação exigem que seus executivos — o diretor médico e o maestro, nesses exemplos — sejam tecnologicamente alfabetizados em relação ao papel de cada integrante da equipe, de modo que o esforço de todos seja coordenado. Esse é o papel do executivo na sociedade do conhecimento.

Os executivos precisam se certificar de sua capacidade de análise eficiente dos dados, e, em nome da eficiência dos membros da organização que precisam desses dados, é preciso que estes lhes sejam comunicados. Ilustra bem essas necessidades o exemplo de um dos mais bem-sucedidos treinadores de basquete universitário dos Estados Unidos, Brad Stevens. Ex-treinador da equipe masculina da Universidade Butler, Stevens levou o time às finais da divisão principal da NCAA em 2010 e 2011 e hoje é o técnico do Boston Celtics, da NBA.

Quando perguntaram a Stevens o modo como usava as informações recolhidas por ele e sua comissão técnica, a resposta foi a seguinte:

> Primeiro, subdivido todas as estatísticas disponíveis sobre o adversário, de modo a absorver mentalmente sua tendência de jogo. Dou uma olhada no número de arremessos de três pontos em relação ao número total de arremessos — o que na mesma hora me diz que tipo de equipe vou enfrentar. Vale a pena olhar a porcentagem de rebotes ofensivos. A porcentagem de bolas perdidas na defesa — e no ataque. O aproveitamento de arremessos dos adversários. Onde eles se defendem bem. Onde tentam se defender bem.[2]

Stevens prossegue a resposta explicando que os adversários mudam de comportamento ao longo da temporada. Ele leva em conta as tendências mais recentes. Além disso, a parte mais importante de seu trabalho é fazer seus jogadores compreenderem as informações e atuarem de acordo com elas. Se os jogadores não entendem e não agem em conformidade, de nada adianta. O mesmo vale para a gestão de toda organização baseada em informação, e é por isso que Drucker sublinha a necessidade de uma comunicação eficiente entre aqueles que precisam da informação para ter um bom desempenho e aqueles que detêm a informação de que os outros precisam. Brad Stevens nos dá o exemplo mais simples e completo de como a organização do conhecimento se baseia na informação, na alfabetização informacional e na responsabilidade informacional.

# I. LEITURA

### ALFABETIZAÇÃO INFORMACIONAL PARA A EFICIÊNCIA EXECUTIVA

Uma antiga piada sobre liderança começa assim: um balonista se perdeu nos céus do Kansas, ou de Iowa, sem ter a menor ideia de onde está ou para onde está indo. Não dá para ver ninguém, nada além de grama. Por fim, ele divisa uma mulher numa plantação. Ele desce e grita para ela: "Onde estou? Tenho um compromisso e estou uma hora atrasado!". Ela grita em resposta: "Você está na latitude 42°8'4" norte e longitude 94°!". Ele responde: "Você é contadora?". Ela questiona: "Como você descobriu?". E ele diz: "Sua informação está absolutamente correta e é absolutamente inútil". É a vez de ela palpitar: "Você deve ser um executivo". Ele responde: "Sou, sim, mas como você sabe disso?". Ela diz: "Você está aí em cima, mas não sabe onde está, não sabe para onde vai, não dá conta da agenda e põe a culpa em quem está abaixo".

Extraído de Peter F. Drucker, *Executive Summary: A Conversation with Peter Drucker on Leadership and Organizational Development*, 2002, p. 6.

# II. REFLEXÃO

☒ Para passar da alfabetização estatística para a alfabetização informacional, o executivo precisa responder a duas perguntas específicas: "De que informação minha organização precisa?" e "De que informação eu preciso?". Isso exige dar uma ênfase maior à conversão de estatísticas brutas em informação útil, em vez de adquirir tecnologia da informação — mais ênfase no "I" do que no "T". Nesta nova era dos "megadados", isso é ainda mais importante do que converter estatísticas brutas em informação real.

## 1. COMO DESCOBRIR QUAL A INFORMAÇÃO QUE DEVO TRANSMITIR E QUE GERA COMUNICAÇÃO

Para gerar a informação de que precisa em seu trabalho, o gestor precisa começar fazendo duas perguntas:

[Primeira:] "Que informações devo transmitir às pessoas com quem trabalho e de quem dependo? E sob que formato? Com que rapidez?"

[Segunda:] "De que informações eu mesmo preciso? E de quem? E sob que formato? E com que rapidez?"

As duas perguntas estão intimamente relacionadas. Mas não são iguais. *O que eu devo* vem antes, porque gera a comunicação. E enquanto ela não for gerada não existe fluxo de informação.

Peter F. Drucker e Joseph A. Maciariello,
*Management: Revised Edition*, 2008, p. 349.

☒ A alfabetização informacional requer que selecionemos as informações realmente relevantes de um enorme volume de informações, hoje disponível graças a nossa capacidade tecnológica quase ilimitada de armazenamento. Como saber distinguir? As informações relevantes são os dados importantes para os problemas específicos que a organização enfrenta. A pergunta, portanto, não é "Esta informação é interessante?", e sim "Esta informação é importante e útil para a tomada de decisões que resolvam os problemas e aproveitem as novas oportunidades?".

## 2. SEM SURPRESA: O TESTE DA INFORMAÇÃO INTELIGENTE

O teste decisivo para um sistema informacional é a ausência de surpresas. Antes que um acontecimento adquira relevância, os executivos já o analisaram, compreenderam, ajustaram-se a ele e tomaram as medidas adequadas.

Um exemplo disso [são] as pouquíssimas instituições financeiras americanas que, no final dos anos 1990, não foram pegas de surpresa pelo [colapso] financeiro dos países da Ásia continental. Elas tinham analisado o significado de "informação" no que diz respeito às economias e às moedas asiáticas. Haviam gradualmente descartado todas as informações que recebiam de suas próprias subsidiárias e filiais nesses países — porque tinham começado a se dar conta de que eram meras "estatísticas". Em lugar dessas estatísticas, passaram a organizar as informações com base em coisas como a relação entre o investimento na carteira (isto é, empréstimos de curto prazo) e a balança de pagamentos do país, além do montante disponível para o serviço da dívida externa de curto prazo. Muito antes de essa relação se tornar desfavorável a ponto de tornar inevitável o pânico na Ásia continental, esses executivos haviam se dado conta do que ia acontecer. Perceberam que tinham que decidir se saíam desses países, em nome do crescimento a curto prazo, ou se ficavam, em nome do longo prazo. Em outras palavras, eles descobriram quais eram os dados econômicos relevantes no que dizia respeito aos países emergentes; organizaram, analisaram e interpretaram esses dados. Transformaram os dados em informação e decidiram que atitude tomar muito antes de essa atitude se tornar necessária.

Peter F. Drucker, *Management Challenges for the 21ˢᵗ Century*, 1999, pp. 128-30.

⊠ A maior parte das mudanças que transformam organizações surge fora do setor específico daquela organização. Por exemplo, o campo da "Sabermetrics", criado em 1980 pelo historiador e estatístico do esporte Bill James, trata da aplicação da análise estatística à avaliação do talento profissional no beisebol, no basquete e, em menor escala, no futebol americano. Em 2002, sob a direção de Billy Beane, o time de beisebol do Oakland Athletics contratou Paul DePodesta, um economista formado em 1995 pela Universidade Harvard, para aplicar a análise estatística à avaliação e ao recrutamento de novos talentos, explorando ineficiências do mercado e competindo em melhores condições com os times das grandes cidades. Hoje se aplica "Sabermetrics" amplamente tanto no beisebol quanto no basquete profissional.

☒ Em matéria publicada na edição on-line do *Wall Street Journal* de 7 de junho de 2014, Daniel Hertzberg relatou a nova iniciativa de Billy Beane, um sistema de rastreamento 3-D, chamado Statcast, criado para proporcionar aos torcedores uma forma melhor de ver os jogos e uma ferramenta para os dirigentes "reagruparem de um jeito novo os jogadores, dando ênfase à capacidade de complementarem uns aos outros" e "medirem o valor de um jogador em relação ao restante da equipe". É esse, justamente, o desafio encontrado pelo executivo de qualquer organização. Por isso, podemos prever que sistemas estatísticos parecidos com o Statcast serão usados em outros setores, além do esporte profissional.

> Daniel Hertzberg, "Billy Beane on the Future of Sports: A Tech-Driven Revolution", *The Wall Street Journal*, 7 jun. 2014.

## 3. A NECESSIDADE DE INFORMAÇÃO EXTERNA

Grandes mudanças sempre começam fora da organização.

Para a *estratégia*, é preciso obter informações organizadas sobre o ambiente externo. A estratégia tem que se basear em informações sobre o mercado, os clientes e os não clientes; sobre a tecnologia no próprio setor e em outros; sobre as finanças mundiais; e sobre as mudanças na economia mundial. É nelas que estão os resultados. Dentro de uma organização, existem apenas centrais de custos. A única central de lucros é o cliente que não dá calote [...]. As mudanças principais começam e ganham relevância, sempre, com os não clientes.

> Peter F. Drucker, *Management Challenges for the 21st Century*, 1999, p. 121.

# III. IDEIAS PRÁTICAS

O primeiro passo na passagem da alfabetização estatística para a alfabetização informacional é perguntar e responder duas perguntas específicas: quais as informações externas, internas e interorganizacionais de que minha organização precisa? De que informações preciso para ser eficiente em minha função?

Identifique as variáveis principais em sua organização, dentro do seu ambiente operacional. Crie um sistema de monitoramento dessas variáveis.

Foque nas informações numéricas necessárias para a tomada de decisões. Descarte as estatísticas que não sejam pertinentes às informações de que você precisa. Organize, analise e interprete os dados de que você precisa, de modo a se tornarem informações relevantes.

Teste a eficiência dessa base de dados e das informações dela derivadas fazendo a pergunta: "Passamos por situações que não tínhamos antecipado?".

Explore os sistemas de coleta de dados que tenham surgido fora de seu setor e tente adaptá-los à sua organização.

# *Semana*
# 11

## PRINCÍPIOS DE LIDERANÇA E GESTÃO PROFISSIONAIS

## INTRODUÇÃO

Este capítulo descreve os princípios de liderança e gestão profissionais que Drucker tanto martelou perante os líderes do Projeto de Diálogo Drucker-Buford. Também são apresentadas as recomendações de Drucker para um comitê de direção funcional. Em seguida, entro em maiores detalhes a respeito dessas recomendações. Meu comentário se baseia na operação interna de um dos melhores comitês de direção do setor social, mencionado, mas não descrito por Drucker, em um artigo de 1989 na *Harvard Business Review*. Na nota 1 deste capítulo, cito cinco de dez recomendações a respeito de comitês corporativos, extraídas da literatura recente e contidas no meu livro *Drucker's Lost Art of Management* (2011, pp. 174-7) [A arte perdida da gestão druckeriana].[1]

# I. LEITURA

Como você verá em diversas partes deste livro, Peter Drucker se sentia extremamente incomodado com o que ele considerava uma "obsessão" pela liderança. Sobretudo nos cursos oferecidos nas escolas de administração de níveis médio e superior. A ênfase no carisma o deixava possesso. Ele ficava apreensivo em razão de sua experiência inicial com líderes carismáticos que eram "tóxicos" ou ruins. No entanto, em seu trabalho com executivos do setor social, Drucker muitas vezes encontrou executivos de altíssima eficiência, muitos deles carismáticos. Sua crítica veemente não era, portanto, ao carisma propriamente dito, e sim àquele tipo de carisma que leva os subordinados a submeter ao líder suas opiniões e vontades, em quaisquer situações.

Drucker sem dúvida compreendia que há uma distinção entre liderança e gestão: "Liderança é quando se eleva a visão das pessoas a um ponto mais alto, quando se eleva o desempenho de uma pessoa a um padrão mais alto, quando se constrói uma personalidade para além de suas limitações normais" (Peter F. Drucker e Joseph A. Maciariello, *Management: Revised Edition*, 2008, p. 288).

Drucker tinha a convicção de que é possível ensinar as pessoas a se tornarem executivos eficientes. Mas não tinha tanta certeza em relação a ensinar as pessoas a se tornarem líderes. No entanto, ao criar organizações com forte cultura de desempenho, pode-se criar um clima no qual líderes surgem e se desenvolvem. "Nada prepara melhor o terreno para esse tipo de liderança que uma cultura de gestão que confirma, na prática cotidiana da organização, princípios estritos de conduta e responsabilidade, altos padrões de desempenho e respeito pelo indivíduo e por seu trabalho" (Peter F. Drucker e Joseph A. Maciariello, *Management: Revised Edition*, 2008, p. 288).

Drucker também tinha uma forte rejeição, que nunca chegou a superar, aos comitês de direção de empresas que ele considerava ineficientes. Em um poderoso artigo, publicado há muitos anos na *Wharton Magazine* (edição do outono de 1976) e incluído no sétimo capítulo de seu livro *Towards the Next Economics and Other Essays* [Rumo à economia do futuro e outros ensaios] — relançado em 2010 pela Harvard Business School Publishing —, ele redigiu um pseudoanúncio classificado oferecendo emprego no comitê de uma empresa privada (p. 109):

Empresa de grande porte multibilionária procura profissional para seu comitê de direção. Oferecemos plano de evolução profissional, de mero carimbador a tomador de decisões efetivo. Exige quarenta a cinquenta dias anuais de trabalho intenso. Salário elevado. Oportunidade rara. Presidentes de empresas e advogados, favor abster-se.

Em seguida, Drucker explica que o anúncio reflete aquilo que ele gostaria que os candidatos levassem em conta antes de se candidatar a um cargo num comitê de direção. Desnecessário dizer que ele considerava os comitês de direção cruciais no desempenho de qualquer instituição, mas ineficientes, no conjunto, tanto nas organizações sem fins lucrativos quanto naquelas que visam lucro. Prova disso são os constantes escândalos que atingiram as empresas americanas até a derrocada econômica da AIG, em 2008, e seu efeito destrutivo na sociedade e na economia do mundo inteiro. Na opinião de Drucker, as empresas podiam aprender muito com os comitês de direção de algumas organizações do setor social. Foi o que ele afirmou em um artigo na *Harvard Business Review* intitulado "What Business Can Learn from Nonprofits" [O que as empresas podem aprender com as instituições sem fins lucrativos] (jul.-ago. 1989).[2] Drucker dedica cerca de 20% do artigo aos problemas dos comitês das empresas que visam lucro. Ele também considerava que o papel do CEO é garantir a eficiência do comitê de direção, e que, ao fazê-lo, o próprio CEO e a organização como um todo também se tornam mais eficientes.

Em carta datada de 2 de junho de 2003 a Jonathan G. Katz, secretário da Comissão de Valores Mobiliários dos Estados Unidos, Robert A. G. Monks, uma reconhecida autoridade em governança corporativa, recomendava que a Lei de Valores Mobiliários de 1934 fosse "emendada, incluindo candidatos indicados pelos acionistas tanto no voto por procuração quanto na declaração de voto por procuração".[3] Monks acreditava que isso reforçaria a eficiência dos comitês. Como argumento em favor de seu conselho, ele mencionou o usado por Drucker no artigo da *Wharton Magazine*: "Sempre que uma instituição falha de forma tão consistente quanto a exibida pelos comitês de direção em quase todo grande fiasco dos últimos quarenta ou cinquenta anos, é inútil pôr a culpa em indivíduos. É a instituição que não funciona".[4]

A carta de Monks, no fim das contas, parece ter tido efeito sobre os órgãos reguladores. Depois da entrada em vigor, em julho de 2010, da Lei Dodd-Frank de Reforma de Wall Street e Proteção do Consumidor, prevendo expressamente o acesso dos acionistas aos documentos por procuração, deu-se aos acionistas o direito de nomear diretores caso possuam "há pelo menos três anos, de forma contínua, pelo menos 3% das ações da empresa".[5] No entanto, por si só essa mudança não resolveu os problemas relacionados à governança corporativa.

# II. REFLEXÃO

☒ A liderança profissional e a gestão envolvem diversas ações: estabelecer uma visão, definir uma missão, garantir que os recursos serão usados nas tarefas apropriadas, tomar decisões efetivas, implementá-las e acompanhá-las, receber críticas e trabalhar de forma muito diligente no estabelecimento e manutenção de um comitê de direção eficaz, que auxilie a alta direção no cumprimento de seus deveres.

## I. PRINCÍPIOS DE LIDERANÇA

(1) O líder tem a visão e enxerga o que pode ser feito, as oportunidades para a organização.

(2) Definir a missão é uma das tarefas mais difíceis numa organização. A resposta mais óbvia costuma estar errada. Uma tendência comum é formular uma frase que parece boa, mas não é operacional. Ela se torna um simples lema.

(3) O líder encaixa os recursos conforme as necessidades, na medida certa, como um alfaiate [...] cortando um terno.

(4) O líder é um catalisador, que faz as coisas certas acontecerem. As "coisas certas" são determinadas pelo casamento entre os recur-

sos internos e as oportunidades externas. Quando as oportunidades não existem, a organização está desperdiçando recursos. E quando não existe capacidade nem competência, o resultado é tempo perdido.

(5) O líder assume a responsabilidade, absorve de bom grado as críticas e aceita a solidão do comando.

(6) A tomada de decisões é central para o papel do líder. A tomada de decisões exige coragem, tanto quanto inteligência. Nem todos têm estofo para tomar decisões difíceis. Mas todos podem aprender a ser eficientes em seus postos.

(7) Popularidade não é critério para liderança. Tampouco a personalidade carismática.

(8) O líder deve, às vezes, criar controvérsias, para evitar que a complacência e a mentalidade burocrática tomem conta da organização.

(9) Os [CEOs são] responsáveis por tornar eficientes seus comitês de direção.[6]

## 2. "CUIDADO COM O CARISMA"

O carisma anda "na moda". Fala-se muito sobre ele, e uma enorme quantidade de livros sobre líderes carismáticos [tem sido] escrita. Mas a ânsia pelo carisma é um ímpeto fatal em termos políticos. Nenhum século viu mais líderes carismáticos do que o XX, e nunca os líderes políticos fizeram um mal tão grande quanto os quatro gigantes do século XX — Stálin, Mussolini, Hitler e Mao. Não é o carisma que importa. O que importa é [se] o líder conduz na direção certa ou errada. As conquistas construtivas do século XX foram obra de pessoas absolutamente sem carisma. Os dois militares que conduziram os Aliados à vitória na Segunda Guerra Mundial foram Dwight Eisenhower e George Marshall. Ambos eram altamente disciplinados, altamente competentes, e mortalmente chatos.

Talvez o maior motivo de esperança [e] otimismo seja que para a nova maioria, os trabalhadores do conhecimento, a velha política já não faz sentido algum, mas a competência comprovada faz.

> Peter F. Drucker com Joseph A. Maciariello, "Demands on Political Leadership: Beware Charisma", *The Daily Drucker*, 14 fev. 2004.

⊠ A função mais importante do executivo é a tomada de decisões. Líderes e executivos eficientes tomam decisões eficientes. Seguem um processo disciplinado, definindo antes de tudo o problema que têm diante de si. Quando o problema não é definido adequadamente, não há maneira de dizer se uma decisão se aproxima da solução do verdadeiro problema. É o mesmo caso de um médico treinado a fazer diagnósticos. Se ele ou ela diagnostica incorretamente um problema, o remédio receitado não vai curar o paciente, e o médico nada aprenderá nesse processo. O feedback do diagnóstico ao resultado em nada ajudará a se aproximar da cura. Quando o problema é corretamente diagnosticado e o tratamento não dá certo, o médico sabe aquilo que não funciona e passa a uma alternativa que se aproxime mais da cura. Houve aprendizado. Por essa razão Drucker insiste que os executivos primeiro *definam corretamente o problema* que têm diante de si.

⊠ Uma vez definido corretamente o problema, o passo seguinte é estabelecer as condições mínimas que a decisão tem que alcançar. Para que uma decisão seja eficiente, que objetivos ela deve preencher, e qual a margem dentro da qual as soluções serão consideradas aceitáveis?

### 3. A ESTRUTURA DE UMA DECISÃO DE NEGÓCIOS

No livro *Management Cases: Revised Edition* (2009, Caso 35, pp. 167-9), Drucker escreveu a respeito de uma decisão vivida pela Nakamura Lacquer Company, de Kyoto, no Japão. A Nakamura produzia objetos laqueados, como utensílios de mesa, entre eles pratos. Sua marca Chrysanthemum era a mais famosa e a mais vendida do Japão, e tornou-se muito popular nos Estados Unidos depois da Segunda Guerra Mundial.

Em razão da popularidade da laca nos Estados Unidos, Nakamura recebeu de empresas americanas reconhecidas duas propostas espontâneas de expansão. As duas propostas eram, porém, muito diferentes e difíceis de comparar. A primeira partiu da National China Company, que acreditava poder divulgar a laca nos Estados Unidos por meio de sua própria marca, chamada Rose & Crown.

Eis um resumo da proposta da National China, seguido de um resumo da segunda proposta:

## National China

(1) Três anos de contrato para 400 mil conjuntos anuais.

(2) Bônus de 5% acima do preço normal — a partir do momento em que a Nakamura Lacquer entregasse os conjuntos à National China no Japão.

(3) Os conjuntos seriam produzidos para a Rose & Crown e levariam a marca "Rose & Crown".

(4) A Nakamura Lacquer ficaria proibida de vender produtos concorrentes nos Estados Unidos por toda a duração do contrato.

A segunda proposta chegou quase ao mesmo tempo e vinha da ssw, uma fornecedora de material para hotéis e restaurantes nos Estados Unidos.

## SSW

A ssw estimava o mercado americano em pelo menos 600 mil conjuntos por ano, com um potencial ainda maior de 2 ou mais milhões de conjuntos por ano dali a cinco anos — mas não fez nenhuma encomenda fechada.

A ssw orçaria 1,5 milhão de dólares para o lançamento e a divulgação, e ficaria com o direito exclusivo de representar a marca "Chrysanthemum", da Nakamura, durante cinco anos — só que com a etiqueta Nakamura.

Os primeiros 20% de todas as vendas seriam usados para pagar as despesas de lançamento e divulgação, e a marca Nakamura se firmaria nos Estados Unidos.

## Análise: Problema e condições mínimas

☒ A decisão precisa atender as *condições mínimas* para ser eficiente. Deve ser adequada ao objetivo.

☒ O que essa decisão deve realizar? Que objetivos a decisão deve atender?

☒ A Nakamura tem que estabelecer condições mínimas, de modo a comparar adequadamente essas duas alternativas.

Em outras palavras, sob que circunstâncias uma alternativa ou a outra faz sentido? A primeira envolve lucro imediato, risco zero e nenhum investimento para a Nakamura, supondo que ela disponha de excesso de capacidade e não tenha planos de expansão nos Estados Unidos. A desvantagem é que seus produtos seriam vendidos nos Estados Unidos sob a marca National China.

A segunda proposta firmaria a marca Nakamura nos Estados Unidos sem custo adicional, supondo, mais uma vez, que ela não queira expandir sua capacidade em Kyoto, pelo menos não de imediato.

O sr. Nakamura precisa responder as seguintes perguntas, antes de decidir aceitar a primeira ou a segunda oferta, ou rejeitar ambas:

☒ Ele quer que a Nakamura cresça e se torne uma empresa de grande porte?

☒ Ele quer continuar apenas no mercado doméstico?

☒ Ele tem como levantar sozinho o capital para ampliar sua fábrica quando e caso essa expansão se torne necessária?

A primeira proposta traz à Nakamura lucro imediato, mas não firma a marca nos Estados Unidos. Existe o risco de perder o mercado americano de novo, caso a National China troque de fornecedor ao fim dos três anos.

A National China é a decisão correta caso a Nakamura queira crescer no Japão no futuro e precise de capital para isso.

A segunda proposta, da ssw, significa abrir mão do lucro durante algum tempo, mas também evita investimento de capital (supondo que já exista capacidade em excesso) e não importa o risco.

A segunda firma a marca Nakamura nos Estados Unidos, caso o empreendimento dê certo.

É a decisão correta se a Nakamura quiser se tornar uma empresa global ao se expandir nos Estados Unidos.

No momento o sr. Nakamura não dispõe de base para tomar uma decisão entre essas duas alternativas, porque não terminou a reflexão a respeito de seus próprios objetivos. Caso ele queira crescer no exterior, a escolha entre as duas é fácil. E caso ele queira apenas permanecer local, a escolha também é fácil. Tudo depende da definição do problema que tem diante de si e, assim, das condições apropriadas a cumprir para que a decisão seja eficiente. Essas são sempre as duas questões cruciais na tomada de decisões.

⊠ Os membros do comitê de direção e os comitês precisam propiciar liderança à organização. Nas empresas públicas e nas organizações sem fins lucrativos, eles têm responsabilidades legais e fiduciárias. Sem um comitê funcional, a organização ficará quase sempre aquém do esperado. Em geral, o comitê indica o CEO e se envolve ativamente na avaliação e aprovação das principais iniciativas estratégicas. O comitê também monitora o desempenho do CEO e de outros altos executivos, e representa legalmente os proprietários da organização. A Leitura 4 apresenta um resumo das funções de um comitê.

## 4. AS TRÊS FUNÇÕES DE UM COMITÊ

Existem, na verdade, três tarefas diferentes para as quais uma empresa, sobretudo se for grande, precisa de um comitê ativo.

### (1) A empresa necessita, antes de tudo, de um órgão avaliador

Ela precisa de um grupo de pessoas experientes, com integridade e estatura, de capacidade comprovada de desempenho e com disposição para agir, que aconselhem e deliberem junto com a alta direção. Precisa de pessoas que não façam parte da alta direção mas que estejam à sua disposição, e que possam agir com conhecimento de causa e decisão numa crise.

Grandes empresas são importantes demais na sociedade para não ter um "controle" dentro da própria estrutura. Alguém precisa garantir que a alta direção reflita a respeito de qual é e qual deve ser o negócio de uma empresa. Alguém tem que garantir que os objetivos estejam sendo determinados e que as estratégias estejam sendo elaboradas. Alguém precisa ter um olhar crítico em relação ao planejamento da empresa, sua política de investimento de capital e seu orçamento de despesas gerenciadas. Alguém precisa monitorar as decisões individuais e os problemas da organização. Alguém precisa zelar pela cultura da organização, garantir que ela consiga aproveitar os pontos fortes das pessoas, neutralizando seus pontos fracos, que ela desenvolva os gestores de amanhã e recompense seus dirigentes, que suas ferramentas e métodos de gestão reforcem a organização e a conduzam em direção a seus objetivos.

O comitê também atende a uma importante necessidade da alta direção: um estranho inteligente e bem informado com quem conversar e debater. Ter alguém com quem falar é particularmente importante em pequenas empresas, onde do contrário a alta direção tende a ficar isolada. A direção das pequenas empresas, sem acesso fácil e permanente a conselheiros externos, tais como advogados e consultores experientes, precisa ter à disposição algumas pessoas com experiência e que ainda sejam parte da empresa. A alta direção das pequenas empresas necessita, portanto, de um verdadeiro comitê de direção: elas, no entanto, via de regra têm comitês ainda menos funcionais do que os das grandes empresas.

## (2) Um comitê eficiente e funcional é necessário para afastar uma alta direção que não tenha bom desempenho

Um comitê capaz de afastar uma alta direção incompetente ou improdutiva tem poderes verdadeiros. Mas apenas uma alta direção fraca pode temê-lo. Nenhuma sociedade pode tolerar, em seus grandes negócios, a incompetência na alta gestão. Se esta não formar comitês que afastem diretores-chefes fracos e incompetentes, o governo será obrigado a assumir a tarefa.

Existe uma alternativa: a "intervenção" dos *raiders* [ou, com frequência cada vez maior, dos fundos de investimento]. Altas direções — na maioria aparentemente todo-poderosas, aparentemente com profundas raízes, aparentemente com controle absoluto — foram derrubadas por revoltas dos acionistas organizadas por *raiders* e suas "ofertas públicas de aquisição". Os *raiders* não miram empresas em dificuldade. Eles miram empresas que não estão à altura de seu potencial, empresas cujas altas direções não têm desempenho apropriado.

### (3) A empresa precisa de um órgão de "relações públicas e com a comunidade"

Ela precisa de acesso rápido e direto a seus diversos "públicos" e "eleitorados". Ela precisa escutá-los e ser capaz de falar com eles. Essa necessidade fica logo evidente, é claro, nas grandes empresas. Mas pode ser ainda maior para as empresas de pequeno e médio porte que sejam grandes empregadoras em comunidades de pequeno e médio porte. A empresa moderna tem diversos eleitorados. Os acionistas são um deles. Mas deixaram de ser *o* único, como faz crer a teoria jurídica tradicional. Em vez de "proprietários", tornaram-se "investidores". Os empregados também representam claramente um eleitorado, mas tampouco são *o* eleitorado. Também há a comunidade onde uma grande empresa tem fábrica. Há os consumidores, os fornecedores e os distribuidores. Todos eles precisam saber o que está acontecendo em empresas importantes, quais são os seus problemas, seus planos e suas políticas. Eles também precisam entender o negócio. Precisam conhecer, respeitar e aceitar a alta direção. Esta talvez precise ainda mais compreender o que esses eleitorados querem, entendem bem, entendem mal, enxergam, questionam. Um comitê que envolva esses diferentes eleitorados consegue atender essa necessidade de relações públicas de mão dupla.

O comitê de direção que governa deve ser aquele que não represente ninguém a não ser os interesses básicos de longo prazo da empresa. Deve ser capaz de cumprir seu papel de órgão avaliador e supervisor do desempenho da alta direção.

Mas a empresa também precisa de um comitê que seja, na verdade, um órgão de informação, aconselhamento, consulta e comunicação — isto é, um comitê de relações públicas e com a comunidade. Se a empresa e sua alta direção não criarem esse comitê, ele lhes será imposto de forma errada e nociva, isto é, como um órgão antagonista, controlador e restritivo. É isso que ocorre com a representação dos trabalhadores nos comitês alemães, com a representação do governo nos comitês suecos e com a representação dos minoritários nos comitês americanos. Isso não apenas solapa ainda mais os comitês, mas também solapa a autoridade das [empresas] e reduz sua capacidade de obter desempenho.

Peter F. Drucker, *Management: Tasks, Responsibilities, Practices*, 1999, pp. 538-41.

⊠ Além dessas três funções amplas, é possível identificar uma série de comportamentos internos que facilitam o funcionamento eficiente de um comitê a partir dos casos citados por Drucker de comitês sem fins lucrativos exemplares ("What Business Can Learn from Nonprofits", jul.-ago. 1989, p. 4). O exemplo que se segue, do Seminário Fuller* na gestão do reitor David Hubbard, de 1963 a 1993, não é citado no artigo de Drucker.

A. Os membros do comitê são *governantes* — eles ajudam a direcionar a instituição rumo à sua missão, ajudando o CEO e os principais executivos a tomar as decisões estratégicas e de política. Deles se espera que ajam como embaixadores e *expliquem* a quem é de fora a missão da organização. E são *consultores* para os executivos da organização, em suas áreas de expertise profissional.

B. Os curadores, na gestão de Hubbard, tinham que prestar oito a dez dias de serviço por ano, inclusive comparecendo a três reuniões do comitê. Além disso, tinham que fazer parte de comissões do comitê e realizar projetos específicos entre uma e outra reunião do comitê.

C. No gabinete da presidência havia uma pessoa especificamente dedicada ao trabalho do comitê, que envolvia comunicação contínua com seus membros.

D. Hubbard tinha por norma compartilhar, em primeiro lugar, as más notícias a cada reunião do comitê, ressaltando-as em relação às boas notícias. Dessa forma, ele prevenia a tendência, comum aos CEOS, de querer pintar um quadro positivo para o comitê. Ele achava que fugir dos problemas complicados, no nível do comitê, era um comportamento irresponsável. Enfrentar problemas complexos ajuda

---

* Importante faculdade de teologia da Califórnia. (N.T.)

a focar a energia do comitê na atividade de resolução dos problemas e na inovação, desestimulando, assim, a tendência de certos membros do comitê de se imiscuir nos assuntos internos da instituição. Em cada reunião, reservava-se um momento aberto para que os membros do comitê pudessem propor assuntos que não estivessem na pauta.

E. O reitor tratava os problemas e questões advindos do comitê com os secretários das subcomissões do comitê. Ele informava cada secretário sobre os diferentes aspectos do problema, de modo que cada secretário chegasse às reuniões muito bem informado. Em seguida, nas reuniões do comitê, ele pedia aos secretários que comandassem a discussão a respeito dos problemas específicos, incentivando assim o comitê a ter autonomia. Seu desejo era ser passivo nas reuniões do comitê e extremamente ativo na informação e instrução dos membros do comitê entre uma reunião e outra. Se houvesse discordância em relação a uma questão, ele entendia que seu papel era tentar dar a direção para a solução de tal questão. Terminada a reunião, buscava tranquilizar aqueles que haviam ficado do lado derrotado de uma questão específica.

F. É difícil, talvez até impossível, para uma organização realizar seu potencial sem um comitê eficiente de curadores ou diretores. É uma reflexão que nos dá o exemplo de como criar um comitê funcional e notável, o que Drucker considerava exceção, e não regra, nas organizações.

☒ Essa leitura de Drucker, as reflexões sobre os processos internos adicionais dos comitês e as recomendações da nota 1 atendem as exigências estipuladas no pseudoanúncio classificado de Drucker e constituem a base necessária para a liderança profissional de uma organização a partir de seu comitê.

## III. IDEIAS PRÁTICAS

A missão de sua organização é, ao mesmo tempo, prática e operacional?

Quais os recursos e competências de que sua organização dispõe? Esses recursos e competências se encaixam com as oportunidades à disposição de sua organização? Caso contrário, que recursos e competências você deve adquirir ou desenvolver para capitalizar essas oportunidades?

Em relação a seus líderes, você supervaloriza o carisma ou os bons resultados?

Evita tomar decisões difíceis para se manter popular? Segue os procedimentos de decisão eficiente definidos e ilustrados na Leitura 3? Caso contrário, por que não?

Você assume imediata responsabilidade por sua equipe, assim como pelos resultados de sua organização? Caso contrário, por que não?

Possui um comitê que funciona bem e atende a missão e os interessados em sua instituição? Caso contrário, o que é possível aprender das Leituras 3 e 4 que podem ajudá-lo a criar um comitê diretor funcional em sua organização?

PARTE 5

# A GESTÃO
## NUMA SOCIEDADE PLURALISTA DE ORGANIZAÇÕES

# Semana
# 12

## GESTÃO: "O ÓRGÃO QUE REGE TODAS AS INSTITUIÇÕES DA SOCIEDADE MODERNA"

## INTRODUÇÃO

Drucker considerava *O federalista* uma das duas principais contribuições dos Estados Unidos ao pensamento ocidental (*Practice of Management*, 1954, p. 282), em razão sobretudo do pluralismo contido em seus artigos, que apoiam o sistema de equilíbrio entre os poderes da Constituição americana. Os três poderes equilibram-se entre si. Além disso, há o conceito de federalismo: todo poder que não é expressamente delegado ao governo federal é concedido aos estados. Os conceitos de federalismo e pluralismo foram expressos na Décima Emenda à Constituição: "Os poderes não delegados aos Estados Unidos pela Constituição, nem por ela negados aos estados, são reservados aos estados ou ao povo".[1]

Drucker aplicava esses princípios à sociedade contemporânea de organizações. Os três setores da sociedade precisam cuidar das necessidades de todas as pessoas e equilibrar uns aos outros. Na prática, cada setor tem sua própria missão, e existem necessidades significativas que "passam pelas brechas". Drucker recomendava, portanto, que cada instituição, ao mesmo tempo que preenchesse sua missão primordial, também buscasse "liderar além dos limites".

Em um post de 9 de junho de 2010 intitulado "How Did Peter Drucker See Corporate Responsibility?" [Como Drucker via a responsabilidade corporativa?],[2] publicado na rede de blogs da *Harvard Business Review*, Frances Hesselbein — ex-presidente e CEO da Fundação Peter F. Drucker, e fundadora e atual presidente e CEO do Frances Hesselbein Leadership Institute — resume assim a visão de Drucker a respeito da responsabilidade corporativa: "Em toda e qualquer instituição e em todo e qualquer setor, os líderes [...] têm duas responsabilidades. São responsáveis e responsabilizáveis pelo desempenho de suas instituições, e isso exige que eles e suas instituições sejam concentrados, focados, limitados. No entanto, eles também são responsáveis pela comunidade como um todo".

Drucker era a favor de períodos sabáticos para executivos, por diversas razões. Em primeiro lugar, ele acreditava que, ao servir nos setores público ou social, os executivos das empresas podiam ampliar sua compreensão dos valores das pessoas em diferentes áreas da vida humana, e que isso os ajudaria a se tornar executivos mais eficientes dentro de suas próprias organizações. Além disso, as empresas reúnem a maior parte da expertise executiva da sociedade, que tem extrema necessidade dela para a solução dos problemas sociais. O talento executivo foi usado, por exemplo, no aconselhamento da prefeitura de Cleveland. Minha pesquisa na Lincoln Electric revelou uma história extremamente inspiradora. Ela foi resumida de maneira belíssima pela professora Rosabeth Moss Kanter, da Harvard Business School, em um artigo no *The New York Times* de 27 de setembro de 1995. Ao comentar a revitalização do centro de Cleveland, ela escreve: "A reviravolta em Cleveland nos últimos quinze anos foi orquestrada por cerca de uma dúzia de CEOs de grandes empresas ali sediadas".[3]

Encontramos outro ótimo exemplo numa entrevista televisiva de Ronald Reagan, feita por William F. Buckley Jr. em 6 de julho de 1967, durante o primeiro ano do mandato de Reagan como governador da Califórnia.[4] A Califórnia tinha, até então, o mais elevado imposto per capita dos Estados Unidos, e mesmo assim apresentava um déficit orçamentário que violava a Constituição. Uma das maiores iniciativas de Reagan para reduzir custos e aumentar a eficiência foi contar com o apoio de duzentos dos mais bem-sucedidos executivos do estado, que conseguiram tirar quatro a seis meses de período sabático em suas organizações para estudar a eficiência das agências estaduais e retornar ao gabinete do governador com recomendações para melhorar sua operação. Reagan considerava avassalador o entusiasmo pelo trabalho sabático e voluntário. Em relação aos voluntários, disse: "Para cada problema há dez pessoas esperando para se apresentar como voluntários, desde que alguém lhes aponte o caminho e mostre onde podem ser úteis".

Quanto ao trabalho feito pelos duzentos executivos, Reagan o resumiu da seguinte forma:

> Eles vão a cada departamento e a cada agência do governo estadual e retornam ao gabinete do governador com recomendações sobre o que fariam naquele departamento, na condição de homens de negócios, para tornar o governo mais eficiente. Outro dia simplesmente cancelei a construção de um prédio de 4 milhões de dólares e dez andares em Sacramento porque eles descobriram que as duas agências que iam ocupar o tal prédio já dispõem de espaço mais do que necessário para elas até 1980 ou mais. A construção ia começar no mês que vem e não vai mais acontecer. Há outros prédios que vão sumir do mesmo jeito.

A gestão profissional nos três setores da sociedade é uma necessidade premente nos Estados Unidos. Para Peter Drucker, a gestão é uma das maiores inovações sociais do século xx; está *longe* de ser um exagero, se considerarmos a quantidade de talento executivo que existe nos Estados Unidos, o enorme progresso que foi feito e os sérios problemas que o país enfrenta.

---

# I. LEITURA

### Tom Ashbrook

Faz mais de sessenta anos que você escreve, ensina e dá consultoria sobre gestão, tanto como pensador quanto como comunicador. Você situou a gestão como uma das principais inovações sociais do século xx. Por quê? O que, na sua opinião, a sociedade deve à gestão?

### Peter Drucker

A palavra "management" foi cunhada na língua inglesa em 1911. Antes disso, era desconhecida. Antes dela, todos consideravam que quem tocava o negócio era o dono. Não proprietários, profissionais, apareceram um pouco antes da Primeira Guerra Mundial. Ao mesmo tempo, J. P. Morgan inventou a gestão profissional nos Estados Unidos, [Eüchi Shibusawa no] Japão e [Georg] Siemens na Alemanha. A gestão era uma função social nova, que possibilitava uma sociedade nova, uma sociedade de organizações. E permita-me dizer que, embora a gestão de negócios tenha sido a primeira a surgir, não foi a mais importante. A mais importante é a gestão de negócios não lucrativos, como hospitais, universidades e igrejas. Estas são as organizações mais interessantes, porque precisam definir aquilo que entendem por "resultados". Como você define os resultados de uma grande igreja com a qual trabalho, que cresceu de quinhentos para 6 mil fiéis? [...] Não há grande diferença entre o século atual e o anterior, exceto que há muito mais organizações hoje. Foi no século passado que nos tornamos uma sociedade de organizações. No tempo em que os gestores eram raros, era possível depender dos talentos naturais. Agora precisamos de um número enorme de gestores.

> "Management Guru Peter Drucker", entrevista à rádio WBUR
> para a National Public Radio, 8 dez. 2004.

---

# II. REFLEXÃO

---

## 1. AS CONTRIBUIÇÕES MAIS IMPORTANTES DE DRUCKER

Jack Shaw, reitor da Drucker School of Management, perguntou a Peter Drucker no início de 1999: "Qual você considera a sua contribuição mais importante?".

## Drucker

☒ Ter me dado conta precocemente — quase sessenta anos atrás — de que a gestão se tornou o órgão e a função constituinte [ou essencial] de uma Sociedade de Organizações.

☒ Ter demonstrado que gestão não é "Gestão de Negócios" — embora tenha atraído a atenção primeiro nos negócios —, mas a governança de qualquer instituição na sociedade moderna.

☒ Ter estabelecido o estudo da gestão como uma disciplina própria.

☒ Ter focado essa disciplina nas pessoas e no poder; nos valores, na estrutura e na constituição [das regras de conduta]; e, acima de tudo, nas responsabilidades — isto é, ter focado a disciplina gerencial na gestão como uma verdadeira profissão liberal.

> Peter F. Drucker e Joseph A. Maciariello, *Management: Revised Edition*, 2008, p. vi.

☒ Se cada instituição em nossa sociedade pluralista de organizações olhar apenas seus interesses comezinhos e tentar não incomodar ninguém, quem cuidará das questões que "escapam pelas brechas"? Em outras palavras, quem vai cuidar do bem comum?

## 2. ESTAMOS NOS TORNANDO UMA SOCIEDADE DE INSTITUIÇÕES PLURALISTAS

Em todos os países desenvolvidos a sociedade se tornou pluralista, e a cada dia se torna ainda mais. Ela está se fragmentando numa infinidade de instituições mais ou menos autônomas. Cada uma delas requer uma liderança e uma gestão próprias, pois cada uma tem uma tarefa específica.

Esta não é a primeira sociedade pluralista da história. Mas todas as anteriores destruíram a si próprias, porque nenhuma delas cuidou do bem comum. Não lhes faltavam comunidades, mas não se sustentou a comunhão, muito menos se tentou criá-la. Caso a nossa sociedade pluralista moderna queira fugir do mesmo destino, os líderes de todas as instituições terão que aprender a ser líderes fora dos muros. Terão que aprender que não basta liderar suas próprias instituições —

embora essa seja a exigência básica; terão também que aprender a se tornar líderes da comunidade. Na verdade, terão que aprender a criar essa comunhão. Isso vai além da... responsabilidade social. Costuma-se definir responsabilidade social como buscar seus próprios interesses ou objetivos sem fazer mal aos outros. O novo pluralismo requer aquilo que poderíamos chamar de responsabilidade cívica: dar algo à comunidade na busca de seus próprios interesses ou objetivos.

Não existe precedente histórico desse tipo de responsabilidade cívica no seio dos líderes institucionais. Felizmente, porém, há sinais de que os líderes de nossas instituições, em todos os setores, estão começando a acordar para a necessidade de se tornar líderes fora dos muros.

Peter F. Drucker e Joseph A. Maciariello, *Management: Revised Edition*, 2008, pp. 224-5.

⊠ A força que guia o crescimento das maiores organizações do setor social são as múltiplas necessidades da sociedade civil que não são atendidas pela família, pelo governo ou pelas empresas. Isso cria a *demanda* pelas organizações do setor social. Essa demanda não costuma diminuir só por causa da aposentadoria do superastro que lidera a organização. Do lado da oferta, existem muitas pessoas altamente capazes e instruídas que precisam de uma vitrine para seu talento e estão preparadas para atuar como voluntários e empreendedores sociais, ajudando a atender as demandas da sociedade civil.

⊠ As organizações sem fins lucrativos estão cada vez mais conscientes da importância de definir os resultados em função da própria missão e da capacidade de gerir com eficiência o cumprimento dessa missão.

## 3. UMA SOCIEDADE DE ORGANIZAÇÕES DE ALTO DESEMPENHO

"Pelos seus frutos os conhecereis."

Em todos os países desenvolvidos a sociedade se transformou numa sociedade de organizações em que a maior parte das tarefas sociais, senão todas, é feita por uma organização e dentro de uma organização. As organizações não existem como um fim em si mesmas. Elas são um meio: órgãos da sociedade encarregados de determinada tarefa social. A meta de uma organização é uma contribuição específica para o indivíduo e para a sociedade. Seu teste de desempenho, portanto, ao contrário do que ocorre com os organismos biológicos, é exterior a ela. Isso significa que precisamos saber o significado de "desempenho" para esta ou aquela instituição.

Quanto mais claramente estão definidos os objetivos, mais forte será a instituição. Ela será mais eficiente quanto mais medidas [houver] para avaliar seu desempenho. Ela será mais legítima quanto mais rigorosa for no uso do desempenho para justificar a autoridade. "Pelos seus frutos os conhecereis" bem poderia ser o princípio básico constituinte da nova sociedade pluralista de instituições.

> Peter F. Drucker com Joseph A. Maciariello, "Society of Performing Organizations", *The Daily Drucker*, 18 jan. 2004.

☒ É muito mais complicado definir resultados em organizações do setor social do que em organizações privadas ou governamentais. Isso ocorre porque as instituições do setor social estão preocupadas em mudar para melhor a vida das pessoas. O resultado vai além das simples boas intenções.

☒ Em meio às instituições do setor social, há uma conscientização cada vez maior para a necessidade da gestão profissional, à medida que elas crescem em tamanho, escopo e complexidade.

## 4. AS ORGANIZAÇÕES DO SETOR SOCIAL PRECISAM DE GESTÃO

O "produto" [das instituições sem fins lucrativos] não é nem um par de sapatos [empresa privada] nem uma regulamentação eficiente [governo]. Seu produto é um ser humano transformado. As instituições sem fins lucrativos são agentes de transformação humana. Seu "produto" é um paciente curado, uma criança instruída, uma jovem ou um jovem transformado num adulto respeitoso; uma vida humana transformada como um todo. Quarenta anos atrás, "gestão" era um palavrão nas organizações sem fins lucrativos. Para elas, tinha o sentido de "negócios", o que nem de longe elas eram [...].

[A]s instituições sem fins lucrativos sabem [hoje em dia] que precisam de gestão, até porque não têm "resultados financeiros" convencionais.

Peter F. Drucker, *Managing the Non-Profit Organization:*
*Principles and Practices*, 1990, pp. xiv-xv.

## III. IDEIAS PRÁTICAS

Como ilustrado pelos exemplos de Cleveland e da Califórnia, a competência executiva é abundante dentro das organizações empresariais. Pense na possibilidade de emprestar sua expertise como membro de uma equipe executiva para ajudar o esforço em prol da melhoria de sua cidade, como mostrado na Introdução.

Caso seja uma empresa, que necessidades sociais você atende como parte de sua missão primordial? Caso seja uma organização governamental, até que ponto é eficaz e eficiente na realização dessa missão? Caso seja uma organização do setor social, até que ponto é eficiente na transformação de outras vidas para melhor?

Ao priorizar sua missão primordial, você busca identificar e atender as necessidades gerenciais para além das fronteiras de sua organização, no seio da comunidade de sua jurisdição? Você já pensou em fazer mentoria de líderes de organizações do setor social, a respeito de liderança e eficiência gerencial?

Já pensou em fazer doações financeiras a organizações do setor social? Já se ofereceu como voluntário a organizações que prestam serviços públicos? Você incentiva a generosidade institucional em sua organização, inclusive períodos sabáticos de curto prazo para os executivos ajudarem na solução de problemas da comunidade?

# *Semana*
# 13

## A PRIMEIRA MISSÃO DE TODA ORGANIZAÇÃO É TORNAR EFICIENTE A ALTA DIREÇÃO

---

## INTRODUÇÃO

Peter Drucker costumava contar como ele, da mesma forma que outros inovadores, deu sua contribuição a partir do trabalho de outros, acrescentando peças que faltavam. Ele via a prática da gestão como uma "configuração" que exige a integração de "conhecimentos" existentes e o acréscimo de conhecimentos que faltam ao todo. Nas suas palavras, é como sintetizar peças conhecidas e *criar* peças faltantes:[1]

> Meu próprio êxito como inovador no campo da administração baseou-se numa análise semelhante, no início dos anos 1940. Muitas das peças de conhecimento necessárias já estavam à disposição, como a teoria organizacional, assim como uma quantidade razoável de conhecimento a respeito da gestão do trabalho e dos trabalhadores. Minha análise, no entanto, mostrou que essas peças estavam espalhadas e encerradas em meia dúzia de disciplinas diferentes. Descobri, então, quais os conhecimentos-chave que estavam faltando: o propósito de uma empresa; todo o conhecimento a respeito do trabalho e da estrutura da alta direção; aquilo que, hoje,

chamamos de "política da empresa" e "estratégia"; objetivos; e assim por diante. Concluí que era possível produzir todos os conhecimentos faltantes. Mas sem essa análise eu jamais poderia saber quais eles eram ou o que lhes faltava.

Preste atenção na ênfase na alta direção, pois sem uma alta direção eficiente não se pode sustentar uma cultura de desempenho, e processos de entropia tomam conta da organização, terminando por destruí-la. O trabalho de Drucker nos anos 1940 (1944-6) na General Motors envolvia um "estudo aprofundado da alta direção [da Sloan e GM]" (*Concept of the Corporation*, 1946, p. 120). Não muito longe em importância figura um programa de desenvolvimento de talentos executivos, para preencher vagas abertas na direção.

É preciso ter cuidado com a aparência de gentileza e paternalismo protetor na alta direção de uma empresa. Ela pode ser um disfarce para o comportamento tirânico. Por exemplo, um alto executivo que insiste em tomar todas as decisões importantes, e boa parte das decisões menores, refreia o crescimento dos subordinados, já que não lhes concede a autoridade para agir além de suas restritas funções de especialistas. Eles podem ser bem pagos e gozar de estabilidade em seus cargos. Podem até receber bônus com frequência e conselhos de amigo sobre desenvolvimento de carreira, o que os torna úteis para a concorrência. Porém, seu crescimento como executivos eficientes dentro da organização estancará, a menos que se lhes dê responsabilidade executiva de tomada de decisões e se lhes permita que cometam erros e aprendam com eles. Esse tipo de paternalismo pode mascarar ânsia de poder, acabando por criar uma organização vazia como uma concha — o que se torna evidente quando o grande líder sai de cena. Ao fechar os olhos para uma das tarefas primordiais da gestão, ele deixará de desenvolver gente que possa sucedê-lo. Portanto, ao planejar e avaliar uma organização, a primeira tarefa é a presença de uma equipe na alta direção que tenha uma forte cultura de desempenho.

# I. LEITURA

Cada vez mais, na empresa da Próxima Sociedade, a alta direção será, na prática, a empresa. As responsabilidades dessa alta direção abarcarão toda a direção, o planejamento, a estratégia, os valores e os princípios da organização; sua estrutura e [as] relações entre seus diversos membros; suas alianças, parcerias e joint ventures; sua pesquisa, seu design e sua inovação. O estabelecimento da personalidade inimitável da organização pode ser a tarefa mais importante da alta direção nas grandes organizações da Próxima Sociedade.

Estabelecer uma nova "persona" corporativa exige uma mudança nos valores da corporação. E pode ser essa a tarefa mais importante para a alta direção. No meio século posterior à Segunda Guerra Mundial, a empresa privada mostrou-se de forma brilhante como uma organização econômica que gera riqueza e empregos. Na Próxima Sociedade, o maior desafio para as grandes empresas, sobretudo as multinacionais, pode ser possuir legitimidade social — seus valores, sua missão, sua visão.

> Peter F. Drucker com Joseph A. Maciariello, "The New Corporation's Persona", *The Daily Drucker*, 9 jan. 2004.

# II. REFLEXÃO

☒ A alta direção é responsável pela criação e manutenção da cultura da organização, que inclui seus valores, seus padrões de conduta e de qualidade.

## 1. TORNE EFICIENTE A ALTA DIREÇÃO

### Introdução

Peter Drucker instiga Bob Buford a garantir que a alta direção de sua organização, assim como das organizações com que trabalha, seja eficiente.

**Peter Drucker**

Creio que uma de suas principais tarefas é assegurar que a tarefa primordial dessas organizações seja realizada. A tarefa primordial é tornar eficiente a alta direção. Não é isso que dizem os livros organizacionais, mas é isso mesmo, e você e Fred [Fred Smith, presidente da Leadership Network de 1984 a 1996] representam uma alta direção altamente eficiente [...], tanto em termos individuais quanto coletivos. Vocês estão crescendo com uma firme base na igreja pastoral; e, no campo espiritual, estão crescendo rumo a uma dimensão da sociedade do futuro, a comunidade do futuro, que ou tem uma base espiritual ou não tem nada. É preciso que ela tenha mais do que isso, uma dimensão comunitária, e vocês estão começando a evoluir nessa direção; ao mesmo tempo, lidaram com a restauração da chamada diversidade religiosa, pois precisamos tanto da grande igreja quanto da pequena, e uma precisa da outra. Vocês ainda não terminaram, mas criaram a energia vital para uma grande igreja pastoral, e conhecem as necessidades das igrejas pequenas. A coisa mais importante que vocês sabem é que as igrejas pequenas têm como sobreviver e se tornar eficientes. Não 100% delas, mas vocês não precisam de 100%. Ninguém precisa de 100%.

Projeto de Diálogo Drucker-Buford, 9 ago. 1993.

## 2. O GARGALO FICA NA PARTE DE CIMA DA GARRAFA

"O gargalo fica na parte de cima da garrafa", diz o velho ditado. É provável que nenhum negócio seja melhor que sua alta direção, ou tenha um desempenho melhor que ela. Empresas — sobretudo as grandes — podem se sustentar por algum tempo com a visão e o desempenho de uma alta direção do passado. Mas isso só adia a hora de prestar contas — e em geral por um período mais curto do que se imagina. Empresas precisam de um órgão central de governança e de um órgão central de avaliação e análise. Da qualidade desses dois órgãos, que, juntos, [compõem] a alta direção, dependem em grande parte o desempenho, os resultados e a cultura da empresa.

Peter F. Drucker, *The Practice of Management*, 1954, p. 161.

☒ A alta direção é responsável pelo projeto da estrutura organizacional e pelas principais nomeações no escalão imediatamente inferior. Os candidatos à sucessão na alta direção virão, provavelmente, do segundo escalão executivo.

## 3. A ALTA DIREÇÃO É CRUCIAL PARA O BEM-ESTAR DA SOCIEDADE

O desenvolvimento de gestores tornou-se uma necessidade, não apenas porque a alta direção envelheceu, por conta da Depressão e da guerra, mas porque a empresa privada moderna tornou-se uma instituição básica de nossa sociedade. Em qualquer grande instituição — a Igreja, por exemplo, ou o Exército —, a descoberta, o desenvolvimento ou o teste dos líderes de amanhã é uma tarefa essencial, à qual os melhores devem dedicar integralmente seu tempo e sua atenção.

Peter F. Drucker, *The Practice of Management*, 1954, p. 190.

☒ As atividades-chave da alta direção devem ser identificadas por aqueles no topo capazes de discernir todo o alcance das responsabilidades da organização. Identificadas essas atividades-chave, a responsabilidade por cada uma delas deve ser atribuída a um membro específico da equipe de alta direção.

## 4. O CEO NO NOVO MILÊNIO

O CEO do novo milênio tem seis tarefas específicas. São elas:

(1) Definir o que é significativo fora da organização.

(2) Refletir sobre que informações exteriores são significativas e necessárias para a organização; então, buscar obtê-las de forma utilizável.

(3) Decidir quais resultados são significativos para a instituição.

(4) Estabelecer as prioridades da organização.

(5) Indicar os ocupantes dos postos-chave.

(6) Organizar a alta direção.

Peter F. Drucker e Joseph A. Maciariello, *Management: Revised Edition*, 2008, p. 468.

☒ Uma pequena equipe de profissionais deve ser responsável pela gestão do fluxo de informação e pela manutenção da unidade entre os membros da equipe de alta direção.

# III. IDEIAS PRÁTICAS

Os nomes escolhidos para a alta direção servem como exemplo para o restante da organização. Que tipo de exemplo a alta direção da sua organização está dando? A alta direção estimula uma forte cultura de desempenho?

Quem, na sua organização, é responsável pela manutenção dos valores, dos padrões de conduta e dos padrões de qualidade? Como essas pessoas têm se saído? A organização está parada, evoluindo ou regredindo no que diz respeito a esses padrões? Caso esteja regredindo, garanta que as pessoas certas estejam cientes disso.

Sua organização está preparando os líderes do futuro, dando aos executivos de baixo escalão responsabilidades e autoridade significativas? Qual tem sido o histórico da organização na busca de sucessores para os postos-chave, dentro e fora dela?

A estrutura organizacional é uma ferramenta para cumprir a missão da organização. Estruturas alternativas podem ser usadas para cumprir a missão, mas estruturas mal projetadas podem tolher o desenvolvimento de pessoal e o desempenho da organização como um todo. Identifique aquelas estruturas dentro da sua organização que possam estar tolhendo o crescimento e o desempenho e tente fazer mudanças nessas estruturas corrompidas.

# Semana
# 14

## O CONTROLE POR MISSÃO E ESTRATÉGIA, E NÃO PELA HIERARQUIA

---

## INTRODUÇÃO

Sou autor do livro *Lasting Value: Lessons from a Century of Agility at Lincoln Electric* [Valor duradouro: lições de um século de agilidade na Lincoln Electric] (2000), no qual estudei a produtividade, os sistemas de incentivo e a abordagem geral brilhante de três firmas industriais na gestão de seus funcionários. A empresa principal, a Lincoln Electric, do setor de soldagem e sediada em Cleveland, Ohio, completava naquele ano um século de bem-sucedida operação.

A Lincoln Electric levou muito tempo para iniciar suas operações no exterior, enquanto seus concorrentes atuavam de maneira agressiva nos Estados Unidos. No começo, montou fábricas no Canadá e na Austrália, mas não tinha operação na América do Sul, nem na Europa, nem na Ásia. À medida que tentava construir fábricas e montar canais de distribuição nessas regiões, encontrou um problema atrás do outro. A direção da Lincoln mostrou um surpreendente desconhecimento na adaptação de sua operação americana às culturas japonesa, alemã e sul-americana. Mas a Lincoln aprendeu rápido. Depois de sofrer importantes prejuízos financeiros e de assumir uma enorme dívida para refinanciar sua expansão internacional, ela abriu o capital e reorganizou-se, contratando uma equipe de altos executivos com experiência em operações internacionais. A Lincoln racionalizou sua operação no exterior, apoiando-se mais em alianças e joint ventures e menos em estruturas de comando e controle, e recuperou-se totalmente de seus tropeços iniciais no mercado global.

Terminado meu trabalho na Lincoln Electric, fui indicado por seus altos executivos à Worthington Industries, de Columbus, Ohio, e à Nucor, de Charlotte, Carolina do Norte. Eles achavam que a Worthington e a Nucor apresentavam certas semelhanças, na cultura e nos sistemas de incentivo, com a Lincoln Electric, em Cleveland. Eu tinha interesse em explorar esses outros exemplos para demonstrar que a Lincoln, embora excepcional, não era a única indústria americana de nível mundial que brilhava numa indústria global competitiva.

A Worthington é uma transformadora de aço para uso por parte de clientes do mundo inteiro e uma grande fabricante de cilindros de propano pressurizados. A Nucor inventou a miniusina siderúrgica e é uma das maiores histórias de sucesso industrial dos Estados Unidos. São três empresas que hoje servem como lições de controle por missão e estratégia, e não por autoridade hierárquica.

# I. LEITURA

Evoluímos cada vez mais na direção de organizações multinacionais, transnacionais, unidas por dois fatores: controle por missão e estratégia [e não pelo controle hierárquico] e um número suficiente de pessoas que se conhecem e confiam umas nas outras. Você [na World Vision International] não é multinacional: você é transnacional, e um exemplo.

Permita-me apresentar-lhe outro exemplo. Em cima da minha mesa, há uma caixa fechada da Federal Express, enviada pela sede da Coca-Cola em Atlanta, amigos e clientes meus de tempos em tempos há cinquenta ou sessenta anos [...]. [É sobre] uma instituição argentina do setor de serviços, fundada e administrada por uma jovem maravilhosa, que deu início a um processo de reforma em instituições sociais cruciais da Argentina, como as igrejas [...] [e] as escolas, com dinheiro da Coca-Cola. Diante do colapso total da Argentina, eu tinha quase certeza de que eles praticamente fechariam as portas. Ligou-me a jovem criadora e gestora, e ela disse: "Não estamos certos de poder continuar nosso programa de saúde. Mas vamos dar continuidade a nosso programa mais bem-sucedido, mais importante, de reforma das escolas, porque a Coca-Cola da Argentina decidiu continuar a financiá-lo, mesmo que Atlanta seja contra".

A Coca-Cola não gostou nem um pouco disso. Uma das perguntas: Como controlar nossas filiais? O que quer que ocorra, vamos registrar um grande prejuízo na Argentina, e os argentinos dizem apenas: "Este é o momento certo para ganharmos visibilidade". No entanto, em Atlanta estão chiando por causa da receita trimestral. O pessoal nas filiais de proprietário único os mandam pentear macacos. Não estão nem aí para a receita trimestral. Atlanta poderia dar uma ordem, mas não vai fazer isso.

Os gestores argentinos sabem duas coisas: em primeiro lugar, "eles precisam mais de nós do que nós deles". Isso não é dito, mas fica evidente. Em segundo lugar, "Nosso trabalho não é erguer a Coca-Cola, que tem capital na Bolsa de Nova York. Somos medidos e julgados na Argentina por aquilo que fazemos na Argentina. Como isso os afeta em Atlanta é problema de vocês, e não nosso". Deixaram isso bem claro e tomaram suas decisões com base naquilo que é bom para a Coca-Cola da Argentina. É na hora em que todos cortam as contribuições beneficentes que se deve duplicá-las. Na Argentina, ninguém anda apresentando bons resultados, então não custa tirar algo bom de nosso prejuízo. Essa é, cada vez mais, a realidade. Como equilibrá-la? Por um lado, o pessoal da Coca em Atlanta é que tem o dinheiro. A fabricação da Coca-Cola é feita nos Estados Unidos; mas cerca de 60% de seu negócio não. Por isso, do ponto de vista de Atlanta, o custo do dinheiro naquele país, ou seja, o preço da ação, é a questão mais importante a levar em conta. Aqueles que administram as filiais locais enfrentam uma concorrência pesadíssima, tanto da Pepsi-Cola quanto dos engarrafadores locais. No entanto, não estão nem um pouco preocupados com o preço da ação em Nova York, e realmente não deveriam.

> Peter F. Drucker, *Executive Summary: A Conversation with Peter Drucker on Leadership and Organizational Development*, 2002, p. 8.

---

# II. REFLEXÃO

---

☒ As medições de desempenho das filiais no exterior devem ser adaptadas à realidade local, política e econômica.

---

## 1. REALIDADE ECONÔMICA GLOBAL E FRAGMENTAÇÃO POLÍTICA

As políticas que cada país adota impõem restrições à estratégia das empresas transnacionais. A realidade econômica pura somente prevalece no âmbito do fluxo global de dinheiro e informação. A estratégia tem que se basear no fato de que, dentro das empresas transnacionais, a política interna de cada país se impõe sobre a realidade econômica [...]. Para compatibilizar as realidades política e econômica, o líder transformador precisa reconhecer que o crescimento e a expansão do negócio, em partes diferentes do mundo, cada vez mais terá que se basear em alianças.

> Peter F. Drucker, *Driving Change*, 2004.

☒ Atualmente, a Lincoln tem mais de quarenta fábricas, incluindo operação própria e joint ventures em vinte países, além de "uma rede mundial de distribuidores e representantes de vendas que abrange mais de 160 países".[1] Esse método permitiu à Lincoln ajustar-se à realidade política de outros países. No âmbito econômico, a Lincoln Electric é uma empresa de alcance mundial, criada nos Estados Unidos; no âmbito político, adaptou sua operação americana à regulamentação e à cultura de cada país, para se tornar uma empresa global.

## 2. QUANDO DAR AS CARTAS E QUANDO SE ASSOCIAR

Quem tem êxito numa joint venture é quem compreende que não se pode "dar ordens" a um parceiro. Trabalhar com um sócio é, na essência, um trabalho de marketing, o que significa perguntar: quais são os valores do outro? Os objetivos? As expectativas? Mas é claro que às vezes é preciso dar ordens para que as coisas aconteçam. O CEO de amanhã terá que saber quando dar as cartas e quando se associar. Não é algo inédito — J. P. Morgan criou uma associação de doze pessoas, mas sabia muito bem a hora de assumir o papel de líder —, mas não virá sem esforço.

> Peter F. Drucker, *Managing in the Next Society*, 2002, p. 86.
> [Ed. bras.: *A administração na próxima sociedade*, 2002.]

☒ A Worthington possui 82 fábricas em onze países e emprega 10 mil pessoas, um pouco mais que a Lincoln. Opera 31 joint ventures nos Estados Unidos e quinze em outros países.[2] A Worthington evitou os problemas da Lincoln ao adotar as joint ventures e as alianças num momento muito mais precoce de sua expansão global. Normalmente, a Worthington mantém o controle de qualidade e de fabricação, mas tira proveito do conhecimento local dos sócios e de sua expertise no marketing e na distribuição.

## 3. QUANDO A EMPRESA COMEÇA A VIRAR UMA CONFEDERAÇÃO

À medida que uma empresa vai se tornando uma confederação, ou um sindicato, aumenta a necessidade de uma alta direção independente, poderosa e responsável. Entre as responsabilidades dessa alta direção estarão a direção de toda a organização, o planejamento, a estratégia, os valores e os princípios; sua estrutura e as relações entre seus diferentes membros; suas alianças, parcerias e joint ventures; e a pesquisa, o design e a inovação.

> Peter F. Drucker e Joseph A. Maciariello, *Management: Revised Edition*, 2008, p. 58.

⊠ Relações baseadas na confiança devem substituir, como mecanismos de coordenação, os mecanismos de comando e controle. Isso dará à alta direção tempo para cumprir suas tarefas.

## 4. A ALTA DIREÇÃO DAS MULTINACIONAIS DE AMANHÃ TERÁ QUE ENCONTRAR O EQUILÍBRIO ENTRE AS DEMANDAS CONFLITANTES DAS PARTES

A alta direção de amanhã [das organizações multi e transnacionais] provavelmente será um órgão separado e autônomo, que agirá em nome da empresa. Uma das funções mais importantes para a alta direção das grandes empresas de amanhã, em particular as multinacionais, será encontrar o equilíbrio entre as demandas conflitantes, tanto por resultados de curto prazo quanto de longo prazo, e pelos diversos envolvidos com a empresa: clientes, acionistas (em particular investidores institucionais, como os fundos de pensão), trabalhadores do conhecimento e comunidades.

Peter F. Drucker, *The Next Society*, 2004.

⊠ No exemplo da Coca-Cola argentina, observe a forma como uma necessidade local — o auxílio contínuo à melhoria das escolas — foi atendida com plena ciência de que atendê-la prejudicaria os resultados de curto prazo da empresa-mãe, em Atlanta. A direção na Argentina teve que atender essas necessidades locais de curto prazo em nome da cidadania da empresa. Vemos nesse caso, portanto, como é limitada a ação da Coca em Atlanta em relação a sua subsidiária na Argentina, onde a informação local era importante na tomada de decisões.

⊠ A Nucor é a maior miniusina siderúrgica dos Estados Unidos. Junto com as subsidiárias das quais é proprietária, tem ao todo duzentas fábricas, que fazem dela a maior produtora de aço dos Estados Unidos. Grande parte do seu crescimento pode ser atribuída à descentralização "radical" criada por seu fundador, Ken Iverson, através da qual os gerentes-gerais das fábricas possuem um alto grau de autonomia. Essa autonomia abrange até o nível de produção da organização. As equipes da Nucor gozam de bastante autonomia para agir e inovar. Atraentes pacotes de incentivo, semelhantes aos adotados na Lincoln Electric, ajudam a promover alta qualidade e produtividade na Nucor. Praticamente inexiste burocracia na cadeia de comando e controle.[3]

# III. IDEIAS PRÁTICAS

Como a sua organização gerencia a operação? Ela emprega sistemas formais de comando e controle ou o direcionamento e a coordenação são mais informais, baseados nos relacionamentos?

Quais os papéis da estratégia, da missão e dos valores na integração do trabalho das diferentes unidades de sua organização? Por exemplo, os preços dos bens e serviços que passam de uma unidade para outra da empresa são fixados de forma a ajudar no êxito local dessas unidades?

Qual o grau de autonomia das unidades nacionais e internacionais de sua organização para ajustar-se às condições políticas e econômicas locais? Esse grau é suficiente para lidar com a realidade local?

Sua organização tem uma rede de relações de confiança forte o bastante para que a informação passe de um indivíduo ao outro? Em caso negativo, como reforçar essa confiança?

# Semana
# 15

## COMO SUSTENTAR A CULTURA DE UMA ORGANIZAÇÃO

---

## INTRODUÇÃO

---

Um dos principais objetivos da obra de Drucker no campo da gestão é a criação de organizações com uma elevada cultura de desempenho. Todas as organizações recrutam seu pessoal a partir de um grupo comum de empregados em potencial. Elas empregam pessoas comuns. Fazer pessoas comuns terem um desempenho incomum, portanto, só pode ocorrer naquilo que Drucker chama de "terreno moral". Por quê? Porque exige que as organizações superem forças entrópicas, naturais e permanentes, que tendem à burocracia, à deterioração e à decadência.[1] E isso exige que os interesses egoístas sejam deixados de lado, em favor do bem-estar do grupo.

Quando Rick Warren contou a história do enorme crescimento da igreja comunitária de Saddleback, Drucker aconselhou-o a introduzir um *elemento perturbador* na organização, de modo a manter sua cultura de desempenho. Um elemento perturbador, numa organização ou numa profissão, é uma pessoa que tenta transformar sua cultura e suas práticas, para evitar que um comportamento burocrático tome conta.

Em seguida, Drucker incentivou o próprio Rick Warren a ser esse elemento perturbador em Saddleback. Uma igreja celular como a de Saddleback funciona bem na medida em que Rick, ou alguém com o mesmo perfil, traz de fora a energia, sustenta seus valores diante das pessoas e serve de exemplo. Essas são "atividades de consciência" necessárias para manter o espírito de uma organização.

---

# I. LEITURA

---

Aquilo que você descreve [uma organização muito grande e em crescimento] implica a presença de alguém como você como elemento perturbador na organização. Alguém que dê uma sacudida nas coisas. Tem que ser alguém livre o bastante da gestão do dia a dia. Em geral ninguém tem essa liberdade, em relação ao dia a dia, para ter a energia e o comprometimento para ser o perturbador dentro de uma grande organização. Não me lembro de quantos milhares de pessoas sua organização tem atualmente, mas você mostrou que congregações grandes podem dar certo. Mas sua igreja só dá certo porque é, em grande parte, composta de muitas organizações [células] menores. São grupos que se unem todos os domingos para renovar um compromisso. Só funciona sob uma condição: que exista um Rick Warren. Ou alguém como Rick Warren, que seja a energia, a consciência e o exemplo do movimento. Quem quer que seja, nunca estará totalmente livre, nem teria por que estar, das tarefas administrativas. Em parte, é porque do contrário você acaba perdendo o senso das coisas, e em parte porque não há como escapar da burocracia. Mas sua tarefa primordial não é administrativa, e sim trazer energia e motivação.

Diálogo Drucker-Warren, 22 jan. 2003.

# II. REFLEXÃO

⊠ Uma organização com cultura de desempenho é liderada por executivos comprometidos com *fazer com que se façam as coisas certas* (eficácia) e *fazer as coisas certas* (eficiência). São executivos de caráter íntegro, visão do objetivo da organização, foco nas oportunidades; são líderes transformadores; e assumem tarefas, responsabilidades e práticas de gestão essenciais.

## 1. O OBJETIVO DE UMA ORGANIZAÇÃO

O objetivo de uma organização é "fazer pessoas comuns fazerem coisas incomuns" [...]. O teste para uma organização é fazer seres humanos comuns terem um desempenho melhor do que aquilo de que seriam capazes, tirar de seus membros pontos fortes que possuam e usá-los para que os demais tenham um desempenho cada vez melhor. O teste para uma organização é neutralizar os pontos fracos de seus membros.

Peter F. Drucker, *The Practice of Management*, 1954, pp. 144-5.

⊠ O elemento perturbador numa organização consiste em um ou mais líderes que espicaçam sua equipe no sentido do desenvolvimento, da evolução, da inovação e da manutenção da cultura da organização. São eles que em geral perturbam o status quo, na busca pela desestabilização e pela inovação sistemática, essenciais para alcançar e manter uma cultura de desempenho.

## 2. O ELEMENTO PERTURBADOR: O EMPREENDEDOR

O fato de apenas uma minoria de empresas bem-sucedidas ser empreendedora e inovadora é [...] visto como evidência cabal de que as empresas matam o espírito empreendedor. Mas o empreendedorismo não é algo natural [nem] "criativo". É trabalho. Logo, a conclusão correta a partir das evidências é inversa àquela a que se costuma chegar: o fato de um número substancial de empresas hoje em dia, dentre elas um número bastante razoável de empresas de médio, grande e muito grande porte, ter êxito como empreendedor e inovador indica que o empreendedorismo e a inovação podem ser alcançados por qualquer empresa. Mas é uma luta constante. É possível ensinar ambos, mas isso exige esforço. Empresas empreendedoras encaram o empreendedorismo como um dever. São disciplinadas, [...] trabalham nesse sentido, [...] adquirem prática.

Peter F. Drucker, Innovation and Entrepreneurship, 1985, pp. 149-50.

⊠ Executivos que lutam para manter o espírito de uma organização estão sempre de olho na tendência à burocracia, que faz as pessoas recaírem em rotinas repetitivas e perderem o foco nos principais resultados.

## 3. A CULTURA DE DESEMPENHO

Uma organização humana com cultura de desempenho é aquela em que a energia produzida é maior que a soma dos esforços nela investidos. Tirar mais do que se põe só é possível no terreno moral. Mas para que a moral faça sentido não se está falando em exortações, sermões ou boas intenções. *Ela vem da prática*. Mais especificamente:

(1) O foco da organização deve recair no *desempenho*. A primeira exigência, na cultura da organização, é a existência de elevados padrões de desempenho, tanto para o conjunto quanto individualmente.

(2) O foco da organização deve recair nas *oportunidades*, em vez de nos problemas.

(3) As decisões que afetam as *pessoas*, como nomeações, remuneração, promoção, rebaixamento e demissão, devem ser feitas segundo os valores e as crenças da organização.

(4) Por fim, nas decisões que envolvem pessoal, a direção precisa demonstrar consciência de que a *integridade* é exigida do gestor. É a qualidade que ele tem que trazer consigo, não é algo que se espera que ele venha a adquirir.

Peter F. Drucker, Management: Tasks, Responsibilities, Practices, 1974, pp. 455-6.

⊠ Aqueles que contribuíram durante muito tempo para a organização, mas não se encaixam mais nas demandas atuais e futuras, geram uma das decisões de consciência mais importantes que uma organização precisa tomar. São pessoas que não podem ficar em seus cargos atuais sem solapar a moral da organização; mas, se forem dispensadas de forma abrupta, o mesmo pode ocorrer. Fazendo a pergunta "O que elas podem fazer?" é possível encontrar para essas decisões de consciência soluções que satisfaçam a quase todos.

#### 4. AS ATIVIDADES "DE CONSCIÊNCIA"

Muitos dirão que "consciência" é uma palavra muito forte e ao mesmo tempo um tanto estranha. Mas é um termo preciso. As atividades de consciência não têm por objetivo ajudar a organização a fazer melhor aquilo que ela já faz. O objetivo é lembrar constantemente a organização daquilo que ela tem que fazer e não está fazendo. O objetivo é criar desconforto, comparar o ideal à realidade do cotidiano, fazer a defesa daquilo que é impopular e lutar contra o imediatismo. Isso exige, porém, autodisciplina por parte do executivo consciente, e aceitação de sua competência e integridade por parte da organização.

Peter F. Drucker, *Management: Tasks, Responsibilities, Practices*, 1974, p. 536.

# III. IDEIAS PRÁTICAS

Quem cuida de manter a motivação em sua organização? Quem traz o elemento perturbador? Se a resposta é "ninguém", como encontrar pessoas, aconselhá-las e ajudá-las a começar?

Você auxilia o crescimento das pessoas em sua organização, atribuindo-lhes responsabilidades importantes? Que passos você pode adotar para tirar o melhor das pessoas que trabalham em sua organização?

A inovação é vital, porque afeta a competitividade de longo prazo e a sobrevivência de sua organização? Isso é bem compreendido em sua organização? Em caso negativo, o que você pode fazer para incentivar perturbadores, ou para você mesmo se tornar um deles?

As decisões de consciência, principalmente aquelas relativas a pessoas com muito tempo de organização, são tratadas de forma que melhora ou piora o moral? Se for o segundo caso, o que pode ser feito para mudar a forma como essas decisões são tomadas?

PARTE 6

# COMO NAVEGAR
## NUMA SOCIEDADE EM TRANSIÇÃO

# Semana
# 16

## O PROBLEMA AMERICANO É SOCIAL

## INTRODUÇÃO

O primeiro livro importante de Drucker, *The End of Economic Man* (1939), era uma análise do fascismo e por que ele acreditava que o fascismo e o comunismo fracassariam. Winston Churchill escreveu uma resenha do livro para o suplemento literário do *London Times* em 27 de maio de 1939, um ano antes de se tornar primeiro-ministro da Inglaterra. Churchill afirmou:

> O sr. Drucker é um desses escritores aos quais quase tudo se pode perdoar, não apenas porque ele tem pensamento próprio, mas porque tem o dom de fazer outras mentes darem início a uma linha de pensamento estimulante. [...] [Ele escreveu] um livro que faz um bem-sucedido elo entre as ditaduras dominantes na vida contemporânea e a ausência de uma filosofia funcional igualmente dominante no pensamento contemporâneo.[1]

Drucker sabia que a ideia do homem econômico — tópico que seria ressaltado em 1992, durante a campanha presidencial americana — não era uma filosofia de vida funcional para sustentar um país. Por isso, partiu para outra ideia, indo buscar na história americana uma solução potencial para o desconforto que ele enxergava em 1993.

Drucker via o renascimento da megaigreja pastoral como uma força positiva para o desenvolvimento da sociedade, e o trabalho de Bob Buford como fundamental para reconstruir a sociedade americana.

# I. LEITURA

### Peter Drucker

Vou ficar extremamente impopular daqui a duas semanas, no seminário de Aspen em que serei o palestrante principal: vou dizer que não estamos passando por problemas econômicos. O que temos são somente problemas sociais. Mas desses nós temos um monte. Hoje cedo, quando acordei, às três da manhã, você não faz ideia, tive que rezar muito para me livrar desse desespero, e ainda não me livrei. Sim, eu sei que o simples fato de termos consciência disso é, provavelmente, a única razão de otimismo.

### Bob Buford

Por que você não escreve sobre isso?

### Peter Drucker

Porque nunca me pediram! Veja você [Bob Buford] o que há de energia sadia nas pessoas. Ela precisa de liderança. Precisa de exemplo, precisa de visão e precisa de direcionamento. [...] Existe essa visão formidável. Veja, é uma visão escatológica, e não racional. A sociedade moderna, justamente por causa dessa patologia, tem a oportunidade de estabelecer uma... eu não diria santidade, é um termo complicado... de estabelecer um status de criatura para o indivíduo comum. Sua ótica está no contexto da Igreja, que neste país é o mais importante, porque ou este país sobrevive como uma civilização judaico-cristã ou simplesmente não sobreviverá.

Projeto de Diálogo Drucker-Buford, 10 ago. 1993.

# II. REFLEXÃO

Durante a campanha presidencial americana de 1992, James Carville, estrategista de Bill Clinton, cunhou um slogan: "É a economia, imbecil!". Aparentemente o público acreditou, e Clinton venceu. Drucker discordava. Achava que o aumento de nossos problemas sociais era mais importante que nossos problemas econômicos.

## I. O AUMENTO DAS NECESSIDADES SOCIAIS

As necessidades sociais vão aumentar em duas áreas. Primeiro, vão aumentar naquilo que é tradicionalmente considerado caridade: a ajuda aos pobres, aos deficientes, aos desamparados, aos vitimizados. E aumentarão ainda mais rapidamente naqueles serviços cujo objetivo é transformar a comunidade e transformar as pessoas. Num período de transição, o número de pessoas necessitadas sempre aumenta. [...] Até mesmo nas sociedades mais estabelecidas e estáveis, algumas pessoas ficarão para trás na transição para o trabalhador do conhecimento. Leva uma ou duas gerações até que uma sociedade e sua população acompanhem as transformações radicais na composição da força de trabalho e na demanda por talentos e conhecimento. Leva algum tempo — a maior parte de uma geração, a julgar pela experiência histórica — até que a produtividade dos trabalhadores do setor de serviços aumente o suficiente para que eles atinjam um padrão de vida de "classe média".

Peter F. Drucker, *Post-Capitalist Society*, 1993, p. 168.

⊠ Muitas vezes os programas sociais do governo acarretam consequências negativas inesperadas. Certas organizações do

149

setor social, como o Exército de Salvação, os Alcoólicos Anônimos e a Prison Fellowship conseguem obter resultados melhores em suas áreas de especialização.

☒ Soluções alternativas às vezes dão certo. Em cidades do interior, escolas administradas por igrejas — sobretudo as geridas por certas ordens, como a dos jesuítas — costumam ter desempenho superior ao das escolas públicas, corrigindo-se fatores como status socioeconômico e diversas outras variáveis.[2]

## 2. A DIFICULDADE DO GOVERNO PARA RESOLVER PROBLEMAS SOCIAIS

Dos programas americanos dos últimos quarenta anos em que se tentou atacar um problema social por meio da ação do governo, nenhum produziu resultados de monta. Mas agências independentes, sem fins lucrativos, conseguiram, sim, resultados expressivos. Escolas públicas urbanas — por exemplo, em Nova York, Detroit e Chicago — têm piorado de forma alarmante. Escolas pertencentes a igrejas (sobretudo as dioceses católicas) tiveram tremendo sucesso — nessas mesmas comunidades, com crianças das mesmas famílias desestruturadas e com os mesmos grupos raciais e étnicos. Os únicos êxitos (muito importantes) na luta contra o alcoolismo e o vício em drogas foram obtidos por organizações independentes como os Alcoólicos Anônimos, o Exército de Salvação e os samaritanos.

Peter F. Drucker, *Post-Capitalist Society*, 1993, p. 170.

☒ Drucker considera a religião necessária para apoiar a república americana. Nesse aspecto, ele está apenas reverberando o pensamento do segundo presidente dos Estados Unidos, John Adams (1735-1826), citado a seguir. Drucker conclui que os Estados Unidos não sobreviverão se perderem seus valores fundadores. Atenção: *isso pode não valer para outras sociedades, que estruturaram de outra maneira seus setores sociais.*

⊠ "Não possuímos um governo armado com poder capaz de enfrentar as paixões humanas irrefreadas pela moralidade e pela religião. Avareza, ambição, vingança e galhardia são capazes de quebrar os mais fortes cordéis de nossa Constituição como uma baleia passa por uma rede. Nossa Constituição foi feita apenas para um povo moral e religioso. É inteiramente imprópria para o governo de quaisquer outros." Essa citação de John Adams está na quinta página de *The Moral Basis of a Free Society* [A base moral de uma sociedade livre], Hoover Institution, Universidade Stanford, 1 nov. 1997.

**3.** AS IGREJAS AINDA DESEMPENHAM UM PAPEL IMPORTANTE NO SETOR SOCIAL AMERICANO

O exercício da cidadania, dentro e por meio do setor social, não é uma panaceia para os males da sociedade pós-capitalista e para o Estado pós-capitalista, mas pode ser um pré-requisito no combate a esses males. Ele reforça a responsabilidade cívica que é a marca da cidadania, e o orgulho cívico que é a marca do espírito comunitário. [...] Diferentes sociedades e diferentes países, evidentemente, estruturam de maneiras diferentes seus setores sociais. Na Europa Ocidental, por exemplo, é improvável que as igrejas desempenhem o papel que desempenham nos Estados Unidos, ainda majoritariamente cristãos. [...] Mas todo país desenvolvido precisa de um setor social de organizações comunitárias autônomo e autárquico, para prover serviços que a comunidade demanda, mas acima de tudo para recuperar os laços comunitários e um senso de cidadania ativa. As comunidades são fatalidades históricas. Na sociedade pós-capitalista, precisam ser comprometimento.

Peter F. Drucker, Post-Capitalist Society, 1993, p. 168.

---

# III. IDEIAS PRÁTICAS

---

Na sua opinião, temos nos Estados Unidos problemas sociais que sobrepujam nossos problemas econômicos? Que contribuição você poderia dar para ajudar a conduzir a sociedade numa direção mais íntegra? Você tem receio de críticas? Ou considera as críticas um preço justo a pagar por fazer aquilo que sabe que precisa ser feito?

A missão tanto das instituições sem fins lucrativos quanto das igrejas pastorais é mudar vidas para melhor. Além disso, na visão de Drucker, "há uma fortíssima correlação" nos Estados Unidos "entre a fé religiosa — a fé cristã — e o êxito em oportunidades e problemas comunitários".[3] Nosso trabalho com a Putnam & Campbell (ver a seguir) é uma evidência disso. Ao auxiliarmos outros em nosso envolvimento cívico e religioso, vivenciamos o mandamento judaico-cristão de "amar o próximo". Como você pode se tornar útil e eficiente no auxílio da solução de um problema social em nossa sociedade?

Inúmeras evidências empíricas, reunidas pelo sociólogo Robert D. Putnam, de Harvard, e pelo cientista político David E. Campbell, de Notre Dame, confirmaram essa correlação entre filiação religiosa e envolvimento em atividades religiosas, constatada por Drucker nos Estados Unidos. Eles concluíram: "Pessoas que têm mais amigos, em geral, têm muito mais probabilidade de doar, voluntariar-se e participar da vida cívica que pessoas isoladas. Nesse sentido, amigos costumam ter um poderoso efeito sobre o engajamento cívico, em parte porque têm mais chance de solicitá-lo. No entanto, embora pessoas religiosas tenham mais amigos, na média, que pessoas não religiosas, essa diferença de sociabilidade geral é pequena demais para explicar a substancial diferença dos religiosos em relação à generosidade, à boa vizinhança e ao engajamento cívico".[4] Você considera essa constatação aplicável a você e seus amigos?

Como pode alavancar seu envolvimento social e religioso de modo a aumentar seu engajamento cívico?

# *Semana* 17

## A TRANSIÇÃO SERÁ DURA PARA OS ESTADOS UNIDOS

## INTRODUÇÃO

Perto do fim da vida, Drucker tornou-se pessimista, ao ver os problemas enfrentados pelos Estados Unidos e outras nações civilizadas do planeta. Em primeiro lugar, a turbulência provocada pela perda de poder dos Estados Unidos. A ascensão da China e da Índia como potências econômicas e da China como potência militar, somada aos novos blocos econômicos de comércio na América do Sul, na União Europeia e na China, está alterando a paisagem econômica e militar. Além disso, problemas importantes, como o terrorismo e a poluição ambiental, são globais e só podem ser resolvidos por meio da cooperação efetiva de uma coalizão estável de governos. Isso vai transformar a paisagem para os cidadãos e as organizações nos Estados Unidos; vai levantar novas questões de segurança, econômicas e militares, com as quais terão que lidar indivíduos, organizações e o governo americano, junto com uma coalizão eficaz de governos.

A transição já começou. Nosso desafio é reconhecê-la como transição e começar a buscar soluções, em todos os níveis.

# I. LEITURA

### Tom Ashbrook

Há um grande desconforto, atualmente, em relação ao rumo que o mundo está tomando. Qual é o seu sentimento em relação à direção para onde o mundo caminha?

### Peter Drucker

Bem, eu acho que está cego e surdo qualquer um que não esteja incomodado com a direção que o mundo está tomando. A crença no progresso, que herdamos do século XVIII, é coisa do passado. A crença num mundo dominado pelo Ocidente está acabando. Potências emergentes — China e Índia — não são ocidentais, por mais que se queira acreditar, nem vão se ocidentalizar da forma como fez o Japão 150 anos atrás. É um mundo novo, que não compreendemos. Não sei até que ponto a União Europeia se tornará uma união ou continuará a ser uma confederação frouxa.

Não compreendemos a evolução do Mercosul. Estamos num período de transição tão fundamental quanto o século XVIII antes das guerras napoleônicas. Disso nós sabemos. O mundo não será dominado por nenhuma grande potência isolada. É algo dificílimo para os americanos aceitarem. A maioria de nós ainda enxerga um mundo — o mundo de 1960 — em que os Estados Unidos eram a única grande potência, e a única economia funcional. Hoje, a União Europeia é maior. A China está tentando criar uma zona de livre-comércio que será maior que os Estados Unidos, tanto como produtora quanto como consumidora. Portanto, nós, americanos, teremos que aprender que o mundo vai ser muito diferente, um mundo em que valores diferentes terão que coexistir. Esse mundo terá a produção ocidental e a competitividade ocidental, e será mantido unido pela informação, e não pelo poder. É nessa direção que o mundo está indo. Será um período atribulado de transição, de uns trinta anos mais ou menos.

"Management Guru Peter Drucker", entrevista à rádio WBUR
para a National Public Radio, 8 dez. 2004.

# II. REFLEXÃO

⊠ Em um período de turbulência como este que estamos atravessando, tentar criar nosso próprio futuro é melhor que tentar prever o desfecho do cruzamento de todas essas forças globais. No entanto, ao tentarmos criar nosso próprio futuro, precisamos garantir um acompanhamento atento e encarar as novas realidades descritas por Drucker e exemplificadas neste capítulo.

## 1. O LÍDER TRANSFORMADOR

"A forma mais eficiente de administrar a transformação é criando-a."

Não se pode administrar a transformação. Pode-se apenas antecipá-la. Em um período de agitações, como o que vivemos atualmente, a mudança é a regra. Sim, ela é dolorosa e arriscada, e acima de tudo exige uma grande quantidade de trabalho duríssimo. Mas, a menos que uma organização veja como sua tarefa liderar a transformação, essa organização não sobreviverá. Em um período de rápidas mudanças estruturais, os únicos a sobreviver serão os líderes transformadores. Um líder transformador vê a transformação como uma oportunidade. Um líder transformador busca a mudança, sabe como distinguir as boas mudanças e como torná-las eficientes, tanto fora quanto dentro da organização. Construir o futuro é altamente arriscado. Porém, é menos arriscado tentar que não tentar. Uma proporção razoável dos que tentarão certamente não conseguirão. Mas os que não tentarem estão certos de não conseguir.

> Peter F. Drucker com Joseph A. Maciariello,
> "The Change Leader", *The Daily Drucker*, 1 mar. 2004.

⊠ Hoje em dia, a tecnologia da informação permite acessar o conhecimento em nível mundial de maneira quase instantânea. A informação a respeito de ambientes externos — industriais; nacionais, inclusive regulatórios; e internacionais — pode ser a informação mais importante de que os executivos necessitam para prosperar, sobretudo em períodos de turbulência. Mas as empresas precisam não apenas coletar esses dados, mas também organizar as informações de que precisam, e escolher, dentre as diversas ferramentas disponíveis, aquelas mais adequadas às necessidades da organização. Entre as categorias de informação mais importantes de acompanhar estão aquelas pertinentes aos diferentes ambientes onde a organização atua. Essas categorias de informação incluem os preços e a qualidade dos produtos concorrentes e substitutos; as tecnologias que podem afetar processos e produtos; dutos de inovação da concorrência; e regulamentações que as afetam nos países onde atuam.

## 2. TURBULÊNCIA: AMEAÇA OU OPORTUNIDADE

"Quando chove maná, tem gente que pega um guarda-chuva. Outros procuram uma colher de sopa."

O gestor precisa olhar a tarefa que tem diante de si e perguntar: "O que devo fazer para estar preparado para o perigo, para as oportunidades e, acima de tudo, para a mudança?". Em primeiro lugar, trata-se do momento para garantir que sua organização é ágil e pode mover-se rapidamente. Portanto, é um momento em que se abandona sistematicamente o lastro de produtos e atividades sem sentido — e se assegura que as tarefas realmente importantes têm apoio apropriado. Em segundo lugar, o gestor terá que trabalhar em cima do mais caro dos recursos — o tempo —, particularmente em áreas onde é o único recurso das pessoas, assim como em grupos importantes e de alta remuneração, como profissionais de pesquisa, pessoal de serviço técnico e todos os gestores. E é preciso fixar metas de aumento da produtividade. Em terceiro lugar, os gestores precisam aprender a administrar o crescimento e a fazer a distinção entre diferentes tipos de crescimento. Caso a produtividade de seus recursos combinados aumente junto com o crescimento, trata-se de um crescimento sadio. Em quarto lugar, o desenvolvimento de pessoas será muito mais decisivo nos anos seguintes.

As demandas que pesam sobre o gestor, portanto, vão aumentar constantemente. Mas também vão aumentar as oportunidades. Se essas demandas serão ameaças ou oportunidades, vai depender de sua competência. Fará bem quem trabalhar a própria competência como gestor.

> Peter F. Drucker com Joseph A. Maciariello, "Turbulence: Threat or Opportunity", *The Daily Drucker*, 8 mar. 2004.

☒ A coalizão de nações soberanas reunida pelo presidente americano George H. W. Bush em 1991 para rechaçar a invasão iraquiana do Kuwait pode ser o modelo exato de que precisamos para controlar a proliferação nuclear, o terrorismo transnacional e a degradação ambiental. Essas são áreas que, claramente, não podem ser deixadas para as forças do mercado ou para uma nação soberana.

## 3. NECESSIDADES TRANSNACIONAIS: O AMBIENTE E O TERRORISMO

Há uma necessidade crescente de instituições verdadeiramente transnacionais [...]. Essas instituições podem [...] tomar decisões e atitudes num amplo leque de áreas, ultrapassando a barreira da soberania e controlando diretamente os cidadãos e as organizações no interior de um Estado-Nação [...]. A primeira delas é o meio ambiente. Ações locais são necessárias para prevenir uma poluição danosa. Mas a maior ameaça ao meio ambiente não é a poluição local [...]. A maior ameaça é o dano ao habitat humano, à atmosfera, às florestas tropicais que são os pulmões da Terra, aos oceanos do planeta, ao suprimento de água e ao ar — ao mesmo meio ambiente do qual depende toda a humanidade [...]. Logo depois do meio ambiente vem a necessidade cada vez maior de ação e de instituições transnacionais para impedir o retorno de exércitos privados e para reprimir o terrorismo. A invasão militar do Iraque, no inverno e na primavera de 1991, pode ter sido um ponto de partida [...]. [P]ela primeira vez nos registros históricos, praticamente todos os Estados-Nações agiram juntos para derrotar um ato de terrorismo — pois foi isso que representou a invasão do Kuwait pelo Iraque.

> Peter F. Drucker, *Post-Capitalist Society*, 1993, pp. 145-6.

# III. IDEIAS PRÁTICAS

Como os desafios e as transformações identificadas por Drucker, que afetam os Estados Unidos, influenciam você? Como influenciarão sua organização?

Como você pode antecipar de onde virão as maiores mudanças e desafios para sua organização nos próximos cinco anos? Você criou estratégias alternativas para prosperar com essas mudanças e desafios, caso e quando ocorram?

Que passos você está tomando para aumentar sua competência gerencial durante esse período turbulento?

Sua organização é ágil? Pode mexer-se com rapidez em reação a transformações?

Dispõe de um programa de desapego sistemático, para se livrar de itens improdutivos?

Que passos você tem dado para desenvolver seu pessoal de forma contínua?

# *Semana*
# 18

## UM PERÍODO DE TRANSIÇÃO DECISIVO PARA A SOCIEDADE E AS PESSOAS

## INTRODUÇÃO

Durante a campanha para a presidência dos Estados Unidos, em 1980, Ronald Reagan fez um evento de campanha em frente à Biblioteca Honnold, do Claremont Colleges. Governador da Califórnia por dois mandatos, ele não era um estranho em Claremont, tendo visitado o colégio antes de 1980 em diferentes condições.

Um grande número de alunos compareceu ao evento de campanha, a maioria deles para vaiar o candidato republicano. Reagan permitiu a vaia durante algum tempo e depois irrompeu num discurso memorável, que calou a multidão. Ele reconheceu que seu tempo de faculdade fora num período muito anterior da história americana e que ele pertencia a uma geração diferente. Durante seu período de estudos acadêmicos, lembrou, os estudantes não tinham acesso a televisão, computadores ou outras formas de entretenimento e economia de tempo de trabalho; não testemunharam a exploração do espaço, a corrida espacial entre Estados Unidos e União Soviética e a caminhada de Neil Armstrong na Lua em 1969. Esses confortos e façanhas não eram sequer imaginados na época em que cursou a universidade. Ele fez uma pausa, então, e disse: "Minha geração não tinha nada disso; ela *inventou* isso". O silêncio tomou conta dos alunos. Ele pôde, então, fazer seu discurso sem ser interrompido.

# I. LEITURA

Creio que estamos em meio a uma transição importantíssima, em que o novo — não apenas novas estruturas, novas organizações, mas fundamentalmente novos conceitos, novas maneiras de ver o mundo, novas formas de nos relacionarmos como indivíduos, como organizações e como países — terá que ser criado. Tentei mostrar onde estamos em termos de paralelos históricos, e encontrei dois tipos de marco. Em 1506, aproximadamente dez anos antes da Reforma protestante, Leonardo da Vinci mudou-se para a França, e um sobrinho lhe perguntou: "Prezado tio, diga-me como era o mundo quando você nasceu". Na época, Da Vinci estava com cinquenta anos. Respondeu a carta dizendo: "Caro sobrinho, ninguém nascido antes de 1460 poderia compreender como era o mundo quando eu nasci".

Hoje, em novembro de 1992, já alcançamos o ponto em que, se eu tentasse explicar a um de nossos inteligentes jovens de dezessete ou dezoito anos como era o mundo antes da Segunda Guerra Mundial, ele estaria disposto a acreditar que existiu um mundo antes da televisão? E é claro que é impossível ter existido um mundo sem elásticos. Quem tem oitenta anos sabe que houve um mundo sem elásticos, mas é difícil imaginar. Também houve um mundo sem televisão, e assim por diante.

Talvez imaginar um mundo sem computadores seja mais difícil para uma criança de oito anos que para um adolescente de dezoito. O mundo mudou, e isso é apenas a parte exterior. Acho que estamos num período de enorme incerteza e perigo. Na última eleição, alguns amigos que atuaram bastante na campanha de Bush vieram me dizer: "Explique-nos, a economia vai bem, melhor que em qualquer outro país" — o que por acaso é verdade —, "e mesmo assim as pessoas estão tão inquietas. Por quê?". E eu respondi: "Bem, elas são um pouco mais inteligentes que vocês". Trata-se da incerteza, a sensação de que o chão sob seus pés está tremendo e que você não sabe se é hora de pular fora, de mergulhar de cabeça ou não. Isso é que está incomodando as pessoas. Tem muito pouco a ver com índices econômicos; tem a ver com sensações [...]. Aquilo que vocês medem não faz mais sentido.

Não há nada mais assustador que isso, e acho que não consegui convencê-los disso. A consequência é um momento muito perigoso, porque é nele que os demagogos prosperam. E é um momento muito empolgante, porque também é um período em que as ações dos indivíduos, as ações das pequenas e grandes organizações, as ações de países e governos realmente importam. Por isso, acho que estamos num período muito perigoso, muito incômodo e muito empolgante.

Peter F. Drucker, discurso ao conselho consultivo
da Peter F. Drucker Nonprofit Foundation, 8 nov. 1992.

# II. REFLEXÃO

☒ Manter os valores e as instituições que sobreviveram ao teste do tempo é importante para ajudar a navegar pelas mudanças tumultuosas que estamos vivendo hoje na economia e na sociedade.

## 1. A TRANSFORMAÇÃO

De centenas em centenas de anos ocorrem transformações agudas na história ocidental. Passamos por aquilo que, num livro anterior [*As novas realidades*, primeiro capítulo, 1989], chamei de "divisor". No espaço de algumas décadas, a sociedade se reorganiza — mudam a visão de mundo; os valores essenciais; a estrutura social e política; a arte; as principais instituições. Cinquenta anos depois, o mundo é completamente novo. E quem nasce depois nem sequer pode imaginar o mundo em que seus avós viveram, nem o mundo no qual seus próprios pais nasceram. Estamos vivendo exatamente esse tipo de transformação agora. Ela está criando a sociedade pós-capitalista.

Peter F. Drucker, *Post-Capitalist Society*, 1993.

☒ Um interesse genuíno por uma ou mais organizações do setor social é de grande valia para orientar-se em meio às pressões competitivas da sociedade do conhecimento e à transição pela qual estamos passando.

## 2. O PREÇO DO SUCESSO NA SOCIEDADE DO CONHECIMENTO

"O medo do fracasso já permeou a sociedade do conhecimento."

A mobilidade para cima, na sociedade do conhecimento, cobra um preço alto: as pressões psicológicas e os traumas emocionais de toda disputa destrutiva. Só existem vencedores se existirem perdedores.

Muitos jovens no Japão sofrem [de] privação do sono por vararem a noite inteira em cursinhos para passar no vestibular. Sem eles, não conseguirão entrar na universidade de prestígio que escolheram e, portanto, não conseguirão bons empregos. Outros países, como os Estados Unidos, o Reino Unido e a França, também permitem que suas escolas encetem uma competição ruinosa. O fato de isso ter ocorrido em tão pouco tempo — trinta ou quarenta anos, não mais — indica o quanto o medo do fracasso já permeou a sociedade do conhecimento. Por conta dessa luta competitiva, um número cada vez maior de trabalhadores do conhecimento altamente bem-sucedidos — gestores de empresas, professores universitários, diretores de museus, médicos — "batem no teto" na casa dos quarenta anos. Se tudo de que dispõem é o próprio trabalho, terão problemas. Portanto, o trabalhador do conhecimento precisa criar algum outro interesse importante.

Peter F. Drucker, *Managing in the Next Society*, 2002, pp. 262-3.

## 3. O RECURSO DECISIVO DE UMA EMPRESA É O CONHECIMENTO

Dentro de uma empresa não existem nem resultados nem recursos. Ambos existem fora dela [...]. Os resultados não dependem de ninguém dentro da empresa nem de nada que esteja sob o controle da empresa. Eles dependem de alguém que está fora. Sempre é alguém de fora que decide se os esforços da empresa se transformarão em resultados econômicos ou em lixo. O mesmo vale para o único recurso distinto de toda empresa: o conhecimento. Os demais recursos, dinheiro e equipamento físico, por exemplo, não distinguem nenhuma empresa. O que realmente distingue uma empresa e é seu recurso particular é a capacidade de usar todo tipo de conhecimento — do científico e técnico ao social, econômico e gerencial. É somente em respeito ao conhecimento que uma empresa se distingue e pode, assim, produzir algo que tenha valor de mercado. No entanto, o conhecimento não é um recurso da empresa; é um recurso social universal. Não pode ser mantido indefinidamente em segredo. "O que um homem fez, outro homem sempre poderá repetir" é uma sabedoria antiga e profunda. Portanto, o único recurso decisivo é tão externo à empresa quanto os resultados de uma empresa. De fato, uma empresa pode ser definida como um processo que converte um recurso externo, no caso o conhecimento, em resultados externos, no caso valor econômico.

Peter F. Drucker, *Managing for Results*, 1964, p. 5.

☒ Organizações usam conhecimentos de todo tipo — tecnológicos, sociais, econômicos, morais e humanos — para produzir bens e serviços por meio do trabalho pessoal, para fornecer valor econômico ao consumidor. Portanto, a gestão é, claramente, algo mais que uma técnica; é uma profissão liberal.

☒ Os jovens têm necessidade imediata de adquirir talentos vendáveis — daí a necessidade de dar ênfase ao ensino técnico. No entanto, a tarefa dos executivos, particularmente importante durante esse período de transição, é integrar o conhecimento sob sua jurisdição e ao mesmo tempo conservar sua própria especialidade. Para serem eficientes na gestão, eles precisam conhecer bem a si mesmos e aos outros.

## 4. A ADMINISTRAÇÃO E AS PROFISSÕES LIBERAIS
"A administração é uma profissão liberal."

A administração é aquilo que tradicionalmente se chamava de profissão liberal — "liberal" porque lida com os fundamentos do conhecimento; autoconhecimento, sabedoria e liderança; "profissão" porque lida com a prática e a aplicação. O gestor faz uso de todo o conhecimento e descobertas das ciências sociais — psicologia e filosofia, economia e história, ciências físicas e ética. Mas precisa focar esse conhecimento na eficiência e nos resultados — a cura de um doente, o aprendizado de um estudante, a construção de uma ponte, a criação e venda de um programa de computador "amigável".

Peter F. Drucker, *The New Realities,* 1989, p. 231.

☒ O advento da sociedade do conhecimento é um dos fatores que contribuem para a desigualdade de renda e a incerteza nos Estados Unidos. Está criando vencedores e perdedores, oportunidades e riscos. O aprendizado contínuo é pré-requisito para a competição e o êxito na economia do conhecimento. A transição, portanto, é na verdade ao mesmo tempo empolgante e incômoda.

☒ Eis o conselho de Drucker, gravado numa entrevista a T. George Harris, em relação a nossa necessidade de assumir a responsabilidade pela gestão de nossas carreiras e não ficar esperando que alguma organização o faça por nós.

## 5. ASSUMA A RESPONSABILIDADE PELA SUA CARREIRA
Tiraram a escada, e não deixaram nem a estrutura imaginária de uma corda para subir. Parece mais uma trepadeira, e não se esqueça de trazer sua própria faca. Você não sabe qual será seu próximo em-

prego, ou se vai trabalhar num escritório, num anfiteatro ou até na sua própria casa. Você terá que assumir a responsabilidade por conhecer a si mesmo, de modo a conseguir os empregos certos à medida que evolui e sua família se torna um fator a pesar em seus valores e escolhas.

T. George Harris, "The Post-Capitalist Executive: An Interview with Peter F. Drucker", *Harvard Business Review*, maio 1993, pp. 114-22.

## III. IDEIAS PRÁTICAS

Costumamos nos sair muito bem quando realizamos atividades em que empregamos ao máximo nossas qualidades. Continue a aplicar e desenvolver seus pontos fortes em áreas que o motivam. Mantenha-se a par da evolução em sua área, por meio de um programa sistemático de educação contínua.

Desenvolva um interesse externo, não competitivo, em que você possa contribuir para a missão de uma organização do setor social, e desenvolva seus talentos nesse processo. Compreender a missão e os valores de uma organização do setor social pode lhe dar um "frescor no olhar" em relação às pessoas e às tarefas de seu emprego principal.

Assuma o controle de sua carreira e ao mesmo tempo desenvolva seu próprio capital humano. Sua carreira provavelmente durará mais tempo que a organização à qual você serve hoje. Por isso, não anseie pela permanência, mas esteja preparado para mudar quando as condições o permitirem.

O conhecimento está se tornando mais especializado. À medida que ele se fragmenta, tente compreender quais são as áreas do conhecimento de seus colegas e descubra como comunicar aquilo que você faz, na sua área de conhecimento, que afeta o trabalho deles, e como o que eles fazem afeta o seu trabalho. É essa a informação que você deve comunicar a seus colegas. Uma advertência: isso é mais difícil do que parece, porque cada área tende a criar seu próprio jargão, muitas vezes compreendido apenas pelos que estão na própria área. O resultado disso é que você deve lutar para simplificar sua expertise, de modo que um trabalhador do conhecimento inteligente, de outra área, possa compreendê-la. Peça aos colegas de cuja informação você depende que façam o mesmo em relação a você.

# Semana
# 19

## COMO ENXERGAR O FUTURO QUE JÁ CHEGOU:

*As mudanças sociais e demográficas
em curso nos Estados Unidos*

## INTRODUÇÃO

Peter Drucker e Bob Buford organizaram dois encontros separados, em 29 de janeiro e em 15 de junho de 1991. O objetivo dos dois encontros era identificar e tirar proveito das *mudanças sociais e demográficas* que estavam surgindo nos Estados Unidos. Tom Patterson — um consultor de planejamento estratégico com um histórico de trabalho com Peter Drucker —, Rick Warren e Bob Buford pediram a Drucker que descrevesse as tendências emergentes nos Estados Unidos.

Este é um exercício de "enxergar o futuro que já chegou". Assim, é uma aplicação de parte da metodologia que Drucker aplicou como ecologista social. Drucker usou essa metodologia frequentemente em suas aulas, consultorias e textos. Tanto a metodologia quanto as tendências específicas identificadas por ele são úteis para estabelecer as premissas do planejamento estratégico, um dos propósitos dos dois encontros.

Primeiro, Drucker fez um resumo dos resultados previstos do encontro. Depois, começou a identificar tendências demográficas que

167

devem influenciar todas as organizações nos Estados Unidos, e não apenas as igrejas pastorais.

# I. LEITURA

Estou supondo que o resultado final desses encontros seja um guia de planejamento para organizações, o que acredito ser uma excelente ideia, e há muito necessária. Os manuais que conheço costumam ser mais reativos que proativos, o que acontece quando uma organização cresce rapidamente.

Podemos começar por um lugar que é sempre o único com o qual se pode contar e sobre o qual não é preciso ter uma opinião. Esse lugar é a demografia, e se você olhar um horizonte de dez ou quinze anos — e acho que provavelmente [isso] é o máximo que se pode olhar na demografia —, vai haver um aumento substancial no número de pessoas que, nos últimos vinte ou trinta anos, não se aproximaram muito da igreja.

Se você está à procura de uma oportunidade, ou se procura um ministério de igrejas pastorais para jovens adultos que estão se mudando em bloco para áreas urbanas e suburbanas, esses jovens estão mais confusos que nunca nessa idade. Eles precisam... chamemos de conscientização; essa é a melhor palavra. A segunda coisa que pode ser dita é que será um grupo racialmente heterogêneo. O crescimento mais rápido não tem sido entre os afro-americanos, onde tem se mostrado muito limitado, e sim entre as populações latinas e asiáticas nesta região [sul da Califórnia], e no país como um todo, e acredito que a tensão será bastante grande. Depois, outra coisa que você pode dizer com base na demografia é o seguinte: o grupo que tem sido o principal motor das igrejas pastorais vai envelhecer substancialmente. Trata-se, a meu ver, de incertezas. É possível sentir que será um período turbulento no mundo inteiro.

Diálogos Drucker-Buford-Warren-Patterson, 29 jan. e 15 jun. 1991.

# II. REFLEXÃO

⊠ Identificar tendências emergentes é diferente de tentar prever o futuro. A este último, falta a precisão de uma previsão, e o foco está no direcionamento e nos padrões. Um ecologista social tenta distinguir padrões a partir das tendências emergentes e separar os modismos das verdadeiras transformações. Portanto, o trabalho do ecologista social é muito diferente do trabalho do futurólogo, que tenta prever o futuro na falta de evidências concretas.

⊠ O executivo pode tirar proveito de tendências emergentes e usá--las para criar um novo futuro para sua organização, fornecendo assim uma vantagem competitiva em períodos de rápida transformação. Essa é uma reação proativa, e não reativa.

## I. COMO IDENTIFICAR O FUTURO

"O importante é identificar 'o futuro que já chegou'."

Os futurólogos sempre medem seu índice de acerto pelo número de coisas que previram e se realizaram. Nunca contam as coisas importantes que se realizaram, mas que eles não previram. Tudo que um previsor prevê pode acontecer. Mas ele pode não ter visto as mais significativas das realidades emergentes, ou, pior ainda, pode não ter prestado atenção a elas. Não há maneira de evitar essa irrelevância nas previsões, pois aquilo que é importante e se distingue é sempre resultado de mudanças nos valores, nas percepções e nos objetivos, isto é, nas coisas que se podem adivinhar, mas não se podem prever.

Mas a tarefa mais importante do executivo é identificar as mudanças que já aconteceram. O desafio importante na sociedade, [na] economia [e na] política é explorar as transformações que já ocorreram, utilizando-as como oportunidades. O importante é identificar o "futuro que já chegou" — e criar um método de detecção e análise dessas transformações. Boa parte dessa metodologia foi incorporada em meu livro *Innovation and Entrepreneurship*, de 1985, que mostra como observar de maneira sistemática as transformações na sociedade, na demografia, no significado, na ciência e na tecnologia como oportunidades para criar o futuro.

Peter F. Drucker com Joseph A. Maciariello, "Identifying the Future", *The Daily Drucker*, 2 jan. 2004.

⊠ A metodologia a que Drucker se refere consiste em sete "janelas" de oportunidade e como adotar uma ou mais delas como estratégias de inovação. As sete fontes são: (1) êxitos ou fracassos inesperados; (2) incongruências; (3) demanda por processos; (4) transformações na estrutura do setor ou do mercado; (5) tendências demográficas; (6) mudanças de percepção; e (7) conhecimentos novos. Esse é o assunto dos capítulos 3 a 9 do livro *Innovation and Entrepreneurship*, publicado por Drucker em 1985. A metodologia usada por ele envolvia a busca por essas fontes de oportunidades inovadoras e a extrapolação a partir de transformações que já ocorreram. Desse modo, ele pôde identificar "o futuro que já chegou", isto é, mudanças que já haviam ocorrido, mas que ainda não tinham sido inteiramente reconhecidas. Na introdução à edição de 1992 de seu livro *The Age of Discontinuity* [A era da descontinuidade], de 1969, Drucker diz (p. x): "Quando o livro foi publicado, tudo que ele afirmava era novidade e ia de encontro ao senso comum da época. Mesmo assim, os leitores entenderam o recado na hora, e continuam [entendendo] desde então. Esse tipo de reação é o objetivo da análise social, a resposta que a valida [...]. Todo livro de análise social que sobreviveu ao teste do tempo — seja a obra de Max Weber ou a de Thorstein Veblen — tem essa qualidade de ter ao mesmo tempo ideias novas e óbvias".

⊠ Entre as tendências mais previsíveis e úteis estão as demográficas, porque a pirâmide etária que afeta os futuros padrões de gastos (por exemplo, as configurações familiares afetam a aquisição de imóveis e outros bens duráveis) pode ser projetada com base na atual pirâmide etária.

## 2. ALTERAÇÕES DEMOGRÁFICAS SÃO AS QUE TÊM CONSEQUÊNCIAS MAIS PREVISÍVEIS

De todas as transformações externas, as demográficas — definidas como as transformações na população, no seu tamanho, na sua estrutura etária, na sua composição, no emprego, no nível educacional e na renda — são as mais evidentes. Não são ambíguas. São as que têm as consequências mais previsíveis. Têm um impacto poderoso naquilo que será consumido, por quem, e em que quantidade. São elas também que têm os prazos mais conhecidos e mais garantidos [...]. Todos aqueles que chegarem à aposentadoria em 2030 nos países desenvolvidos já fazem parte da atual força de trabalho, e na maioria dos casos já estão no setor de emprego onde vão ficar até a aposentadoria ou a morte.

Peter F. Drucker, *Innovation and Entrepreneurship*, 1985, p. 88.

☒ O ecologista social, ao descrever o futuro que já chegou, deve fazê-lo com tal clareza que o leitor o encare como "senso comum". O objetivo do ecologista social é a ação, e para que haja ação deve haver compreensão daqueles posicionados para agir a partir de suas descobertas.

## 3. AS QUESTÕES SOCIAIS SERÃO DOMINANTES NOS PRÓXIMOS VINTE OU TRINTA ANOS: ENTREVISTA COM JAMES DALY, REDATOR-CHEFE DA REVISTA *BUSINESS 2.0*

Daly: Um dos seus principais livros foi *The Age of Discontinuity*. Se você tivesse que revisitá-lo nos dias de hoje, nesta época de transformações aceleradas, o que você escreveria?

Drucker: Eu daria uma ênfase muito maior à demografia [...]. Os últimos quarenta ou cinquenta anos foram dominados pela economia. Dentro de vinte ou trinta anos, as questões sociais serão dominantes. O envelhecimento rápido da população e a redução rápida da população jovem significam que haverá problemas sociais.

Reimpresso em Peter F. Drucker, *Managing in the Next Society*,
2002, pp. 72-3.

⊠ O livro *Concept of the Corporation*, publicado por Drucker em 1946, foi amplamente reconhecido como responsável pelo surgimento da administração como disciplina. Suas ideias se originaram num estudo das políticas e estruturas da General Motors durante dois anos. Drucker reconhece, na introdução à edição de 1990 do livro *My Years with General Motors* [Meus anos na General Motors], de Alfred P. Sloan (1963, 1990), que Sloan "tinha orgulho, merecidamente, por ter sido o primeiro a adotar a organização sistemática numa grande empresa: planejamento e estratégia, medições, o princípio da descentralização... em resumo, conceitos básicos da disciplina da administração". Drucker fez suas observações, encontrou novos conhecimentos e inovou, primeiro em 1946 e depois em 1954, com *The Practice of Management*, ao definir a disciplina e a prática da gestão que já estavam implantadas em grande parte na General Motors e na General Electric, duas empresas às quais prestou consultoria e que ilustram os argumentos da próxima leitura: "A prática vem antes de tudo" e "A teoria organiza uma realidade nova".

## 4. A PRÁTICA VEM ANTES DE TUDO

"A teoria organiza uma realidade nova; raramente cria essa realidade."

Os decisores — seja no governo, na universidade, nas empresas, nos sindicatos ou nas igrejas — precisam levar em conta, em suas decisões do presente, o futuro que já chegou. Para isso, precisam saber quais eventos já ocorridos não se encaixam em suas suposições atuais, criando, assim, uma realidade nova.

Intelectuais e acadêmicos tendem a crer que as ideias vêm antes de tudo, levando então a uma nova realidade política, social, econômica ou psicológica. Isso de fato pode acontecer, mas é a exceção. Como regra, a teoria não vem antes da prática. Seu papel é transformar aquilo que é isolado e "atípico", enquanto exceção, em "regra" e "sistema"; e, assim, em algo que pode ser aprendido e ensinado e, acima de tudo, aplicado em geral. A teoria organiza uma realidade nova; raramente cria essa realidade.

Peter F. Drucker, prefácio à nova edição de *The New Realities*, 2003, pp. ix-x.

## III. IDEIAS PRÁTICAS

Drucker enxergava no ambiente transformações descontínuas e radicais que criam desafios e oportunidades para as organizações. Essas transformações estão acontecendo agora, entre nós. Que oportunidades elas criaram para sua organização? Que oportunidades criaram para você?

Uma dessas mudanças é um aumento substancial no número de jovens adultos que chegaram à idade madura no novo milênio — um grupo batizado nos Estados Unidos de *millennials*. Os maiores responsáveis pelas mudanças nas organizações estarão bem mais velhos. Muitos deles são *baby boomers*, os nascidos logo depois da Segunda Guerra Mundial. Como essas diferenças de geração vão afetar sua organização?

O período pelo qual estamos passando é, como previa Drucker, um período de turbulência mundial. A menos que você consiga transformar algumas dessas mudanças em oportunidades, você e sua organização podem ficar vulneráveis a essa turbulência. Que medidas você está tomando para tirar proveito dessa turbulência?

Como Drucker discute em seu livro *Innovation and Entrepreneurship*, procure fontes de oportunidade para inovação em sua organização. Procure o "futuro que já chegou" e transforme-o em oportunidade para inovação. Se você fizer isso, pode se tornar um líder transformador e tornar irrelevante a concorrência, tanto para você quanto para sua organização.

# Semana
# 20

## COMO VER O FUTURO
## QUE JÁ CHEGOU:

*Revolução na educação*

## INTRODUÇÃO

No verão de 2009, tive a sorte de conhecer o ganhador do Nobel Kenneth G. Wilson e sua colega Constance Barsky. Depois de deixar a Universidade Cornell, em 1988, ele se interessou bastante pela aplicação na educação dos trabalhos de Drucker sobre inovação sistemática. Ken passou vinte anos, de 1988 a 2008, comandando uma pesquisa na Ohio State University sobre mudanças de paradigma na teoria do aprendizado, aplicadas na educação. Seu livro *Redesigning Education* [Reprojetando a educação] (Teachers College Press, Nova York, 1994), escrito em conjunto com Bennett Davis, propunha um processo de inovação sistemática nas escolas americanas.

Marie Clay trabalhou com o corpo docente da Ohio State University nos anos 1980. Seu livro *Reading Recovery: Guidelines for Teachers in Training* [A recuperação da leitura: instruções para professores em treinamento] (1993) teve um enorme impacto na educação, tendo vendido mais de 8 milhões de exemplares. É um livro que ajuda a treinar novos professores e treinadores para o programa Reading Re-

174

covery num ritmo muito rápido, aumentando a capacidade de usá-lo. Ken considerava o Reading Recovery um "sucesso inesperado", uma das sete fontes de oportunidades para a inovação no livro de Drucker *Innovation and Entrepreneurship* (1985). Ken participou, junto com Marie Clay, da expansão do Reading Recovery na América do Norte e no mundo.

Mas Ken decepcionou-se com o establishment educacional americano, que, no seu entender, barrava o avanço do Reading Recovery ao embarcar em "guerras de leitura" recorrentes, ao mesmo tempo que cortava o apoio a programas educacionais de eficácia comprovada.

Foi ao me associar com Wilson e Barsky que vim a compreender como o conceito de "foco nos pontos fortes", lançado por Drucker, está no cerne da solução individual, que é a ideia central do Reading Recovery. Em meio ao pessimismo de Drucker em relação ao sistema educacional americano, vi uma pequena luz, descrita neste capítulo. Cheguei a escrever um estudo de caso, "As ideias de Drucker para reformar a educação", com base no trabalho de Wilson e Barsky na Ohio State University.[1]

# I. LEITURA

A segunda coisa da qual, creio eu, você pode ter bastante certeza é que muitas das coisas que resolvemos com tapa-buracos — não apenas no nosso país, mas no mundo desenvolvido —, das escolas urbanas ao sistema de saúde, vão "sair do controle".

Acho que o jeito é aceitar, gostando ou não. Quando esta fase passar, pode-se prever que tudo que estamos tentando fazer agora será tão ineficaz quanto aquilo que tem sido feito nos últimos dez anos para tapar buracos. Vamos ter que aceitar que, por mais [insatisfatório] que o sistema tradicional nos parecesse, com seu foco bitolado no aprendizado de poucas habilidades principais, esse sistema funcionava, dentro de seus limites.

E quando você sabe que está perdido na floresta, não tenta dar uma de esperto. Tenta voltar ao último ponto conhecido da trilha; e no caso da educação provavelmente veremos a solução em forma de vouchers, ou seja, grandes escolas sustentadas pela igreja, e não necessariamente uma escola pública organizacional.[2]

Então, acho que teremos turbulência na educação, porque hoje claramente ela não funciona.

Diálogos Drucker-Buford-Warren-Patterson, 29 jan. e 15 jun. 1991.

# II. REFLEXÃO

☒ Tentamos tapar buracos nos ensinos fundamental e médio — com os programas No Child Left Behind, Race to the Top, Common Core* etc. Mas esses programas não estão produzindo os resultados de que precisamos, enquanto país, para competir na economia global. Segundo dados compilados pela Unidade de Inteligência da revista *The Economist* em setembro de 2012, os Estados Unidos estão em 17º lugar, em talento cognitivo (leitura, matemática e ciências) e êxito acadêmico (taxas de alfabetização e graduação), num ranking de 39 países mais Hong Kong (região administrativa especial da República Popular da China). Hong Kong é o terceiro colocado no ranking de êxito acadêmico.[3]

☒ "Talvez tenha chegado a hora de empreendedores abrirem escolas com base naquilo que sabemos a respeito do aprendizado, e não com base em histórias da carochinha sobre esse assunto que nos impingem há anos e anos."[4]

## I. O SISTEMA EDUCACIONAL PRECISA INCLUIR UMA MATÉRIA: APRENDIZAGEM

"Alfabetização" tem o sentido tradicional de aquisição de conhecimento sobre um assunto; por exemplo, a capacidade de fazer uma operação de multiplicação ou algum conhecimento de história dos Estados Unidos. Mas a sociedade do conhecimento precisa do conhe-

---

* Programas do governo americano para melhorar a qualidade do ensino no país. (N.T.)

cimento do processo — algo que raras vezes se tenta ensinar na escola. Na sociedade do conhecimento, é preciso aprender a aprender. Na verdade, na sociedade do conhecimento importam menos as matérias e mais a capacidade do aluno de continuar aprendendo e motivado a aprender. A sociedade do conhecimento exige a aprendizagem pela vida toda. Para isso, precisamos da matéria da aprendizagem.

Peter F. Drucker, *Management: Revised Edition*, 2008, pp. 154-5.

☒ O Reading Recovery é um programa criado para que alunos "em perigo" da primeira série passem de ano em leitura e continuem a passar nos anos seguintes. Obviamente, saber ler é a habilidade básica exigida pela aprendizagem permanente.[5]

## 2. SABEMOS ENSINAR A MATÉRIA DA APRENDIZAGEM

Hoje em dia nós sabemos o que é preciso fazer [para criar a matéria da aprendizagem]. Na verdade, faz séculos, se não milênios, que estamos criando tanto a motivação para o aprendizado contínuo quanto a disciplina necessária. Bons professores de artistas conseguem; bons treinadores de atletas conseguem; assim como os bons "mentores" nas empresas, dos quais tanto temos ouvido falar na literatura sobre administração. Eles guiam os estudantes a conquistas tão incríveis que chegam a surpreendê-los, gerando empolgação e motivação — sobretudo a motivação para o trabalho rigoroso, disciplinado e persistente e a prática que o aprendizado contínuo exige.

Peter F. Drucker e Joseph A. Maciariello, *Management:*
*Revised Edition*, 2008, p. 155.

☒ Marie Clay concentrou suas atenções no ensino individualizado, com base na avaliação do nível de leitura e nos pontos fortes de cada estudante. Ela descobriu que as crianças tinham problemas diferentes no aprendizado da leitura e padrões de aprendizado diferentes. É preciso que os professores saibam "desbloquear" esses padrões, de tal maneira que os alunos consigam passar de ano e manter esse nível nos anos de escolaridade seguintes. O Reading Recovery propicia um exemplo testado de como chegar lá.

### 3. O SUCESSO É INEBRIANTE

Não se pode chamar de sucesso fazer menos mal algo em que não se é tão bom. O sucesso que motiva é realizar excepcionalmente bem algo em que já se é bom. O sucesso tem que se basear nos pontos fortes do aluno — como se sabe há milênios [...]. Na verdade, descobrir os pontos fortes do aluno e focar neles para o sucesso é a melhor definição do objetivo do ensino. É a definição dada em "O mestre" por um dos maiores professores da tradição ocidental, Santo Agostinho de Hipona (354 d.C.-430 d.C.).

Peter F. Drucker, *Post-Capitalist Society*, 1993, p. 184.

# III. IDEIAS PRÁTICAS

Kenneth Wilson e Constance Barsky tiveram um encontro com Drucker pouco antes de sua morte. Ken e Constance queriam fazer evoluir o trabalho inovador que estavam realizando nos ensinos fundamental e médio, e queriam o aconselhamento de Drucker. Depois de conversar por algum tempo com eles sobre a inovação no ensino, Drucker voltou suas atenções para Ken, fazendo a ele várias perguntas sobre seu trabalho em física, o que tomou boa parte do encontro. Drucker era um gênio e um homem modesto. Ele aprendia com seus pupilos e parceiros. Era um "aprendedor" permanente muito bem-sucedido, e estava dando um exemplo de humildade que seria bom seguirmos, em nossa busca pelo conhecimento. Crie um plano de aprendizado contínuo.

A pesquisa do programa Reading Recovery, assim como várias outras, nos ensinou que cada um de nós aprende de um jeito. Mas muitas escolas, a maioria talvez, são organizadas com base no pressuposto de que existe um jeito certo de aprender. Não existe. Se você quer evoluir rapidamente como um aprendedor permanente, busque determinar seu jeito certo de aprender de forma mais eficiente. Comece respondendo esta pergunta: "Eu aprendo de maneira mais eficiente quando leio ou quando ouço?".

Descubra como seus filhos e outros parentes aprendem. Faça-os saber que o aprendizado, para ser mais eficiente, tem que ser individualizado — do contrário, vira uma tortura.

O Reading Recovery é, na verdade, um processo de mentoria. Sua organização emprega mentores? Eles guiam as pessoas com eficiência a níveis elevados de sucesso e motivação? O que você aprendeu neste capítulo que pode ajudar você e sua organização a serem melhores mentores?

PARTE 7

# COMO SUSTENTAR
## SUA ORGANIZAÇÃO EM MEIO ÀS TRANSFORMAÇÕES

# Semana
# 21

## CONTINUIDADE E MUDANÇA

## INTRODUÇÃO

Um encontro notável entre Rick Warren e Peter Drucker ocorreu em 22 de janeiro de 2003, após a publicação do best-seller de Warren, *The Purpose Driven Life: What On Earth Am I Here For?* (2002) [ed. bras.: *Uma vida com propósitos: Você não está aqui por acaso*, 2003]. Foi um período de rápido crescimento tanto para a Igreja Comunitária de Saddleback quanto para outras igrejas pragmáticas inspiradas pelo livro de Warren e pelo programa "Quarenta Dias com Propósito". Drucker prestou consultoria a Warren para explorar questões de desenvolvimento de liderança e estrutura organizacional, ensejadas pelo rápido crescimento da igreja.

Este capítulo descreve os princípios envolvidos no trato dos problemas organizacionais e gerenciais ligados ao crescimento rápido. Esses princípios incluem a necessidade de inovação e mudança; de prevenir a tendência natural à burocratização que ocorre nas organizações; de transmitir os valores centrais; e de realizar atividades de consciência, isto é, atividades que visam à manutenção de padrões e valores.

Esses princípios devem ser implementados de forma a perpetuar a missão e os valores da organização e a propiciar a continuidade ao mesmo tempo que se facilitam as mudanças.

# I. LEITURA

### Rick Warren

Peter, alguns anos atrás você me ensinou que é preciso manter em constante transformação a estrutura de organizações que crescem rapidamente. Nada funciona para sempre. Nossos propósitos são imutáveis — mas nossos métodos e táticas precisam mudar constantemente. É impressionante a velocidade com que uma organização bem-sucedida pode recair na mediocridade.

### Peter Drucker

Sim, você tem razão. Organizações precisam de novidade de vez em quando, e no entanto precisam ao mesmo tempo de continuidade. A missão, ou o objetivo, continua igual. Por isso, há necessidade de gente comprometida com a missão. Mas às vezes você também precisa fazer mudanças radicais. Por exemplo, no início a Igreja Metodista era uma inovação radical, porque [os metodistas] permitiam que mulheres servissem como ministras leigas. Era uma grande diferença em relação à Igreja Anglicana, na qual as mulheres tinham que ficar de bico calado e carteira aberta. Por isso, quando os metodistas começaram a crescer, atraíram muitas mulheres das classes mais pobres. Depois que se tornou um movimento de massa, [a Igreja Metodista] quis adquirir respeitabilidade e parou de empregar mulheres como ministras. O que incomodava os tradicionalistas era a força dessas ministras. Por isso, acabaram parando de usá-las e, vinte anos depois dessa decisão, já tinham se tornado uma igreja burocrática.

Rick, não tenho como prever seu futuro. Só posso dizer que você conseguirá criar novos problemas.

Diálogo Drucker-Warren, 22 jan. 2003.

# II. REFLEXÃO

☒ Peter Drucker me deu uma bronca, certa vez, quando insinuei que continuidade e mudança eram antônimos. Ele gritou: "Não! Eles são um continuum!". Tempos depois, entendi que essa resposta inesperada refletia o papel central desses dois conceitos em sua obra sobre organizações e sociedade. Os temas da continuidade e da mudança permeiam todo o seu trabalho, na verdade desde sua primeiríssima monografia, *Friedrich Julius Stahl: His Conservative Theory of the State* [Friedrich Julius Stahl: sua teoria conservadora do Estado], publicada em alemão em 1933.[1] Stahl, um advogado eclesiástico de meados do século XIX, tentou criar na Alemanha uma sociedade de instituições que estabelecesse um equilíbrio entre as instituições que traziam *continuidade* e aquelas criadas para promover a *mudança*. A Igreja Luterana era uma das instituições que Stahl considerava favorecer a continuidade; o governo também. Instituições econômicas e universidades foram criadas para facilitar a mudança. A tentativa de Stahl de criar uma sociedade funcional de instituições na Alemanha durou até a Primeira Guerra Mundial.

☒ Se uma organização não muda, ela pode estagnar e morrer, perdendo, assim, a continuidade. Para obter a continuidade, portanto, uma organização precisa ser projetada para mudar. A princípio você talvez ache paradoxal que a continuidade e a mudança sejam um continuum, e não opostos. Foi assim comigo também.

## 1. EQUILÍBRIO, CONTINUIDADE E MUDANÇA

"É justamente porque a mudança é uma constante que a base tem que ser ainda mais forte."

A mudança e a continuidade são, portanto, polos, muito mais que opostos. Quanto mais se organiza uma instituição de modo a torná-la líder em transformações, mais ela precisará estabelecer uma continuidade, tanto interna quanto externa, e mais terá que equilibrar a continuidade e a mudança rápida [...]. Uma maneira de fazer isso é tornar a parceria na mudança a base das relações contínuas [...]. Equilibrar mudança e continuidade exige um trabalho permanente de informação. Nada é mais destrutivo da continuidade e corruptor das relações que informações erradas ou inconfiáveis. Em toda empresa é preciso tornar rotineira a seguinte pergunta, a cada mudança, por menor que seja: "Quem precisa desta informação?". E isso será cada vez mais importante à medida que as empresas passarem a confiar em pessoas que trabalham juntas sem de fato trabalharem juntas — isto é, pessoas que usam as tecnologias da informação [...]. Acima de tudo, é preciso que haja continuidade em relação aos fundamentos da empresa: missão, valores, definição de desempenho e resultados. É justamente porque a mudança é constante na empresa do líder transformador que a base tem que ser ainda mais forte.

Por fim, o equilíbrio entre mudança e continuidade tem que ser construído com base em compensações, reconhecimento e recompensas. Da mesma forma, precisaremos aprender que uma organização tem que recompensar a continuidade — considerando, por exemplo, valiosos para a organização e dignos de reconhecimento e recompensa aqueles que propiciam melhorias constantes, como os inovadores genuínos.

Peter F. Drucker, *Management Challenges for the 21st Century*, 1999, pp. 90-2.

⊠ Um fluxo constante de melhorias incrementais levará, com o passar do tempo, a uma transformação substancial. Portanto, a organização precisa buscar e recompensar atividades contínuas de melhoramento.

⊠ Manter a continuidade ao mesmo tempo que se muda rapidamente exige um trabalho contínuo de comunicação com os principais interessados, inclusive funcionários e fornecedores. O executivo deve perguntar: "Quem precisa ser informado dessas mudanças?". Quanto mais uma organização muda, mais exige que funcionários e fornecedores se tornem parceiros na mudança.

☒ Quanto maior uma organização, mais tempo é exigido para mudar de direção. Um plano deve ser elaborado e acompanhado atentamente.

## 2. AGILIDADE ORGANIZACIONAL

"A pulga pode saltar uma distância várias vezes maior que sua altura. O elefante não."

Organizações grandes não têm como ser versáteis. Uma organização grande é eficiente graças a sua massa, mais que a sua agilidade. A massa permite que a organização acione muitos mais tipos de conhecimento e talento do que seria possível a qualquer indivíduo ou pequeno grupo. Mas a massa também é uma limitação. Uma organização só consegue fazer um número pequeno de coisas ao mesmo tempo, por mais coisas que queira fazer. Não é algo que se possa resolver com organização melhor ou "comunicação eficiente". A regra, nas organizações, é a concentração.

Apesar disso [as] organizações modernas precisam ser capazes de mudar. Na verdade, precisam ser capazes de desencadear a mudança, isto é, a inovação. Precisam ser capazes de pôr em movimento recursos de conhecimento caros e escassos em áreas de baixa produtividade e transformar "não resultados" em oportunidades produtivas e contributivas. Isso, porém, exige a capacidade de parar de fazer aquilo que desperdiça recursos.

Peter F. Drucker, *The Age of Discontinuity*, 1969, pp. 192-3.

☒ A mudança numa organização pode assumir duas formas: a criação de novas riquezas por meio da inovação e a criação de novas riquezas pelo deslocamento de recursos de áreas de baixa produtividade para áreas de alta produtividade. Esta última exige que os executivos deixem de lado certas atividades, produtos e processos.

☒ A concorrência em andamento resultará em mudanças na estrutura econômica dos setores. Esse processo de destruição criativa, descrito por Joseph Schumpeter,[2] exige transformação, melhoria contínua e inovação, de modo a garantir a sobrevivência da organização: "É nisso que consiste o capitalismo, e é com isso que deve conviver toda preocupação capitalista". Esse processo é mais rápido durante períodos de turbulência. Organizações lentas e burocráticas têm mais chance de ser vítimas da destruição criativa.

### 3. COMO GERENCIAR EM PERÍODOS DE TURBULÊNCIA

Uma frase resume a pregação deste livro: "Não seja esperto, seja consciente".

Prever o futuro só vai lhe criar problemas. A tarefa é gerir o que existe e tentar criar aquilo que podia e devia existir. Não há cura milagrosa [...] não há solução rápida. Este livro, na verdade, pergunta qual é o trabalho que precisa ser feito. O termo fundamental é "precisa". O executivo, como qualquer mortal, não pode controlar o universo. Mas é responsável pela sobrevivência da organização de que cuida, por seu desempenho, por seus resultados.

Peter F. Drucker, *Managing in Turbulent Times*, 1980, p. 4.

# III. IDEIAS PRÁTICAS

O futuro de sua organização não será igual ao passado ou ao presente. A mudança é inevitável, embora o rumo seja difícil de prever. Sua tarefa, portanto, não é prever o futuro, mas arregaçar as mangas para criar novos produtos, processos e serviços que sejam úteis aos consumidores no futuro. Você estabeleceu políticas que permitam às pessoas criar um "novo" futuro?

Quanto maiores as mudanças com que sua organização se depara, mais fortes seus valores precisam ser. Seus valores são fortes o bastante para manter a coesão da organização durante períodos de rápida transformação?

Quanto mais sua organização confia em pessoas que trabalham

juntas, mas fisicamente afastadas, mais você precisa garantir que essas pessoas estejam plenamente informadas de quaisquer mudanças que lhes digam respeito. Você propicia um fluxo constante de informações às pessoas-chave dentro e fora de sua organização?

Tornar-se um líder transformador e tentar construir o futuro implica certos riscos. Mas ainda pior, para você e sua organização, é o risco de serem ultrapassados pela concorrência. Como você e sua organização planejam agir, à luz dessa realidade?

# Semana 22

## DESAPEGO E INOVAÇÃO SISTEMÁTICOS

## INTRODUÇÃO

Cada um dos três setores da sociedade tem dificuldade para se desfazer de produtos, serviços, políticas e processos obsoletos.

Governos costumam empregar a política fiscal para lançar novos programas de estímulo à economia. Esses programas tendem a aglutinar, em favor de sua manutenção e expansão, lobistas poderosos, que defendem determinadas políticas públicas, setoriais e ambientais, e organizações que prestam serviços à comunidade. Disso resulta que programas governamentais em nível federal tendem a ser mantidos, mesmo quando seu propósito original já não mais existe. A incapacidade de abandonar programas existentes reduz os recursos disponíveis para financiar novas iniciativas, necessárias caso os Estados Unidos queiram permanecer competitivos enquanto nação.

O setor social está engajado em fazer o bem. Muitas vezes as instituições desse setor tentam *maximizar* a prestação de serviços (por exemplo, a "eliminação total da pobreza"), em vez de *otimizá-la* conforme sua missão e seus recursos. Em outros casos, essas instituições cumpriram sua missão original e exclusiva. Mas, em lugar de declarar vitória e desaparecer, por vezes decidem abraçar uma nova missão, que pode ser a mesma de outras instituições de grande valor. Por exemplo, a March of Dimes [Marcha dos Vinténs] foi fundada em 1938 pelo presidente Franklin Delano Roosevelt para encontrar uma cura para a poliomielite e dar apoio às vítimas. Com a invenção da vacina Salk, em 1955, e da vacina Sabin oral, em 1962, a pólio foi quase totalmente erradicada nos países desenvolvidos e, para todos os efeitos, em âmbito global.

A missão original da March of Dimes fora cumprida de forma magnífica. Mas, em vez de desaparecer, a organização partiu em busca de uma nova missão. Em 1958, encontrou uma. Sua nova missão passou a ser "ajudar as mães a chegar ao termo das gestações e pesquisar os problemas que ameaçam a saúde dos bebês". Embora essa seja uma missão muito importante, já existiam diversos outros órgãos nessa luta nos Estados Unidos. São tantos que há trinta anos a revista *U.S. News & World Report* publica um ranking dos cinquenta melhores hospitais neonatais dos Estados Unidos.[1] A pergunta é se a March of Dimes ainda é necessária.

O caso das empresas é diferente, porque elas são disciplinadas pelos lucros e prejuízos. Mesmo assim, dentro das empresas há programas que angariam defensores, que costumam impor resistência a tentativas de cortar a verba dos projetos de seu gosto. Os investimentos ininterruptos nesses projetos costumam ser chamados de "investimentos em ego gerencial". Podem sobreviver enquanto a empresa é lucrativa, muito embora, assim como ocorre com programas governamentais e do terceiro setor, tenham deixado de atender o propósito inicial.

Tendo em vista a dificuldade que os governos têm em relação ao desapego, uma proposta viável foi proposta por Robert N. Anthony. Professor de controle gerencial na Harvard Business School, Anthony licenciou-se entre 1965 e 1968 para atuar como corregedor do Departamento de Defesa na gestão do secretário Robert McNamara. Sua proposta, publicada em artigo do *Wall Street Journal*, é contratar "especialistas externos que entrem nas agências [governamentais] e avaliem sua razão de ser, seu método operacional e seu custo".[2] É um bom conselho para governos em todos os níveis, assim como para organizações tanto do setor privado quanto do setor social.

# I. LEITURA

O desapego em relação ao que é antigo é particularmente importante nas organizações sem fins lucrativos que prestam serviços, porque elas acreditam, e têm mesmo que acreditar, na justeza de suas causas. Isso torna a inovação muito difícil, porque a chave inicial da inovação é a disposição para abandonar o que é velho, de modo a liberar-se para o novo. Em medicina há um velho ditado que diz: "Se não jogar nada fora, você submerge no seu lixo", e muito depressa. Isso vale para qualquer organização, e, mesmo assim, quando você acredita numa causa, [jogar fora] é algo difícil de fazer quando não se tem fins lucrativos.

O objetivo final da organização pode ser perene; os meios, porém, são de curto prazo. Vou dar um exemplo. Estou trabalhando junto com um amigo que é bispo auxiliar em uma das maiores arquidioceses católicas dos Estados Unidos, e a Igreja católica sofre atualmente uma forte escassez de padres. Pois bem, as escolas da diocese nunca estiveram tão cheias de alunos, e no entanto não há sequer um dentre eles que seja católico.

Isso exige repensar o propósito da organização. Tenho debatido com ele, porque ele quer mesmo fechar as escolas. Elas não ajudam a salvar almas, eu disse, mas, veja bem, a Bíblia diz: "Porém, a maior delas é a caridade", e estamos lutando para chegar a uma decisão. Mas é uma questão importante de contribuição.

Minha vontade é dizer a ele: feche os hospitais da diocese. Eles em nada contribuem, não são necessários, hoje em dia temos um grande número de bons hospitais. Cento e cinquenta anos atrás o único hospital desta região era católico. Hoje em dia não é mais, e talvez seja uma pena se ele fechar, mas vamos sobreviver, e quem busca decisões de desapego mantém em funcionamento aquilo que é prioritário, e então se organiza de maneira sistemática para a busca de novas oportunidades de praticar desapego e inovação sistemáticos.

Nós sabemos como abandonar programas, e organizações sem fins lucrativos precisam de desapego tanto quanto uma empresa. Passei por isso com três organizações comunitárias; duas na área da saúde e uma na de serviços comunitários. Todas as três praticavam a inovação de forma sistemática. As duas da área da saúde ganharam novo ímpeto na Associação Americana de Cardiologia ao aproveitar os enormes avanços na medicina cardiovascular e tornar-se instituições de ensino, quando originalmente seu foco básico era levantar fundos para os pobres que não podiam pagar por serviços de saúde. A terceira mudou de área, da educação tradicional para o ensino profissionalizante contínuo para profissionais altamente qualificados. Ganhou, assim, em vitalidade, entusiasmo e eficiência. Mas se você ficar esperando pela sorte, por uma ideia repentina, ou por aquilo que é tão popular nos livros de hoje, o empreendedorismo, isto é, que uma ideia caia na sua cabeça quando você estiver andando pela rua, vai ter que esperar muito tempo. É melhor se organizar para buscar as mudanças, dentro e fora da organização, que mais se pareçam com oportunidades. Isso, nós sabemos como fazer.[3]

Diálogo Peter Drucker-David Hubbard, 22 fev. 1988.

---

# II. REFLEXÃO

☒ No trecho que acabamos de ler, Drucker argumenta que o bispo auxiliar da diocese deveria fechar os hospitais católicos e manter as escolas católicas. A diocese tem *competência* em ambas, mas a *necessidade* premente é de escolas de alta qualidade para os pobres. Drucker subverteu a base da argumentação com o bispo auxiliar, passando da missão religiosa da diocese para sua missão caridosa — tanto uma quanto outra virtudes da Igreja católica — de maneira a optar entre dois critérios importantes: *competência* e *necessidade*.

## 1. A PRÁTICA DO DESAPEGO

"Se ainda não fizemos isso, devemos começar agora? E se a resposta for 'não', 'O que devemos fazer agora?'."

A pergunta precisa ser feita — e feita para valer: "Se ainda não fizemos isso, devemos, sabendo aquilo que sabemos, começar a fazer agora?". E, se a resposta for não, a reação deve ser: "O que devemos fazer agora?".

Em três casos, a atitude correta será sempre o desapego puro e simples. O desapego é a atitude correta quando um produto, um serviço, um mercado ou um processo "ainda tem alguns anos de vida". São produtos, serviços ou processos moribundos como esses que sempre exigem a maior atenção e os maiores esforços. Eles imobilizam o pessoal mais produtivo e capaz. Mas, da mesma forma, é preciso abandonar o produto, serviço, mercado ou processo caso o único argumento a favor de mantê-lo seja: "Já se pagou". Para fins gerenciais, não há "ativo sem custo". Existem apenas "custos irrecuperáveis". O terceiro caso — e o mais importante — em que o desapego é a política correta é o daquele produto, serviço, mercado ou processo antigo ou decadente que, por ser mantido, prejudica ou faz negligenciar um produto, serviço ou produto novo.

Peter F. Drucker, *Management Challenges for the 21st Century*, 1999, pp. 74-5.

⊠ Abandonar qualquer programa é difícil para uma organização sem fins lucrativos, devido à forte crença na justeza de sua causa. Às vezes é difícil para uma organização que visa lucro abandonar um programa, porque esse programa pode representar investimento daqueles que o criaram e dele cuidaram. Cuidado com o compromisso com o ego como desculpa para manter o status quo.

## 2. EXEMPLO DE UM PROCESSO DE DESAPEGO SISTEMÁTICO

Numa empresa razoavelmente grande que fornece serviços terceirizados na maioria dos países desenvolvidos, a primeira segunda-feira do mês é reservada para uma reunião de desapego, em todos os níveis administrativos, da alta direção aos supervisores de áreas. Cada uma dessas reuniões analisa uma parte do negócio [...]. Em um ano, três ou quatro grandes decisões costumam ser tomadas em relação à pergunta "o que fazer" dos serviços da empresa; e talvez duas vezes mais que isso em mudanças do "como fazer". Mas dessas reuniões, a cada ano, saem três a cinco ideias de coisas novas para fazer.

Peter F. Drucker, Management Challenges for the 21<sup>st</sup> Century, 1999, p. 79.

☒ Criar um processo de desapego sistemático e integrá-lo permanentemente à cultura da organização é uma das maneiras mais eficientes de eliminar o antigo e abrir espaço para o novo.

## 3. SABER QUE UM PRODUTO EXISTENTE SERÁ ABANDONADO NUM FUTURO PRÓXIMO, LIBERANDO RECURSOS, PODE AJUDAR A CONCENTRAR SUA MENTE EM INOVAÇÕES

Às vezes o desapego não é a solução, e às vezes nem sequer é uma possibilidade. Mas pelo menos é possível limitar esforços adicionais, garantindo que os recursos produtivos de dinheiro e mão de obra não sejam mais devorados pelo passado. É a atitude certa a tomar, via de regra, para manter a boa saúde da organização: todo organismo precisa eliminar o excesso caso não queira se envenenar. Torna-se, porém, uma necessidade absoluta em empresas que queiram ser capazes de inovar e ser receptivas à inovação. "Não há nada que concentre tanto a mente do homem na inovação quanto o conhecimento de que o produto ou serviço atual será deixado de lado num horizonte visível."

Peter F. Drucker, Innovation and Entrepreneurship, 1985, pp. 151-2.

# III. IDEIAS PRÁTICAS

Quando estiver diante da obrigação de escolher entre dois bons programas, mantenha aquele que dê a contribuição mais significativa à missão da organização e à sociedade.

Sua organização pratica o desapego sistemático? Em caso negativo, identifique as forças que atuam neste momento em sua organização e dificultam o processo de desapego. Como afastar essas dificuldades?

Você mede a porcentagem das vendas anuais e dos lucros que advêm de novos produtos e serviços? Em caso negativo, por que não? Principie pela avaliação da eficiência de seus canais de inovação. Isso criará uma pressão do tipo certo para que se institua um programa de desapego sistemático.

Você alguma vez fez, em relação a um produto, serviço ou processo atual, a pergunta incômoda de Drucker: "Se ainda não fizemos isso, devemos começar agora?". Agiu conforme a resposta? Essa pergunta pode ser incorporada a um processo de desapego sistemático em sua organização.

# Semana 23

## COMO USAR A DECLARAÇÃO DE MISSÃO DA ORGANIZAÇÃO PARA GERAR UNIDADE

## INTRODUÇÃO

Elaborar uma declaração de missão que seja amplamente compartilhada e usada com eficiência traz uma série de benefícios para a organização. Cria unidade de ação, motivação e responde a pergunta "O que é resultado?". A resposta a essa pergunta é particularmente complicada.

Muitas declarações de missão não passam de slogans e não exercem influência sobre os atos dos envolvidos. É o desperdício de uma oportunidade para criar uma ferramenta de gestão útil. Uma missão pode ser usada para alocar de maneira eficiente tempo, talentos e recursos de todo o pessoal da organização.

Uma missão bem redigida pode criar unidade de esforços e evitar que a organização saia da linha, sobretudo durante períodos de transformações rápidas. Pode ser usada como uma ferramenta de recrutamento, reconhecimento e retenção de talentos, garantindo que quem está na organização se concentre em fazer as coisas certas.

Criar uma cultura na qual a crítica construtiva é aceita na definição e solução de problemas ajuda muito no sentido de redigir missões eficientes. A crítica construtiva estimula a imaginação de quem tem discordâncias, e dos demais na tomada de decisões. A crítica deve se concentrar, na medida do humanamente possível, no "O que está certo?" e não no "Quem está certo?". Não se deve subestimar a dificuldade de fazer isso.

Em suma, uma declaração de missão que tenha passado por um cuidadoso processo de aprovação e consenso, e que seja revista quando a conjuntura muda, propicia um instrumento de integração para a organização como um todo. Prepará-la dá muito trabalho, mas, uma vez feita, a declaração pode servir de referência constante para guiar comportamentos e decisões.

---

# I. LEITURA

### Peter Drucker

A declaração de missão é sua ferramenta para forçar — e estou usando propositalmente uma palavra sem ambiguidade — seu pessoal a refletir: "Qual é o meu objetivo? Qual é a minha meta? E, para mim, o que representa contribuir?". Se você não usa a declaração dessa forma, abre mão de sua melhor ferramenta de comunicação e desenvolvimento, e também acaba com uma pessoa que, como um caixa de banco, enxerga seu trabalho como algo burocrático que lhe pagam para fazer [e] trata os clientes em frente a seu guichê como o fator que limita seu sucesso!

### A declaração de missão favorita de Drucker: seu papel não é vender, é comprar

Por volta de 1917, Julius Rosenberg chocou seus vendedores na Sears ao dizer: "Seu papel não é vender, é comprar". Aprendi que os únicos vendedores bem-sucedidos são aqueles que veem a si mesmos como compradores, e não vendedores. Quando não se tem a mercadoria certa, não há nada que se possa fazer, de qualquer maneira. Certo, você pode ter um resultado ótimo na liquidação da semana que vem, mas isso é tudo.

Em seguida, Rosenberg perguntou ao gerente de cada loja: "O que essa frase significa para você?". Um dos gerentes respondeu: "É que não basta ter a mercadoria. É preciso saber como exibi-la, e acima de tudo você tem que explicar ao cliente como usá-la". O êxito da Sears durante a Depressão foi fenomenal. Ela prosperou enquanto quase todos os outros desmoronaram.

Diálogo Peter Drucker-David Hubbard, 22 fev. 1988.

# II. REFLEXÃO

☒ Perguntar ao gerente de cada loja "Então, o que essa frase significa para você?" ajudou Rosenberg a integrar o esforço dos gerentes na missão geral da Sears.

☒ "Fazer a coisa certa" é enxergar a missão geral da organização como sua própria missão pessoal.

☒ A habilidade profissional é um exemplo de "coisa feita da maneira correta", e é essencial. Mas ainda mais essencial é "fazer a coisa certa", e foi isso que fez o terceiro pedreiro do exemplo a seguir.

## 1. O TRABALHO DEVE TER RELAÇÃO COM A NECESSIDADE COLETIVA

Esta é uma história chinesa muito antiga. Perguntaram a três pedreiros o que eles estavam fazendo. Um deles disse: "Você não está vendo? Estou quebrando pedra". E o outro disse: "Estou fazendo tijolos". E o terceiro disse: "Estou construindo uma catedral". É isso [que faz] a diferença [...] ver a si mesmo como um contribuinte para a missão geral, e desenvolver seu objetivo dentro dela. A questão, aqui, é que o terceiro pedreiro, provavelmente — certamente — era o melhor quebrador de pedra, porque era importante que elas se encaixassem. Elas eram fundamentais para uma grande tarefa. Por isso você começa pela declaração de missão, e depois a utiliza, basicamente, para desafiar a si mesmo e a seu pessoal. Faça a pergunta a todos: "Quais são os seus objetivos que decorrem da missão e contribuem para ela?".

Diálogo Peter Drucker-David Hubbard, 28 fev. 1988.

## 2. HABILIDADE PROFISSIONAL

[Na história que acabamos de ver] o problema está no segundo homem. A habilidade profissional é essencial; sem ela, nenhum trabalho pode progredir; na verdade, uma organização perde a moral se não exige de seus membros a mais escrupulosa habilidade profissional de que forem capazes. Mas há sempre o risco de que o verdadeiro artesão, o verdadeiro profissional, também acredite estar realizando algo, quando na verdade está apenas polindo pedras ou acumulando notas de rodapé. A habilidade profissional deve ser incentivada nas empresas. Mas deve sempre ter relação com as necessidades coletivas.

Peter F. Drucker, The Practice of Management, 1954, p. 123.

⊠ Elaborar uma declaração de missão que efetivamente sirva de guia para o trabalho da organização é uma decisão de alta importância, que merece atenção e debate construtivo.

## 3. USE A CONTROVÉRSIA PARA OBTER UNIDADE E COMPROMETIMENTO

Recentemente, a Foundation for Nonprofit Management [Fundação para a Gestão sem Fins Lucrativos], [criada] onze anos atrás por um grupo de amigos e que recebeu meu nome, realizou uma reunião de direção. Minha esposa, que faz parte da direção, estava extremamente insatisfeita. "Vamos ter que repensar mais uma vez nossa Declaração de Missão? E vamos ter que passar dois dias inteiros nisso?" Tentei, em vão, convencê-la de que o objetivo não era reescrever a Declaração de Missão. A intenção era criar unidade. Trouxemos meia dúzia de pessoas novas, que nunca tinham trabalhado conosco. Sim, vamos trocar uma ou outra palavra na Declaração de Missão, e vamos passar três horas ou mais brigando por causa disso. Minha esposa não vê sentido nisso e tem lá suas razões. Não creio que ela tenha aceitado que a Declaração de Missão [isto é, o documento propriamente dito] não tenha importância; é que as pessoas novas, e até as antigas, são forçadas a refletir sobre a missão. Discutir se uma palavra na Declaração de Missão deve ser "deve" ou "deveria" é uma forma de criar unidade [ao fazer as pessoas refletirem sobre a missão].

> Peter F. Drucker, *Executive Summary: A Conversation with Peter Drucker on Leadership and Organizational Development*, 2002, p. 9.

☒ Os pressupostos contidos em qualquer declaração de missão devem bater com a realidade. Você deve rever constantemente sua declaração de missão. Do contrário, as atividades de sua organização podem se tornar obsoletas. Ao incentivar o debate construtivo, você pode prevenir a obsolescência na sua organização.

## 4. A NECESSIDADE DA CONTROVÉRSIA

As emoções sempre ficam à flor da pele diante de uma decisão que põe em risco a organização em caso de fracasso, ou [diante] de uma em que não seja fácil voltar atrás. A solução inteligente é tratá-la como uma controvérsia construtiva, e como chave para a compreensão mútua.

Se você consegue transformar a controvérsia e a discordância numa compreensão comum do que representa aquela decisão, você cria uma unidade de ação e uma confiança geral. E a confiança exige que a controvérsia seja claramente exposta e que seja vista como discordância.

Isso é particularmente mais importante nas instituições sem fins lucrativos, mais propensas ao conflito interno, que nas empresas, justamente por estarem todos comprometidos com uma boa causa comum. Discordâncias não são uma questão de "sua opinião contra a minha", "sua boa-fé contra a minha". Instituições sem fins lucrativos precisam ter um cuidado especial para não se deixarem dominar por rixas e desconfianças. As discordâncias precisam vir à luz e ser levadas a sério.

> Peter F. Drucker, *Managing the Non-Profit Organization: Principles and Practices*, 1990, p. 124.

## 5. COMPROMETIMENTO COM A MISSÃO

Quando você violenta os valores de uma instituição, é provável que o trabalho tenha um resultado negativo [...]. Uma missão não é, nesse sentido, impessoal. Nunca vi nada ser bem feito sem que as pessoas estivessem comprometidas.

Todos conhecemos a história dos automóveis Edsel. Todos acham que o Edsel fracassou porque a Ford não fez o dever de casa. Na verdade, foi o carro mais bem projetado, mais bem pesquisado, mais bem tudo. Ele só tinha uma coisa errada: ninguém na Ford Motor Company acreditava nele. Era uma forçação. Foi projetado com base em pesquisa, e não em comprometimento. Por isso, quando começou a passar por algumas dificuldades, ninguém era o pai da criança. Não estou dizendo que era para ter dado certo. Mas, sem comprometimento pessoal, não tinha como dar [...]. Por isso, são necessárias três coisas [para uma boa declaração de missão]: oportunidades, competência e comprometimento. Toda declaração de missão tem que refletir os três, ou fracassará em sua meta final, seu propósito final e seu teste final. Não mobilizará os recursos humanos da organização para que a coisa certa seja feita.

Peter F. Drucker, *Managing the Non-Profit Organization: Principles and Practices*, 1990, p. 7.

---

# III. IDEIAS PRÁTICAS

---

Sua organização é bem-sucedida na promoção do comprometimento com a missão, tanto de cima para baixo quanto de baixo para cima? Em caso positivo, como consegue isso? Em caso negativo, como pode conseguir?

Identifique as pessoas em sua organização cuja atitude represente os três pedreiros. Você tem gente nas categorias um ou dois? Como pode ganhar tanto habilidade profissional quanto contribuição à missão por parte dessas pessoas? Os incentivos funcionariam? Avaliações positivas ajudariam?

Organize a controvérsia para uma decisão específica sob sua responsabilidade. Traga para a discussão pessoas que você acredita que provavelmente trarão pontos de vista diferentes.

Ao tomar uma decisão, cuide para que seu foco esteja naquilo que está certo, e não em quem está certo. Lute para implementar uma cultura em que essa maneira de resolver os problemas seja *rotineira* e *respeitada* na tomada de decisões importantes.

Se, depois de um debate vigoroso, se chegar a uma decisão em relação à declaração de missão, e os fatos reais não forem ao encontro das expectativas nessa declaração de missão, pergunte a si mesmo se o conteúdo do debate inclui possíveis respostas à discrepância entre os resultados e as expectativas. Tente chegar a uma declaração de missão revista que reflita com maior precisão o ambiente e as competências e o comprometimento de sua organização no cumprimento de sua missão.

# Semana 24

## UMA INTRODUÇÃO À PESQUISA DE MERCADO COM NÃO CLIENTES

---

## INTRODUÇÃO

---

Uma das maiores contribuições de Drucker foi ter insistido no fato de que "[o marketing] é a função que distingue, que torna única uma empresa" (*The Practice of Management*, 1954, p. 37). Além disso, "o marketing é tão fundamental que não basta ter um departamento de vendas forte e encarregá-lo do marketing. O marketing não é apenas muito mais amplo que vendas; não é nem sequer uma atividade especializada. Ele é parte integral do negócio. É o negócio como um todo, do ponto de vista do resultado final, do ponto de vista do cliente. Portanto, a preocupação com o marketing e a responsabilidade por ele devem permear todas as áreas da empresa" (p. 38).

Bill Hybels foi um dos primeiros a praticar a abordagem de Drucker para o marketing eficiente no terceiro setor. Ao criar a primeira grande igreja pastoral, em 1975, Hybels aplicou conceitos de pesquisa de marketing defendidos por Drucker.[1] Drucker entrevistou Hybels em 1988, abordando, entre outros temas, a pesquisa de mercado com não clientes.

Em razão do avançado estágio em que se encontrava a obra de Bill Hybels naquela época, batizei uma parte da entrevista de "Introdução à pesquisa de mercado com não clientes". No resumo que fiz da entrevista, cada uma das quatro perguntas básicas de Drucker é acompanhada do resumo da resposta de Hybels. O resumo geral da entrevista de Drucker está no final da seção I. A transcrição da entrevista completa, com 5 mil palavras, está no segundo volume da série de cassetes Drucker Nonprofit, publicada em 1988. Trata-se de uma ampla entrevista entre Drucker e Hybels sobre a história da gestão da igreja comunitária Willow Creek, incluindo o papel crucial da pesquisa de mercado. A partir da íntegra, escolhi (e editei) as contribuições inovadoras de Hybels à pesquisa de mercado.

Os princípios usados por Hybels para avaliar o valor do cliente são os mesmos a respeito dos quais Drucker escreveu e lecionou durante décadas. Continuam úteis para líderes em todos os setores da sociedade, porque defendem de maneira convincente a ideia de que todas as atividades de uma organização precisam ser observadas do ponto de vista do marketing. Talvez o assunto nunca tenha sido tão bem abordado quanto no sexto capítulo, "O cliente é o negócio", do livro *Managing for Results* (1964), de Drucker.

## I. LEITURA

[Bill Hybels batia de porta em porta, perguntando se as pessoas frequentavam a igreja. Se elas dissessem que sim, ele agradecia e ia embora. Se dissessem que não, ele perguntava por quê, já que aquela era uma região onde a frequência à igreja era relativamente alta. Em seguida, ele listou uma série de razões pelas quais os moradores dos subúrbios ricos de Chicago não frequentavam a igreja. Drucker chamava essas pessoas de "não fiéis". Em seguida, Drucker reformulou e resumiu as respostas de Hybels, de maneira sistemática, para torná-las mais úteis para um público amplo.]

### Peter Drucker

(1) Você pergunta aos não fiéis: "Por que você não frequenta nenhuma igreja?".

Basicamente, Bill, você reagiu a uma oportunidade que apareceu em South Barrington, Illinois. Você foi pesquisar pessoas que poderiam ser clientes, mas não eram. Essa é uma das coisas mais importantes a dizer. Nós nunca perguntamos. E você perguntou e prestou atenção. E ouviu [as pessoas responderem]: "Toda igreja sempre diz: 'Precisamos do seu dinheiro', [em vez de] dizer: 'Você precisa de nós?'".

(2) Você perguntou: "O que representa valor para os não fiéis?".

Bill, se você fizer isso bem, não precisa pedir dinheiro. Você precisa contar às pessoas: isso é o que fazemos por você e este é o resultado. Já cansou essa conversa sobre as necessidades das igrejas. Primeiro, elas nunca acabam [isto é, as necessidades das igrejas], absolutamente nunca, e todos nós possuímos recursos finitos, tanto de tempo quanto de dinheiro, que precisamos alocar para [obter] resultados. Acho que essa é uma das coisas importantes que aprendemos com você: não falar de nossas necessidades. Aquilo de que você precisa é aquilo de que nós precisamos.

(3) Em seguida você perguntou a si mesmo: "Como oferecer uma experiência religiosa relevante para esses não fiéis?".

[Com base nas respostas que recebeu dos não fiéis, Hybels decidiu criar uma igreja a partir de suas necessidades, e aplicar um teste rigoroso de atendimento ideal dessas "necessidades" dos não fiéis, de modo prioritário, antes de oferecer um novo ministério. Por exemplo, ele concentrava seu esforço na pregação, até que houvesse recursos extras suficientes para outros ministérios.]

### Peter Drucker

Bill, você se concentra naquilo que faz de melhor; você se concentra na necessidade real do mercado e reage a ela; e você luta por excelência antes de se expandir, porque inúmeros empreendimentos enxergam um monte de oportunidades de mercado e começam a se fragmentar, sem dispor dos recursos para realizá-las com qualidade. Por isso, começam a buscar atalhos, a empurrar com a barriga, e em pouco tempo perderam tudo aquilo [que] no mercado chamam de "diferenciação do produto". Você é incapaz de distinguir um do outro. E acaba fugindo de todos.

[Hybels tinha consciência de que, se quisesse atrair voluntários, tinha que oferecer recompensas não monetárias por seus serviços. No artigo "What Business Can Learn from Nonprofits" (*Harvard Business Review*, jul.-ago. 1989), Drucker recomenda que as empresas copiem a forma das instituições sem fins lucrativos de recrutar voluntários para atrair e motivar trabalhadores do conhecimento. O processo é semelhante.]

### Peter Drucker

(4) Você oferece novos ministérios quando há disponibilidade de boas lideranças leigas. Você forma profissionais leigos a partir de treinamento e avaliação.

Portanto, Bill, desde o começo você esteve basicamente comprometido com a formação de profissionais leigos. A única diferença é que eles não foram ordenados, não são pagos e não trabalham em tempo integral, mas a sua cobrança por excelência é a mesma [ao propiciar treinamento e avaliação de desempenho].

Bill, vou tentar juntar tudo que você me contou. Primeiro, você baseou sua estratégia numa pesquisa de mercado ampla e profunda com as pessoas que deveriam ser seus clientes, mas não eram. Com isso, adquiriu não apenas uma boa noção das necessidades, mas também uma boa lista de possíveis clientes. E aí você trabalhou duro para lhes proporcionar o produto de que realmente necessitavam, ateve-se a ele no começo, e só partiu para outras áreas quando passou a dispor dos recursos humanos — gente para trabalhar —, com grande atenção ao treinamento e à supervisão de pessoal e à construção da qualidade dentro dos programas.

Diálogo Peter Drucker-Bill Hybels, 1988.

Nota do autor: Peter Drucker colaborava com frequência com a revista *The Economist*. Em seu obituário na edição impressa, "Special Report: Peter Drucker — Trusting the Teacher in the Grey-Flannel Suit" (17 nov. 2005), os editores fizeram uma menção especial à influência de Drucker sobre Bill Hybels:

> Um exemplo talvez inesperado do druckerismo é o atual movimento das megaigrejas. Ele propôs aos pastores evangélicos que criassem um ambiente mais amigável para os clientes (mais discrição no simbolismo religioso e mais serviços). Bill Hybels, pastor de 17 mil fiéis na igreja comunitária de Willow Creek, em South Barrington, Illinois, pendurou uma frase do sr. Drucker na porta de sua sala: "Qual é o nosso negócio? Quem é nosso cliente? O que nosso cliente considera ter valor?".
>
> O sr. Drucker ia além de simplesmente aplicar técnicas empresariais à gestão de organizações do voluntariado. Ele acreditava que essas instituições têm muito a ensinar às empresas. Muitas vezes elas são mais competentes no despertar do entusiasmo dos voluntários — e também são melhores em transformar seus "clientes" em "vendedores" de suas organizações. Hoje em dia, as empresas têm tanto a aprender com as igrejas quanto as igrejas têm a aprender com elas.[2]

# II. REFLEXÃO

☒ As igrejas não são as únicas a acreditar que oferecem aquilo de que o cliente precisa sem tentar descobrir aquilo de que o cliente realmente precisa.

## 1. "O CONSUMIDOR RARAMENTE COMPRA O QUE A EMPRESA ACHA QUE ESTÁ VENDENDO"

Antes de tudo, eis as situações reais mais comuns de encontrar no marketing:

> O que a empresa julga saber sobre os clientes e o mercado tem mais chance de estar errado do que de estar certo. Só uma pessoa sabe de verdade: o cliente. Só perguntando ao cliente, observando-o, testando

e compreendendo seu comportamento, é possível descobrir quem ele é, o que faz, como consome, como usa aquilo que compra, o que espera, o que valoriza e assim por diante.

O consumidor raramente compra o que a empresa acha que está vendendo. Um motivo, claro, é que ninguém paga por um "produto". Paga-se por uma satisfação. Mas ninguém pode fabricar ou fornecer satisfações enquanto tais — no máximo, podem-se vender e entregar os meios de obtê-la.

Peter F. Drucker, Managing for Results, 1964, p. 94.

☒ É um erro supor que o cliente em potencial é irracional quando ele não se entusiasma com a lógica de quem produz. Ao contrário, cabe ao produtor descobrir aquilo a que o cliente atribuirá valor.

## 2. POR QUE ÀS VEZES O CLIENTE PARECE AGIR DE MANEIRA IRRACIONAL?

É preciso supor que o cliente é racional. Mas a racionalidade dele não é necessariamente a mesma do fabricante; é produto de sua própria situação. Supor — como tem sido a moda ultimamente — que o consumidor é irracional é tão perigoso quanto supor que a racionalidade dele é a mesma do fabricante ou do fornecedor — ou que deveria ser [...].

Cabe ao fabricante ou ao fornecedor descobrir por que o cliente se comporta de uma maneira que parece irracional. Cabe a ele adaptar-se à racionalidade do consumidor ou tentar modificá-la. Mas ele tem, antes de tudo, que compreendê-la e respeitá-la.

Peter F. Drucker, Managing for Results, 1964, pp. 96-7.

☒ Não clientes podem ser transformados em clientes se se começa perguntando a eles: "O que você considera ter valor?" — e se essa pergunta for acompanhada de um esforço sincero para fornecer o valor desejado pelo não cliente.

## 3. COMO ATENDER OS NÃO CLIENTES?

Quem é o não cliente, a pessoa que não compra nossos produtos mesmo fazendo (ou podendo fazer) parte do mercado? E como descobrir por que é um não cliente? [...] Que produto ou serviço supriria as áreas de satisfação que realmente importam — tanto aquelas que atendemos quanto aquelas que poderíamos atender?

Peter F. Drucker, *Managing for Results*, 1964, pp. 101, 103.

☒ Podemos aprender muita coisa sobre como motivar trabalhadores do conhecimento se compreendermos como motivar voluntários. Eles não recebem ordenado, mas prestam serviços pela satisfação do serviço em si mesmo — "a recompensa do serviço é mais serviço".[3] A satisfação vem da aplicação bem-sucedida da expertise pessoal a um propósito válido.

## 4. COMO GERIR TRABALHADORES DO CONHECIMENTO

"A gestão de pessoal é uma tarefa de marketing."

A chave da manutenção da liderança na economia e na tecnologia emergentes provavelmente será a posição social dos profissionais do conhecimento e a aceitação social de seus valores. Hoje em dia, porém, estamos tentando abraçar o mundo com as pernas — manter a mentalidade atual, em que o recurso-chave é o capital e o financiador é o patrão, e comprar a satisfação do trabalhador do conhecimento, mantendo-os na empresa com bônus e *stock options*. Mas isso só funciona, se é que funciona, enquanto os setores emergentes tiram proveito da alta do mercado de ações, como aconteceu com as empresas de internet.

A gestão dos trabalhadores do conhecimento é uma "tarefa de marketing". E no marketing não se começa pela pergunta "O que queremos?". Começa-se pelas perguntas "O que o outro quer? Quais são seus valores? Quais são suas metas? O que ele considera resultado?". O que motiva o trabalhador do conhecimento é o mesmo que motiva o voluntário. O voluntário tem que obter maior satisfação de seu trabalho que o empregado remunerado, exatamente por não ser remunerado. Ele precisa, acima de tudo, de desafios.

Peter F. Drucker com Joseph A. Maciariello, "Managing Knowledge Workers", *The Daily Drucker*, 1 maio 2004.

## III. IDEIAS PRÁTICAS

Pergunte a seus clientes: "O que você considera ter valor dentre os produtos e serviços que lhe oferecemos?". As respostas batem com suas ideias preconcebidas?

Você descobriu aquilo que seus não clientes valorizam?

Você considera irracional o comportamento de consumo de seus não clientes? Repense essa ideia à luz daquilo que os não clientes de fato consideram ter valor. Como você pode converter pelo menos uma parte de seus não clientes em clientes?

Pense naquilo que realmente motiva os trabalhadores do conhecimento em sua organização. Atenda a todo o leque das motivações deles, e não apenas a remuneração financeira.

# Semana 25

## MUDANÇAS DE FASE NO CRESCIMENTO E TRANSFORMAÇÃO DE UMA ORGANIZAÇÃO

## INTRODUÇÃO

Ao crescer, uma organização pode perder vitalidade, por se concentrar nas necessidades dos que estão dentro da organização, e não nos clientes. Isso acontece muito, por exemplo, em organizações comandadas por "estrelas", que vivenciaram um crescimento excepcional sob a liderança do fundador-empreendedor. Em algum momento surge a necessidade de uma "mudança de fase" na gestão: ou o fundador se torna um executivo ou traz alguém de fora para comandar a organização.

Por exemplo: Wilson Greatbatch, engenheiro biomédico formado em Cornell e pesquisador da Universidade de Buffalo, estudava, em conjunto com vários outros pesquisadores, a relação entre o batimento cardíaco e os impulsos elétricos. A esperança de Greatbatch era usar a estimulação elétrica para normalizar batimentos irregulares. Ele estava trabalhando num aparelho para monitorar os sons do coração quando, por acidente, instalou no aparelho um resistor errado. O resistor novo era cem vezes mais poderoso que o anterior e emitia um ritmo semelhante ao dos batimentos cardíacos. Isso resolveu um mistério que ele tentava resolver havia muitos anos e levou-o em 1960 a implantar o marca-passo Chardack-Greatbatch no Millard Fillmore Hospital de Buffalo, no estado de Nova York.

Quase ao mesmo tempo, Greatbatch concedeu a licença da tecnologia do marca-passo à Medtronic, uma empresa de aparelhos médicos sediada em Minneapolis. Isso permitiu levar rapidamente o marca-passo ao mercado, em grande escala. Ele se referiu da seguinte forma ao acordo de licenciamento e à sua relação posterior com a Medtronic:

> O contrato de licenciamento era muito rigoroso. Assumi o controle do projeto de todos os marca-passos implantáveis da Medtronic. Eu assinava cada desenho, cada mudança, tinha que aprovar cada fornecedor [...]. Durante dez anos, o controle de qualidade tinha que se reportar diretamente a mim. Eu tinha assento no comitê de direção. Tinha forte (e ruidosa) interferência em todos os assuntos da empresa, nas vendas de marca-passos, e principalmente no abandono de linhas de produtos não lucrativos, como os monitores cardíacos e os desfibriladores de corrente alternada. A Medtronic estava numa situação financeira precária em 1960, mas se recuperou fortemente no espaço de dois anos e se tornou líder em marca-passos.[1]

Em 1970, Greatbatch saiu da Medtronic e abriu sua própria empresa, a Wilson Greatbatch Ltd. (WGL), em Clarence, perto de Buffalo. A empresa criou a primeira bateria de lítio para marca-passos, substituindo a fonte de energia original, a bateria de mercúrio-zinco. A bateria de lítio aumentava a vida útil do marca-passo implantável de meses para décadas. Hoje em dia, é o padrão como fonte de energia e usada em 90% dos marca-passos.

A última mudança de fase na carreira de Greatbatch ocorreu em 1995, quando ele passou ao filho Warren, detentor de um MBA na Universidade de Rochester, as operações da WGL. Wilson percebeu que sua verdadeira vocação, assim como seu verdadeiro interesse e expertise, era a de pesquisador e inventor — papel que continuou a exercer até sua morte, em 2011. Ele concluiu, acertadamente, que a empresa precisava de gestão executiva profissional, que ele não seria capaz de proporcionar. Foi uma decisão positiva para ele e para a empresa.[2]

# I. LEITURA

De minha cadeira, vi diversas empresas em que uma estrela construiu um negócio e não tem sucessor, não se perpetuou, e a empresa cai na burocracia. Pela minha experiência, tanto com empresas quanto com instituições sem fins lucrativos, os problemas são na verdade dois. Um deles é que o fundador se recusa a aceitar o fato de que a organização mudou. E o outro é que [os fundadores] rejeitam, chegam quase a temer, um sucessor competente. E são os mesmos problemas, quer se trate de uma empresa, uma igreja ou uma universidade. Não há grande diferença.

No meu trabalho, seja com empresas, seja com não empresas, vejo [...] que é preciso que aquele que ergueu a organização reconheça o fato de que a organização não é mais a mesma, e que tem que mudar de atitude. Ele tem que ter a boa vontade de lutar para que alguém o suceda e assuma sua criação.

Diálogos Drucker-Buford-Warren-Patterson, 29 jan. e 15 jun. 1991.

# II. REFLEXÃO

☒ Ao mudar de papel, de empreendedor para executivo, o executivo precisa continuar a realizar algumas tarefas profissionais, para não perder o contato com a organização, o pessoal e os processos.

☒ Andy Grove, amigo íntimo de Peter Drucker, ajudou Robert Noyce e Gordon Moore a fundar a Intel Corporation, em 1968. Em 1986, Drucker perguntou a Grove a respeito de sua experiência como inovador e sua transição para o papel de executivo. Na Leitura 1, transcrevo o trecho da entrevista em que Grove discute a transição de inovador para executivo, a qual, na época da entrevista, ocorrera dezessete anos após o início do novo empreendimento.

## 1. ANDY GROVE, DA INTEL: O EMPREENDEDOR TRANSFORMADO EM EXECUTIVO

### Andy Grove

O conteúdo daquilo que faço hoje em dia é fundamentalmente diferente. Dezessete anos atrás, eu mesmo cuidava da compra de equipamento, realizava experiências e analisava os dados. Naquela época, eu estava a um passo dos wafers de silício e coisas do gênero. Hoje estou a muitos passos de distância disso. Passei a lidar com abstrações, mas ainda lido com pessoas. As pessoas sempre foram uma constante [...]. Passei por um processo gradual. A complexidade foi aumentando. Quando você entra numa nova empresa, está tudo na sua cabeça. Passei por uma tomada de consciência gradual; as tarefas foram mudando aos poucos. O retrato do meu próprio papel foi se formando relativamente cedo. Eu era o organizador e o mestre de obras. Quase de imediato, aqueles que formavam o grupo inicial foram gravitando para os papéis em que se encaixavam. É como se a equipe tivesse se formado por conta própria. Os papéis que tinham que ser preenchidos gravitaram para as pessoas certas da equipe. Se você não refletir desde o início sobre os papéis das principais pessoas, tribos vão se formando e surgem disputas pelo poder na organização, que [acabam] sendo fatais em seu estágio inicial. Havia gente nova, subordinados, com um jeito de trabalhar diferente do meu. Entrei em conflito com alguns desses indivíduos. Eles não estavam em busca de papéis e se chocando com o grupo inicial, mas tinham uma forma de atuação diferente. [Lutavam] para que prevalecesse a sua forma de trabalhar e exerciam seu poder sobre os demais, [e em consequência] fomos levados a uma disputa por poder, que nos fez sofrer uma perda substancial de energia emocional. Foi uma introdução precoce às responsabilidades que eu viria a assumir, responsabilidades com as quais não queria lidar, mas não tive escolha.

O grupo inicial tinha grande disposição para fazer mudanças com algum atrito e algum debate. A maioria de nós tinha uma mente faminta, mentalidade de estudante, e a ideia de entrar numa área nova era mais atraente que impor ideias numa área antiga. Foi exatamente por isso que não resistimos a procurar o cliente. Meu papel era menos "procurar" [e mais] ser o "mordomo" para as pessoas que "entravam". E isso quase desde o princípio. [Eu] era aquele cara sério que cuidava dos aparelhos semicondutores e tinha que cuidar de ferramentas para os representantes das grandes empresas, cuja maior preocupação na época não era técnica, e sim em relação à viabilidade da Intel como empresa. Comecei a fazer isso quase desde o início. Nosso setor tinha prometido mundos e fundos, mas ainda não tinha entregado. Por isso, nossa base de clientes era muito desconfiada. E por isso adotamos "*Intel delivers*" [A Intel entrega] como slogan corporativo.

> Peter F. Drucker e Joseph A. Maciariello, *Management Cases:*
> *Revised Edition*, 2009, pp. 185-6.

☒ Problemas na *transição* e na *sucessão* de lideranças são comuns, e muitas vezes difíceis de resolver. Membros do comitê de direção com experiência na solução desses problemas são um grande trunfo para uma organização.

☒ Não é raro ver organizações perderem a vitalidade à medida que crescem e envelhecem; pode ser uma perda fatal, sobretudo em períodos de transformações rápidas no ambiente e no comportamento dos clientes.

## 2. A GESTÃO COMO "MUDANÇA DE FASE"

A transformação da empresa de uma que o proprietário-empreendedor toca com "ajudantes" para uma que exige gestão é o que os físicos chamam de mudança de fase, semelhante à mudança da água para o gelo. É a passagem abrupta de um estado de matéria, uma estrutura fundamental, para outro. O exemplo de Sloan mostra que isso pode ser feito dentro de uma mesma organização. Mas a reestruturação da GM por Sloan também mostra que a tarefa só pode ser executada caso conceitos básicos, princípios básicos e a visão individual mudem radicalmente.

Henry Ford não queria gestores (veja a Leitura 3). Por conseguinte, conduzia mal seus gestores, definia inadequadamente suas funções, criava um clima de desconfiança e frustração, desorganizava sua empresa e tolhia ou derrubava a equipe de gestores. A única escolha que os gestores têm nessas áreas, portanto, é se as tarefas gerenciais serão bem ou mal executadas. Os empregos, propriamente ditos, continuarão a existir, porque a empresa tem que ser gerida. Se as tarefas serão bem ou mal executadas decidirá em grande parte se a empresa sobreviverá e prosperará ou se entrará em decadência e um dia deixará de existir.

> Peter F. Drucker e Joseph A. Maciariello, *Management: Revised Edition*, 2008, p. 238.

☒ À medida que as organizações crescem e se desenvolvem, há uma tendência a olhar para dentro e não reconhecer que, ao crescer em tamanho, peso e complexidade essa organização precisa que seus executivos mudem de papel, de *empreendedores* para *executivos*.

## 3. ASCENSÃO, QUEDA E RESSURREIÇÃO DA FORD: UMA EXPERIÊNCIA CONTROLADA DE MÁ GESTÃO

Henry Ford, que começou do zero em 1905, construíra quinze anos mais tarde a maior e mais lucrativa empresa fabril do mundo. A Ford Motor Company, no início [dos anos 1920], dominava e quase monopolizava o mercado automobilístico americano, mantendo uma posição de liderança na maior parte dos demais mercados importantes do mundo. Além disso, acumulou, graças aos lucros, reservas em dinheiro de cerca de 1 bilhão de dólares.

Mesmo assim, poucos anos depois, em 1927, esse império empresarial que parecia inexpugnável estava [em] farrapos. Tendo perdido a condição de líder e mal sustentando um fraco terceiro lugar no mercado, teve prejuízos anuais durante cerca de vinte anos e permaneceu incapaz de competir com vigor até a Segunda Guerra Mundial. Em 1944, Henry Ford II, neto do fundador, com apenas 26 anos de idade e sem treinamento ou experiência, assumiu o comando. Dois anos depois, afastou os acólitos do avô num golpe palaciano, contratou uma equipe de gestores inteiramente nova e salvou a empresa.

Em geral não se percebe que essa história dramática vai muito além de uma história de êxito e malogro pessoal. É, acima de tudo, o que se pode chamar de experiência controlada de má gestão.

O primeiro Ford fracassou por causa de sua firme crença de que uma empresa não precisa de gestores e de gestão. Precisava apenas, na sua visão, do proprietário-empreendedor e seus "ajudantes". A única diferença entre Henry Ford e a maioria de seus contemporâneos nos negócios era que, em tudo que fazia, Ford aferrava-se incondicionalmente a suas convicções, que aplicava com rigor, demitindo ou afastando quaisquer "ajudantes", por mais capazes que fossem, que ousassem agir como "gerentes", tomassem decisões ou agissem sem ordens do próprio Ford. A forma como ele aplicava sua teoria só pode ser descrita como um teste, que acabou desmentindo de forma cabal sua teoria.

Na verdade, o que torna singular e importante a história de Ford é ele ter tido a oportunidade de testar sua hipótese. Isso foi possível, em parte, porque ele viveu uma vida longa; e em parte porque dispunha de 1 bilhão de dólares para sustentar suas convicções. O fracasso de Ford não foi resultado de sua personalidade ou de seu temperamento. Foi, antes e acima de tudo, resultado de sua recusa em aceitar a gestão e os gestores como uma necessidade baseada nas tarefas e nas funções, e não numa "delegação" do "patrão".

Peter F. Drucker e Joseph A. Maciariello, *Management: Revised Edition*, 2008, pp. 235-6.

⊠ Experiências controladas na gestão de empresas são difíceis de planejar. Henry Ford nos propicia um raro caso de experiência controlada de má gestão executiva. Ele testou a hipótese de que, ao crescer, uma organização não precisa de gestão profissional. Em vez disso, pode ser gerida com êxito por um patrão com ajudantes, em vez de gestores. Sua experiência não deu certo, e quem aprende com seus erros somos todos nós.

# III. IDEIAS PRÁTICAS

Você está passando por uma mudança de fase em sua carreira? Está preparando um sucessor?

Tem pessoas a quem recorrer que já passaram com êxito por uma mudança do gênero?

Sua organização implantou programas formais tanto para gestores individuais quanto para o grupo de gestores?

Como você e sua organização podem aproveitar a experiência de Andy Grove?

O que você e sua organização podem aprender com as experiências de Wilson Greatbatch e Henry Ford?

PARTE 8

# COMO ESTRUTURAR
## SUA ORGANIZAÇÃO

# Semana 26

## CENTRALIZAÇÃO, CONFEDERAÇÃO E DESCENTRALIZAÇÃO

## INTRODUÇÃO

O capítulo desta semana trata de questões gerais de organização cuja raiz histórica está nos governos. Exemplos de centralizações, de confederações e de descentralizações podem ser encontrados em diversas formas de governo, e podem ser diretamente aplicados à gestão de organizações de todos os setores.[1]

As colônias dos Estados Unidos foram organizadas pelos britânicos, primordialmente, para a promoção dos interesses mercantis do Reino Unido. O rei da Inglaterra nomeava governadores para as colônias, e as decisões mais importantes eram tomadas pelo próprio monarca. Esse é um exemplo da forma de organização *centralizada*, ou *unitária*, na qual a maior parte da autonomia e da autoridade permanece no topo.

Como reação a uma série de leis que lhes impunham taxas, as colônias estabeleceram em 1774 o Congresso Continental, para coordenar a oposição ao domínio britânico. Cada colônia funcionava sob a jurisdição de uma Constituição própria. O Congresso aprovou artigos de associação em 20 de outubro de 1774 e iniciou o processo de tentativa de conquista da independência da Grã-Bretanha. Apoiou a Declaração de Independência em 4 de julho de 1776. O Congresso Continental tornou-se o governo nacional. O governo das treze colônias no período da Declaração e da Guerra Revolucionária era uma *confederação*, que obedecia aos Artigos da Confederação, em que se concedia autonomia máxima às colônias, mas cabiam ao Congresso Continental as funções de coordenação.

Então, em 1787, uma Convenção Constitucional reuniu-se para abordar os problemas criados pela fraqueza do governo central. Em 1789, foi ratificada a Constituição dos Estados Unidos, que estabeleceu um sistema federativo de governo, com um Poder Executivo, um Congresso e um Judiciário. Todos os poderes que não fossem especificamente delegados ao governo federal eram concedidos aos estados e ao povo, pela décima emenda à Constituição. O sistema de governo estabelecido pela Constituição americana costuma ser chamado de *descentralização federativa*.

# I. LEITURA

Numa ampla entrevista concedida a Tom Ashbrook em 8 de dezembro de 2004, Drucker sugeriu que o mundo estaria se movendo na direção de sistemas políticos e culturais não ocidentais, mas que continuaria baseado na economia do Ocidente — e que, portanto, a tendência seria seguir rumo a organizações baseadas no conhecimento.

### Tom Ashbrook
Qual a sua impressão em relação ao rumo que o mundo está tomando?

### Peter Drucker
O que sabemos é o seguinte [...]. Ele terá produção ocidental e competitividade ocidental, e será unido pela informação, e não pelo poder. É esse o rumo que o mundo está tomando.

"Management Guru Peter Drucker", entrevista à rádio WBUR
para a National Public Radio, 8 dez. 2004.

Ao evoluírem para uma confederação ou um sindicato, corporações precisarão cada vez mais de uma alta diretoria separada, poderosa e responsabilizável. As responsabilidades dessa alta diretoria abarcarão a direção, o planejamento, a estratégia, os valores e os princípios de toda a organização; sua estrutura e as relações entre seus diferentes membros; suas alianças, parcerias e joint ventures; e sua pesquisa, design e inovação. A alta direção terá que cuidar da gestão de dois recursos que são comuns a todas as unidades da organização: pessoas-chave e dinheiro. Ela representará a corporação perante o mundo exterior e terá relações com governos, o público, a mídia e as organizações trabalhistas.

Peter F. Drucker e Joseph A. Maciariello, *Management: Revised Edition*, 2008, p. 58.

---

# II. REFLEXÃO

⊠ "Tudo que sei é que, quanto maior o controle, menor o crescimento. A grande lição do século xx é que o planejamento centralizado não funciona" (Rick Warren, Diálogo Drucker--Warren, 22 jan. 2003).

## 1. PLANEJAMENTO CENTRALIZADO NÃO FUNCIONA: "LIDERANÇA E ORGANIZAÇÃO PARA IGREJAS EM RÁPIDO PROCESSO DE CRESCIMENTO"

### Rick Warren

Nosso plano não é descentralizar nossa congregação externamente por meio de pequenos grupos, mas também internamente, realizando diversos cultos em diversos templos em diversas ocasiões. Temos a sensação de que isso permitirá um crescimento exponencial. Nosso modelo são os cinemas Cineplex — que oferecem cenários, estilos e horários diferentes no mesmo espaço. Não aprecio os templos com dimensões de estádio, por diversas razões. Primeiro, quanto maior o culto, mais os fiéis se tornam espectadores passivos. Segundo, a história mostra que a geração seguinte nunca lota os templos gigantes construídos pela geração anterior. O Metropolitan Tabernacle, mega-templo batista em Londres, tem hoje um quarto da capacidade que tinha no auge. Terceiro, é um desperdício administrativo construir um edifício com 7 mil lugares que só será preenchido uma vez por semana e ficará vazio o restante do tempo.

Tenho na minha equipe um pastor que visita pessoalmente outras igrejas pragmáticas e me traz um relatório. Estou sempre pensando naqueles que não estamos atingindo. Os ministros leigos e clérigos cuidam daqueles que já atingimos.

### Peter Drucker

É disso que estou falando quando afirmo que você precisa desse pastor, que está disponível e permite que você reflita sobre essas coisas. Para que um sistema como esse não se torne burocrático, ele precisa de uma pessoa que faça o que você faz e esteja relativamente livre de gerir esse seu sistema, que está ficando grande — mas que não esteja à margem dele. Na nossa igrejinha, tanto o marido quanto a esposa são ordenados ministros. Ele é o diretor, e ela, a diretora-adjunta, mas ela é a alma da igreja, porque está relativamente livre das tarefas administrativas e pode visitar e conversar com grupos de trabalho ou grupos de estudo da Bíblia. Toda quarta à noite fazemos nossa pequena reunião, e toda semana ela participa de um de nossos quarenta grupos. Ela os reforça, mas também é o controle de qualidade, porque é ela que vai dizer ao grupo que o líder não está à altura e que é preciso fazer algo a respeito.

Pois bem, no seu caso, daqui a dez anos você terá de 50 mil a 60 mil membros. O funcionamento não será o de uma igreja pequena. Você precisa ter liberdade para manter a espontaneidade da sua igreja. É esse o seu papel. E descentralização não é o termo adequado para o que você está fazendo. Descentralização dá a entender que existem regras sob as quais cada unidade funciona. Estamos falando, na verdade, de uma confederação. Você quer que essas igrejas sejam independentes, mas que carreguem a chama, certo? Isso é uma confederação.

Diálogo Drucker-Warren, 22 jan. 2003.

## 2. GENERAL MOTORS: UM EXEMPLO DE DESCENTRALIZAÇÃO FEDERATIVA

A General Motors não podia operar como uma holding, com divisões organizadas como se fossem empresas independentes sob um controle financeiro brando [uma confederação]. A direção central não apenas tem que estar ciente dos detalhes da gestão de cada divisão, mesmo os menores, mas os altos diretores precisam exercer o poder, o prestígio e a influência de verdadeiros chefes. Por outro lado, a General Motors não pode operar como uma organização centralizada, na qual todas as decisões são tomadas pela cúpula e na qual os gerentes de divisões são pouco mais que superintendentes de fábrica. Os gerentes de divisões também precisam ter a autoridade e o status de verdadeiros chefes.

Assim, a General Motors converteu-se num estudo sobre federalismo — no geral, um estudo extremamente bem-sucedido. Ela tenta combinar a mais forte unidade corporativa por meio da autogovernança local, e vice-versa [autogovernança local por meio da unidade corporativa]. Esse é o objetivo da política de descentralização da General Motors.

Peter F. Drucker, *Concept of the Corporation*, 1946, pp. 45-6.

☒ Cada unidade da confederação é independente, mas opera sob uma direção branda por parte da organização-mãe. Confederações se mantêm unidas em torno de valores, estratégia e informação.

## 3. O ESTILO TOYOTA: UM EXEMPLO DE CONFEDERAÇÃO

O segundo exemplo de uma corporação que opera como confederação vai exatamente no sentido contrário [da General Motors]. A Toyota, que desde a década de 1980 é a empresa automobilística mais bem-sucedida, e hoje a maior de todas, está se reestruturando em torno de sua competência central — a fabricação. Está abandonando o conceito de múltiplos fornecedores de peças e acessórios e ficando com um ou dois em toda parte. Ao mesmo tempo, usa sua competência fabril para gerir esses fornecedores. Eles continuam a ser *empre-*

*sas independentes* [grifo meu], mas em termos de gestão fazem, basicamente, parte da Toyota [uma confederação].

Peter F. Drucker e Joseph A. Maciariello, *Management: Revised Edition*, 2008, p. 57.

# III. IDEIAS PRÁTICAS

O crescimento de sua organização está sendo limitado por um controle muito rigoroso? Como liberar a energia latente do pessoal de sua organização?

Explore em sua organização o uso de confederações para estimular tanto a criatividade quanto o crescimento.

Existe alguma outra pessoa em sua organização responsável pela manutenção da espontaneidade e do crescimento? Caso não exista, deveria existir?

Sua organização se mantém unida pela informação ou pelo poder? Se é pelo poder, isso pode limitar seu crescimento?

# Semana 27

## A ORGANIZAÇÃO EM REDE:

*Um modelo para o século XXI*

## INTRODUÇÃO

Peter Drucker discute a natureza de organizações em rede e os pré-requisitos para que essa modalidade organizacional se torne eficiente, tanto dentro da sociedade quanto dentro de organizações específicas. É um tipo de organização que exige muito, mas é cada vez mais necessário nas organizações de nossa sociedade. Uma aplicação da rede foi discutida por Rick Warren e Peter Drucker, como nova forma de organização, na Igreja Comunitária de Saddleback.

Uma organização em rede é aquela que opera num sistema de organizações interdependentes, com o objetivo de atingir objetivos aceitáveis para as organizações parceiras. Num estudo publicado em que avaliamos o comportamento de 23 redes interorganizacionais geridas pela Texas Instruments, Karen Higgins identificou sete variáveis presentes nas redes de desempenho mais alto.[1]

Liderar organizações em rede complexas exige a construção de *confiança* e de *valores compartilhados* pelos líderes das organizações participantes. Os líderes das organizações integrantes da rede precisam possuir *integridade* e estar à altura dos *compromissos* assumidos quando da formação da rede.

Os líderes precisam *alinhar as metas* entre os membros das organizações participantes; esse alinhamento, por sua vez, exige *comunicação contínua* e boa relação de trabalho. Por fim, devem existir procedimentos de *solução de conflitos* no interior das organizações-membros e entre elas. Como nem todo conflito tem solução, desde o início devem ser implementados procedimentos para afastar da rede organizações que não estejam em conformidade.

---

# I. LEITURA

---

### "OS PAÍSES DESENVOLVIDOS ESTÃO EVOLUINDO RAPIDAMENTE PARA UMA SOCIEDADE EM REDE"

Durante mais de cem anos, todos os países desenvolvidos evoluíram firmemente rumo a uma sociedade de organizações formada por funcionários. Agora, os países desenvolvidos, com os Estados Unidos à frente, estão evoluindo rapidamente rumo a uma Sociedade em Rede, no que diz respeito à relação entre as organizações e os indivíduos que trabalham para elas, e no que diz respeito às relações entre diferentes organizações.

A maior parte dos adultos na população ativa dos Estados Unidos trabalha para uma organização. Mas cada vez mais eles não são funcionários dessa organização. São colaboradores, trabalhadores em tempo parcial, temporários. E as relações entre as organizações estão mudando na mesma velocidade que as relações entre elas e as pessoas que trabalham para elas. O exemplo mais visível é a "terceirização", em que uma empresa, um hospital ou uma agência governamental cede uma atividade integralmente a uma firma independente, especializada naquele tipo de trabalho. Talvez ainda mais importante seja a tendência a fazer alianças. Profissionais e executivos terão que aprender a assumir a responsabilidade pela própria colocação no mercado. Isso significa, acima de tudo, [que] eles precisam conhecer seus pontos fortes e enxergar a si mesmos como "produtos" que precisam ser vendidos.

> Peter F. Drucker com Joseph A. Maciariello, "The Network Society",
> *The Daily Drucker*, 2 maio 2004.

# II. REFLEXÃO

☒ Drucker perguntou aos participantes de um seminário de estudantes que nome dar a essa nova organização e a essa sociedade. A primeira resposta foi "vamos chamá-la de formação livre". Mas depois eles repensaram e disseram: "Vamos chamá-la de sociedade em rede".

## I. AS DEMANDAS DOS PARCEIROS E ALIADOS

Outra novidade são as demandas que parceiros e aliados fazem ao gerir uma empresa e suas relações. Executivos têm o hábito de dar ordens. Estão acostumados a refletir sobre aquilo que querem e depois obter a concordância dos subordinados. Até a "gestão consensual" dos japoneses é uma forma de obter, por parte da organização, a concordância em relação ao que quer que os mandachuvas tenham decidido — e o mesmo vale para a tão badalada "gestão participativa". Mas numa parceria — seja com um terceirizado, um parceiro de joint venture ou uma empresa na qual se possui participação minoritária — não se pode dar ordens. Só se pode conquistar a confiança. Isso significa, especificamente, que não se deve começar perguntando "O que queremos fazer?". As perguntas corretas são: "Quais são os objetivos deles? Os valores? O jeito deles de fazer as coisas?". Repetindo: trata-se de relações de marketing, e no marketing é preciso partir do cliente, e não do próprio produto.

> Peter F. Drucker, *Managing in a Time of Great Change*, 1995, p. 72.
> [Ed. bras.: *Administrando em tempos de grandes mudanças*, 1995.]

☒ Organizações em rede exigem enormemente do gestor e dependem da criação e da manutenção de uma forte relação pessoal entre os parceiros da associação. O comando autoritário não funciona na gestão de uma rede.

## 2. ORGANIZAÇÃO DE SISTEMAS: COMO INTEGRAR DIVERSIDADE DE CULTURA, DE VALORES E DE TALENTOS NUMA UNIDADE DE AÇÃO

A organização de sistemas é uma extensão do princípio de montagem de equipes. A diferença é que, enquanto uma equipe consiste de indivíduos, uma organização de sistemas monta a equipe a partir de uma ampla variedade de diferentes organizações. Podem ser agências governamentais, empresas privadas, universidades e pesquisadores individuais, assim como organizações dentro e fora da organização-mãe [...]. O que existe de comum entre as organizações que usam a estrutura de sistemas é a necessidade de integrar a diversidade de cultura, de valores [e] de talentos numa unidade de ação [...]. As exigências para que uma estrutura de sistemas funcione minimamente são extremamente rígidas. É necessária uma clareza absoluta de objetivos [...]. Outra exigência é a demanda por uma responsabilidade informativa universal. Numa estrutura de sistemas, todos os membros, mas em especial os membros de cada grupo gerencial, têm que assegurar que a missão, o objetivo e as estratégias foram plenamente compreendidos por todos, e que dúvidas, perguntas e ideias de cada membro sejam ouvidas, respeitadas, refletidas, compreendidas e solucionadas [...]. É preciso que haja metas claras e forte autodisciplina de alto a baixo na estrutura, e uma alta direção que assuma responsabilidade pessoal pelos relacionamentos e pela comunicação.

> Peter F. Drucker e Joseph A. Maciariello, *Management: Revised Edition,* 2008, pp. 452-3.

☒ Rick Warren vê sua estratégia guiada por propósitos como voltada para a rede, e não para a autoridade. Os valores ou propósitos são a estratégia que mantém unidas essas organizações. O papel de

Rick é realizar atividades de consciência e conservar os valores —
"infectar" essas igrejas com o chip da condução por propósitos.

### 3. A IGREJA EM REDE

Um modelo organizacional apropriado para a Igreja Comunitária
de Saddleback foi o principal assunto do encontro final de Peter
Drucker e Rick Warren, em 27 de maio de 2004. Drucker abriu a conversa mencionando uma correspondência anterior, em que Warren
disse a Drucker que estava tentando evitar que a igreja se tornasse
denominacional. Warren e Drucker já haviam cogitado o modelo denominacional para a Saddleback e outras igrejas pragmáticas, mas
Warren encontrou fortes argumentos contra a ideia, dando preferência ao modelo em rede, que tem muitas das características de uma
confederação. Drucker escreveu bastante a respeito de organizações
em rede, e, como vemos neste diálogo, Warren introjetou as exigências desse modelo de organização.

#### Peter Drucker

Em sua abordagem está implícito que a ênfase nas denominações,
que vem talvez do século XV ou XVI, tornou-se obsoleta e que você a
descarta. Primeiro, se você perguntar àquele nosso vizinho católico
romano extremamente fiel, fora sua crença no papa, ouvirá que ele
provavelmente nada sabe a respeito da denominação. E o papa está
muito longe dele. Acho que lhe contei a história do bispo católico
americano que me disse: "Você não entendeu. Nos Estados Unidos
não temos Igreja católica romana. Temos uma Igreja protestante de
denominação irlandesa". Segundo, você enfatiza que a igreja é a congregação, e não a denominação. Mesmo assim é preciso manter os valores por toda a rede — essa é, basicamente, sua tarefa.

#### Rick Warren

Denominações são como odres velhos de vinho. Meu modelo para a
igreja do século XXI é o da igreja em rede. Não é uma questão de controle, como nas igrejas denominacionais. Trata-se de compartilhar
valores comuns. Eu tento encarnar esses valores. Tento comunicá-
-los. Tento incutir valores nessas igrejas distintas. O motivo pelo qual

combati o rótulo "denominacional", a razão pela qual não queria que ela fosse chamada de denominação, é [que] aí eu estaria competindo com todos esses outros grupos, ou seja, denominações luteranas, católicas, batistas e pentecostais. Eu queria que fosse possível a cada um manter sua denominação, mas mudando por dentro.

Costumo explicar o conceito de rede fazendo uma comparação com uma loja de computadores que vende todas as principais marcas de aparelhos. Se eu for a uma loja verei todos esses computadores com marcas diferentes: Apple, IBM, Dell, HP etc. Os tamanhos são diferentes, os formatos são diferentes, mas todos eles têm um chip da Intel dentro: é o processador que faz o computador rodar. Não me importa se o rótulo da igreja diz luterana, batista, presbiteriana, católica, o que quer que seja. Não me importa o tamanho da igreja, a cor da igreja — se é negra, latina, asiática. O sistema operacional da igreja do século XXI é pragmático. É o processador que ensina a igreja a fazer as pessoas se unirem a ela, que as leva à maturidade, que as treina para o ministério, que as envia a uma missão.

Diálogo Drucker-Warren, 27 maio 2004.

# III. IDEIAS PRÁTICAS

O conceito de rede tem muitas utilidades entre as organizações. Mas também tem utilidades no interior das organizações, por meio de mercados internos e centrais de "microlucros". Como você pode utilizar o conceito de rede?

Por que você e sua organização são parceiros atraentes para uma organização em rede? Enumere as razões.

Que passos você está tomando para aprender a gerir sua organização e vender a si mesmo nesta sociedade em rede?

O e-commerce é amplamente utilizado em nossa sociedade em rede para a realização e coordenação de transações entre organizações. A Amazon é prova mais que suficiente de que podemos vender aquilo que distribuímos, e não apenas o que fabricamos. Essa capacidade de fazer transações usando a internet contribui para nossa capacidade de operar bem dentro de uma sociedade de organizações em rede. Sua empresa está mais próxima da amazon.com ou da livraria do bairro? Se estiver mais perto desta última, verifique como você pode usar o e-commerce para reagir.

PARTE 9

# COMO GERIR
## SUA EQUIPE

# Semana 28

## COMO GERIR ESTRELAS

## INTRODUÇÃO

Funcionários com desempenho estelar representam uma oportunidade e um desafio únicos para os executivos. Por um lado, só se pode obter desempenho por meio dos pontos fortes das pessoas, e o objetivo de toda organização é tornar as pessoas produtivas. Por isso, funcionários-estrelas aumentam a capacidade da organização de atingir suas metas, efeito que é altamente desejável. Ajudar cada um a focar em seus pontos fortes aumentará o desempenho de toda a organização.

Mas o gerenciamento de funcionários-estrelas envolve desafios. "Todo pico tem um vale."[1] Funcionários-estrelas precisam ser gerenciados com cuidado. Do contrário, causam danos ao éthos da organização, em razão de seu comportamento e de suas exigências. É muito importante, porém, que a contribuição do funcionário-estrela à organização seja garantida e reconhecida, mesmo que exija um esforço extraordinário por parte do executivo para minimizar os efeitos negativos. A meta é usar o desempenho das estrelas não apenas para a promoção de seus objetivos, mas, pelo exemplo positivo, elevar o padrão de desempenho dos demais e ajudar outros a se tornarem funcionários-estrelas.

Em um mundo de trabalhadores do conhecimento, as contribuições dos funcionários-estrelas costumam ser maiores que as dos executivos aos quais se reportam. Portanto, não chega a ser raro que funcionários-estrelas recebam salários e bônus superiores aos dos executivos acima deles, simplesmente porque sua contribuição para o resultado direto, o desempenho, os valores e o desenvolvimento de pessoal pode ser maior. Essa costuma ser a regra, por exemplo, no esporte profissional, em que os salários dos atletas são maiores que os dos diretores.

# I. LEITURA

### A SÍNDROME DA SUPERESTRELA

Lembre-se:

Estrelas custam caro. Não me canso de lembrar [aos gestores] o que a Bíblia diz: "Não atarás a boca ao boi quando ele pisar o grão" (Deuteronômio 25,4). Deixe-o debulhar o milho [e colher a devida recompensa]!

Estrelas são injustas. Quando você cria uma estrela, ela é injusta. Com estrelas, a briga é constante, porque toda estrela quer fazer algo que não faz muito bem. Quando se é estrela, seu horizonte é muito limitado, e seu humor também. Na verdade, é mais uma questão de humor que de horizonte.

Estrelas são, quase sem exceção, muito desequilibradas. A World Vision vai ter que encarar esse problema. Por exemplo, tem o caso dessa mulher em Santa Barbara que nunca visitou uma cliente mulher. Ela nunca visitou um aposentado, e Santa Barbara é uma cidade cheia de aposentados. Ela só tratou com pequenos empresários — o dono de uma ou duas drogarias, o dono da mercearia, que não são ricos, mas têm uns 50 mil dólares por ano para investir — e trata com todos eles. Todos eles compram títulos. Não deviam, mas compram.

O dinheiro é deles e eles são adultos. Por outro lado, 80% do mercado de Santa Barbara fica sem cobertura, e tive o maior trabalho para convencê-los [ela e a empresa] de que é preciso pôr mais dois corretores em Santa Barbara para ir em busca do mercado. Está sendo difícil convencê-la, porque ela enxerga nisso uma ameaça.

A World Vision vai ter um problema bem parecido. Quando você está começando, seus recém-formados vão se desenvolver. Em parte, naquilo em que são bons, naquilo que amam, mas também naquilo em que têm bom desempenho. Não depende de autoridade central, mas da organização.

> Peter F. Drucker, *Executive Summary: A Conversation with Peter Drucker on Leadership and Organizational Development*, 2002, p. 15.

# II. REFLEXÃO

⊠ Superestrelas tendem a ser dispersivas, mas sua contribuição à organização pode ser enorme. Elas de fato representam um problema singular para os executivos. Estes precisam aprender como administrar superestrelas e seus pontos fortes sem envenenar o éthos da organização. Isso, em geral, significa fechar os olhos para atitudes no limite do imperdoável, ou pelo menos tentar minimizar os efeitos colaterais dessas atitudes sobre o restante da organização.

## 1. O SUBORDINADO É PAGO PARA TER DESEMPENHO

O executivo eficiente sabe que seus subordinados são pagos para ter desempenho, e não para agradar aos superiores. Sabe que não importa quantas crises a prima-dona terá, desde que traga clientes. O diretor da ópera é pago, afinal de contas, para aguentar os caprichos da prima-dona, se é assim que ela alcança a excelência no desempenho. Pouco importa se um professor de primeira linha ou um acadêmico brilhante é gentil com o reitor ou simpático na reunião do corpo docente. O reitor é pago para ensejar ao acadêmico de primeira linha a

oportunidade de exercer com eficiência seu ofício — e se isso exige ser
desagradável na rotina administrativa, ainda é um preço baixo a pagar.

> Peter F. Drucker, *Executive Summary: A Conversation with Peter Drucker
> on Leadership and Organizational Development*, 2002, p. 15.

⊠ As organizações nos proporcionam a oportunidade de tornar
produtivos os pontos fortes e irrelevantes os pontos fracos. A
ideia é neutralizar os pontos fracos de uma pessoa com os pontos
fortes de outras.

⊠ Executivos não podem eliminar os pontos fracos das pessoas,
e em geral quanto maiores os pontos fortes, maiores os pontos
fracos. A pergunta tem que ser sempre: o que essa pessoa pode
fazer? Suas deficiências têm que ficar em segundo plano em
relação a suas qualidades.

## 2. CONCENTRE-SE EM TRANSFORMAR PESSOAS DE ALTA COMPETÊNCIA EM ESTRELAS

Deve-se despender o menor esforço possível na melhoria de áreas de
baixa competência. Deve-se concentrar o esforço nas áreas de alta
competência e alta habilidade. Exige muito mais esforço e energia
evoluir da incompetência para a mediocridade do que do desempenho de alta qualidade para a excelência. Mesmo assim, a maioria das
pessoas — assim como a maioria dos professores e a maioria das organizações — se concentra em tornar pessoas incompetentes em medíocres. O tempo, a energia e os recursos, em vez disso, devem ser gastos em transformar uma pessoa competente numa estrela.

> Peter F. Drucker e Joseph A. Maciariello, *Management:
> Revised Edition*, 2008, pp. 483-4.

⊠ Superestrelas podem ser administradas de modo a elevar o
desempenho dos membros de toda a organização. Isso pode
ser feito ressaltando seu desempenho exemplar e tornando-as
acessíveis aos colegas que precisem de ajuda.

## 3. EXPONHA AS ESTRELAS PARA ELEVAR O DESEMPENHO DA ORGANIZAÇÃO

Os padrões têm que ser muito elevados e as metas, ambiciosas. Devem, porém, ser alcançáveis. Na verdade, precisam ser alcançados, pelo menos pelas estrelas da casa [...]. Mas também é preciso usar as estrelas para elevar as ambições, a visão, as expectativas e a capacidade da organização como um todo de obter desempenho. Estrelas têm que ser expostas. A melhor forma de fazer isso — e aquela que engendra o maior reconhecimento e desperta o maior orgulho — é usá-las como professores dos colegas [...]. Nada tem um impacto maior na equipe de vendas que um vendedor bem-sucedido que aparece diante dos colegas e lhes diz: "Eis o que deu certo comigo". Isso vale ainda mais para a própria estrela. Não há reconhecimento mais delicioso [...]. E é papel de toda organização converter em desempenho eficiente as qualidades das pessoas e neutralizar suas fraquezas. Esse é o teste decisivo.

Peter F. Drucker, *Managing the Non-Profit Organization: Principles and Practices,* 1990, p. 119.

⊠ O general Ulysses S. Grant foi pego de surpresa pelos generais Johnston e Beauregard em Shiloh, no oeste do estado do Tennessee, em 6 de abril de 1862. A Batalha de Shiloh durou dois dias. O total de baixas foi de aproximadamente 23 mil homens: 13 mil da União e 10 mil dos confederados. Depois de receber reforços, Grant conseguiu triunfar em 7 de abril, mas a avaliação negligente da ameaça e o custo que isso representou em vidas gerou pressão para que o presidente Lincoln o afastasse. Lincoln saiu em defesa de Grant, dizendo: "Não posso dispensar esse homem — ele luta". Vemos, assim, que Lincoln identificou corretamente o que Grant era capaz de fazer, apesar de suas limitações. O julgamento de Lincoln estava correto a respeito dos pontos fortes de Grant. Eles foram necessários para ganhar a guerra, ainda que a um custo terrível em termos de vidas. Lincoln subordinou as deficiências de Grant a seus pontos fortes.[2]

# III. IDEIAS PRÁTICAS

Sua organização possui superestrelas?

As superestrelas de sua organização tiram partido total de seus pontos fortes, ao mesmo tempo que minimizam seus pontos fracos? Ou eles são mal administrados e solapam a cultura de desempenho em sua organização?

Caso suas superestrelas estejam sendo mal administradas, como seus executivos podem maximizar as contribuições que elas fazem à organização, e ao mesmo tempo minimizar as consequências negativas àquilo que a organização faz?

Você e sua organização mantêm as superestrelas onde seus pontos fortes continuam a ser produtivos? Você as protege de seus erros e pontos fracos mais gritantes?

# Semana 29

## UMA SEGUNDA CHANCE PARA QUEM FRACASSOU

## INTRODUÇÃO

Decisões sobre pessoal — contratações, promoções e demissões — são as mais importantes que uma organização toma. Seguir os procedimentos corretos na escolha do pessoal aumenta a taxa de sucesso nas colocações. Os procedimentos corretos incluem:

(1) Refletir sobre a função em aberto.

(2) Entrevistar várias pessoas para a vaga.

(3) Analisar o que cada candidato fez de bom no passado.

(4) Discutir o desempenho dos candidatos com gente que tenha trabalhado com ele ou ela.

(5) Ter muita clareza em relação à tarefa específica do candidato escolhido, chegando ao ponto de pedir a ele que repita a um executivo a descrição da vaga.

Tais procedimentos ajudam a reduzir o número de contratações erradas. No entanto, erros continuarão a ocorrer, e o executivo que tomou a decisão de promover é responsável por corrigir a situação, tanto perante a organização quanto perante o indivíduo que fracassou.

Isso pode ser feito sem grande dificuldade em promoções internas se, logo de cara, é oferecida ao candidato a opção de retornar a sua posição anterior. No entanto, o executivo responsável deve tentar entender o que deu errado.

Uma causa comum de fracasso é promover alguém de baixo escalão a uma posição que exige grandes responsabilidades executivas e decisórias. No pessoal de baixo escalão há analistas brilhantes, que podem dar contribuições importantes à organização, mas essas pessoas podem ser más executivas por não terem o temperamento necessário para a tomada de decisões difíceis. Pessoas assim devem ser afastadas, porque temperamentos não mudam.

Há um problema em potencial na identificação de erros, sobretudo quando se transfere pessoal do baixo escalão para posições de comando. Nesses casos, é importante ouvir diversas opiniões, para eliminar possíveis vieses. O general Dwight D. Eisenhower, 34º presidente dos Estados Unidos, é um exemplo desse problema. Nos anos 1930, ele serviu nas Filipinas como "conselheiro militar adjunto" do general Douglas MacArthur, então chefe do Estado-maior do Exército. Os dois tinham estilos muito diferentes. MacArthur fazia comentários desairosos sobre Eisenhower. Perto do fim da Segunda Guerra Mundial, MacArthur teria dito: "Ele foi o melhor burocrata que eu já tive",[1] o que não pode ser chamado de reconhecimento do verdadeiro potencial de Eisenhower. MacArthur achava que Eisenhower não possuía competências de comandante e executivo, embora fosse altamente reconhecido como estrategista militar. MacArthur estava completamente enganado, e para sorte do planeta sua opinião foi desconsiderada por seus próprios superiores, cuja opinião divergente ilustra o perigo de confiar numa única opinião ao avaliar fracassos e a necessidade de dar uma nova chance. Eisenhower, com certeza, não era um fracassado — exceto na visão de MacArthur.

Eisenhower viria a ser um general cinco estrelas do Exército americano durante a Segunda Guerra Mundial. O general George Marshall, chefe do Estado-maior do Exército, um dos melhores avaliadores de talento nas Forças Armadas, o escolheu dentre "quatrocentos oficiais superiores"[2] para servir como comandante supremo das forças aliadas na Europa, liderando a invasão da Normandia.

Quando fracassa a indicação de alguém de baixo escalão para posições de comando, aquele que fracassou deve receber uma segunda oportunidade em outro cargo, e o treinamento necessário para ter êxito. Não dispomos de estatísticas a respeito, mas há um número suficiente de histórias de sucesso para recomendarmos essa linha de ação. Este capítulo trata de como proporcionar às pessoas que fracassaram uma segunda chance de êxito.

---

# I. LEITURA

---

Quando alguém não se sai bem em seu primeiro cargo, vai se sair bem no segundo? Passei a medir o índice de sucesso das pessoas no segundo cargo [ou o índice de baixas entre aqueles remanejados para treinamento].

O índice de baixas será elevado se suas exigências forem elevadas. Se não forem, você causará prejuízo à sua organização. Resultados medíocres podem destruir o moral de uma organização.

O índice de sucesso no segundo cargo, depois do fracasso no primeiro, é a melhor medida da forma como cuidamos da preparação das pessoas. Se seu índice de sucesso é de 60% no segundo cargo, você preparou e selecionou corretamente as pessoas. A taxa de sucesso na "segunda chance", portanto, é um bom indicador da qualidade do seu treinamento.

Uma terceira medida que usamos em nossa escola para fracassados é: "Quantas pessoas você está disposto a usar como professores em sua escola para fracassados?". Adquira o hábito de pegar aqueles que já passaram três ou quatro anos [no segundo cargo] e trazê-los para ensinar os outros.

> Peter F. Drucker, *Executive Summary: A Conversation with Peter Drucker on Leadership and Organizational Development,* 2002, p. iv.

# II. REFLEXÃO

☒ Laurence J. Peter cunhou o "Princípio de Peter", segundo o qual toda pessoa é promovida continuamente até atingir seu nível de incompetência. O Princípio de Peter não é correto. É uma desculpa para equívocos cometidos por executivos ao promover pessoas a cargos para os quais não estão qualificadas. Ao fazer a promoção não se levam em conta apropriadamente as experiências anteriores e a avaliação dos pontos fortes.

☒ Organizações que oferecem uma segunda oportunidade às pessoas, além do treinamento adequado para o novo cargo, obtêm índices de sucesso bons para pessoal em segundo cargo.

## 1. QUAL É A FUNÇÃO CORRETA PARA AS PESSOAS DE BAIXO DESEMPENHO?

O simples fato de alguém não ter bom desempenho num cargo para o qual foi indicado não significa que seja um funcionário ruim, que a empresa deva descartar. Significa apenas que ele ou ela está na função errada. Qual é, então, a função correta [...]? Uma alta porcentagem de pessoas que ganham uma segunda oportunidade, numa função compatível com seus pontos fortes, acaba tendo um bom desempenho. Poucos gestores acreditam nisso.

Peter F. Drucker e Joseph A. Maciariello, *Management: Revised Edition*, 2008, pp. 311-2.

## 2. A CARE

Em todos os países onde opera, a Care (Cooperative for American Relief Everywhere, ou Cooperativa de Ajuda Americana Universal) tem um representante — em geral um jovem, ou uma jovem, recém-formado. Eles são cuidadosamente treinados e preparados, mas têm que se virar sozinhos num país estrangeiro — Camboja ou Quênia, por exemplo. Por isso, o índice de fracassos era altíssimo.

Durante muitos anos, ao deparar com um funcionário ou funcionária de mau desempenho, a Care dizia "obrigado" e o mandava de volta para casa. Mas simplesmente não conseguia um número suficiente de pessoas boas para preencher as vagas de todos os países. Por isso, sob tremenda desconfiança e boa dose de oposição interna, a Care transferiu alguns desses fracassos de primeira viagem para uma segunda vaga, de representante de país. E, para enorme surpresa de todos, a grande maioria dessas pessoas saiu-se bem — algumas até se transformaram em estrelas.

> Peter F. Drucker e Joseph A. Maciariello, *Management:*
> *Revised Edition*, 2008, pp. 311-2.

⊠ Alguns dos melhores treinadores de pessoas que ganharam uma segunda chance são aqueles que conseguiram fazer essa transição com sucesso no passado.

## 3. O EXÉRCITO DE SALVAÇÃO

Num encontro com James Osborne, veterano de quarenta anos do Exército de Salvação e comandante territorial do sul em Atlanta, estado da Geórgia, Peter Drucker perguntou: "O que você faz com pessoas cujo desempenho é sempre ruim?". Osborne respondeu: "Indicamos os pontos fracos e fazemos todo o possível para ajudá-las a melhorar; mandamos fazer cursos extras, supervisionamos de perto. Se nada disso adiantar, nós as colocamos em um período de teste e dizemos: 'A menos que você esteja à altura, não precisamos mais de seus préstimos'". Drucker prosseguiu: "E quantos conseguem, daqueles a quem vocês dão uma segunda chance? A grande maioria?". "Bem que eu gostaria de dizer que todos conseguiram", respondeu Osborne, "mas são mais ou menos uns 60%."

> Adaptado do encontro de Drucker com James Osborne em 1988.

⊠ O emprego certo para quem fracassa seguidamente pode estar em outra organização.

## 4. A ÊNFASE DEVE SER DADA AO DESEMPENHO

Quem ganha uma segunda chance costuma se sair bem. Dê uma segunda chance a quem quer tentar. Uma pessoa que tenta e mesmo assim não consegue pode estar no lugar errado. A pergunta então é: onde ele ou ela deveria estar? Talvez em outro posto na organização — ou talvez em outro lugar, outra organização. Mas se a pessoa não tenta nem um pouco, incentive-a assim que possível a ir trabalhar na concorrência.

> Peter F. Drucker, *Managing the Non-Profit Organization: Principles and Practices*, 1990, p. 183.

---

# III. IDEIAS PRÁTICAS

---

Qual o índice de baixas de pessoal no primeiro cargo em sua organização? Está sendo dada a essas pessoas uma segunda oportunidade? Em caso negativo, por que não?

Caso você e sua organização ofereçam uma segunda chance às pessoas, elas recebem treinamento adequado para a nova função?

Você mede o índice de baixas de pessoas que recebem novo treinamento e uma segunda chance na sua organização e mesmo assim não dão certo?

Seu índice de baixas será elevado, entre as pessoas que ganham uma segunda oportunidade, a menos que você baixe sua expectativa de desempenho. E se a expectativa não for mantida num nível elevado, você causará danos à organização. Resultados medíocres podem destruir o moral de uma organização. Você não deve tolerar um desempenho medíocre de pessoas que ganharam uma segunda chance.

Uma terceira forma de medida é ver quantas pessoas que ganharam uma segunda chance você se dispõe a utilizar mais adiante para treinar outras na mesma situação. Adquira o hábito de pegar todos aqueles que tiveram um segundo cargo nos últimos três ou quatro anos para treinar funcionários que fracassaram, criando assim uma bem-sucedida "escola para fracassados".

Se ficar óbvio que uma pessoa não se encaixa em sua organização, você pode ajudá-la a encontrar um cargo em outra organização na qual se encaixe melhor?

# Semana 30

## DE QUE TIPO DE ORGANIZAÇÃO OS ESTADOS UNIDOS PRECISAM PARA REFORÇAR A SOCIEDADE AMERICANA?

## INTRODUÇÃO

O trabalho de Peter Drucker em administração busca criar e sustentar uma sociedade de organizações funcionais na qual os indivíduos encontrem existência e propósito significativos, ao mesmo tempo que contribuem para o bem comum. Em nossa sociedade pluralista de organizações, cada instituição desempenha um papel, e para que essa sociedade prospere cada setor deve ter um desempenho apropriado à sua missão. O objetivo deste capítulo é descrever as especificações para o tipo de organização de que os Estados Unidos precisam.

Ao tentar tratar dos problemas da sociedade, Drucker ressaltou que os líderes precisam se preocupar mais em estar a serviço da missão de suas organizações, em servir os clientes e em desenvolver seu pessoal, e não com o brilho da hierarquia e do poder. À diferença de seu amigo Robert Greenleaf, cuja obra trata da "liderança servidora", Drucker não era um "moralista" ou um pregador. Era, em vez disso, um pragmático e um professor que exaltava os resultados. "Bob", dizia ele, "sempre queria transformar o indivíduo, torná-lo uma pessoa melhor. Eu estava interessado em fazer as pessoas *fazerem* as coisas certas, tanto nas atitudes quanto no comportamento. Bob se interessava pelas motivações; eu me interessava pelas consequências."[1]

Como professor, Drucker ensinou vários aspectos da liderança servidora. Seu mentor Alfred Sloan ensinou-lhe que os líderes são servidores da instituição que os emprega. E ele compartilhava os ensinamentos de um amigo de longa data, Max DePree, ex-CEO e diretor-geral da Herman Miller, para quem as pessoas têm que ser tratadas, nas organizações, como uma dívida a ser honrada e como responsabilidade do executivo. Tratar pessoas como uma dívida pode ser compreendido se empregarmos a linguagem do balancete, no qual os ativos são relacionados à esquerda e o passivo e as dívidas, à direita, equilibrados um contra o outro para determinar o patrimônio líquido. À medida que aumenta o número de pessoas geridas, aumentam as responsabilidades, ou as dívidas, do líder.

Como um líder pode realizar isto ou aquilo para sua organização? Em primeiro lugar, os líderes se desincumbem de suas dívidas ao atuar como servidores da missão da organização a que pertencem e a seu pessoal. Servir é a base da *legitimidade* do poder e da autoridade, um tema onipresente na obra de Drucker. Em seguida, os líderes precisam tentar propiciar *status social* aos membros da organização; esse reconhecimento dá *status* ao indivíduo dentro do grupo. Por fim, o indivíduo deve ser tratado conforme os ideais básicos da sociedade à qual a organização pertence. Isso lhe proporciona uma *função*. Em outras palavras, deve haver uma relação funcional entre o que o indivíduo faz no local de trabalho e a filosofia de trabalho da sociedade da qual a organização faz parte. Como se dá essa relação funcional? Nos Estados Unidos, nossa filosofia de trabalho, ou éthos, costuma ser expressa nos termos do parágrafo segundo da Declaração de Independência: "Consideramos essas verdades como evidentes por si mesmas, que todos os homens são criados iguais, dotados pelo Criador de certos direitos inalienáveis, que entre estes estão a vida, a liberdade e a procura da felicidade".

Trazendo esses direitos para o nível da organização, Drucker traduziu-os como o direito à *liberdade*, dentro dos limites da *respon-*

*sabilidade*, o direito à *igualdade de oportunidades* e o direito a ser tratado com a *dignidade* concedida a todos os seres humanos na Declaração de Independência. São direitos que criam *propósito* e *sentido* para o indivíduo no local de trabalho e uma relação funcional entre o indivíduo no trabalho e as crenças fundamentais da sociedade.

Um exemplo concreto ajudará a esclarecer esses termos e sua relação com os indivíduos, a organização e a sociedade. Depois de atuar durante dois anos na "Negro League", apenas para jogadores negros, Jackie Robinson tornou-se o primeiro afro-americano a jogar beisebol na Major League, a principal liga profissional. Havia vários excelentes jogadores de beisebol na Negro League, mas só quando Robinson foi escolhido por Branch Rickey, presidente dos Brooklyn Dodgers, um afro-americano pôde jogar na Major League. Conhecedor do talento de Robinson, Rickey queria ao mesmo tempo ajudar os Dodgers a conquistar o título e quebrar a barreira da cor da pele no beisebol profissional. Ele escolheu Robinson não apenas porque era um atleta completo, tendo jogado na Universidade da Califórnia em Los Angeles (UCLA), mas também porque possuía uma personalidade forte, capaz de "oferecer a outra face" quando sofria ofensas e ameaças físicas. Deu-se a ele um "status" compatível com seu talento e a liberdade prometida a todos os cidadãos na Declaração de Independência. Portanto, ele tinha uma "relação funcional" com os ideais dos Estados Unidos. Mais do que isso: os dirigentes dos Dodgers mostraram "autoridade legítima" ao tomar uma decisão que estava em conformidade com os documentos fundadores de nossa nação. Status, função e autoridade legítima estão todos ilustrados pela história de Jackie Robinson e Branch Rickey, que exemplifica a noção de Drucker em relação aos ingredientes necessários a uma sociedade funcional de organizações.

Por fim, numa sociedade de organizações, precisamos de instituições que garantam a continuidade e de outras que proporcionem mudanças. Drucker se preocupava com os rumos da sociedade americana e de suas instituições em meio às rápidas transformações que estamos vivendo. As instituições "conservadoras", entre elas o governo, a Suprema Corte, as instituições religiosas e a família, existem para *preservar a continuidade* com o passado. Deve-se contrastar as instituições conservadoras com as instituições desestabilizadoras, como as empresas e as universidades, criadas para promover *mudanças*. Num período de mudanças muito velozes, as instituições conservadoras têm que proporcionar os valores que mantêm a sociedade unida. Daí a importância que Drucker atribuía ao papel da igreja, da sinagoga e da mesquita na sociedade.

Cada instituição exige autoridade legítima de seus líderes, e status e função para seus indivíduos.

---

# I. LEITURA

---

Não pode haver ordem social sem que o poder seja legítimo. Uma sociedade funcional precisa ser sempre capaz de organizar a realidade concreta numa ordem social. Ela precisa assenhorear-se do mundo material, da realidade concreta numa ordem social. Precisa assenhorear-se do mundo material, dar-lhe sentido e torná-lo compreensível para o indivíduo; e precisa estabelecer um poder político e social legítimo. Nenhuma sociedade pode funcionar a menos que dê a seus membros individuais um status e uma função social e a menos que o poder social decisivo seja um poder legítimo. A primeira dessas duas condições estabelece o enquadramento básico da vida social; o propósito e o sentido da sociedade. A segunda condição molda o espaço desse enquadramento: concretiza a sociedade e cria suas instituições. Se não se concedem ao indivíduo um status e uma função social, não existe sociedade, e sim uma massa de átomos sociais voando pelo espaço sem rumo ou objetivo. E a menos que o poder seja legítimo, não pode haver tecido social; existe apenas um vácuo social mantido unido meramente por inércia ou escravidão.

Peter F. Drucker com Joseph A. Maciariello, "A Functioning Society", *The Daily Drucker*, 31 jan. 2004.

# II. REFLEXÃO

☒ A autoridade legítima do líder exige que se assuma a responsabilidade pela condução dos recursos humanos, financeiros e físicos da organização, e que se cumpram as tarefas que promovem a missão da organização.

## I. FUNÇÃO E STATUS SOCIAL

A função e o status social do indivíduo equacionam a relação entre o grupo e o membro individual. Simbolizam a integração do indivíduo com o grupo, e a do grupo com o indivíduo. Expressam o objetivo individual em termos sociais [a função social] e o objetivo social em termos individuais [o status individual]. Torna, assim, compreensível e racional a existência do indivíduo do ponto de vista do grupo, e a existência do grupo do ponto de vista do indivíduo.

Para o indivíduo, a sociedade só existe se ele tiver função e status social. A sociedade só possui sentido se seu objetivo, suas metas, ideias e ideais fizerem sentido em termos de objetivo, metas, ideias e ideais do indivíduo. É preciso que haja uma relação funcional definida entre a vida do indivíduo e a vida do grupo.

Peter F. Drucker, prólogo de *A Functioning Society*, 2003, p. xvii.

☒ Com a mudança constante das demandas que pesam sobre os indivíduos neste período de turbulência, as organizações religiosas e as organizações correlatas do setor social propiciam aos indivíduos oportunidades de reconstruir e estabilizar seus status e funções dentro da sociedade.

## 2. A IGREJA É A ORGANIZAÇÃO EM TORNO DA QUAL A SOCIEDADE AMERICANA PODE SE RECONSTRUIR

Você [Bob Buford] criou uma agência para o reposicionamento e a revitalização das igrejas protestantes americanas, igrejas que respeitam as denominações mas não são denominacionais. E seu ponto de partida fundamental é o pressuposto de que a igreja é a organização em torno da qual a sociedade americana pode se reconstruir. Não estou dizendo que vai ser. Só nos resta esperar e rezar, mas pode ser, e ela já provou que é capaz. É o que as igrejas pastorais provaram, e elas estão em expansão. E você ajudou a focar o ponto central na parte saudável e crescente da igreja.

Dei uma olhada no livro de [Lyle E.] Schaller [escritor e consultor da igreja, membro emérito do Seminário Fuller]. Acho que ele mostra que a igreja é a verdadeira força dinâmica na comunidade e na vida cotidiana, não apenas aos domingos [das] dez ao meio-dia. E ele deixa bem claro que isso não se aplica às megaigrejas, e sim a igrejas de tamanho importante, e não às pequenas congregações. As igrejas pequenas estão afastadas do nosso mundo. Não estão tendo impacto algum na sociedade. São uma maneira de o indivíduo escapar da sociedade e da responsabilidade. É um mundo muito diferente [das] igrejas maiores. Podem passar fome e passar necessidade, mas também há um alto grau de derrotismo. Há um perigo enorme, quando se trabalha com essas igrejas menores, de ficar focado apenas nos seus problemas.

Diálogo Drucker-Buford, 9 ago. 1993.

☒ Integrar uma igreja ou uma organização do setor social proporciona ao indivíduo oportunidades de encontrar sentido ou propósito para sua vida.

☒ A tendência atual de ensinar a "plena atenção" em empresas e escolas de administração[2] é um reconhecimento dos benefícios da meditação para as organizações e os empregados, tanto na redução do estresse quanto na obtenção de resultados favoráveis, como aumento na produtividade e na criatividade no local de trabalho.

## 3. TRABALHO E NATUREZA HUMANA

A gestão sempre vive, trabalha e atua dentro e em favor de uma instituição, que vem a ser uma comunidade humana mantida unida pelo laço que, junto com o laço familiar, é o mais poderoso laço humano:

o trabalho. E é exatamente porque o objeto da gestão é uma comunidade humana mantida unida por laços de trabalho para um fim comum que a gestão sempre lida com a Natureza Humana, e também (como sabe qualquer um de nós com experiência prática) com o Bem e o Mal. Aprendi mais sobre teologia na prática de consultor de gestão do que quando dei aulas de religião.

Peter F. Drucker, "Teaching the Work of Management", 1988, pp. 2-5.

# III. IDEIAS PRÁTICAS

Sua organização propicia dignidade, liberdade e igualdade de oportunidade a cada um de seus membros, promovendo, assim, os ideais dos Estados Unidos? Como ela busca propiciar esses atributos positivos?

A "gestão por objetivos e autocontrole" é a filosofia gerencial desenvolvida por Drucker no início dos anos 1950 para propiciar aos indivíduos liberdade e autonomia no trabalho, exigindo ao mesmo tempo que eles assumam a responsabilidade pelos resultados conforme negociado com seus superiores. Como sua organização proporciona autonomia, cobrando resultados ao mesmo tempo?

Drucker considerava que o abuso de poder era o pecado que afligia os líderes das organizações, e que isso só poderia ser superado pela imposição de diversas formas de controle. Sua organização possui um sistema de controle de abuso de poder? Como esse controle funciona? O poder, na sua organização, tem legitimidade? Busca servir à missão da organização e ao bem-estar dos que a constituem?

Que contribuições específicas você e sua organização têm dado para que ela se torne uma força dinâmica do bem e da mudança em sua comunidade? De que tipo de incentivo ou preparação você precisa para se tornar uma força em favor do bem e da mudança?

PARTE 10

# A ESCOLHA
## DO SUCESSOR

PARTE 1ª

# A ESCOLHA
## DO SUCESSOR

# Semana 31

## A ESCOLHA DO SUCESSOR:

*Como manter a moral da organização*

## INTRODUÇÃO

A sucessão no cargo mais alto de uma organização é uma decisão difícil e às vezes até, nas palavras de Drucker, uma "aposta desesperada" (*Management: Tasks, Responsibilities, Practices*, 1973, p. 618). E o desempenho anterior em uma série de posições de escalão inferior em nada garante o sucesso no cargo mais alto.

Um dos melhores exemplos vem da história política dos Estados Unidos. James Buchanan, 15º presidente americano, formou-se no Dickinson College e exerceu cinco mandatos de deputado e dois como senador pela Pensilvânia. Também serviu como embaixador na Rússia e na Grã-Bretanha. Antes de assumir a presidência, em 1856, havia sido o 17º secretário de Estado, no governo Polk. Seu currículo e experiência pareciam tê-lo preparado bem para a presidência. No entanto, historiadores e cientistas políticos consideram Buchanan um dos piores presidentes da história.

Em compensação, o sucessor de Buchanan, Abraham Lincoln, era autodidata, exercera alguns mandatos legislativos no estado de Illinois, um mandato federal de deputado, e perdera duas eleições para o Senado americano. No entanto, historiadores e cientistas políticos consideram Lincoln um dos melhores presidentes da história, se não o melhor. Buchanan tinha relevante e significativa experiência nacional e internacional, e fracassou; Lincoln tinha muito pouca experiência nacional e internacional e deu certo. As expectativas dos observadores especializados nas nuances da política americana previam um desfecho totalmente inverso, mas os acontecimentos mostraram que eles estavam errados. Se esses observadores especializados tivessem feito a pergunta "Qual será o maior desafio dos próximos anos?", não teriam subestimado Lincoln tanto quanto subestimaram. Aqueles que o conheciam em Illinois, inclusive um de seus opositores políticos mais poderosos, o senador Stephen Douglas, certamente não subestimavam a capacidade de Lincoln, tampouco os amigos de Lincoln que tanto lutaram por sua vitória.

O que ninguém tinha como saber é justamente o quanto aquele homem podia evoluir em personalidade e competência à medida que tentava solucionar um problema após o outro, num período excepcional que durou do primeiro dia de seu mandato até sua morte.

# I. LEITURA

Não me considero especialista no assunto, mas quando eu tinha dezoito anos comecei a estudar ciência política e teoria política, e fiquei verdadeiramente intrigado com o problema sucessório: "Como se faz para manter ou preservar a sabedoria, o aconselhamento e o exemplo de um fundador e ainda assim impedir que ele destrua seu sucessor?".

Outro dia me encontrei com um velho amigo, Derek Bok, que hoje é reitor de Harvard.[1] Ele estava licenciado; antes [tinha sido] decano da faculdade de direito de Harvard. Ele comanda uma operação em que, nos tempos áureos das maiores universidades americanas, quase todos os reitores fortes eram recrutados fora, e não internamente. Em parte porque gente forte raramente incentiva a força entre os subordinados, e em parte por causa da própria força desses líderes.

Eles continuam a exercer influência sobre a governança da instituição muitos anos depois de partir — da mesma forma que Alfred Sloan continuou a influenciar a gestão da General Motors depois que se foi.

Desde que foi fundada, em 1891, a Universidade Stanford, sob vários aspectos, tem sido a mais bem administrada de todas. É tocada por um reitor que vem de fora e por um diretor escolhido internamente.

Em certas situações é necessário contar com [o antigo presidente], hoje, em que se vive mais tempo, assim como quando o fundador continua no auge, na sua melhor forma, na época da sucessão. A ambição já arrefeceu, de modo que ele não pensa mais apenas em si; ele possui a experiência; e muitas vezes tem um talento silencioso, até transcendental. No entanto é nessa hora que ele tem que ceder o lugar.

Como manter um papel para o [ex-presidente] ou equilibrar essa situação? Pode-se ir de um extremo ao outro. Na General Electric Company, ex-presidentes não podem entrar na empresa — a tal ponto que, alguns anos atrás, quando quiseram comemorar o 25º aniversário do GE Management Institute, tiveram que cancelar [a comemoração] em cima da hora porque alguém observou que só havia duas ou três opções. Uma seria dizer aos ex-presidentes, entre eles o fundador [do instituto], que eles não eram bem-vindos. Outra era quebrar a regra, e a terceira [era] mudar o local da festa para fora do instituto. Então cancelaram a comemoração; só que isso é ir um pouco longe demais; eu teria aberto exceção para um jantar. Também há o outro extremo, em que o fundador parece estar em toda parte, como o sorriso do gato de Alice.

A pergunta então é: "Como tornar produtivo o fundador?". Como dar ao fundador uma esfera de influência importante, em que ele tenha uma contribuição a oferecer, em que ainda seja eficiente, sem solapar de verdade a moral da organização? O rei Carlos V, da Espanha, abdicou [em 1556] e foi morar num mosteiro [para dar lugar] a seu filho [Filipe II]. Suas cartas sobreviveram. Pobre filho, porque o velho não tinha nada para fazer, a não ser ficar lá sentado e escrever cartas; ele se metia em cada detalhe, sempre jurando piamente estar feliz, preocupado apenas com o além. Milhares de cartas, todos os dias, mas como impedir isso?

A decisão sucessória precisa se concentrar na manutenção do espírito que conserva viva a instituição. As soluções precisam se adequar àquela organização específica e manter a cultura de desempenho.

Diálogo Drucker-Buford, 24 fev. 1987.

# II. REFLEXÃO

☒ Derek Bok foi um reitor bem-sucedido em seus vinte anos de notáveis serviços na Universidade Harvard. Sua candidatura foi interna, tendo ele sido diretor da faculdade de direito de Harvard. Lawrence Summers, ex-secretário do Tesouro dos Estados Unidos, sucedeu Derek Bok. Seu mandato de seis anos, de 2001 a 2006, foi manchado por polêmicas e acabou numa moção de censura do corpo docente de Harvard. Ao contrário de Bok, a candidatura de Summers foi externa. Nessa decisão sucessória específica, o desempenho do candidato interno foi superior ao do candidato externo. A diferença talvez residisse na incapacidade de Summers de manter a moral da instituição.

## I. "A MORAL DE UMA ORGANIZAÇÃO VEM DO TOPO"

A maior prova da sinceridade e da seriedade da direção é uma ênfase inabalável na integridade de caráter. Isso, acima de tudo, tem que ser simbolizado pelas decisões do "pessoal" da direção. Pois é pelo caráter que se exercita a liderança; é o caráter que dá o exemplo e é imitado. Não se pode enganar as pessoas em relação ao caráter. Bastam poucas semanas para as pessoas, e principalmente os subordinados, saberem se aquele com quem trabalham é íntegro ou não. Pode-se perdoar um monte de coisas nas pessoas: incompetência, ignorância, insegurança ou falta de educação. Mas não se pode perdoar a falta de integridade de uma pessoa. *Tampouco se pode perdoar a alta direção por tê-la escolhido* [grifo meu].

Isso vale sobretudo para as pessoas no comando de uma empresa, porque a moral de uma organização vem do topo. Se uma organização tem excelente moral é porque a moral de sua cúpula é elevado. Se a moral cai, é porque a cúpula apodreceu; como diz o ditado em inglês, "O peixe começa a apodrecer pela cabeça". Só se deve nomear alguém para um cargo importante se a alta direção deseja que seu caráter sirva de modelo para os subordinados.

> Peter F. Drucker, *Management: Tasks, Responsibilities,*
> *Practices*, 1973 pp. 462-3.

⊠ J. Kermit Campbell foi a primeira pessoa vinda de fora a assumir a presidência da Herman Miller, em 1992. Ele sucedeu Max DePree, que continuou como presidente do comitê de direção até chegar à idade de aposentadoria compulsória, setenta anos, em 1995. Campbell foi dispensado de suas funções em 1995, depois de um período difícil na Herman Miller, marcado por diversas mudanças e rupturas, entre elas trocas de pessoal importantes. Algumas delas foram de encontro aos valores históricos da empresa, ameaçando sua moral. Campbell foi sucedido por Mike Volkema, que atuou como CEO de 1995 a 2004. Volkema, candidato "de dentro", recebeu a mentoria de Max DePree e resgatou os valores históricos da Herman Miller, entre eles a ênfase na importância das pessoas. Mas ele alterou algumas práticas da empresa, como a promessa de emprego vitalício. De maneira clara, Volkema retornou aos valores e ao espírito que a Herman Miller sustentou durante muitos anos.[2]

## 2. O TÔNUS DO CORPO

Max DePree: Há um elemento adicional [na dívida de um líder]: a forma de avaliar a qualidade do líder por aquilo que eu chamo de "tônus" do corpo. Não pelo carisma do líder, nem pela publicidade que lhe dão, nem por nada disso. Com que facilidade o corpo se ajusta às mudanças? Com que facilidade enfrenta o conflito? Com que facilidade o corpo atende às necessidades dos interessados ou dos clientes, quaisquer que sejam? É assim que, no fim das contas, se julga a qualidade do líder.

Peter Drucker: Você também incluiria nesse "tônus" o que acontece quando o líder sai de cena?

Max DePree: A sucessão é uma das responsabilidades-chave do líder.

> Peter F. Drucker, *Managing the Non-Profit Organization:*
> *Principles and Practices*, 1990, pp. 43-4.

☒ Tanto no caso da Herman Miller quanto no de Harvard, vemos que a moral da instituição foi corrompida pelos novos CEOs, de maneira indesejada. Na Herman Miller o antecessor de Campbell, Max DePree, continuou a presidir o comitê. Em Harvard, Bok retomou uma cadeira de professor e atuou depois como reitor interino, de 1º de julho de 2006 a 30 de junho de 2007, após a renúncia de Lawrence Summers. Em compensação, a escolha que Lincoln fez, de Ulysses Grant como general-chefe no lugar de Henry Halleck, mostrou-se decisiva na criação de um moral elevado e na vitória na Guerra de Secessão. Apesar de seus pontos fracos pessoais, Grant implementou a estratégia que Lincoln acreditava capaz de vencer a guerra. Houve enormes baixas dos dois lados, mas Lincoln sabia que a aritmética, os homens e o material bélico favoreciam a União. O general Grant implementou a estratégia de Lincoln, de atacar simultaneamente em vários pontos — algo que os demais generais da União não sabiam ou não podiam fazer —, e pôde vencer grandes batalhas contra o general Lee. Disso resultou que o moral do exército da União decolasse.

### 3. ESCOLHA SUCESSORES COM BASE EM SEUS PONTOS FORTES, E NÃO PARA MINIMIZAR OS PONTOS FRACOS

Ao saber que o general Grant, seu novo chefe de Estado-maior, gostava de uma bebida, o presidente Lincoln [que era abstêmio] disse: "Se eu soubesse o que ele toma, mandaria um barril ou mais para alguns de meus outros generais". Depois de passar a infância no Kentucky e na divisa de Illinois [e Indiana], Lincoln certamente sabia tudo sobre os perigos do álcool. Mas, de todos os generais da União, Grant marcou a virada na Guerra de Secessão ao ser indicado. Foi uma indicação eficaz, porque Lincoln escolheu seu general com base na capacidade comprovada de vencer batalhas, e não por sua sobriedade, isto é, [não] pela ausência de uma fraqueza.

Peter F. Drucker, The Effective Executive, 1967, p. 71.

⊠ Nossos exemplos não têm a intenção de defender candidatos internos ou externos. Mas ilustram o fato de que a decisão sucessória é uma aposta, e é bom que o CEO recém-nomeado para uma organização tente manter ou restabelecer a moral da instituição, e ao mesmo tempo usar seus pontos fortes para mudar práticas ineficientes e vencer desafios prementes.

## 4. "PARA TODO PICO EXISTE UM VALE"

Quem quer que tente escolher um homem ou montar uma equipe apenas pensando em evitar fraquezas estará, na melhor das hipóteses, comprando mediocridade. A ideia de que existem pessoas "certinhas", pessoas que só têm pontos fortes e não têm pontos fracos (quer se use o termo "homem completo", "personalidade madura", "personalidade adaptável" ou "generalista"), é uma receita para a mediocridade, e até para a incompetência. Gente muito forte também tem muitos pontos fracos, sempre. Para todo pico existe um vale. E ninguém é forte em várias áreas. Se pensarmos no universo do conhecimento, da experiência e da capacidade humanas, até o maior dos gênios teria que ser considerado um fracasso total. Não existe o chamado "homem perfeito". Perfeito para quê? Essa é a pergunta.

Peter F. Drucker, The Effective Executive, 1967, p. 72.

# III. IDEIAS PRÁTICAS

Qual tem sido o histórico de decisões sucessórias na sua organização? Caso o histórico seja bom, qual a explicação? Caso o histórico seja medíocre ou ruim, qual a explicação?

Você seria capaz de dizer que sua organização possui uma elevada cultura de desempenho? O que explica essa moral alta?

Caso sua organização não possa ser considerada de alto desempenho, o que você pode fazer para elevar sua moral? Que recomendações pode fazer a outros, em melhor posição que você, para influenciar a moral da organização?

Como mostra o exemplo de Ulysses S. Grant, indivíduos com pontos fracos têm pontos fortes extraordinários, em torno dos quais se constroem carreiras notáveis. Sua organização sai em busca de pontos fortes em todas as áreas ao fazer nomeações para a alta direção? Ou, como fez Lincoln, procura gente que possua os pontos fortes necessários para enfrentar as demandas da organização, reconhecendo que essas pessoas podem ter, e geralmente têm, pontos fracos importantes?

# *Semana* 32

## COMO PLANEJAR A SUCESSÃO NUMA ORGANIZAÇÃO

## INTRODUÇÃO

A sucessão na alta direção é uma decisão de alto risco para qualquer organização. A melhor maneira de planejar uma sucessão é adotar um programa sistemático de desenvolvimento, e ter à disposição uma lista de pessoas qualificadas para todas as posições gerenciais importantes. Assim, quando um cargo fica vago, o RH pode percorrer essa lista e recomendar aos decisores diversos candidatos qualificados dentre os quais se pode escolher um sucessor.

Uma das maneiras mais seguras de tratar da sucessão é poder testar diversas pessoas em posições de alta responsabilidade antes de tomar uma decisão. Mesmo assim, é muito difícil substituir um líder carismático. Por isso, é preciso garantir que a pessoa escolhida traga para o cargo seu próprio conjunto de pontos fortes. O candidato escolhido, ao mesmo tempo que deve conhecer e respeitar as tradições, fará bem se for ele mesmo, sem tentar copiar o estilo e a abordagem de seu antecessor. Primeiro porque certamente o antecessor cometeu alguns erros, que não foram apontados e agora terão de ser corrigidos. Segundo, não existem duas pessoas iguais, e tentar clonar um antecessor é certeza de fracasso.

Poder dispor de conselhos de um comitê de direção experiente tem grande valor na tomada de decisões sucessórias. Os diretores podem não apenas fazer suas próprias experiências pesarem na decisão, como também aprender com as experiências de colegas em outras organizações — tenham eles tomado decisões corretas ou não. Nomear alguns membros do comitê como "treinadores" e designar "comitês de aconselhamento" para CEOs recém-nomeados também ajuda muito.

# I. LEITURA

Rick Warren foi convidado a participar do Fórum sobre Religião e Vida Pública do Pew Research Center, realizado em 13 de novembro de 2009 em Washington. Um dos assuntos discutidos foi a sucessão no comando da Igreja Comunitária de Saddleback. Warren explicou que sua intenção era passar quarenta anos como pastor principal da igreja e depois transmitir a liderança para um grupo mais jovem. Na época do fórum, Warren já tinha trinta anos de serviço, e pediram-lhe que desse mais detalhes de seu plano sucessório.

### Rick Warren

Com dez anos me restando na igreja, eu sabia que desejava uma transição bem-sucedida. Por isso, quase um ano e meio atrás, fizemos na Igreja Saddleback uma coisa que acho que igreja nenhuma nunca fez. Baixamos em dezesseis anos a idade do grupo de líderes de nossa igreja, numa única semana. Tínhamos um grupo de pastores que estava conosco praticamente desde o início, que apelidamos de "nossos veteranos". A maioria de nós estava na casa dos cinquenta, cinquenta e poucos anos, e durante vários anos lideramos a igreja. Durante todo esse tempo preparamos a geração seguinte, que é o que estou fazendo. Vou passar o resto da minha vida preparando a geração seguinte. Tínhamos um grupo de jovens na casa dos trinta anos e um casal perto

270

dos quarenta, e de uma semana para outra passamos a eles a liderança. Tiramos todos que estavam em cargos de liderança, inclusive eu — sou apenas um pastor que leciona —, colocamos no comando todos esses meninos de trinta e poucos, a chamada EGP, a Equipe Gerencial de Pastores, e entregamos a liderança de uma megaigreja a [...] nove caras [...]. Todos jovens, tocando essa enorme megaigreja, enquanto fazemos outras coisas. Então a transição já está sendo feita atualmente.

Ainda perguntaram a Warren, posteriormente, se ele sabia quem seria seu sucessor. Ele respondeu: "Não sei. Mas posso lhes dizer o seguinte: Peter Drucker, meu mentor, disse que nunca devemos escolher nosso sucessor. Acredito nisso, porque, em geral, o que fazemos é escolher uma pessoa parecida com nós mesmos, quando em geral a organização precisa, naquele momento, de uma pessoa que seja exatamente o oposto. Entendem o que estou dizendo?".

Rick Warren, "The Future of Evangelicals: A Conversation with Pastor Rick Warren", 13 nov. 2009.

# II. REFLEXÃO

☒ "Não existe sucesso sem sucessor" é a paráfrase de Rick Warren para o ponto de vista de Drucker em relação à importância de formar sucessores para o bem-estar de qualquer organização.

## 1. A SUCESSÃO É CRUCIAL PARA O ÊXITO DE UMA ORGANIZAÇÃO

Organizações incapazes de se perpetuar fracassaram. Portanto, uma organização precisa encontrar hoje os homens e mulheres que vão geri-la amanhã. Precisa renovar seu capital humano. Precisa melhorar constantemente seus recursos humanos.

Uma organização [que] apenas perpetua os níveis atuais de visão, excelência e realizações perdeu a capacidade de se adaptar. E como a única coisa certa nas questões humanas é a mudança, ela não será capaz de sobreviver em um futuro transformado.

> Peter F. Drucker e Joseph A. Maciariello, *The Effective Executive in Action*, 2006, p. 48.

☒ "Líderes do Nível 5 prepararam seus sucessores para um sucesso ainda maior na geração seguinte, enquanto muitos dos egocêntricos líderes do Nível 4 prepararam seus sucessores para o fracasso" (Jim Collins, *Good to Great: Why Some Companies Make the Leap... and Others Don't*, 2001, p. 39 [ed. bras.: *Good to Great: Empresas feitas para vencer*, 2001]).

☒ "Promova o RH [recursos humanos] a uma posição de poder e primazia na organização, e assegure que seu pessoal tenha as qualidades especiais para ajudar os gestores a construir carreiras e líderes. Na verdade, os melhores sujeitos no RH agem como pastores e pais num pacote único" (Jack Welch, *Winning*, 2005, p. 98 [ed. bras.: *Paixão por vencer*, 2005]).

☒ Em 2005, para comemorar o 15º aniversário do Leader to Leader Institute, sucessor da Peter F. Drucker Foundation for Nonprofit Management (1990 a 2003), foi lançada uma edição especial da revista *Leader to Leader, Shine a Light*. No artigo de abertura, os editores me pediram para entrevistar Peter Drucker sobre as preocupações do momento para todas as organizações sem fins lucrativos nos Estados Unidos. O trecho da entrevista dedicado à sucessão de gestores em organizações sem fins lucrativos está na Leitura 2.

## 2. PETER DRUCKER SOBRE AS DECISÕES SUCESSÓRIAS EM ORGANIZAÇÕES SEM FINS LUCRATIVOS

### Joseph Maciariello

Peter, muitos executivos em grandes organizações sem fins lucrativos vão se aposentar [em breve] [...]. Pouco parece ter sido feito para preparar sucessores, o criadouro de líderes parece pobre. Esse não é um problema grave?

### Peter Drucker

Um dos maiores desafios para as instituições, como você apontou, serão as trocas de líderes, e o setor social não está tão preparado quanto o setor empresarial. Estamos agora no estágio em que as empresas estavam quando começou o desenvolvimento de executivos nos negócios.

Os atuais executivos das organizações sem fins lucrativos começaram na gestão mais ou menos na época da Guerra do Vietnã, quando estavam na casa dos trinta anos. E agora eles estão saindo. E poucas organizações sem fins lucrativos prepararam seus sucessores [...].

Vai ser complicado. Muito poucos refletiram sobre as perguntas a respeito da sucessão: "De que tipo de pessoas precisamos para nos suceder? Que tipo de experiência elas devem ter? Como treiná-las? Como testá-las? Como filtrá-las?". O método atual de escolha é pedir que o comitê pegue o telefone e saia perguntando: "Você conhece alguém?". [...] As perguntas que eu faço às organizações sem fins lucrativos em busca de sucessores são: "Quais são os resultados no cargo? De que competências vocês precisam? De que experiências precisam?".

### Joseph Maciariello

Peter, esse problema sucessório não cria também oportunidades concretas?

### Peter Drucker

Cria, de fato! Tem uma parte do setor social que não é por voluntariado, e a crise sucessória cria oportunidades de liderança. E na parte que é por voluntariado, cria oportunidades para carreiras paralelas.

Tem aquele sujeito do mundo empresarial que, aos 43 anos, tornou-se auditor de uma divisão pequena de uma grande empresa. Mas ele chegou ao último estágio da carreira. Suas oportunidades de liderança, crescimento e estímulo estão no setor social, seja como uma segunda carreira, seja como uma carreira paralela.

O setor social está cheio de desafios de liderança, que criam novas oportunidades de uma primeira ou segunda carreira, ou de uma carreira paralela.

> Joseph A. Maciariello, "Managing for Results, Planning for Succession: An Interview with Peter F. Drucker", 6. dez. 2005.

☒ O fundador de uma organização não é necessariamente a melhor pessoa para escolher seu sucessor ou sucessora. Há o perigo de que seja escolhido o sucessor que mais se pareça com o fundador. Não existem duas pessoas com os mesmos pontos fortes. Por isso, um sucessor sósia pode não ser capaz de proporcionar a visão necessária para traçar um rumo que faça sentido diante do novo ambiente e dos novos problemas que a organização tem diante de si. O sucessor também pode ser obrigado, desde o início de sua gestão, a encarar e corrigir os equívocos do fundador.

## 3. O PROCESSO SUCESSÓRIO NA LINCOLN ELECTRIC AO LONGO DE SEUS 120 ANOS DE HISTÓRIA

A Lincoln Electric Company, sediada em Cleveland, no estado de Ohio, é líder global no setor de acessórios e equipamentos de soldagem, e possui fábricas e operações em joint venture em mais de 160 países. John C. Lincoln fundou a empresa em 1895, como fabricante de motores, e patenteou um processo de soldadura por arco. John Lincoln exerceu oficialmente a presidência da Lincoln Electric de 1895 a 1929, e foi diretor até sua morte, em 1954. À medida que seu irmão James F. Lincoln foi se envolvendo mais no negócio, John partiu para outros interesses empresariais. James entrou para a empresa em 1907 e tornou-se gerente-geral em 1914, assumindo os cargos de vice-presidente e gerente-geral até 1929, quando foi nomeado formalmente presidente da empresa.

O que há de notável a respeito da sucessão no comando da Lincoln Electric é o quanto ela foi pacífica. Em seus 120 anos de história, ela teve apenas oito CEOs, incluindo o atual, Christopher Mapes, que assumiu o cargo no início de 2013. Todos os três CEOs que sucederam

James Lincoln — William Irrgang (1972), George Willis (1986) e Donald Hastings (1992) — tiveram contato direto com James Lincoln e com os valores lendários (notadamente a aplicação da Regra de Ouro aos empregados e clientes) e a elevada cultura de desempenho da empresa. Irrgang, engenheiro brilhante que entrou para a empresa em 1928, sucedeu James Lincoln quando de sua morte. Ele relutou em expandir a empresa para fora dos Estados Unidos, mas manteve as operações que existiam no Canadá e na Austrália. A relutância de Irrgang em fazer a expansão global ocorreu numa época em que competidores estrangeiros estavam entrando no mercado americano.

Foi James Lincoln quem contratou tanto George Willis quanto Donald Hastings, na Harvard Business School, e foi ele o mentor de ambos. Willis se tornou presidente sob a gestão de Irrgang, em 1972; e CEO em 1986, quando Hastings já era presidente. Em 1986, Willis deu início a uma importante expansão global da Lincoln Electric. Ele e outras pessoas na empresa acreditavam que, dada a posição de ponta da Lincoln nos Estados Unidos, ela poderia crescer rapidamente na Europa, na Ásia e na América do Sul. No fim, não foi tão fácil conseguir uma expansão rápida no exterior [para uma discussão da expansão da Lincoln no exterior, ler o texto da Semana 14].

A empresa sofreu sérios percalços em sua expansão global porque tentou ir muito rápido e não fez uma pergunta a respeito da sucessão: "Que problemas Willis e Hastings deverão encontrar cada vez que entrarem num novo país?". Se tivessem feito essa pergunta, saberiam que a incrível cultura e os sistemas de gestão criados pela Lincoln nos Estados Unidos não dariam certo na Alemanha, no Japão e na América do Sul, por motivos relacionados a especificidades da cultura local e práticas empresariais de cada um desses locais. Disso resultou que a empresa teve que suportar grandes prejuízos em sua operação internacional. Foi necessário um elevado endividamento, que pôs em risco a empresa como um todo.

Quando Hastings se tornou CEO, em 1992, ele trouxe consigo Anthony Massaro, um alto executivo da Westinghouse, especialista na racionalização de operações internacionais. Massaro trabalhou estreitamente com Hastings na reestruturação da operação internacional da Lincoln. Tendo vindo de fora, Massaro não compreendia nem valorizava a cultura e os sistemas de gestão da Lincoln. No entanto, deu uma contribuição muito importante, e o comitê diretor o nomeou CEO em 1996. Em consequência disso, a cultura e o espírito da empresa começaram a mudar. A empresa de onde ele vinha era muito diferente da Lincoln Electric, e nem de longe tão competitiva. Poucas empresas eram.

Se a empresa tivesse feito a mais importante pergunta sobre sucessão: "Que problemas e oportunidades devemos enfrentar na nossa expansão global?", ela não teria indicado Willis para o cargo mais alto em 1986, ou teria primeiro tentado compreender as condições específicas de cada país e como adaptar suas operações a condições locais. Com a opção pela liderança vinda de fora, a cultura histórica da empresa começou a se atrofiar, e isso continuaria por aproximadamente uma década.

Massaro aposentou-se em 2004 e John M. Stropki foi indicado presidente e CEO. Stropki, que se aposentou no final de 2012, passou toda a sua carreira na Lincoln Electric, e como CEO restabeleceu a cultura de desempenho que fora praticamente perdida na era Massaro. Eis um trecho da nota à imprensa da Lincoln em 20 de agosto de 2013, quando da aposentadoria de Stropki:[1] "Durante sua gestão ele terminou por colocar a Lincoln como líder clara no setor, aumentando significativamente o valor para os acionistas, e o fez mantendo-se fiel à missão e aos valores da Lincoln".

Em suma, a Lincoln é há 120 anos uma das empresas industriais mais competitivas dos Estados Unidos. Mas quase perdeu tudo por não ter feito perguntas fundamentais antes de iniciar sua expansão global. Felizmente, a sede da Lincoln Electric em Cleveland conseguiu suportar praticamente todo o fardo financeiro até que a empresa conseguisse recuperar sustentação e se transformar numa empresa global, de nível mundial.

Joseph A. Maciariello, *Lasting Value: Lessons from a Century of Agility at Lincoln Electric*, 2000, pp. 36-8.

⊠ A autoridade na estrutura do movimento religioso de Calvary Chapel era altamente personalizada e baseada no dom e na competência durante a gestão de Chuck Smith, o pastor que o fundou. O foco principal estava na atividade pastoral, assim como vemos em empresas altamente descentralizadas. A principal igreja do movimento fica em Costa Mesa, na Califórnia, onde Smith era o pastor. Seu método de governança é o congregacional. Apesar disso, Chuck Smith tinha uma forte autoridade carismática. Ele participava da escolha dos pastores e das igrejas autorizadas a se associar ao Calvary (isto é, aquelas que tinham direito de usar o nome), assim como da gestão do patrimônio do movimento, como suas escolas bíblicas e sua rede de estações de rádio. O movimento floresceu sob a direção de Smith, antes de tudo, graças a seu exemplo e seus ensinamentos. Ele também cuidava com sabedoria dos recursos que eram confiados a ele e ao movimento. Sua nova estrutura gerencial, descrita a seguir, foi implantada a tempo para sua sucessão.

☒ É particularmente desafiador suceder o pastor fundador carismático de um dos maiores movimentos religiosos do mundo. A Leitura 4 contém as ideias de Drucker a respeito do planejamento da sucessão na associação de igrejas de Calvary Chapel, uma organização de âmbito mundial. Algumas das recomendações de Drucker se aplicam a decisões sucessórias em grandes organizações de todos os setores da sociedade.

## 4. DRUCKER AUXILIA UM LÍDER FUNDADOR A ESTABELECER UM PLANEJAMENTO SUCESSÓRIO

Peter Drucker: Gente como você não se aposenta. Você precisa fazer a pergunta: "O que eu posso fazer para dar a melhor contribuição à igreja?". Pense num horizonte de quinze anos, e não de três ou quatro. Você ainda é jovem.

É certo — não provável: certo — que quando você partir haverá mudanças. Ninguém pode ser o sucessor de um papel carismático. Além disso, acho que você sabe tão bem quanto eu, talvez muito melhor, que um jeito de ir embora é institucionalizar, e é um jeito mais fácil de ir embora, porque a institucionalização possibilita — não torna certo, possibilita — a sobrevivência e a continuação para além do carisma. Com 1600 igrejas no mundo inteiro, ou 2 mil, ou quantas forem, certo grau de institucionalização é provavelmente necessário para que o movimento sobreviva.

Permita que eu diga, o principal benefício da institucionalização é que ela permite que a organização, ou a entidade, sobreviva a uma liderança medíocre. E lideranças medíocres, por acaso, são a regra, e não a exceção. Aquilo que você fez não pode se perpetuar, não pode ser passado adiante. Até aí, estamos de acordo.

## A institucionalização possibilita duas coisas

A institucionalização possibilita a continuidade, mesmo com uma liderança medíocre, e proporciona um espaço legítimo para o líder emergente. Não que o escritório faça o homem, mas o escritório capacita o homem. Desconheço suas convicções, não sei se você acha que aquilo que construiu — uma empresa gigantesca, com quase 2 mil igrejas — pode e deve se perpetuar. Mas se você acha que deve, é necessário um mínimo de estrutura institucional, não por causa da sua sucessão, mas porque o Senhor concede esses dons [que você possui], e ninguém mais pode fazê-lo.

## Encontre os líderes

Então eu gostaria de sugerir respeitosamente: faça da busca de líderes sua missão. Mas provavelmente você já sabe quem eles são. Sempre que os encontrar individualmente, não transforme o encontro em uma conferência, [um] seminário, um assunto coletivo. Essa é a hora de dizer "Fulano, preciso da sua opinião. Preciso que você reflita sobre sua responsabilidade na perpetuação do movimento". Quando se trata da sua igreja em Orange County, é uma coisa. Quando se trata do movimento, é outra.

Não estou dizendo que é preferível, mas é perfeitamente plausível que você se espante ao descobrir que, naquelas quarenta ou cinquenta pessoas, muitos enxerguem o sucessor não em Orange County, mas entre eles próprios, um que se destaca. Também pode ser que eles cheguem para você e digam: quando você não for mais o líder do movimento, achamos que devia ser nomeado um grupo pequeno, mas claramente definido, um comitê executivo capaz de trabalhar com os 1600 pastores que nós temos, mais os mil pastores que estamos treinando [em nossas diversas escolas bíblicas]. Quando uma das grandes igrejas de seu movimento passar por dificuldades, esse comitê executivo pode cuidar dela.

Consultoria Peter Drucker-Chuck Smith-Chuck Fromm, 3 dez. 2003.

☒ A "estrutura de liderança" institucionalizada no movimento Calvary Chapel. Chuck Smith morreu numa quinta-feira, 3 de outubro de 2013. Tinha atuado como pastor na Calvary Chapel de Costa Mesa, na Califórnia, de 1965 até a morte. "Em 2012, ele estabeleceu um conselho de liderança com 21 membros para supervisionar a Calvary Church Association, uma comunidade com cerca de 1600 congregações similares nos Estados Unidos e no exterior."[2] A estrutura regional nacional e internacional é extensa e bem desenvolvida. Os nomes e as fotos dos integrantes do conselho de liderança e aqueles que cuidam dos escritórios regionais nos Estados Unidos e em todo o mundo podem ser encontrados no site da Calvary Chapel Association.[3]

## 5. SLOAN COMENTA A ESCOLHA DE SEU SUCESSOR

"[Você] acha que eu sei avaliar pessoas. Acredite em mim, não existe essa pessoa. Só existem pessoas que tomam decisões corretas sobre pessoal — e correto quer dizer com calma — e pessoas que tomam decisões erradas sobre pessoal, e vivem se arrependendo. É verdade que cometemos poucos erros, mas não por sabermos avaliar as pessoas, e sim por sermos sérios. E a primeira regra", enfatizou, "é uma regra antiga: 'Nunca deixe um homem nomear o próprio sucessor; você acaba com uma cópia carbono, e uma cópia sempre é fraca'." "E quanto a sua própria sucessão, sr. Sloan?", perguntei. Havia sido anunciado publicamente que ele ia deixar o cargo de CEO no final da guerra. "Pedi ao comitê executivo do conselho que tomasse a decisão", disse ele. "Não lhes disse quem eu recomendaria, embora eles quisessem saber. Disse a eles que lhes contaria se escolhessem alguém que eu considerasse não ter qualificação."

Peter F. Drucker, *Adventures of a Bystander*, 1978, p. 281.

# III. IDEIAS PRÁTICAS

"Quais são as questões importantes que a organização deve enfrentar no futuro? Quem está mais bem preparado, pela experiência e pela formação, para lidar com essas questões?" Sua organização faz essas perguntas fundamentais ao escolher alguém para preencher o cargo mais alto?

Você tem uma trajetória de sucessão para os principais cargos executivos de sua organização? Sua organização tolera a diversidade e a força em seu grupo de executivos? Sua organização concede autonomia significativa aos executivos de modo a facilitar sua evolução para cargos de alta direção?

Sua organização tem um bom plano de desenvolvimento de executivos, apoiado por um setor de recursos humanos eficiente?

Sua organização é atenta à distribuição dos grupos etários entre os principais líderes ou perto do topo? O sistema de rebaixamento da distribuição de idade no grupo de líderes da Igreja Comunitária de Saddleback funcionaria na sua organização?

Tanto Alfred Sloan quanto Peter Drucker desaconselhavam o atual CEO a escolher seu sucessor ou sucessora. Qual a lógica por trás desse conselho? Sua organização segue essa lógica? Deveria segui-la?

Quando o CEO da sua organização se aposenta, ele ou ela deve ter permissão para continuar no comitê diretor? Isso faz bem à organização ou é contraproducente? Que políticas sua organização deve adotar em relação à participação de CEOs aposentados?

PARTE 11

# AS LIÇÕES DO SETOR SOCIAL
## SOBRE O PODER DO PROPÓSITO

# Semana 33

## A MISSÃO

## INTRODUÇÃO

Peter Drucker, depois de aceitar com relutância que seu nome fosse dado à Peter F. Drucker Foundation for Nonprofit Management, encetou a tarefa de escrever tanto o "preâmbulo" quanto a declaração de missão da fundação. Ambos serviram como guia para suas atividades desde o início, em 1990, até ela se reorganizar pela primeira vez, como o Leader to Leader Institute, e uma segunda vez, em 2012, como o Frances Hesselbein Leadership Institute. O preâmbulo é o único que já vi numa organização do setor social e reflete, sem dúvida, o respeito de Drucker pelo constitucionalismo e pelo federalismo.[1] Creio que esse exercício e o trabalho de acompanhamento que ele fez com um amigo, David A. Jones, cofundador, diretor e CEO da Humana Inc., são importantes para compreender a visão de Drucker em relação ao setor social e o trabalho que precisa ser feito para melhorar a liderança e a gestão em todo o setor.

Para compreender o propósito do preâmbulo da Fundação Drucker podemos observar o Preâmbulo da Constituição dos Estados Unidos.

Seu propósito é definir a lógica subjacente da Constituição, que estabelece a estrutura, as políticas e os princípios para a condução dos governos federal e estaduais. A lógica de Drucker para a fundação era desenvolver o setor social como um veículo de expressão dos valores em que ele acreditava para as sociedades democráticas. Esses valores incluíam o compromisso com a responsabilidade individual; a construção do espírito comunitário; a promoção da caridade como veículo para dar voz aos compromissos básicos dos indivíduos com seus valores; e a promoção do voluntariado para realizar a missão das instituições do setor social. Ele emprestou seu nome à fundação diante da promessa de que esses valores seriam respeitados.

# I. LEITURA

O preâmbulo estabelece a "ecologia social" (ou o ambiente social e humano) na qual a fundação funciona. Note que a fundação se compromete a respeitar o mandamento "amai o próximo": oferece espírito comunitário e desenvolve responsabilidade; oferece oportunidades de realização pessoal e cidadania; e oferece oportunidade para se voluntariar em nome dos demais cidadãos. O preâmbulo estabelece os objetivos básicos da Fundação Drucker, não detalhes específicos sobre aquilo que a fundação tem que fazer. Esses detalhes estão contidos na Declaração de Missão.

### Preâmbulo da Peter F. Drucker Foundation
### for Nonprofit Management

Essa fundação se dedica à proposição segundo a qual as instituições não lucrativas, as igrejas que prestam serviços à comunidade, os hospitais e as cooperativas de saúde, a Cruz Vermelha, as Bandeirantes, os Escoteiros, e muitos, muitos outros, são as instituições mais importantes de uma América livre. Elas seguem o mandamento "Amai o próximo" e representam nosso compromisso com a responsabilidade individual. Elas constroem o espírito comunitário e, numa sociedade cada vez mais impessoal, oferecem a milhões de homens e mulheres oportunidades de serviço, contribuindo para a realização pessoal e o crescimento como voluntários. À diferença das empresas do setor que visam lucro, o trabalho das instituições sem fins lucrativos não é serem fornecedoras. À diferença do governo, seu papel não é controlar; é transformar vidas. O papel da fundação não é fornecer energia para instituições sem fins lucrativos. Seu papel é liberar e direcionar energias. E como Peter F. Drucker prestou serviço a instituições sem fins lucrativos, como autor, professor e conselheiro, ajudando-as a obter eficiência, a fundação para excelência sem fins lucrativos leva orgulhosamente seu nome, e é grata por sua boa vontade de participar ativamente de seu trabalho.

### Declaração de Missão da Peter F. Drucker Foundation for Nonprofit Management

A Peter F. Drucker Nonprofit Foundation pretende focar na ajuda a instituições sem fins lucrativos na formulação, reflexão e concentração em sua missão e seus objetivos; ajudá-las a focar no cliente final, o receptor de seu serviço, e nos voluntários; disponibilizar-lhes métodos de gestão sem fins lucrativos; proporcionar um serviço de referência em métodos, materiais e recursos; e levar-lhes homens e mulheres com experiência e êxito, desejosos de dedicar-se ao trabalho sem fins lucrativos.

> Peter F. Drucker fez o esboço deste preâmbulo e desta declaração de missão durante encontros posteriores à comemoração de seus oitenta anos, em novembro de 1989. Desses encontros tomaram parte, além dele, Doris Drucker, Bob Buford, Frances Hesselbein e Richard Shubert, ex-diretor da Cruz Vermelha americana.

---

# II. REFLEXÃO

---

☒ "Um número muito grande de instituições sem fins lucrativos ainda carece de gestão profissional" — Peter F. Drucker (Joseph A. Maciariello, "Managing for Results, Planning for Succession", 2005, p. 17).

⊠ Uma boa declaração de missão é curta e permite que cada membro da organização concentre a atenção em como suas atividades se encaixam na missão geral da organização. A declaração explica a cada membro o que a organização representa e o que ela pretende fazer.

## 1. A NECESSIDADE DE GESTÃO PROFISSIONAL NO SETOR SOCIAL

Uma área prioritária [para a Fundação] — talvez a principal, a julgar pelo retorno que temos recebido — é a criação de maneiras como uma organização sem fins lucrativos (e principalmente as menores) pode avaliar a si mesma — sua missão; seu desempenho e seus resultados; sua estrutura e sua organização; sua alocação de recursos; e — necessidade premente — seu desempenho na atração e no uso de recursos, tanto humanos quanto financeiros. Tem que ser uma espécie de caixa de ferramentas de autoavaliação. Mas — e quanto a isso todos nós concordamos — isso certamente conduzirá a alguma forma de acompanhamento, seja um serviço de referência para ajudar as instituições sem fins lucrativos a obter o tipo de ajuda externa (por exemplo, um consultor) de que necessitam para atuar em áreas que precisem de mudanças ou reforço; ou uma lista de recursos disponíveis para ajudar, tais como empresários; ou talvez acabe se tornando um serviço próprio de consultoria, talvez até uma subsidiária com fins lucrativos. A demanda por isso é tão grande que nós — de maneira relutante — chegamos à conclusão de que, por mais difícil que seja, isso tem que ser uma prioridade absoluta.

Peter F. Drucker e Joseph A. Maciariello, *Management Cases: Revised Edition*, 2009, p. 65.

## 2. COMO TRANSFORMAR EXCLUÍDOS EM CIDADÃOS

As melhores instituições sem fins lucrativos dedicam muita reflexão à definição da missão da organização. Evitam declarações genéricas, cheias de boas intenções, e em vez disso focam em objetivos que têm consequências claras sobre o trabalho de seus integrantes — tanto o próprio pessoal quanto os voluntários. A meta [missão] do Exército de

Salvação, por exemplo, é transformar os excluídos da sociedade — alcoólatras, criminosos, sem-teto — em *cidadãos* [grifo meu].

> Peter F. Drucker, "What Business Can Learn from Nonprofits",
> *Harvard Business Review*, jul.-ago. 1989, p. 89.

☒ Deveria haver uma central de coordenação para promover boas práticas entre as organizações sem fins lucrativos. Isso permitiria que informações fossem transmitidas a organizações semelhantes, da mesma forma que a Igreja Willow Creek transfere suas melhores práticas para igrejas que têm tamanho e público semelhantes a ela. Entre essas boas práticas estão a criação de comitês, a elaboração de uma missão, a definição de resultados, a arrecadação de fundos, o recrutamento e o treinamento de voluntários.

## 3. AQUILO QUE CHAMAMOS DE "CARREIRAS PARALELAS" É O TERCEIRO SETOR

Diversas organizações — por exemplo, o National Executive Service Corps (NESC) — indicam ex-executivos de empresas para cargos em instituições sem fins lucrativos, em geral em tempo integral, por períodos curtos, como um ano. Mas há um grupo ainda maior de pessoas — na maioria jovens — que querem encontrar o tipo certo de trabalho voluntário não lucrativo sem pedir demissão de seus empregos. No setor das igrejas do Terceiro Setor (ou setor social), essas pessoas costumam encontrar colocação, até com frequência; participam de congregações durante anos e se tornam voluntários altamente atuantes. Fora isso, porém, outras organizações nem sequer tentam combinar os pontos fortes, valores e experiências da pessoa com as necessidades de uma instituição sem fins lucrativos. As ferramentas para isso já existem: o NESC criou — com grande êxito — métodos relativamente simples para descobrir tanto os pontos fortes do indivíduo quanto os valores e as necessidades da instituição, e para casar os dois. Eles nos disponibilizam essas ferramentas (querem trabalhar de perto com a fundação, uma vez que temos um papel claramente complementar àquele que eles têm exercido desde 1976). E há boas ferramentas analíticas individuais disponíveis: o livro *Qual a cor do seu paraquedas?*, de Dick Bolles, ou o trabalho realizado nos últimos trinta anos por Bernie Haldane na colocação de pessoal. Mas, até agora, eles não foram adaptados nem aplicados a carreiras paralelas — nem ao preenchimento de vagas em organizações sem fins lucrativos. É mais frequente ver indicações erradas que certas. Há uma contribuição que pode ser feita.

Peter F. Drucker e Joseph A. Maciariello, *Management Cases: Revised Edition*, 2009, p. 66.

## III. IDEIAS PRÁTICAS

Usando os exemplos do preâmbulo deste capítulo, ponha no papel aquilo que você acredita ser o verdadeiro propósito de sua organização.

Revise a declaração de missão de sua organização. Houve alguma transformação que tenha criado a necessidade de mudar o foco de sua missão?

Reúna um grupo diversificado para discutir o estado atual de sua missão. Trabalhe no sentido de conciliar as diferenças entre os membros da equipe de direção em relação à missão.

Sua declaração de missão contém platitudes ou é voltada para a ação? Se as pessoas a seguirem com convicção, ela ajudará a realizar o propósito de sua organização?

A missão de sua organização é bem compreendida por todos? Todos sabem como seus papéis se encaixam no objetivo e na missão da sua organização?

Escreva e revise adequadamente o propósito e a declaração de missão. Procure pessoas que os comentem e aprovem. Divulgue os resultados amplamente em toda a sua organização. Garanta que eles sejam operacionais e amplamente aceitos.

# Semana 34

## COMO CONCILIAR VÁRIOS INTERESSES NUMA MISSÃO

### INTRODUÇÃO

É sabido que instituições que têm um propósito único tendem a ser mais eficientes. Mesmo assim, o executivo tem que atender as demandas de diversos grupos separados, e atender essas demandas muitas vezes exige que faça concessões. Os interesses de curto prazo dos acionistas, por exemplo, têm um grande peso sobre o executivo e costumam gerar pressão desfavorável ao desenvolvimento humano e à inovação — ambos necessários para garantir a viabilidade da organização a longo prazo. Como, então, o executivo pode conciliar a demanda por desempenho de curto prazo com a demanda por planejamento do futuro?

Está claro que o executivo precisa atender a demanda de lucratividade no curto prazo. Aqueles que defendem uma visão exclusivamente de longo prazo estão ignorando a verdade exposta por John Maynard Keynes em sua crítica à economia clássica, com seu foco no retorno da economia, mais cedo ou mais tarde, a uma posição de equilíbrio de longo prazo: "O longo prazo é um mau guia para assuntos da atualidade. No longo prazo estaremos todos mortos. A tarefa a que se propõem os economistas torna-se excessivamente fácil e inútil se eles só são capazes de nos dizer que, passada a tempestade, vem a bonança" (John Maynard Keynes, *A Tract on Monetary Reform* [Tratado sobre reforma monetária], 1924, p. 65).

Não: executivos de negócios, sobretudo os de empresas públicas, devem obedecer a certas exigências em termos de lucratividade, em seus balanços trimestrais. No entanto, o executivo precisa se concentrar no atendimento das necessidades cruciais do futuro. Ao fazê-lo, estará defendendo os interesses dos empregados e da sociedade, assim como dos demais acionistas. Mas, ao roubar recursos da busca da lucratividade de curto prazo para atender as prováveis necessidades futuras de seus clientes, a organização precisa estar ciente de que há concessões, e comunicar esse custo a todos os interessados — clientes, acionistas, trabalhadores, fornecedores — e às comunidades que dependem daquela organização para ter empregos, recolher impostos e outros tipos de benefício.

Em todas as instituições, os executivos precisam se esforçar para conciliar os interesses de cada parte interessada na tentativa de administrar os interesses de curto e longo prazos da organização. Neste capítulo, Drucker aplica esse conselho a todas as organizações sem fins lucrativos, mas — como indicado nas leituras, reflexões e ideias práticas — o mesmo conselho também vale para organizações que visam lucro.

---

# I. LEITURA

---

### A DIMENSÃO TEMPORAL

A gestão precisa sempre levar em conta tanto o presente quanto o futuro; tanto o curto quanto o longo prazo. Um problema gerencial não é resolvido quando se compra o lucro imediato pondo em risco a saúde de longo prazo, e até a sobrevivência da empresa. Uma decisão gerencial é irresponsável se gera o risco de desastre neste ano em nome de um futuro grandioso. O caso — tão comum — do grande gestor que gera resultados econômicos fantásticos quando à frente da empresa mas que deixa para trás um navio afundando ao sair é um exemplo de ação gerencial irresponsável e de incapacidade de equilibrar presente e futuro. O resultado econômico imediato é, na verdade, fictício, obtido pela destruição de capital. Sempre que não se pensa tanto no presente quanto no futuro, sempre que não se harmonizam, ou pelo menos se equilibram, as exigências de ambos, o capital — isto é, o recurso que produz a riqueza — está sendo ameaçado, prejudicado ou destruído [...].

O gestor precisa viver sempre no presente e no futuro ao mesmo tempo. É preciso manter o bom desempenho da empresa no presente — do contrário, não existirá empresa para ter desempenho no futuro. E é preciso tornar a empresa capaz de ter desempenho, crescer e se transformar no futuro. Do contrário, destruiu-se capital — isto é, a capacidade de transformar recursos em riqueza amanhã [...]. Quanto maior o salto rumo ao desconhecido, mais forte a base tem que ser para que ocorra a decolagem.

Peter F. Drucker e Joseph A. Maciariello, *Management: Revised Edition*, 2008, pp. 290-1.

# II. REFLEXÃO

☒ As empresas podem integrar as necessidades de seus diversos interessados em torno do objetivo de longo prazo de maximizar a capacidade de produção de riqueza, ao mesmo tempo que atendem as necessidades imediatas de seus interessados mais importantes: os clientes e os funcionários.

## 1. INTEGRE OS INTERESSES DE TODOS OS ENVOLVIDOS NUMA VISÃO DE LONGO PRAZO

A primeira — mas também a mais difícil — tarefa do executivo de uma instituição sem fins lucrativos é fazer todos os envolvidos concordarem com os objetivos de longo prazo da instituição. O consenso em relação ao longo prazo é a única forma de integrar todos esses interesses. Se você focar nos resultados de curto prazo, cada um vai partir numa direção diferente. É como um circo de pulgas — como eu descobri quarenta anos atrás, quando fracassei inapelavelmente como executivo numa instituição acadêmica [...]. O que aprendi foi que, a menos que se integre a visão de todos os interessados numa meta de longo prazo, rapidamente se perde apoio, credibilidade e respeito [...]. *Comecei a procurar executivos de instituições sem fins lucrativos que tivessem conseguido aquilo que tentei e não consegui. Rapidamente constatei que eles começam pela definição da transformação fundamental que a instituição busca na sociedade e no ser humano; então, eles incutem essa meta nas preocupações de cada um dos envolvidos com a instituição* [grifo meu].

> Peter F. Drucker, *Managing the Non-Profit Organization: Principles and Practices*, 1990, p. 110.

⊠ É muito difícil conciliar os interesses conflitantes dos envolvidos em torno de metas de curto prazo, mas é muito mais fácil para os executivos integrá-los em torno da visão de longo prazo da instituição.

## 2. A ENTREVISTA DE DRUCKER PARA O *LEADERSHIP JOURNAL*

### Introdução

Bob Buford recorreu a Paul Robbins, editor-chefe, e Harold Myra, publisher do *Leadership Journal*, para obter apoio a seu trabalho desde a fundação da Leadership Network. Os dois ajudaram Buford a angariar credibilidade entre os líderes de igrejas, ao patrocinar os dois primeiros simpósios da Leadership Network. Paul Robbins, por sua vez, foi um dos 33 líderes de igrejas que compareceram à "Conferência de Cúpula Peter Drucker" realizada na sede campestre da Associação Cristã de Moços, em Estes Park, estado do Colorado, entre 19 e 22 de agosto de 1986.

Graças à relação que tinham com Bob e ao apoio que lhe deram, os editores do *Leadership Journal* foram à Claremont Graduate University entrevistar Peter Drucker logo no início do projeto Diálogo Drucker--Buford. Fizeram a Drucker uma série de perguntas pertinentes, a mais pertinente delas sobre como estabelecer uma missão e uma visão para as igrejas e as organizações sem fins lucrativos que envolvem vários interesses. A seguir, duas das perguntas fundamentais e as respostas de Drucker:

## Perguntas e respostas da entrevista

Editores: Para uma igreja local, qual a importância de criar sua própria visão?

Peter Drucker: Uma visão [propósito] clara e unificada é essencial. Agora, nas instituições sem fins lucrativos, quase sempre é preciso lidar com diversos interessados, e cada um deseja dar ênfase a algo diferente. Quando se pega uma igreja, a missão é clara. Ela vem direto do Evangelho. Basicamente, é levar sua palavra a toda a humanidade. [É] muito claro, muito simples. Talvez seja a declaração de missão mais simples [que existe]. Não estou dizendo que é a mais fácil, mas é a mais simples.

Editores: Mas por que os diversos interessados enxergam os detalhes de formas inteiramente distintas?

Peter Drucker: Isso é verdade em relação a todas as instituições sem fins lucrativos. Diretores de escola, professores, pais e alunos, todos enxergam propósitos diferentes para o sistema de ensino. Cinquenta anos atrás, a visão era mais clara: o propósito da escola era garantir o aprendizado de todos os estudantes. A escola estava focada nas habilidades — a capacidade de ler, de resolver a tabuada. Nos últimos anos, diversos envolvidos começaram a discutir o que significa o aprendizado. Ampliou-se a visão, das habilidades para as características pessoais (o desenvolvimento do caráter, da personalidade, das funções sociais), e como resultado perdeu-se o foco unificador. Quando se tem que atingir tantos objetivos, não se pode operar com a mesma eficiência.

Apesar das visões conflitantes diante de toda instituição sem fins lucrativos, é preciso mantê-la unida de alguma forma. Na igreja, esse é o desafio do pastor — manter uma missão comum. E quando isso não é possível, bem, um dos principais pontos fracos das grandes igrejas liberais é não manter a missão comum. Seus líderes veem a igreja como dedicada a causas sociais externas a ela. Mas a congregação não enxerga da mesma forma. O resultado é confusão e ineficiência.

LeadershipJournal.net, "Managing to Minister: An Interview with Peter Drucker", 1989.[1]

☒ Os envolvidos com instituições com e sem fins lucrativos muitas vezes têm ideias conflitantes em relação a qual deve ser a missão da instituição. Essas visões separadas precisam ser devidamente conciliadas para que se administrem com eficiência essas instituições.

## 3. COMO PLANEJAR O DESEMPENHO NUMA INSTITUIÇÃO SEM FINS LUCRATIVOS

Numa instituição sem fins lucrativos, o desempenho precisa ser planejado. E isso começa pela missão. É que a missão define quais são os resultados nessa instituição específica. A pergunta, então, é: quem são os interessados? Antigamente, uma empresa podia fazer seu planejamento pensando na satisfação de um único interessado, o cliente — no Japão ainda é assim. Todo o resto — empregados, comunidade, meio ambiente, talvez até os acionistas — eram obstáculos. Isso mudou para as empresas americanas, de maneira bastante dramática. É por isso que muitos executivos de empresas acham que o mundo está acabando. Mas as instituições sem fins lucrativos envolvem uma infinidade de grupos, todos eles com poder de veto. O diretor da escola precisa agradar aos professores, ao comitê de direção, aos contribuintes, aos pais e, no ensino médio, aos próprios alunos. Cinco grupos de interessados, e cada um deles vê a escola de uma maneira diferente. Todos eles são essenciais, pelo menos enquanto não demitem o diretor, entram em greve ou se rebelam.

LeadershipJournal.net, "Managing to Minister: An Interview with Peter Drucker", 1989, p. 63.

# III. IDEIAS PRÁTICAS

Faça uma lista dos interessados cujas necessidades você precisa atender na sua função e na sua organização.

De que forma você tem atendido as necessidades de cada pessoa ou grupo interessado?

Que demandas desses diversos grupos são conflitantes no curto prazo? Há como conciliar essas demandas com as metas de longo prazo de sua organização?

Refaça a lista de interessados. Tente conciliar os interesses de cada um com suas metas de longo prazo. Quais deles não é possível conciliar com essas metas, se é que existe algum?

Você tem como liberar a si mesmo e à organização da responsabilidade de atender interesses inconciliáveis desses envolvidos?

# *Semana* 35

## O EXÉRCITO DE SALVAÇÃO

---

## INTRODUÇÃO

---

Drucker acreditava que certas necessidades da sociedade poderiam ser atendidas de maneira mais eficiente por meio do trabalho de organizações do setor social bem administradas. Se geridas de maneira eficiente, essas organizações poderiam se transformar em instrumentos poderosos de atendimento das necessidades e alívio do sofrimento humano. Também poderiam preencher a aspiração de realização pessoal e cidadania que seus voluntários têm dentro da comunidade. Nenhuma organização recebeu mais reconhecimento de Drucker, por seu trabalho no atendimento das necessidades humanas e no desenvolvimento de voluntários, que o Exército de Salvação. E acredito que nenhuma outra organização lhe deu tanta alegria no trabalho. Ele contou a Bob Buford e Rick Warren que ansiava pelos encontros com o Exército de Salvação, porque "sempre que eu sento com eles, fico maravilhado; são tão maravilhosas a motivação e a alegria dessa gente!".[1]

Os critérios que Drucker usava para avaliar a eficiência do Exército de Salvação, exceto onde indicado neste capítulo, estão contidos na entrevista com o comandante nacional [do Exército de Salvação] James Osborne, na qual Drucker conduz Osborne, de maneira sistemática, rumo à solução de alguns desafios complexos que são vividos por executivos de todo tipo de organização.[2]

É importante observar que Drucker acreditava ser uma questão crucial, nas instituições sem fins lucrativos, a definição clara da missão e dos resultados indicativos de quão bem aquela instituição está realizando sua missão. Ao contrário das empresas, instituições sem fins lucrativos não têm a disciplina do resultado final do balanço. Portanto, é muito importante que definam instrumentos de medição de desempenho compatíveis com sua missão e os resultados que almejam. O Exército de Salvação é muito bom nisso e, nesse aspecto, um modelo para outras organizações.

Os programas sociais administrados pelo Exército de Salvação atendem necessidades humanas que o governo tem dificuldade de atender — necessidades de presidiários, viciados em drogas, sem-teto, alcoólatras, jovens problemáticos etc. A organização tem medidas de desempenho para seus programas que não deixam margem para dúvidas quanto à sua eficiência. É por causa disso que Drucker era tão dedicado ao trabalho do Exército — e por causa disso ele tem tido tanto êxito na arrecadação de fundos junto ao público americano. Este reage positivamente ao talento demonstrado por uma organização sem fins lucrativos na obtenção de resultados mensuráveis.

# I. LEITURA

## O EXÉRCITO DE SALVAÇÃO

### Sobre a missão

"O Exército de Salvação é a única organização que, desde sua criação, em 1885 em Londres e em 1880 neste país, teve êxito na ajuda aos miseráveis, àqueles que ninguém mais consegue realmente ajudar. Tem sido muito bem-sucedido em se dirigir aos perdedores, aos excluídos da sociedade, e em fazer deles cidadãos com autoestima."

### Sobre a eficiência

O Exército de Salvação é "de longe a mais eficiente organização dos Estados Unidos. Ninguém chega nem perto, em relação à clareza da missão, à capacidade de inovar, aos resultados medidos, à dedicação e ao aproveitamento máximo do dinheiro [...]. Eles sabem como trabalhar com os mais pobres dentre os pobres e os piores dentre os piores".[3]

### Sobre como proporcionar motivação
### e realização aos voluntários

"Sempre que eu sento com eles, fico maravilhado; são tão maravilhosas a motivação e a alegria dessa gente!"[4] A consultoria de Peter Drucker no Exército de Salvação foi quase inteiramente voluntária.

### Sobre a contribuição à obra de Drucker
### ao ajudar a criar...

[...] "A comunidade funcional e a democracia funcional do amanhã."

---

# II. REFLEXÃO

---

☒ Repare como é curta e clara a declaração de missão: "Pegar os perdedores e excluídos da sociedade e torná-los cidadãos com autoestima".

☒ No que diz respeito a resultados e desempenho, observe a diferença entre a medição de serviços individuais e a medição de categorias de serviços.

---

**1. COMO DEFINIR DESEMPENHO E RESULTADOS**

Drucker: Como você define desempenho no Exército de Salvação?

Osborne: Definimos desempenho e resultados com base no trabalho das pessoas. Por exemplo, temos um índice de sucesso de cerca de 45% com os homens que vêm a nossos centros de reabilitação de adultos [primordialmente para alcoólatras].

Drucker: Nesses casos vocês medem resultados quantitativos. Mas como vocês definem o que é resultado? Digamos que no caso do alcoólatra isso é relativamente simples, e talvez seja relativamente simples para o delinquente sem antecedentes, que vocês evitam que vá parar na cadeia. Mas como vocês definem resultados?

Osborne: Nós temos medições específicas de desempenho para os serviços de cada área. Quando uma família nos procura pedindo auxílio para alimentação, por causa do desemprego, definimos "resultado" como permitir que se consiga um emprego proveitoso para ajudar essa família. Para jovens problemáticos, definimos "resultado" [como] tirar da dificuldade aqueles que estavam em dificuldade.

Drucker: Pegue um adolescente de dezesseis anos envolvido em problemas, como roubo de carros ou o que for. Vocês determinam como resultado afastá-lo de encrencas por dois ou três anos?

Osborne: Se conseguirmos que ele fique seis meses andando na linha, a probabilidade é grande de que continue assim para sempre.

Drucker: Portanto, vocês equilibram os resultados de um grupo, como os alcoólatras, com os resultados de indivíduos, como jovens e famílias em dificuldades. E quem tem a responsabilidade de zelar pelos diversos clientes? Quem é que fica refletindo a respeito do potencial e das oportunidades para eles? É o oficial responsável pelo caso?

Osborne: Cada operação do Exército de Salvação tem um encarregado individual responsável. Na maioria, eles são oficiais do próprio Exército de Salvação.

Drucker: Então vocês veem cada indivíduo como um indivíduo, e estabelecem metas de desempenho por categoria. Vocês buscam os pontos fortes de cada indivíduo com quem trabalham?

Osborne: Nós aprendemos a explorar os pontos fortes, tentando minimizar os pontos fracos.

Drucker: Como vocês avaliam o desempenho da própria equipe?

Osborne: Temos um sistema formal em que se atribuem notas, mas ele é baseado nas realizações e nos serviços prestados à população. Avaliamos anualmente se o serviço ao público melhorou, se piorou ou se continuou igual [leia também a Semana 29, "Uma segunda chance para quem fracassou"].

Drucker: Você também tem um número razoável de voluntários país afora, não tem? Vocês os treinam e monitoram seu desempenho?

Osborne: Temos cerca de 1,5 milhão de voluntários. Sem eles, não iríamos em frente. Nós os treinamos em áreas específicas, em que eles serão funcionais: na prestação de serviços, no aconselhamento e em cargos administrativos. E monitoramos o desempenho. Mas para os voluntários não temos um sistema de avaliação muito complexo.

Drucker: Você deu a entender que não há tanta diferença entre o desempenho do seu pessoal e o dos voluntários. A única diferença é que os voluntários trabalham em tempo parcial e não são remunerados. Eles são parte integrante do Exército tanto quanto os permanentes.

⊠ O processo de gestão é fortemente alinhado. A missão é traduzida em resultados para cada programa. Estes, por sua vez, são apoiados por medições adequadas de desempenho. Os programas são avaliados periodicamente, e os recursos, alocados àqueles que são mais merecedores, com base na necessidade e no desempenho. Os programas que já não atendem o propósito original são descartados.

## 2. AVALIAÇÃO DE DESEMPENHO, DESAPEGO E ALOCAÇÃO DE RECURSOS

Drucker: E com que frequência vocês reveem os objetivos de desempenho, depois de defini-los?

Osborne: O processo de revisão é anual. Metas específicas são corrigidas uma vez por ano.

Drucker: Vocês já descartaram alguma atividade?

Osborne: Sim, deixamos várias de lado. Por exemplo, antes administrávamos alojamentos para moças que vinham de regiões rurais para as grandes regiões metropolitanas. Descobrimos que na sociedade atual esse tipo de serviço não atende nenhuma necessidade comprovada. Por isso, esses programas foram encerrados.

Drucker: Então vocês examinam regularmente seus programas e se estão progredindo, e comparam com o resultado almejado?

Osborne: Sim, e quando não está dando certo não hesitamos em encerrá-los.

Drucker: Vocês já fracassaram em alguma atividade?

Osborne: O Exército escolheu muito cuidadosamente suas áreas de atuação, por reconhecer que há certas coisas que fazemos melhor que qualquer outra pessoa, e que há certas áreas em que é melhor não nos envolvermos. Quando não parece ser para nós, nem mexemos com aquilo.

Drucker: Dê um exemplo.

Osborne: Pessoas com sérios problemas mentais.

Drucker: Como vocês equilibram o foco nos resultados imediatos com os objetivos de longo prazo?

Osborne: Resultados diretos e imediatos são o objetivo dos programas assistenciais do Exército de Salvação. A família que está sem comida precisa dela hoje. O homem que está sem casaco precisa dele hoje, e o jovem que não tem sapatos para calçar precisa [deles] imediatamente. Atender à necessidade imediata é a paixão avassaladora do Exército de Salvação. Feito isso, abordamos as necessidades de longo prazo, como aquelas que deixam a família sem comida etc.

Drucker: É assim que vocês equilibram — reconhecendo que é preciso fazer algo de imediato, enquanto tentam atacar o problema subjacente. Como vocês alocam seus recursos? Como garantir que o "hoje" não engula todos os seus recursos?

Osborne: Nunca se tem recursos suficientes para agir. Por isso, é preciso alocar os recursos para a necessidade imediata, e depois ter fé que [...] pessoas generosas vão lhe proporcionar recursos adicionais para atacar os problemas de mais longo prazo.

Drucker: O que você está dizendo, então, é que primeiro se cuida do que aparece, e depois só resta esperar. Seus recursos, então, são alocados conforme a necessidade?

Osborne: Devo dizer que nos causa espanto aquilo que chamamos de "louco caso de amor" entre o povo americano e o Exército de Salvação. Ele resulta num nível de apoio que vai além da expectativa mais delirante dos fundadores do Exército de Salvação neste país. Descobrimos que, quando o povo americano fica sabendo que há uma necessidade que o Exército de Salvação está tentando atender, ele proporciona os recursos para que nós a atendamos.

Drucker: Isso não me surpreende. Muito tempo atrás aprendi que, quando se trazem resultados, o apoio aparece. E vocês trazem resultados, e os resultados falam por si. Mas me impressiona a clareza que vocês têm em relação à alocação de recursos, porque no meu próprio trabalho com organizações sem fins lucrativos esse é um problema constante, um dilema entre cuidar da necessidade imediata e ao mesmo tempo construir o futuro, o que exige não apenas muitos recursos, mas muita dedicação. Sua atividade de arrecadação de fundos é um sucesso porque vocês permitem que o americano médio esteja à altura de suas crenças, valores e compromissos.

☒ O Exército de Salvação equilibra demandas de curto e longo prazo, para as quais possui competência, ao cuidar de todas as demandas de curto prazo pertinentes à sua missão. Por isso, ele depende de doações para atender as demandas de longo prazo.

## 3. CONCLUSÃO: GESTÃO DE RESULTADOS

Osborne: Como podemos melhorar nossa capacidade de avaliar desempenho?

Drucker: Ponha os recursos onde estiverem os resultados. Creio que é uma das lições mais importantes a aprender numa instituição. Sua organização está muito à frente da maioria na definição e no monitoramento de desempenho e resultados e na alocação de recursos.

☒ Chester I. Barnard, no livro *The Functions of the Executive* (1971, p. 256) [ed. bras.: *As funções do executivo*, 1971], testemunha: "A recompensa pelo serviço é mais serviço". Você vê uma ilustração do princípio da recompensa pelo serviço (por exemplo, o preenchimento da necessidade de realização, cidadania e espírito comunitário) no trabalho voluntário de Drucker para o Exército de Salvação?

# III. IDEIAS PRÁTICAS

O que, na sua opinião, levou Drucker a chamar o Exército de Salvação de "organização mais eficiente" dos Estados Unidos?

Traduza a declaração de missão da sua organização e a missão de seu cargo numa definição de resultados, tanto para sua organização quanto para cada atividade programática importante que você esteja realizando. Crie medições de desempenho apropriadas para cada área onde esteja diretamente envolvido com os resultados. Qual a diferença entre essas novas medições e as existentes? Que mudanças devem ser feitas, se é que é preciso mudar?

Sua organização dispõe de um processo sistemático de desapego? Como ele funciona? Que programas, produtos ou serviços você encerrou recentemente? Quais deveria cogitar encerrar?

Descreva o processo de equilíbrio entre a alocação de recursos para as necessidades imediatas e as de longo prazo. Há um equilíbrio saudável? A operação atual está prejudicando o futuro? Que recomendações você deveria fazer para alterar o processo de alocação de recursos existente em sua organização?

Seu processo de alocação coloca recursos em áreas que você sabe, por experiência, que geram resultados? Avalie a alocação de recursos humanos e financeiros em sua organização. Como eles poderiam ser revisados para aumentar o foco na obtenção de resultados?

# Semana 36

## A DIFUSÃO DAS INOVAÇÕES: AS ESCOLAS PÚBLICAS

## INTRODUÇÃO

Tom Luce é um dos sócios fundadores do escritório de advocacia Hughes & Luce, de Dallas, estado do Texas. Ele reproduziu as estratégias de formação de rede e de compartilhamento das melhores práticas aprendidas com Bob Buford na Leadership Network, aplicando-as a escolas de ensino fundamental e médio dos Estados Unidos. Antes de assumir um cargo no Departamento de Educação no governo Bush, Luce envolveu-se ativamente na transmissão de melhores práticas e no lançamento de sua própria organização do setor social, a Just for Kids [Só para Crianças]. Peter Drucker prestou consultoria a ele antes de começar, em 1994.

Drucker se interessava muito por educação, em razão de seu papel na sociedade pós-capitalista, e descreve suas ideias para melhorá-la no livro *Sociedade pós-capitalista* (1993). Ele manteve um interesse contínuo pela inovação na educação e na cobrança da escola pública. São assuntos discutidos nos livros *Innovation and Entrepreneurship* (1985), *Age of Discontinuity* (1969) e *Landmarks of Tomorrow* (1959). Ele continuou a acompanhar o papel do conhecimento na economia e na sociedade por cerca de cinquenta anos. Isso explica seu profundo interesse pela educação e, portanto, pelo trabalho de Tom Luce.

Em seu estudo preliminar, feito para encontrar as melhores práticas, Luce identificou "êxitos educacionais" em cerca de trinta escolas; Drucker o instou a "acompanhar o sucesso", a tentar replicar esses resultados em outras escolas, pelo uso de métodos comprovados de transferência de melhores práticas.

# I. LEITURA

## Tom Luce

Peter, permita-me contar-lhe um pouco do histórico que levou a essa ideia. Comecei a me envolver com a reforma da educação em 1983, quando participei de um grande esforço, liderado por Ross Perot, para reformar as escolas do Texas. Foi um esforço enorme para trazer nossas escolas, pelo menos, se não para o século XXI, para o XX. Desde então continuei muito interessado pela questão, e analisei todos os ângulos do problema, tanto no topo quanto na base. Estudei políticas estaduais. Estudei políticas locais, tentativas locais de reforma; e quanto mais estudo o setor mais me convenço de que um dos problemas é que ninguém tentava uma abordagem sistêmica da questão da educação pública, compreendendo que é um bicho muito complicado, e que não dá para consertá-la num passe de mágica. Comecei a pensar em como criar uma iniciativa mais abrangente de reforma da escola pública. Foi mais ou menos nessa época que conheci Bob Buford e ouvi falar de seu trabalho na Leadership Network, tentando transformar grandes igrejas. Quando comecei a discutir o assunto com Bob, ele sempre descrevia uma situação com as igrejas que me fazia dizer: "Olha, é exatamente a mesma coisa com a escola". Ele contava [como] os pastores não aprendiam isto ou aquilo na escola de teologia, e eu dizia: "Os educadores não aprendem isto e aquilo na faculdade de educação" etc. Comecei, então, a me interessar pelo que Bob estava fazendo, e ele começou a me treinar. Passei a utilizar al-

305

guns desses princípios na construção da minha Principals Network [Rede de Diretores de Escola], mas ao mesmo tempo eu tinha ciência de que não apenas era preciso alterar o sistema de entrega, mas também o ambiente político. Era preciso lidar com a opinião pública. Lancei, então, o conceito da Just for Kids, iniciativa que, para mim, toca a essência do problema: raramente se foca nas necessidades das crianças. [As pessoas] focam mais nas necessidades do sistema educacional, seja o sindicato dos professores, os administradores, este ou aquele grupo; ou um grupo que quer oração nas escolas, ou outro grupo que quer outra coisa. Raramente se enxergam as coisas do ponto de vista da criança. Por isso comecei a desenvolver esse conceito, e acho que atingi o ponto descrito por Bob Buford em seu novo livro (*Halftime: Changing Your Game Plan from Success to Significance*, 1994). Estou com 55 anos, e queria de verdade dedicar uma parte importante do meu tempo a impactar a educação pública, sem deixar meu escritório de advocacia.

Minha esperança é lançar a Just for Kids. Estou trabalhando num livro que será publicado em janeiro, com a minha agenda sobre como precisamos realmente transformar a escola pública, e vou usar isso como forma de lançar a Just for Kids. Estou, portanto, no estágio em que estou tentando pôr isso de pé, e virou mais que apenas uma ideia, agora estou passando para a fase de pensar em como implantá-la. Gostaria muito de ouvir sua reação à ideia, suas críticas, suas sugestões, os buracos que você vê na minha forma de tratar a questão.

### Peter Drucker

Sei que nas suas propostas você diz que vouchers* não vão salvar o sistema de ensino, e você tem toda a razão, porque, como eu lhe disse no almoço, e vi que você concordou, os vouchers são ao mesmo tempo inevitáveis e necessários, no mínimo para tirar dessa enorme inércia o sistema das escolas públicas. É preciso provocar as escolas públicas; os vouchers são a provocação. Eles ajudam, mas não são a solução. Acho que são um ingrediente fundamental, porque pela primeira vez

---

* Sistema em que o governo banca a livre escolha de escolas particulares. (N.T.)

o movimento dos vouchers vai sacudir o sistema de escolas públicas, terrivelmente inerte, complacente e tacanho.

Na sua proposta, senti falta daquilo que você fez com seu estudo, que mostra trinta e poucas escolas públicas, no Texas ou [em outros lugares] do país que conseguem um bom desempenho, embora tenham vários alunos de minorias, e embora fiquem em bairros pobres. Os motivos são dois.

Primeiro, tenho plena consciência de que não há pecado maior do que não conseguir acompanhar o sucesso, e por mais que haja uma tremenda reação a suas histórias de sucesso, seria preciso dizer — ao diretor de escola que vem até você e pergunta: "O que devo fazer?" — "Eis algumas coisas que dá para fazer", e aí você terá resultados, porque terá um modelo. Segundo, identificar o que não deve ser feito talvez seja tão importante quanto identificar o que deve ser feito, porque uma das causas básicas do desempenho medíocre são todas as coisas que as escolas públicas não deveriam estar fazendo.

Mas o que há de importante no seu modelo é que você mostra que as escolas podem alcançar resultados, apesar de toda a pressão contrária. Permita-me dizer uma das coisas que eu esperava que aparecessem no seu estudo: "O que caracteriza as escolas que atingem resultados?". Você diz que são escolas relativamente pequenas. Acho que uma das coisas que aprendemos é que o maior erro que cometemos depois da Segunda Guerra foi nossa paixão [por] escolas grandes. Elas podem fazer muito mais que as pequenas — ensinar datilografia, ensinar trombone —, e por isso foram feitas. Creio que em escolas básicas com mais de trezentos, quatrocentos alunos, a diretora não conhece mais as crianças, não conhece mais os professores. Eu não sei quais são os limites para escolas de ensino fundamental, de ensino médio, talvez mil, mas certamente não mais que isso. Talvez uma das conclusões seja não que tenhamos que pôr abaixo esses prédios enormes, mas que tenhamos que construir escolas dentro das escolas. Isso foi feito em Nova York, no Bronx, e deu certo como uma mágica.

Por isso, eu sentaria com diretores do ensino médio em cidades pequenas, e com cinco diretores de escolas fundamentais e talvez seis professores. Todos eles falarão das coisas que não podem fazer, que estão completamente derrotados, e acho que sua primeira tarefa será mostrar que, mesmo com essas restrições terríveis, dá para fazer coisas sem tomar um processo.

Diálogo Drucker-Buford-Luce, 2 nov. 1994.

# II. REFLEXÃO

☒ Cada vez mais as escolas usam tecnologia, tanto para o ensino técnico quanto para que professores e alunos tenham acesso a recursos que enriquecem a experiência educacional das crianças.

☒ Progressos tecnológicos na educação deverão liberar mais tempo para que os professores identifiquem os pontos fortes e as deficiências dos estudantes, e para que cada estudante tenha um tempo pessoal para desenvolver seus pontos fortes e melhorar em pontos fracos que o prejudicam.

## 1. É PRECISO COBRAR DESEMPENHO DAS ESCOLAS

Uma revolução tecnológica [...] — computadores e transmissão via satélite direta para a sala de aula — está invadindo nossas escolas. Em poucas décadas ela vai transformar a forma como aprendemos e a forma como ensinamos. Vai transformar a economia da educação. De uma economia quase inteiramente de trabalho intensivo, as escolas serão de capital altamente intensivo [...]. Acima de tudo, na sociedade do conhecimento, as escolas passarão a ser cobradas por desempenho e resultados.

Peter F. Drucker, Post-Capitalist Society, 1993, p. 194.

☒ O livro impresso, uma inovação do século XVI, resultou numa revolução tecnológica na educação no Ocidente. Uma nova revolução tecnológica do aprendizado e do ensino está acontecendo atualmente na educação.

## 2. A REVOLUÇÃO TECNOLÓGICA NA EDUCAÇÃO

No Ocidente, a escola sofreu uma primeira revolução tecnológica centenas de anos atrás, provocada pelo livro impresso. Essa revolução inicial guarda lições importantes para os dias de hoje — e não [apenas] lições tecnológicas. Uma lição: abraçar a nova tecnologia de aprendizado e ensino é um pré-requisito para o sucesso de um país e de uma cultura, assim como para a competitividade econômica.

Peter F. Drucker, *Post-Capitalist Society*, 1993, p. 194.

⊠ Na sociedade do conhecimento, a educação é importante demais para ser deixada apenas nas mãos da escola. Todas as instituições da sociedade precisam se envolver no aprendizado e no ensino contínuos. A tecnologia tem que ser usada como uma ferramenta para aumentar a eficiência da educação.

## 3. A ESCOLARIZAÇÃO PRECISA PERMEAR TODAS AS INSTITUIÇÕES DA SOCIEDADE

Por mais importante e mais visível que seja, a tecnologia não será a característica mais importante da transformação na educação. A mais importante será repensar o papel e a função da escolarização — seu foco e propósito, seus valores. A tecnologia será importante, mas antes de tudo por nos forçar a fazer coisas novas, e não por nos permitir fazer melhor coisas antigas [...]. O verdadeiro desafio à frente não é a tecnologia propriamente dita, e sim o uso que faremos dela. Até agora, nenhum país tem o sistema educacional [que] a sociedade do conhecimento exige [...]. Podemos definir — ainda que em linhas gerais — as especificações para a escolarização e para as escolas que podem dar respostas às realidades da sociedade pós-capitalista [...]. Eis as novas especificações:

A escola precisa proporcionar alfabetização universal de alto nível — muito além do significado atual de "alfabetização".

Ela precisa imbuir os estudantes, de todos os níveis e todas as idades, da motivação para aprender e da disciplina para continuar a aprender.

A escola tem que ser um sistema aberto, acessível tanto àqueles com alto nível de instrução quanto àqueles que, por um motivo ou outro, não puderam ter acesso à educação avançada nos primeiros anos de vida.

Ela tem que proporcionar conhecimento tanto como substância quanto como processo — o que os alemães diferenciam com os termos *Wissen* e *Können*.

Peter F. Drucker, *Post-Capitalist Society*, 1993, pp. 196, 198.

☒ Uma rede de diretores de escola pode se tornar um fórum utilíssimo para a discussão dos problemas em comum vivenciados pelos diretores em diferentes ambientes escolares, assim como das soluções potenciais para esses problemas. Os estudos de Luce trazem muita esperança. Há muitos professores e diretores que anseiam pela melhora dos resultados educacionais de seus alunos. Eles podem aprender algumas técnicas com os colegas de outros sistemas de ensino.

☒ Para melhorar o desempenho e o resultado dentro de um sistema de ensino, é preciso tratar não apenas com diretores, professores e alunos; é preciso atuar no ambiente político, lidando com a opinião pública. Nesse ponto o foco de Luce é instrutivo: ataque *um pequeno número de questões políticas* que possibilitem a melhoria do desempenho educacional e dos resultados das crianças.

---

# III. IDEIAS PRÁTICAS

---

É possível disseminar inovações no sistema educacional, sob a forma de lições do que fazer e não fazer. Algumas dessas práticas estão disponíveis no livro de Tom Luce e Lee Thompson *Do What Works: How Proven Practices Can Improve America's Public Schools* [Faça o que dá certo: como práticas comprovadas podem melhorar a escola pública americana] (2005).

Avalie estudos que apresentam as melhores práticas na educação privada e na pública. Investigue o processo de implementação numa dessas organizações.

Você tem um sistema de desempenho baseado em resultados no seu distrito local de ensino? Em caso negativo, o que pode fazer para ajudar a implementá-lo? Discuta o tema com diretores e professores de sua comunidade.

Como você pode colocar em prática na sua organização a estratégia ilustrada por Tom Luce — descobrir e implementar as melhores práticas? Você pode fazer isso no ensino técnico e profissionalizante que existe atualmente em alguma unidade de sua própria organização?

# Semana 37

## A APLICAÇÃO DA METODOLOGIA DA "ECOLOGIA SOCIAL" DE PETER DRUCKER

---

## INTRODUÇÃO

---

Peter Drucker definia a si mesmo como um "ecologista social", uma pessoa que tenta identificar grandes tendências futuras na sociedade, que são perceptíveis mas ainda não foram amplamente compreendidas. Para Drucker, isso incluía identificar novas instituições, compreender sua função, as rupturas que elas criam nas instituições existentes e refletir sobre como poderiam funcionar com eficiência e ter um impacto construtivo sobre a sociedade. Formalmente, esse método tem quatro passos:

(1) Identificar uma "instituição emergente na sociedade" (se possível estudando a primeira grande instituição do mesmo setor; por exemplo, a General Motors no setor industrial e a Willow Creek no setor social).

(2) Determinar as características da instituição e o que a torna eficiente.

(3) Organizar essas informações.

(4) Por fim, ajudar executivos de instituições semelhantes a se tornarem eficientes.

As megaigrejas foram a última grande instituição que Peter Drucker identificou e ajudou a obter êxito, disseminando informações sobre liderança e gestão — diretamente, por meio do trabalho com a Leadership Network, de Bob Buford, e líderes de igrejas; e indiretamente, por meio da Cúpula de Liderança Global de Willow Creek. Drucker nunca escreveu diretamente a respeito da difusão de inovações. No entanto, como vemos nos passos 1 a 4 que acabamos de descrever, a difusão de inovações é um dos principais objetivos de sua metodologia. Ele queria difundir inovações nas megaigrejas para os atingidos pelas novas tendências *e* ajudá-los a capitalizar essas tendências.

Neste capítulo abordamos a difusão de inovações da Igreja Willow Creek para o mundo, que comporta várias lições para executivos de todos os setores. A lição primordial para os executivos é que se pode aprender com executivos de todos os setores. Os executivos das igrejas, por exemplo, aprenderam com Jim Collins, Jack Welch e Colin Powell a ganhar escala em suas operações. Executivos de empresas podem aprender com Bill Hybels e outros em Willow Creek a aproveitar com grande rapidez os benefícios das inovações em outros setores da economia e em outras partes do mundo. A difusão de inovações é um dos temas mais importantes da gestão, sobretudo em períodos de rápidas transformações, e a Cúpula de Liderança Global é uma das principais iniciativas de difusão de inovações. Por essa razão, os participantes nessas conferências são, em sua maioria, profissionais de empresas.

Também vamos observar a importante e surpreendente influência de Drucker na difusão de inovações para executivos em toda a economia global.

# II. LEITURA

Drucker disse em diversas ocasiões: "O fenômeno sociológico mais significativo da segunda metade do século xx foi o surgimento de uma grande igreja pastoral".[1]

O rumo da tendência das megaigrejas, identificado por ele em 1999 no livro *Desafios gerenciais para o século XXI* (p. 29), foi confirmado seis anos mais tarde por uma pesquisa no Hartford Seminary — *Megachurches Today 2005* [Megaigrejas hoje 2005] —, que mostrou que o número de cultos protestantes com mais de 2 mil pessoas por semana nos Estados Unidos era de 1210, quase o dobro de cinco anos antes (a data aproximada do livro de Drucker)[2] e oito vezes o número constatado em 1980.[3] A tendência segue seu ritmo. Usando uma forma de medida diferente, os mesmos autores registraram em 2007 que no ano anterior havia mais de 7200 igrejas protestantes com uma média semanal nos cultos acima de mil pessoas.[4]

Certa vez perguntei a Drucker como ele havia identificado essa tendência emergente. A resposta foi reveladora de sua metodologia: "Como a sociedade do conhecimento está criando interesses novos e diferentes, reconhecidos e organizados por pessoas como Rick Warren, pastor principal da Igreja Comunitária de Saddleback; e Bill Hybels, pastor principal da Igreja Comunitária de Willow Creek, tudo que precisei fazer foi dar uma olhada".

Ele percebeu o que Bill Hybels estava fazendo no Illinois e concluiu que Hybels estava organizando a Willow Creek em torno das necessidades espirituais dos trabalhadores do conhecimento, cujo número vinha aumentando rapidamente. Em meados da década de 1950, Drucker começou a acompanhar a ascensão dos trabalhadores do conhecimento nos Estados Unidos, e continuou a fazê-lo por meio século. Foi assim que fez a correlação com o crescimento das megaigrejas. Ele sabia que as necessidades espirituais dos trabalhadores do conhecimento eram diferentes das necessidades dos trabalhadores braçais e do setor de serviços. Quando compreendeu as forças por trás do desenvolvimento dessas primeiras megaigrejas, ele simplesmente fez uma projeção, a partir da crescente importância delas, e pôs-se a trabalhar com suas necessidades de liderança e gestão profissionais, mais complexas nas igrejas grandes que nas pequenas.

Como foi observado na Semana 24, Bill Hybels demonstrou desde muito cedo o que podia ser feito com eficiência no marketing, na liderança, na organização e na gestão, além de uma pregação bem-feita. Hybels foi um dos 33 participantes da Conferência de Cúpula Peter Drucker, realizada na sede campestre da Associação Cristã de Moços em Estes Park, no estado do Colorado, entre 19 e 22 de agosto de 1986, para pastores e líderes de igrejas. Ele era o pastor de megaigrejas mais experiente entre os participantes, e já estava envolvido com o compartilhamento de sua experiência e conhecimento com os demais. Como Hybels vinha sendo inundado por pedidos de pastores de outras igrejas, que queriam conhecer o método da Willow Creek, ele decidiu montar uma organização à parte, a Associação Willow Creek, dedicada exclusivamente ao ensino de terceiros. Esse é um exemplo da chamada "igreja que ensina", dedicada à difusão de inovações.

# II. REFLEXÃO

☒ Em seu artigo "What Business Can Learn from Nonprofits", de 1989, Drucker usa a Igreja Comunitária Willow Creek como exemplo de organização sem fins lucrativos que conhece a própria missão: *alcançar a população não praticante em sua região geográfica*. Ele atribui o êxito da igreja ao esforço de Hybels para descobrir, por meio de uma pesquisa sistemática de mercado, por que os não praticantes não frequentavam a igreja, sobretudo numa região do país onde a frequência à igreja é relativamente alta. Em seguida, Hybels projetou um novo tipo de igreja, que atendesse as necessidades expressas e não atendidas desse segmento da população.

## 1. O QUE O NÃO PRATICANTE VALORIZA?

O ponto de partida da gestão não pode mais ser seu próprio produto ou serviço, tampouco seu próprio mercado e os usos finais conhecidos de seus produtos e serviços. O ponto de partida tem que ser aquilo que os consumidores valorizam. O ponto de partida tem que ser o pressuposto — um pressuposto amplamente comprovado por toda a nossa experiência — de que o cliente nunca compra aquilo que o fornecedor vende [...]. Isso se aplica tanto a uma empresa quanto a uma universidade ou um hospital. Um exemplo são as megaigrejas pastorais que vêm crescendo rapidamente nos Estados Unidos desde 1980, e que sem dúvida são o fenômeno mais importante na sociedade americana nos últimos [vinte] anos [...]. E enquanto todas as igrejas denominacionais vêm tendo um declínio constante, as megaigrejas explodiram. Isso aconteceu porque elas fizeram a pergunta: "O que o não praticante valoriza?". E descobriram que é algo diferente daquilo que as igrejas tradicionalmente acreditavam fornecer. O maior valor para os milhares de pessoas que lotam as megaigrejas — tanto nos dias da semana quanto aos domingos — é a experiência espiritual, mais que o ritual, e a responsabilidade gerencial pelo serviço voluntário, seja na própria igreja ou na comunidade, por meio da igreja.

Peter F. Drucker, *Management Challenges for the 21st Century*, 1999, p. 29.

## 2. JIM MELLADO, LÍDER DA ASSOCIAÇÃO WILLOW CREEK

Jim Mellado,[5] um salvadorenho, assumiu a presidência da Associação Willow Creek (WCA) depois de uma série incomum de eventos relacionados a um artigo de Drucker na *Harvard Business Review*. Após competir nos Jogos Olímpicos de 1988, em Seul, Coreia do Sul, Mellado entrou para a Harvard Business School. Em Harvard, ele leu o artigo de Drucker "What Business Can Learn from Nonprofits" e ficou empolgado com o trecho do artigo que trata da Igreja Comunitária Willow Creek. Mellado compareceu a uma de suas conferências sobre liderança. Um amigo estava fazendo um curso de gestão de serviços com o professor Leonard A. Schlesinger, na época ocupante da cadeira George Fisher Baker Jr. de Administração de Empresas e diretor-associado da faculdade. O amigo de Mellado compartilhou com Schlesinger o artigo e contou que Mellado sabia tudo sobre a Willow Creek. Schlesinger perguntou a Mellado o que poderia ser feito em relação à igreja e ao material em seu poder, e ele respondeu: "Você sabe que estudamos seiscentos casos na Harvard Business School. Acho que seria bacana se fizéssemos um estudo de caso em uma igreja". [É Mellado quem prossegue:] "Aí ele olhou para mim e disse: 'É uma ótima ideia'. Então [...] Len e eu estudamos a Willow e o cenário evangélico, e é claro que virou um estudo de caso e texto acadêmico, incluído no currículo obrigatório do primeiro ano em Harvard. Aí outras escolas de administração país afora o adotaram — dei aulas sobre ele em Northwestern, na Universidade de Chicago, em Stanford e muitas outras".

"Foi assim", explica Mellado, "que conheci Bill Hybels e outros, e depois me formei [em] Harvard em 1991. Aliás — esse é um ponto fundamental, porque se refletiu depois no impacto da Cúpula [Global de Liderança, que discutiremos mais adiante] em termos filosóficos —, quando perguntei a Len: 'Por que, não sendo cristão, você se interessou por esse estudo de caso?'. E ele respondeu: 'Instabilidade. A maioria dos estudos de caso é esquecida no minuto seguinte ao final da aula. Se eu puder criar instabilidade na aula e alavancar a energia para o aprendizado, eles nunca esquecerão esse estudo de caso'."

Bill Hybels criou a Associação Willow Creek (wca) em 1992. Então, quando Mellado chegou à Willow, em fevereiro de 1993, para revisar a experiência inicial tendo por base o estudo de caso de Harvard, Hybels sugeriu a Jim que aderisse à recém-fundada organização. Ele explicou que a missão da wca era ajudar toda igreja local a realizar seu potencial. Jim aceitou a proposta e, em 1993, tornou-se presidente da wca.

Entrevista de Jim Mellado a Joseph A. Maciariello, 11 out. 2011.

⊠ A difusão de inovações é o propósito por trás do trabalho tanto da Leadership Network quanto da Associação Willow Creek — daí a importância do trabalho de Everett Rogers e seus conselhos especializados.[6]

## 3. A TRAJETÓRIA DE JIM MELLADO, DE HARVARD A DRUCKER E DAÍ À WCA E A BOB BUFORD

Jim reconhece a trajetória que fez, de Harvard a Drucker, daí à Associação Willow Creek e a Bob Buford. E conta: "Por causa de Bob Buford tive a oportunidade de encontrar e conversar algumas vezes com Peter Drucker, e de agradecer-lhe por ter escrito aquele artigo que transformou minha vida. Passei então a frequentar os diversos eventos da Leadership Network, alguns deles comandados por Drucker. O papel que eles exerceram na WCA foi muito significativo e informativo [...], no mínimo pela compreensão de que a Leadership Network está realmente na vanguarda da curva de inovação e serviço a terceiros". [Trata-se de uma referência aos primeiros que adotaram o livro fundamental de Everett Rogers, *Diffusion of Innovations* (2003). O livro de Rogers é a referência padrão a respeito de como as inovações se disseminam por um sistema social.] "Então a WCA está um pouco na frente na categoria de usuários iniciais, em que se acredita de verdade em certas inovações e se tenta disseminá-las. Durante os primeiros catorze ou quinze anos, nossa maneira de ajudar as igrejas a vingar era difundir a mensagem, as práticas, as estratégias e os valores da Igreja Comunitária Willow Creek, e assim as pessoas vinham até nós, porque estavam interessadas em saber mais sobre a Willow Creek e sobre como poderiam replicá-la em seu próprio ambiente."

Entrevista de Jim Mellado a Joseph Maciariello, 11 out. 2011.

☒ Em 1992, a WCA possuía 250 igrejas-membros, e mais de cinquenta denominações representadas. Rogers comentou: "Isso é fascinante, porque é a prova de que você está atraindo os progressistas desses sistemas sociais. Por isso, continue a oferecer um produto que atraia os inovadores e os usuários precoces. Dessa forma, não terá que gastar dezenas de milhares de dólares tentando encontrá-los; eles estão vindo ao seu encontro". Em 2014, a WCA já havia treinado mais de 2 milhões de líderes de mais de noventa denominações.

## 4. O EVENTO MAIOR DA WCA — A CÚPULA DE LIDERANÇA GLOBAL

A Cúpula de Liderança Global (CLG) busca, em parte, criar *instabilidade*, mas não apenas por criar. A intenção, nas palavras de Mellado, é criar "aprendedores vorazes". Ele conta a história de um pastor que disse, depois de assistir a uma conferência da CLG: "Eu cheguei louco de raiva com a presença de Bono na cúpula, porque ele é uma estrela do rock e vive dizendo palavrões, simplesmente não entendi. Cheguei me indagando se Bono era cristão. Saí me indagando se eu era cristão". Mellado prosseguiu falando dessa dinâmica em seus encontros com Everett Rogers.[7] "E essa era a característica-chave que Everett Rogers disse ser típica dos usuários iniciais de uma tecnologia. Ele disse: 'Jim, você tem um dom [...]. Você tem uma igreja, Willow Creek, que funciona como um ímã, atraindo todos os inovadores e todos os usuários iniciais de todas as diversas denominações, que vêm a Willow Creek querendo descobrir o que está acontecendo. Como os inovadores aprendem melhor com outros inovadores, eles viajam o mundo, vão até onde for preciso [...]. As empresas gastam milhões e milhões de dólares tentando encontrar inovadores e usuários iniciais, porque sabem que, se adotarem seu produto, abrem a porta para a imensa maioria. Você foi agraciado com o dom de reunir esse poderoso grupo de líderes, que são a chave para a disseminação de novas ideias e inovações para a maioria que mais precisa delas'."

Entrevista de Jim Mellado a Joseph Maciariello, 11 out. 2011.

☒ Perguntei a Mellado se a estratégia da CLG era atrair os usuários iniciais, e ele respondeu: "É exatamente o que estamos fazendo. Nosso alvo são os progressistas. Damos a isso o nome de 'núcleo de liderança das igrejas' mas os pastores representam apenas 10% do público da CLG. A imensa maioria das pessoas que vêm à CLG pertence ao núcleo de liderança; são empresários, professores, gente que trabalha no governo e em organizações da sociedade civil [...]. São portadores de influência na igreja e na sociedade". E é assim que as inovações são disseminadas na sociedade por meio da CLG.

☒ Depois de várias experiências com a difusão de inovações, Rogers concluiu (*Diffusion of Innovations*, p. 272): "A adoção de inovações costuma obedecer a uma curva normal, em forma de sino, quando transferida para um gráfico baseado em frequência".[8]

## III. IDEIAS PRÁTICAS

Que exemplos temos nos quais a *instabilidade*, tal como descrita por Len Schlesinger e empregada na Cúpula de Liderança Global, pode ser usada para acelerar o processo de aprendizado em sua vida e organização? Observação: você pode ter que procurar esses exemplos fora de sua organização e de seu setor. Por exemplo, Alan Kay, um prolífico inventor da Xerox e da Apple, me contou que tinha muitas ideias de invenções quando estava tomando banho, a ponto de ter mandado instalar um chuveiro para ele na sede do centro de pesquisa da Xerox.

Que novas oportunidades as transformações demográficas — transformações da indústria mecânica para a indústria baseada na tecnologia; mudanças na composição da força de trabalho; e mudanças na economia, de nacional para regional e transnacional — criam para seu empreendimento? Que pressupostos operacionais e estratégicos você precisa deixar de lado?

Cogite abandonar produtos e atividades injustificáveis; estabeleça metas para melhorar a produtividade, gerir o crescimento e desenvolver seu pessoal. Isso criará recursos para explorar e realizar outras inovações.

Quais são os riscos de ser um usuário inicial de inovações? Quais são os riscos de ser retardatário? Qual é a posição ideal em que você e sua organização precisam estar na curva da difusão de inovações? Faça planos para atingi-la!

PARTE 12

# COMO EVOLUIR
## DO SUCESSO À RELEVÂNCIA

# *Semana* 38

## DEPOIS DO SUCESSO, A BUSCA DA RELEVÂNCIA

## INTRODUÇÃO

Na passagem a seguir, Peter Drucker pergunta a Rick Warren sua idade, e sugere que suas prioridades devem mudar à medida que ele envelhece. Na época, Rick tinha cinquenta anos. Drucker propõe dois cenários diferentes que Warren poderia adotar: ele poderia continuar a fazer o que sabe fazer extremamente bem ou dar alguma outra contribuição relevante e inovadora à sociedade.

Peter Drucker costumava dizer que "a melhor maneira de prever o futuro é criá-lo". Sabe-se que o inventor Alan Kay, da Apple, disse algo muito parecido em um e-mail de 1971 — que "a melhor maneira de prever o futuro é inventá-lo".[1] E acredita-se que Abraham Lincoln, 16º presidente dos Estados Unidos, tenha dito: "A melhor forma de criar seu futuro é inventá-lo".

Cada um desses três homens seguiu o próprio conselho. Drucker, como sabemos, codificou a prática da administração em dois de seus primeiros livros: *Concept of the Corporation* (1946) e *The Practice of Management* (1954). Em 1968, Alan Kay projetou o Dynabook, que se tornaria o precursor dos laptops e iPads da Apple.[2] Um fato pouco conhecido é que Abraham Lincoln foi inventor muito antes de se tornar presidente; ele foi o único presidente a deter a patente de uma invenção própria, no caso um dispositivo para erguer barcos por cima de obstáculos como bancos de areia.[3]

Além disso, a última frase do histórico discurso de Gettysburg, pronunciado por Lincoln em 19 de novembro de 1863, contém as seguintes palavras: "que esta Nação, com a graça de Deus, renasça na liberdade".[4] O renascimento na liberdade veio com a Proclamação da Emancipação, que entrou formalmente em vigor em 1º de janeiro de 1863.

## I. LEITURA

Ao longo da vida, a grande maioria das pessoas bem-sucedidas tem que mudar de rumo por volta dos sessenta anos. Há uma diminuta minoria de pessoas pragmáticas que não mudam. Não sei dizer qual das duas você será. A hora da decisão vai chegar. "Decisão" talvez seja a palavra errada — à medida que você envelhece, concentra-se mais em fazer coisas que proporcionam realização, satisfação e crescimento pessoal a você próprio ou em fazer coisas que tenham um impacto exterior a você? São essas as decisões que é preciso tomar. E ninguém pode ajudá-lo a tomá-las. Mas uma coisa que se deve evitar é dividir-se, tentar fazer de tudo.

Diálogo Drucker-Warren, 27 maio 2004.

## II. REFLEXÃO

⊠ Como trabalhadores do conhecimento, temos hoje expectativa de vida e vida útil muito mais longas. Caso tenhamos alcançado êxito em nossa vida profissional e acumulado recursos suficientes, podemos nos envolver em novas carreiras que oferecam a possibilidade de alcançar uma relevância adicional para a sociedade e para nós mesmos.

## 1. OS EMPREENDEDORES SOCIAIS

É comum haver pessoas muito bem-sucedidas em sua primeira carreira, como empresários, médicos, consultores ou professores universitários. São pessoas que amam o que fazem, mas deixam de encontrar desafios. Muitas vezes continuam a fazer aquilo que já faziam, embora gastem cada vez menos tempo nessa atividade. Mas elas iniciam outra atividade, geralmente sem fins lucrativos.

> Peter F. Drucker, *Management Challenges for the 21st Century*, 1999, pp. 190-1.

☒ Drucker sugere que os empreendedores sociais talvez pertençam ao grupo minoritário daqueles que buscam relevância em empreendimentos diferentes dos de sua profissão primordial.

## 2. OS EMPREENDEDORES SOCIAIS PODEM PERTENCER A UMA MINORIA

Aqueles que sabem administrar a "segunda metade" [da vida] podem pertencer a uma minoria. A maioria talvez continue a fazer o que se faz hoje, isto é, deixar o emprego, entediar-se, retomar a rotina anterior e contar os anos até a aposentadoria. Mas será a minoria, as pessoas [que] enxergam a expectativa de vida mais longa como uma oportunidade tanto para si próprias quanto para a sociedade, que cada vez mais se tornarão os líderes e modelos. Serão cada vez mais eles as "histórias de sucesso".

> Peter F. Drucker, *Management Challenges for the 21st Century*, 1999, p. 191.

☒ Diversos exemplos deste livro foram extraídos da vida de pessoas que Drucker conduziu à realização de inovações sociais relevantes na segunda metade da vida. Mas esses exemplos não devem necessariamente ser considerados a regra. A maior parte das contribuições sociais é mais comum. Mesmo assim, com Drucker, Kay e Lincoln, podemos aprender como alcançar relevância em nossa vida, assim como aqueles que receberam a mentoria de Drucker.

### 3. COMO CRIAR O FUTURO

Os gestores precisam admitir a necessidade de trabalhar de forma sistemática na construção do futuro. Mas isso não significa que possam eliminar os riscos e as incertezas. É um poder que não está ao alcance dos mortais. O que ele, ou ela, pode fazer é encontrar, e em alguns casos criar, o risco certo e a maneira de tirar partido da incerteza. O objetivo do trabalho de construção do futuro não é decidir o que deve ser feito amanhã, e sim o que deve ser feito hoje para que haja um amanhã.

Estamos aprendendo lentamente a realizar esse trabalho de maneira sistemática, com direção e controle. O ponto de partida é a compreensão de que há duas abordagens diferentes, ainda que complementares. Uma é descobrir e explorar o espaço existente entre uma aparente ruptura na economia e na sociedade e o impacto integral dessa ruptura — poderíamos dizer a antecipação de um futuro que já chegou. Outra é impor ao futuro ainda por chegar uma nova ideia, tentando dar direção e forma àquilo que está por vir. Poderíamos dizer a construção do futuro que já chegou.

> Peter F. Drucker e Joseph A. Maciariello, *Management: Revised Edition*, 2008, p. 113.

☒ Tais sonhos podem ser realizados numa carreira paralela, através da realização de trabalho voluntário para uma organização cujos valores você compartilhe de maneira profunda, ou seguindo uma nova carreira em tempo integral, como empreendedor social ou servindo a sociedade num cargo político ou público, como fez Tom Luce.

# III. IDEIAS PRÁTICAS

À medida que você envelhece, terá que tomar uma decisão. Você focará mais em coisas que lhe proporcionam realização, satisfação e crescimento ou em coisas que tenham impacto exterior a você?

Você aspira a criar um futuro novo, explorando um descompasso que já tenha ocorrido (por exemplo, alterações demográficas ou o aumento de importância do setor social) antes que seu impacto integral seja amplamente notado?

Você aspira a "impor ao futuro ainda por chegar uma nova ideia, tentando dar direção e forma àquilo que está por vir"?

Reflita sobre os passos exigidos e os recursos necessários para planejar um novo futuro. Consulte pessoas que possam ajudá-lo. Caso isso exija um esforço de longo prazo, assegure-se de ter a motivação e o apoio para que a ideia venha a se tornar realidade. Do contrário, é improvável que ela se sustente diante dos inevitáveis altos e baixos do processo.

# Semana
# 39

## TRABALHE NO SETOR EM QUE SUA CONTRIBUIÇÃO SEJA ÚNICA

## INTRODUÇÃO

Na Semana 38 aprendemos que existem duas maneiras de fazer o futuro acontecer:

(1) "Antecipar um futuro que já aconteceu."
(2) "Impor ao futuro ainda por chegar uma nova ideia, tentando dar direção e forma àquilo que está por vir."

No trecho desta semana, Drucker ilustra essas duas formas de fazer o futuro acontecer, separáveis, porém sobrepostas, mostrando as diferenças entre as duas principais inovações sociais de Bob Buford: a Leadership Network e o Halftime. Bob Buford foi extremamente bem-sucedido nas duas abordagens. Essas duas grandes realizações consumiram muito tempo, recursos e talento, assim como a mentoria com Peter Drucker.

Desde o início dos anos 1980, Buford sabia que grandes igrejas se assemelham a supermercados, e são bem diferentes de igrejas pequenas, que se parecem mais com a mercearia da esquina. Para serem eficientes, líderes de megaigrejas precisam ter mais expertise em gestão profissional, o que Buford tratou de providenciar patrocinando diversas publicações e eventos de treinamento, inclusive sessões com Drucker. A Leadership Network está engajada na difusão de inovações e melhores práticas. Ela "explora o espaço existente entre uma aparente ruptura na economia e na sociedade e o impacto integral dessa ruptura".

Em 1984, isso era muito necessário. No entanto, hoje em dia várias megaigrejas possuem grandes redes globais próprias, para disseminar informações. Ainda existe inovação na Leadership Network, e ela se situa no topo da curva de difusão de inovações de Everett Rogers (Semana 37).

O Halftime, por sua vez, é um exemplo de "imposição ao futuro ainda por chegar de uma nova ideia, tentando dar direção e forma àquilo que está por vir". Os trabalhadores do conhecimento têm vida útil mais longa, e às vezes conseguem acumular recursos suficientes que lhes dão liberdade para fazer aquilo com que antes apenas sonhavam. Eles também podem cogitar a possibilidade de passar do sucesso à relevância, "impondo ao futuro ainda por chegar uma nova ideia, tentando dar direção e forma àquilo que está por vir".

---

# I. LEITURA

---

O Halftime é recente e traz respostas diferentes a problemas novos e diferentes. Seus textos e seu trabalho com o Halftime Institute [serão] provavelmente tão [importantes], ou até mais, que sua atividade na igreja. Primeiro, a liderança se origina da força, e, em seu trabalho com as igrejas, você é único em um aspecto, enquanto em outros você é apenas mais um. Em seu trabalho no Halftime, você é líder e é único. Portanto, essa é, basicamente, sua área de contribuição única.

Segundo, você criou um público enorme. Não sei o tamanho — são milhões —, e você criou, certo, uma conscientização da necessidade de que os bem-sucedidos sejam capazes de durar. Temos realidades que são inéditas — o sucesso precoce e a vida longa de algumas pessoas. Você conhece a historiadora Barbara Tuchman, autora de um livro sobre o século XIV?[1] Ela mostrou que as pessoas criativas do século XIV morriam aos 21 anos e, portanto, tinham que atingir o sucesso aos dezenove. E você passa a entender muita coisa sobre o século XIV quando se dá conta de que as pessoas tinham que chegar ao auge na adolescência, e se comportavam como adolescentes. Hoje em dia chega-se ao topo incrivelmente cedo, e não vai mudar muito, não aos dezenove [como acontecia com alguns no século XIV], mas aos 29 há um número enorme de pessoas bastante bem-sucedidas. Elas vivem até os 85 anos. E isso é uma coisa que você apontou. Você foi o primeiro a ver isso, e é uma contribuição única. A Leadership Network e a Burning Bush [colônia agrícola de Buford] são muito diferentes e são respostas novas para problemas antigos e atuais. Isso que você está fazendo em seus livros e no Halftime [é] inteiramente novo — respostas diferentes para problemas muito recentes e diferentes —, por isso você está sozinho em sua área.

Diálogo Drucker-Buford, 12 jan. 2003.

# II. REFLEXÃO

☒ Os trabalhadores do conhecimento costumam viver duas vidas. Na primeira, ganham a vida e podem chegar a alcançar o sucesso; na segunda, buscam relevância depois de ter cumprido o dever de assumir suas responsabilidades para com a família. É nesse momento que se encontram em posição de "fazer o futuro acontecer".

## 1. "O RELÓGIO NÃO PARA"

Você pode ter sofrido alguns golpes duros. Muitos homens e mulheres nem sequer chegam ao segundo tempo sem sofrimento [...]. Mesmo quando você sofre pouco, é inteligente o bastante para entender que não se pode jogar o segundo tempo como jogou o primeiro. Recém-saído da faculdade, você encarava jornadas de catorze horas sem problema, e fazia hora extra nos dias de folga. Era parte do seu plano de jogo no primeiro tempo, algo quase inevitável se você quisesse ter êxito. Mas agora você aspira a algo além do sucesso. Vem, então, a realidade do jogo propriamente dito: o relógio não para. O que antes parecia uma eternidade à sua frente está agora a seu alcance. E embora você não tenha medo do fim do jogo, quer garantir um final bom, que deixe para trás algo que ninguém possa tirar de você. Se o primeiro tempo foi a busca pelo sucesso, o segundo tempo é uma jornada rumo à relevância.

Bob Buford, *Halftime: Changing Your Game Plan from Success to Significance*, 1994, p. 27.

## 2. DRUCKER SOBRE FAZER O FUTURO ACONTECER

Descentralização, trabalhador do conhecimento, gestão por objetivos, privatização [...]. Esses termos, todos cunhados por mim, podem continuar a ser usados durante muitos anos, [como foi dito] quando recebi a Medalha Presidencial da Liberdade. Mas a fama não é a única medida da vida. Eu gostaria de ter isso em mente e continuar a fazer aquilo que faço [Drucker fez o futuro acontecer chamando a atenção e ajudando a profissionalizar a gestão do setor social da sociedade, depois de codificar a prática da administração de empresas].

Peter F. Drucker, *My Personal History*, artigo 27, 2009.

☒ Nossa contribuição singular se encontrará no ponto em que nossos pontos fortes se encontram com nossos valores. Saberemos qual é por causa do entusiasmo que sentimos por nosso trabalho e por nossa vida. Pode levar algum tempo até identificarmos nossa área de contribuição singular e até que ela se torne uma realidade.

☒ Na Leitura 3, George Bernard Shaw, um dos fundadores da London School of Economics and Political Science, socialista fervoroso, Prêmio Nobel de Literatura e ganhador de um Oscar por seu trabalho no filme *Pigmalião*, compartilha seu ponto de vista sobre sucesso e relevância.

## 3. "A AUTÊNTICA ALEGRIA"

Esta é a autêntica alegria da vida, exaurir-se a um propósito que você próprio reconhece como poderoso; ser uma força da natureza, e não um torrãozinho febril e egoísta de aflições e queixumes, reclamando que o mundo não se dedica à sua felicidade. Sou da opinião que minha vida pertence à comunidade, e, enquanto eu viver, é meu privilégio fazer por ela tudo que eu puder. Meu desejo é exaurir-me por completo até morrer, pois quanto mais trabalho, mais eu vivo. A vida não é uma "vela fugaz" para mim. É uma espécie de tocha maravilhosa da qual me apoderei por um instante, e que quero fazer brilhar o máximo possível antes de entregá-la às futuras gerações.

G. Bernard Shaw, *Man and Superman: A Comedy and Philosophy*, 1903, pp. xxxi-xxxii. [Ed. bras.: *Homem e super-homem*, 1951.]

☒ Passei por uma mudança de atitude em relação a meu trabalho pouco depois dos trinta anos. Por isso, procurei uma área em que eu achava que podia aproveitar meus pontos fortes e que fosse ao mesmo tempo mais compatível com meus valores. Busquei, então, o treinamento necessário para fazer a transição. Em consequência, senti-me mais realizado.

## 4. "AQUILO QUE SE SABE FAZER PODE NÃO VALER A DEDICAÇÃO DE UMA VIDA"

Organizações, assim como pessoas, possuem valores. Para uma pessoa ser eficiente numa organização, seus valores precisam ser compatíveis com os valores da organização. Eles não precisam ser idênticos, mas precisam ser parecidos o bastante para coexistir. Do contrário, não apenas a pessoa vai se sentir frustrada, mas também não produzirá resultados. Os pontos fortes de uma pessoa raramente entram em conflito com sua forma de agir; os dois são complementares. Mas às vezes existe um conflito entre os valores de uma pessoa e seus pontos fortes. Aquilo que se sabe fazer bem — às vezes muito bem e com grande êxito — pode não valer a dedicação de uma vida inteira (ou de uma parte substancial dela).

Peter F. Drucker e Joseph A. Maciariello,
*The Effective Executive in Action*, 2006, p. 132.

---

## III. IDEIAS PRÁTICAS

---

Buford diz: "O sucesso e a relevância trazem vantagens muito parecidas, mas só um traz um sono melhor à noite e um nível de contentamento genuíno". Essa frase lhe diz alguma coisa em relação a você e ao rumo de sua própria vida?

Drucker teve o privilégio de assistir às palestras de John Maynard Keynes quando Keynes estava escrevendo sua obra-prima, *A teoria geral do emprego, do juro e da moeda*. Ouvindo as aulas de Keynes nas tardes de sexta-feira, Drucker parece ter tido uma revelação a respeito de seu próprio interesse na vida. Ele escreveu: "Keynes e seus seguidores focavam apenas no comportamento das *commodities*. Eu, por outro lado, estava mais interessado no comportamento das pessoas e na função da sociedade".[2] Talvez você seja tocado pela história de Drucker, sobre como ele tentou dar uma contribuição singular na primeira metade de sua vida útil. Se for o caso, busque áreas de aplicação de seus talentos em que você não apenas possa dar sua contribuição, mas também se sinta mais satisfeito com a forma como está usando sua vida. Pode levar algum tempo até que isso se materialize.

Aquilo que você está fazendo no primeiro tempo é algo para o qual você foi treinado e que executa muito bem? É algo a que você gostaria de dedicar sua vida inteira? Em caso negativo, é possível mudar isso sem muito esforço?

O relógio não para! Por quais coisas você gostaria de ser lembrado? Você está progredindo?

# *Semana* 40

## POR QUE AS PESSOAS PRECISAM DE UM PROCESSO QUE AS AJUDE A IR DO SUCESSO À RELEVÂNCIA

### INTRODUÇÃO

Quando pessoas que tiveram plena satisfação com suas carreiras se aposentam e tentam fazer a transição para a relevância, é comum que vacilem e se sintam desencorajadas. Elas podem vacilar por vários motivos, mas em geral parte da razão é o fato de não conhecerem a si mesmas. Elas sabem que querem algo mais do futuro além de viagens e encontros sociais, e sabem que querem continuar a dar uma contribuição. É comum que os coordenadores dos programas não saibam avaliar ou aproveitar completamente os talentos desses voluntários. Neste capítulo, Peter Drucker e Bob Buford discutem a necessidade de um processo que ajude a levar essas pessoas do sucesso à relevância.

São pessoas que não sabem "o que têm dentro da caixa" — expressão cunhada por Mike Kami, ex-aluno do curso de Peter Drucker sobre inovação para executivos na New York University, em meados dos anos 1950. Na época, Kami era diretor de planejamento de longo prazo da IBM.

Bob costuma usar essa expressão quando discute o mau uso dos voluntários por parte dos líderes de igrejas e outras organizações do serviço social. Indivíduos e líderes precisam entender "o que há dentro da caixa" dos voluntários em potencial, para aproveitá-los devidamente.

---

# I. LEITURA

---

Tomemos o caso dos seus jovens amigos empreendedores que abriram uma empresa ou talvez tenham se casado com a filha do dono, como acontece com muitas pessoas na sua OJP [Organização de Jovens Presidentes]. Conheci um deles. Ele assumiu uma pequena empresa de pentes de plástico. Era um dos homens mais infelizes que já conheci. Quando tinha uns 46 anos, vendeu a fábrica de pentes para um pequeno conglomerado, por uma verdadeira fortuna, em parte porque a oferta financeira era irresistível e em parte [porque] para entrar numa nova tecnologia ele precisava de uma quantidade de dinheiro que não tinha, como também não tinha condições de abrir o capital.

Ele ficou sem saber o que fazer. Acho que começou com os pentes aos dezesseis anos de idade, e cinco, seis ou sete anos depois ele já cuidava da fábrica, e daí casou-se com a filha do dono, que era uma excelente mulher. Ele se dedicava inteiramente a tudo que aparecia, e em pouco tempo já estava completamente perdido. Nunca planejava as próprias férias. Quem fazia isso [o planejamento] era a esposa, Mary.

Acho que pessoas assim precisam de muita ajuda, de três maneiras diferentes. Uma é simplesmente identificar as possibilidades. Outra é refletir sobre o que estão tentando fazer. E a terceira são preparação, treinamento e aprendizado com os outros e entre si.

Buscar relevância numa atividade costuma ser uma oportunidade incrível, mas muitas pessoas não têm a imaginação necessária para identificar as possibilidades. Não têm um lugar onde descobrir o que é possível, o que está disponível, como fazer, com quem falar.

Diálogo Drucker-Buford, 9 jan. 1989.

# II. REFLEXÃO

☒ Os indivíduos prontos para o segundo tempo de suas carreiras podem não ter a imaginação necessária para encontrar uma atividade que utilize seus pontos fortes e se encaixe em seus valores. Podem precisar de ajuda alheia. O Halftime Institute oferece um processo para passar do sucesso à relevância. A seguir, na Leitura 1, apresento os trechos relevantes do site do instituto para sua reflexão.

## I. UM PROCESSO PARA A PASSAGEM DO SUCESSO À RELEVÂNCIA

O Halftime Institute é uma experiência forte, de doze meses, que ajuda pessoas bem-sucedidas a descobrir e vivenciar o propósito de vida do segundo tempo de suas carreiras. O instituto alavanca um processo próprio, colaborativo, voltado para resultados e construído sobre cinco elementos básicos:

(1) Uma oficina intensiva de dois dias em nossa sede americana, em Dallas, no Texas, codirigida por Bob Buford e pelos executivos do Halftime — as inscrições [são] restritas a um pequeno grupo de pares de alta capacidade.

(2) Treinamento individual, personalizado, de executivos, com um coach certificado pelo Halftime.

(3) Videoconferências mensais com seus pares e seu coach do instituto para aprendizado, networking e incentivo.

(4) Contato constante com ex-alunos influentes — uma rede de mentoria, informação e recursos.

(5) Introdução a organizações responsáveis por avanços inovadores em questões que combinam com suas paixões.[1]

☒ Aqueles que vão atrás de seus interesses em atividades do setor social desde o início da carreira, oferecendo serviços voluntários, podem assim confirmar se têm o instinto para servir em funções específicas. Isso, por sua vez, pode gerar a imaginação e a inspiração necessárias, seja para iniciar uma segunda carreira, seja para tornar-se um empreendedor social.

## 2. SEJA VOLUNTÁRIO COMO PREPARAÇÃO PARA O SEGUNDO TEMPO

Administrar o segundo tempo da vida implica uma exigência: começar a criá-lo muito antes de iniciá-lo. Trinta anos atrás, quando se tornou evidente que a expectativa de vida útil no trabalho estava aumentando em grande velocidade, muitos observadores (inclusive eu) achavam que cada vez mais aposentados se tornariam voluntários em instituições sem fins lucrativos nos Estados Unidos. Isso não ocorreu. Se você não começa a trabalhar como voluntário antes dos quarenta anos, mais ou menos, não vai fazê-lo depois dos sessenta. Da mesma forma, todos os empreendedores sociais que eu conheço começaram a trabalhar na segunda empresa de sua escolha muito antes de chegar ao auge na empresa de origem. O advogado citado anteriormente [Tom Luce] começou a prestar serviço jurídico voluntário para escolas de seu estado por volta dos 35 anos. Ele se elegeu para um comitê de escola aos quarenta. Quando chegou aos cinquenta, tinha juntado uma fortuna substancial. Abriu sua própria empresa para erguer e administrar escolas. E continuava trabalhando, quase em tempo integral, como principal conselheiro de uma grande empresa que havia ajudado a fundar em seus tempos de jovem advogado.

> Peter F. Drucker, *Management Challenges for the 21st Century*,
> 1999, pp. 191-2.

⊠ Executivos de organizações que utilizam voluntários precisam evitar a tentação de empregar essas pessoas nas áreas que eles mesmos acreditam ser importantes, sem antes descobrir quais são os pontos fortes e os valores do indivíduo. O indivíduo tem que se encaixar na organização, e a organização, se encaixar no indivíduo. A ideia é soltar as pessoas nas áreas para as quais elas possuem o talento e os valores específicos.

## 3. COMO LIBERAR A ENERGIA DO TALENTO DE CADA INDIVÍDUO

### Bob Buford e o desânimo com o mau aproveitamento dos voluntários

Muitas vezes fico irritado ou impaciente com a igreja, e quando isso acontece é porque ela limita a si mesma [...], e gente que procura a igreja de dez em dez anos vê a igreja fazendo uma dessas coisas limitadas e diz: "Bem, é só isso que a igreja faz. Isso não vai me curar nem me propiciar alguma forma de serviço útil". Como disse a filha de Drucker: "Escale-me naquilo que eu faço melhor". Eles aproveitam mal as pessoas; não as escalam *na área em que têm talento, mas na área em que precisam* [grifo meu] na igreja. Por assim dizer, estão preenchendo as próprias lacunas [...]. Eles não focam na identificação dos talentos individuais das pessoas, aproveitando-os mal. Por isso, uma forma de melhorar a qualidade dessa liberação de energia, focando-a um pouco, [é dizer que] é uma liberação de energia na área do talento específico.

Diálogo Drucker-Buford, 9 jan. 1989.

⊠ Os indivíduos e as organizações podem precisar de auxílio para a reflexão sobre aquilo que estão tentando realizar com o talento disponível; e na obtenção dos contatos necessários e na preparação necessária para essa realização.

---

# III. IDEIAS PRÁTICAS

---

Observe o homem no primeiro exemplo de Drucker — ele vendeu a empresa e ficou perdido, porque não tinha interesses fora dela. Ele devia ter perguntado a si mesmo: "O que eu faço se um dia sair da empresa?". Se a resposta fosse "nada", ele deveria ter tomado uma atitude para criar um interesse externo. Como você responderia a pergunta "O que eu faço se um dia sair da empresa?".

Se quiser fazer uma contribuição na segunda metade da sua vida, você precisa compreender como gerenciar a si mesmo de modo a dar a contribuição correta. Então, "O que você tem na sua caixa?". Quais são os seus pontos fortes e valores? Onde você vai encontrar uma vitrine para eles? Seu cargo é uma vitrine suficiente para seus talentos e valores?

Você sente o desejo de passar do sucesso para a relevância? Qual é o seu plano? Já começou a agir? De que ajuda precisa? Leia o livro *Halftime: Changing Your Game Plan from Success to Significance*, de Bob Buford, e conheça o Halftime Institute, se achar que isso pode ajudá-lo nesse caminho.

Se suas obrigações familiares o impedem de correr atrás de suas verdadeiras paixões, pense na possibilidade de uma carreira paralela, oferecendo serviços voluntários a uma organização onde eles sejam necessários e seu talento seja liberado para o bem de outras pessoas.

# Semana 41

## ONDE EU ME ENCAIXO DE VERDADE?

## INTRODUÇÃO

Não é raro, na vida, que as pessoas permaneçam num posto que não preenche suas maiores aspirações, mesmo quando elas são bem-sucedidas naquele posto. Pode ser que haja pessoas, sobretudo parentes, que dependam de você. O senso de dever prevalece. Essa é uma das razões pelas quais o advento da sociedade do conhecimento cria tantas oportunidades. Com o planejamento adequado, é possível aposentar-se ou mudar de emprego e continuar a cumprir suas responsabilidades domésticas, que com o passar do tempo podem ter diminuído. O risco é a pessoa perder, durante a primeira metade da vida, a visão daquilo que realmente a tornaria feliz. Pode chegar a hora de ter que reacender a chama da imaginação.

Outra questão é que você pode estar sentindo que causa prejuízo a si próprio, e talvez à organização, ao ficar parado. Além disso, sua infelicidade pode estar sendo danosa a outros, como os membros de sua família, em razão do que ocorre no seu trabalho. Nesse caso, você deve tentar uma saída.

No capítulo desta semana vamos tratar desses importantes temas. E ambos começam pela pergunta: onde eu me encaixo de verdade?

# I. LEITURA

Mas veja essa geração inteira de pessoas, jovem em termos de expectativa de vida, saudável, próspera, cheia de energia, com algum tempo livre e o desejo de evoluir. Eles não querem se aposentar para ficar recortando cupons de desconto! Eles têm interesses culturais, mas no sentido de realizar e contribuir. Os interesses culturais dos homens cultivados do século XIX ficaram um tanto antiquados, e estão com cheiro forte de naftalina. Os amigos só andam de avião mundo afora, vão e voltam no mesmo dia. É assim que eles são; eles são ativos. Nem todos. Talvez alguns se aposentem aos 45 anos para viver só de lazer cultural, mas não acho que eles vão gostar. Primeiro, são todos viciados em trabalho, e vão sofrer de síndrome de abstinência se não fizerem nada. Segundo, eles precisam de estímulo, mas ao mesmo tempo não ficam tão empolgados com a ideia de passar três a cinco horas por semana sentados num comitê discutindo orçamentos. Eles querem dar uma contribuição que vá além do dinheiro, e estão treinados e preparados para isso. Mas não sabem como se organizar de verdade para fazer isso. Não sabem para onde direcionar suas energias. Não sabem algumas coisas que você descobriu — que é preciso ter foco, que se você se dividir entre várias coisas não vai realizar nada direito. E acho que eles não sabem como pôr em prática as lições básicas [para aproveitar novas oportunidades] que aprenderam no trabalho. Os que eu vejo em atividades comunitárias pensam muito no curto prazo, em grande parte porque não lhes explicaram as demandas da organização. Acho que eles precisam de muita orientação, apoio e liderança para descobrir "onde realmente se encaixam". Pode ser numa igreja.

Diálogo Drucker-Buford, 3 jan. 1989.

# II. REFLEXÃO

⊠ Os trabalhadores do conhecimento se deparam com diversas dificuldades ao longo de suas carreiras. Muitos se entediam com a rotina diária. Esse tédio pode levar à procura de outro emprego, ou a uma mudança total: uma segunda carreira, talvez numa organização do setor social. Além disso, muitos encontram relevância no voluntariado constante e de longo prazo, na igreja ou em outras organizações do setor social. Drucker chama isso de *carreira paralela*. Por fim, existem aqueles que atingem o sucesso na carreira e, nesse processo, acumulam recursos financeiros importantes, e tentam fazer diferença na solução de problemas sociais. Estes são os *empreendedores sociais*. Bob Buford é um bom exemplo desse último tipo.

## I. DRUCKER FALA DA TRAJETÓRIA DE BUFORD DO SUCESSO À RELEVÂNCIA

É uma história que começa de maneira comum, a história de um menino que, mal tendo completado onze anos, depois da morte precoce do pai, teve que assumir o fardo de ser o "homem da casa": uma história de muitas dificuldades, de visão e determinação, de sofrimento e sucesso. Por si só uma história interessante, mas o que ela tem de incomum é que Bob Buford é uma das poucas pessoas que eu conheço que, já na adolescência, sabia quais eram seus pontos fortes [...]. Ainda mais incrível é o fato de, ao perceber que o dom que o Senhor lhe dera era muito diferente daquilo que ele queria fazer, ele ter tido a franqueza intelectual e a coragem de dizer a si mesmo: "Meu dever e minha missão é fazer aquilo em que sou bom, e não aquilo que eu gostaria de fazer". A isso Bob deve, evidentemente, seu êxito como empreendedor e homem de negócios. Mas — e isto é totalmente inédito, pela minha experiência — Bob nunca esqueceu sua visão original e nunca renunciou a seus valores de origem em nome do sucesso. Ele se negou a descartar sua ambição juvenil, como se fosse um sonho infantil. Continuou olhando para o horizonte, sem jamais perder de vista as montanhas [...]. [A]s histórias [em seu livro *Halftime:*

*Changing Your Game Plan from Success to Significance*] são fundamentais para quem chegou à metade de seu tempo de vida, aqueles que são bem-sucedidos em termos daquilo que conquistaram, da mesma forma que os romances e as histórias de façanhas heroicas são fundamentais para os mais jovens.

Peter F. Drucker, prefácio à primeira edição de *Halftime: Changing Your Game Plan from Success to Significance*, de Bob Buford, 1994, pp. 18, 22-3.

## 2. POR QUE EU NÃO ME ENCAIXO AQUI?

Se, depois de refletir, a resposta à pergunta "Onde eu me encaixo?" é que você não se encaixa no seu emprego atual, a pergunta seguinte é "Por quê?". Será porque você não concorda com os valores da organização? Sua organização está corrompida? Isso certamente lhe fará mal, porque você acaba ficando cínico e desdenhoso de si próprio, caso se veja numa situação cujos valores sejam incompatíveis com os seus. Ou você pode se ver trabalhando para um chefe corrupto, por ser um político, ou porque ele ou ela só se preocupa com a própria carreira. Ou — o mais perigoso — um chefe que você admira decepciona no dever mais importante de um chefe: apoiar, estimular e promover subordinados competentes.

A decisão certa é sair, caso você esteja no lugar errado, se esse lugar estiver fundamentalmente corrompido ou se seu desempenho não estiver sendo reconhecido. O importante não é a promoção propriamente dita. O importante é ser cogitado para ela, em pé de igualdade com os demais. Se você não estiver nessa situação, logo começará a aceitar uma imagem negativa de si mesmo.

Peter F. Drucker, *Managing the Non-Profit Organization: Principles and Practices*, 1990, pp. 195-6.

Muitas vezes nosso dever é fazer aquilo em que somos bons, mesmo que preferíssemos fazer outra coisa. Chegará o momento em que estaremos praticamente livres de nossas obrigações e poderemos fazer aquilo de que verdadeiramente gostamos.

## 3. COMO PLANEJAR A CARREIRA E SE PROTEGER CONTRA OS BAQUES INEVITÁVEIS

Uma maneira de o gestor se preparar para minimizar os efeitos de uma experiência do gênero (crises de identidade, reveses na carreira, tédio etc.) é por meio do planejamento. "Assuma um pouco o controle de sua carreira [...]. Estou falando de um planejamento de carreira no seguinte sentido: O que eu tenho que aprender, quais são meus pontos fortes, como posso desenvolvê-los, onde me encaixo, será que me encaixo mesmo nesta empresa? É preciso assumir a responsabilidade de fazer essas perguntas de vez em quando e tomar atitudes compatíveis com as respostas [...]. Se você desenvolver seus pontos fortes, estará bem posicionado quando precisar deles."

Tem mais uma coisa, mais importante até. "Desenvolva um interesse fora do trabalho que seja genuíno, real e importante. Não um hobby, mas um interesse genuíno, que o faça vivenciar uma realidade diferente, com colegas diferentes, cuja opinião você considere relevante. [...] [T]odo mundo precisa de um interesse real fora do trabalho, mas que não seja esqui aquático. Algo que não apenas desenvolva seus pontos fortes, mas que ajude a protegê-lo contra os baques inevitáveis."

Peter F. Drucker, citado em John J. Tarrant, *The Man Who Invented the Corporate Society*, 1976, pp. 101-2. [Ed. bras.: *Drucker: O homem que revelou a sociedade empresarial*, 1979.]

---

# III. IDEIAS PRÁTICAS

Siga o conselho de Drucker: "Desenvolva um interesse fora do trabalho que seja genuíno, real e importante. Não um hobby, mas um interesse genuíno, que o faça vivenciar uma realidade diferente, com colegas diferentes, cuja opinião você considere relevante".

Comece a planejar sua carreira, identificando claramente seus valores e seus pontos fortes. Continue a desenvolver esses pontos fortes. Desde o início, planeje uma segunda carreira. Quem sabe o trabalho voluntário, que pode, por si só, propiciar a transição para uma segunda carreira ou proporcionar realização suficiente para alcançar a relevância.

O que será preciso fazer, em sua carreira, para levá-lo a estudar seriamente oportunidades de passar do sucesso à relevância, supondo que isso não seja possível no seu trabalho atual?

Se você estiver começando a ter uma imagem negativa de si mesmo, pergunte-se: "Por quê?". Se isso aconteceu por causa das condições de seu atual emprego, tente sair e encontrar um lugar onde seu talento seja reconhecido e onde você tenha igualdade de oportunidades de desenvolvimento pessoal.

# Semana 42

## O SEGUNDO TEMPO DA VIDA É PARA OS EMPREENDEDORES

### INTRODUÇÃO

Num encontro com Peter Drucker, Bob Buford testou a ideia de fazer a transição, saindo da já existente Leadership Network para criar o Halftime Institute. Também testou com Drucker suas ideias para ajudar executivos talentosos a passar do sucesso para a relevância. Buford disse: "Estou fazendo uma transição importante, ou pensando em fazer, ou testando. Isso passa pelo trabalho com outras pessoas, ou por servir outras pessoas, ajudando-as a pôr em prática seus próprios talentos, em vez de ser apenas um empreendedor individual". Drucker começou, então, a elaborar o contexto e os detalhes que essa transição envolvia.

O livro e o instituto resultantes foram criados para ajudar as pessoas a fazer a transição de suas carreiras originais para novos empreendimentos. Temos coisas a aprender com o processo vivido por Buford junto com Drucker. Primeiro, ele testou o *conceito*. Quando o conceito parecia sólido, ele começou o *desenvolvimento do conceito*, e só então o *desenvolvimento em grande escala*.

Drucker tinha uma excelente impressão dessa inovação específica, porque ela atendia dois dos principais objetivos do próprio Drucker. Primeiro, o Halftime tentava desenvolver talentos desprezados ou mal aproveitados e a energia dos trabalhadores do conhecimento. Segundo, muitos dos interesses dos *"halftimers"* resultam em inovações sociais que melhoram a vida de outras pessoas na sociedade. Tanto o desenvolvimento de pessoas quanto o objetivo final de inovação social estão no cerne da obra de Drucker.

---

# I. LEITURA

---

Mas o novo projeto [o Halftime] que você está começando a tatear envolve uma clientela muito diferente [da clientela da Leadership Network], e para ser franco uma clientela mais interessante, porque o que você faz com os ministros das igrejas é ajudá-los a ser mais eficientes em algo que eles já tentaram fazer. Nesse novo empreendimento, o que você está tentando fazer é ajudar as pessoas a fazer aquilo que elas realmente deveriam e querem fazer. A Leadership Network é, grosso modo, um trabalho gerencial. Esse trabalho novo é, grosso modo, empreendedor.

O Halftime é mais parecido com uma start-up empreendedora. A pessoa vê uma lacuna no mercado, vai em busca de "investidores-anjos" e monta uma pequena equipe para ajudar o empreendedor solitário. É uma sequência mais ou menos assim:

(1) Arrá! Tive uma ideia.
(2) Realize um teste de mercado com base numa hipótese de valor adicionado para o cliente.
(3) Prove a hipótese — de que existe um cliente.
(4) Aumente a escala — cresça e expanda-se usando endividamento e capital de risco.

Diálogo Drucker-Buford, 9 jan. 1989.

# II. REFLEXÃO

☒ A própria existência da sociedade civil, nos Estados Unidos, é fruto de inovações sociais. Pense no Exército de Salvação, na CARE, nos Alcoólicos Anônimos, na Cruz Vermelha, nas bandeirantes, na World Vision e assim por diante. Em 2011 havia mais de 1,6 milhão de organizações isentas de impostos e sem fins lucrativos nos Estados Unidos. Entre elas estão instituições particulares de caridade, fundações privadas e instituições religiosas. A inovação social é, claramente, uma das características que distinguem a sociedade americana das demais.[1]

## I. A SOCIEDADE TEM GRANDE NECESSIDADE DE INOVAÇÃO SOCIAL

A gestão (mais que qualquer nova ciência ou inovação em particular) é a nova tecnologia que está transformando a economia americana numa economia empreendedora. Trata-se de transformar os Estados Unidos numa sociedade empreendedora. Na verdade, pode ser que nos Estados Unidos — e nas sociedades desenvolvidas em geral — haja mais espaço para a inovação social na educação, na saúde, no governo e na política do que na economia e nas empresas. Uma vez mais, o empreendedorismo na sociedade — e ela tem grande necessidade disso — exige, acima de tudo, a aplicação dos conceitos básicos da gestão, da *techné* básica, aos novos problemas e às novas oportunidades.

Peter F. Drucker, *Innovation and Entrepreneurship*, 1985, p. 18.

☒ Drucker enxerga um "espaço em branco" para as pessoas que querem transitar do sucesso para a relevância. Trata-se do *conjunto de oportunidades* que existe para pessoas relativamente bem-sucedidas. Drucker aconselha a manter o foco bem fechado para ajudar as pessoas a descobrir oportunidades de uso de seus talentos em favor da comunidade.

☒ Conhecer os próprios pontos fortes e fracos e os próprios valores ajuda a focar num conjunto pessoal de oportunidades de empreendimentos no segundo tempo da vida. Quando você conhece seus pontos fortes e seus valores fundamentais, saberá quais são as oportunidades que não deve aceitar. Drucker criou uma lista de fontes de oportunidades para a inovação que pode ajudá-lo.

## 2. INOVAÇÃO SISTEMÁTICA

"Empreendedores bem-sucedidos não esperam que uma 'luz' os ilumine com uma ideia brilhante; eles põem mãos à obra."

A inovação sistemática exige monitorar sete fontes de oportunidades de inovação. As quatro primeiras se encontram dentro da empresa, seja ela privada ou pública; ou dentro de um setor industrial ou de serviços. O inesperado — sucesso inesperado, fracasso inesperado, evento externo inesperado; a incongruência — entre a realidade como ela é e como se supõe que ela "deveria ser"; a inovação baseada na necessidade do processo; alterações na estrutura de um setor ou na estrutura de um mercado que peguem todo mundo de surpresa. O segundo conjunto de fontes de oportunidades de inovação envolve alterações fora da empresa ou do setor: a demografia (alterações populacionais); mudanças de percepção, humor e sentido; e novos conhecimentos, tanto científicos quanto não científicos.

As fronteiras entre essas sete fontes de oportunidades de inovação não são bem definidas, e se sobrepõem bastante. Elas podem ser comparadas a sete janelas, cada uma numa face diferente do mesmo edifício. A vista de cada janela tem alguns detalhes que também podem ser vistos das janelas contíguas. Mas a visão central de cada uma delas é diferente.

Peter F. Drucker com Joseph A. Maciariello, "Systematic Innovation", *The Daily Drucker*, 12 jul. 2004.

☒ O movimento dos Estados Unidos na direção do Estado de bem-estar existente na Europa não dará certo, a menos que o país se torne uma sociedade empreendedora, dedicada em especial à solução dos problemas sociais mais complexos. Isso exigirá atitudes por parte daqueles que se importam mais e que seguem os preceitos básicos de Drucker. A experiência de cinquenta anos do programa War on Poverty [Guerra à Pobreza] não atacou as raízes da pobreza nos Estados Unidos. Muitas instituições do setor social, como discutimos neste livro, foram mais eficientes no ataque às causas fundamentais e aos sintomas da pobreza. Isso apesar de o setor social ser muito menor que o governo. Muitas outras inovações sociais serão necessárias, vindas de gente nos três setores da sociedade.

## 3. O ESTADO DE BEM-ESTAR SOCIAL SERÁ SUCEDIDO PELA SOCIEDADE EMPREENDEDORA?

A ascensão da sociedade empreendedora pode ser uma grande virada histórica [...]. [O Estado de bem-estar social] pode sobreviver, apesar dos desafios demográficos representados pelo envelhecimento da população e pela redução da natalidade. Mas só sobreviverá se a economia empreendedora conseguir elevar bastante a produtividade. Ainda é possível fazer alguns acréscimos ao edifício do bem-estar social, um cômodo a mais aqui, um novo benefício ali. Mas o Estado de bem-estar social é mais passado que futuro — como sabem os velhos liberais. Será ele sucedido pela Sociedade Empreendedora?

Peter F. Drucker, *Innovation and Entrepreneurship*, 1985, p. 265.

# III. IDEIAS PRÁTICAS

Pegue sua instituição de caridade ou filantrópica favorita. Quem a fundou? Quais eram as motivações do fundador? Quando se originaram essas motivações? Que lições você pode tirar que o inspirem e o ajudem a fazer algo parecido?

Pense nas possibilidades de empreendedorismo social que combinem com seus pontos fortes e valores. Esse é um exercício relevante, que exige bastante reflexão, mas dele pode surgir uma ideia de projeto para o segundo tempo de sua vida. Em seu livro *Innovation and Entrepreneurship*, Drucker identifica sete fontes potenciais de ideias de inovação. Quatro dessas fontes potenciais são acontecimentos inesperados, incongruências em processos e produtos e alterações na estrutura do mercado. Essas quatro podem ser identificadas dentro das organizações atuais. Outras três — alterações demográficas, mudanças na percepção dos consumidores e inovações baseadas em novos conhecimentos — podem ser encontradas fora das organizações. Pode ser interessante acompanhar essas fontes de inovação. Elas se mostraram muito úteis na geração de oportunidades de empreendedorismo social.

Muitos empreendedores sociais seguiram os passos de Tom Luce, descritos na Semana 36. O interesse de Tom pela educação o levou a um comitê de escola quando ele ainda estava envolvido com uma bem-sucedida carreira de advogado. Depois ele criou seu próprio empreendimento social, a Principals Network. O método de Tom permitiu que ele aprendesse antes de aumentar seu envolvimento com a reforma educacional. É um processo com elevada probabilidade de êxito.

# Semana 43

## UM CATALISADOR PARA AJUDAR AS PESSOAS A GERIR A SI MESMAS E A PASSAR AO SEGUNDO TEMPO DA VIDA DELAS

## INTRODUÇÃO

Bob Buford discutiu a ideia de criar um programa sistemático que ajudasse as pessoas a fazer a transição do sucesso à relevância, em benefício da sociedade. Dentro da obra de Drucker, esse tema se encaixa na categoria da "autogestão".

O tema da autogestão apareceu pela primeira vez sob forma impressa no capítulo 6 (pp. 161-96) de seu livro *Management Challenges for the 21st Century* (1999). Um trecho desse capítulo, com o mesmo título, apareceu na edição de março/abril de 1999 da *Harvard Business Review* (*HBR*) e foi reimpresso posteriormente numa série de clássicos da *HBR*, em janeiro de 2005. Também pode ser adquirido em forma de folheto na amazon.com.

Posteriormente, trabalhei com Peter Drucker na integração de aspectos suplementares da autogestão com temas levantados por Bob Buford em seu best-seller *Halftime: Changing Your Game Plan from Success to Significance* (1994). Esses temas adicionais seriam depois reunidos no livro *The Effective Executive in Action* (2006). As ideias básicas estão sintetizadas a seguir.

Gerir a si mesmo exige compreensão daquilo em que somos bons — ou seja, nossos pontos fortes. Depois, a autogestão exige que compreendamos nossos valores. Terceiro, precisamos entender de que forma trabalhamos melhor — se sozinhos ou em equipe. Somos bons na realização de tarefas desestruturadas ou nos saímos melhor quando compreendemos a estrutura desde o início? Isso nos leva a compreender onde nossa contribuição pode ser maior e mais satisfatória. Tendo entendido nossos pontos fortes, nossos valores, nossa forma de trabalhar e as áreas onde somos mais suscetíveis de contribuir, estaremos prontos para gerir a nós mesmos no segundo tempo de nossa vida. Evidentemente, são as mesmas instruções para gerir o primeiro tempo, mas provavelmente as respostas serão diferentes.

# I. LEITURA

Sim, vejo diversas possibilidades, que não são necessariamente excludentes entre si, mas não são idênticas. Vejo algo [...] singular, onde você e a organização podem ser os catalisadores que permitem a essas pessoas — jovens bem-sucedidos que não estão totalmente satisfeitos com a tarefa de gerir suas empresas, e que não estão sobrecarregados — encontrar uma área de serviço à comunidade. Com um pouco de ajuda, essas pessoas podem avaliar as possibilidades, organizar as coisas e se unir algumas vezes por ano para discutir o que vale a pena fazer, quais as necessidades, onde estão as pessoas dignas de confiança. Disso tudo sairá, talvez, meia dúzia de rumos diferentes, focados nas necessidades das pessoas e nas necessidades de sua própria comunidade.

Acho que não dá para realizar mais que duas ou três iniciativas; o foco ideal é provavelmente uma só, em que você sentir que um pequeno grupo, trabalhando unido, pode fazer a diferença. Você tem interesse pessoal [nisso], e sente que há uma grande necessidade. Você precisa começar uma iniciativa com um foco muito fechado. Do contrário, não acho que possa dar certo. Talvez montando um pequeno grupo, com pessoas conhecidas, que confiem em você e que o sigam.

Diálogo Drucker-Buford, 9 jan. 1989.

# II. REFLEXÃO

☒ Drucker percebeu que os trabalhadores do conhecimento costumam ter carreiras de cinquenta anos ou mais. O próprio Drucker desfrutou de uma vida útil próxima de setenta anos! Mas os trabalhadores do conhecimento terão diante de si diversas dificuldades ao longo de suas extensas carreiras. Muitos ficarão entediados pela rotina diária e irão simplesmente querer mudar em busca de oportunidades que eliminem o tédio. Isso exige que eles "mudem de caixa".

## I. A AUTOGESTÃO: UMA REVOLUÇÃO NA SOCIEDADE

A autogestão é uma revolução nas relações humanas. Ela exige do indivíduo coisas inéditas, e exige ainda mais do trabalhador do conhecimento. Na verdade, exige que todo trabalhador do conhecimento pense e se comporte como um CEO. Também exige uma virada de quase 180 graus na forma de pensar e agir do trabalhador do conhecimento em relação àquilo que tomamos como certo na forma de pensar e agir.

A passagem do trabalhador braçal, que faz o que lhe é pedido — seja pela tarefa, seja pelo patrão —, para o trabalhador do conhecimento que tem que gerir a si mesmo é um desafio profundo para a estrutura social. Em todas as sociedades atuais, mesmo as mais "individualistas", algumas ideias são consideradas, ainda que inconscientemente, imutáveis: as organizações duram mais que os trabalhadores, e a maioria das pessoas fica no mesmo emprego. A autogestão se baseia numa realidade totalmente inversa: os trabalhadores duram mais que as organizações, e o trabalhador do conhecimento tem mobilidade. Nos Estados Unidos, a mobilidade é aceita. Mas, mesmo nos

Estados Unidos, o fato de os trabalhadores durarem mais que as organizações — e, daí, terem que se preparar para um Segundo Tempo Diferente na Vida — é uma revolução para a qual praticamente ninguém está preparado. Tampouco as atuais instituições, como por exemplo o atual sistema de aposentadorias.

Peter F. Drucker, *Management Challenges for the 21st Century*, 1999, p. 194.

## 2. A AUTOGESTÃO: O SEGUNDO TEMPO

### O que fazer com o segundo tempo de sua vida

Os trabalhadores do conhecimento têm condições físicas de continuar trabalhando até a velhice, e muito além da tradicional idade de aposentadoria. Mas eles correm um novo risco: podem ficar mentalmente acabados. O esgotamento, mal mais comum entre os trabalhadores do conhecimento na casa dos quarenta anos, raramente resulta do estresse. A causa mais comum, bem mais comum, é o tédio no trabalho. Por isso, a autogestão exige que você se prepare para o segundo tempo de sua vida.

Peter F. Drucker e Joseph A. Maciariello,
*The Effective Executive in Action*, 2006, p. 137.

☒ Carreiras paralelas e segundas carreiras costumam ter transições mais fáceis que a transição para o empreendedorismo social. Costuma ocorrer desânimo quando as pessoas sofrem na transição do sucesso para a relevância. Esse sofrimento tem muitas razões — em parte porque as pessoas não conhecem a si mesmas e a seus valores, e em parte por causa da dificuldade de achar oportunidades que combinem com seus talentos e sustentem sua motivação.

## 3. A TRANSIÇÃO DO SUCESSO PARA A RELEVÂNCIA PODE OCORRER DE VÁRIAS MANEIRAS

A relevância não exige uma mudança de rumo de 180 graus. Em vez disso, faça um pequeno retroajuste, de modo a pôr em prática seu talento de uma forma que lhe permita passar mais tempo cuidando de coisas relacionadas ao que está na sua caixa [seus pontos fortes e valores]. E faça isso de maneira a recuperar a emoção da sua primeira venda.

Bob Buford, *Halftime: Changing Your Game Plan from Success to Significance*, 1994, p. 89.

---

# III. IDEIAS PRÁTICAS

Comece a pensar numa carreira paralela, ou numa segunda carreira, que talvez o deixe realizado. Relacione áreas de trabalho que o interessam, inclusive o trabalho voluntário em uma organização sem fins lucrativos.

Estabeleça metas que estejam atualmente fora do seu cargo atual. Comece a buscar essas metas.

O livro *Halftime: Changing Your Game Plan from Success to Significance* e o Halftime Institute tentam ajudar os indivíduos que buscam passar do sucesso à relevância, combinando seus talentos com a oportunidade social certa. Com a ajuda de mentoria especializada durante o processo de transição, o Halftime busca preencher uma necessidade no setor privado ou social da sociedade, usando um processo inovador *que combina talentos e valores na solução de problemas prementes*. Avalie esse método, ou outros similares, sobretudo se estiver tentando se tornar um empreendedor social.

# PARTE 13
# CARÁTER
## E LEGADO

# Semana 44

## A SOCIEDADE AMERICANA PERDEU SUA DOÇURA

## INTRODUÇÃO

Neste capítulo vamos ter uma ideia da grande aventura vivida por Peter e Doris Drucker quando chegaram aos Estados Unidos, em 1937. Para os recém-casados, era um período desafiador, mas empolgante. Eles se depararam com profundas dificuldades econômicas, mas apreciaram a hospitalidade e o calor humano do povo americano. Os Drucker davam valor a essa "doçura" dos americanos, num momento em que tinham diante de si uma vida nova durante um período econômico difícil.

Era um grande motivo de tristeza para Peter Drucker, à medida que envelhecia, perceber a perda desse espírito por parte dos americanos. Essa percepção era provavelmente a fonte de seu fervor pelo trabalho no setor social, o combustível de sua energia e a inspiração de seu engajamento de longo prazo. É a razão pela qual ele considerava o trabalho da Peter F. Drucker Foundation for Nonprofit Management — e de seus sucessores e organizações similares — tão importante para um país sadio e esperançoso.

359

Ele julgava muito promissores os resultados alcançados por diversas organizações sem fins lucrativos eficientes, às quais dedicava tempo e esforço. Em sua mente não havia muita dúvida em relação ao fato de que a maior esperança para nossas maiores cidades e para a solução de nossos vários problemas sociais era o trabalho de instituições sociais geridas com eficiência.

Os Drucker deram uma forma tangível a seus valores e preocupações para com os Estados Unidos. A vida deles é o testemunho dos serviços que prestaram. Peter trabalhou de forma silenciosa e incansável para melhorar a gestão de todas as instituições de nossa sociedade. Ele tinha consciência aguda das grandes promessas e dos grandes problemas dos Estados Unidos. Amava o país. Dedicava-se ao desenvolvimento de pessoas, um importante aspecto de seu legado. No momento em que escrevo, sua companheira de toda a vida, Doris Drucker, está com 102 anos de idade. Ela continua a incentivar outras pessoas a pensar em novas possibilidades, criadas por avanços na tecnologia da informação, na genética e na exploração espacial — para mencionar apenas algumas de suas áreas de interesse. Ela trabalhou como voluntária durante a maior parte de sua vida adulta. Sua experiência na Alemanha durante a Primeira Guerra Mundial e na época da ascensão dos nazistas ao poder a deixou amarga em relação à Alemanha. Sua autobiografia, *Invent Radium or I'll Pull Your Hair: A Memoir* [Invente o rádio ou eu vou puxar seu cabelo: Memórias] (University of Chicago Press, 2004), é o testemunho de uma vida corajosa e plena de contribuições.

# I. LEITURA

Faz quase 56 anos que eu e Doris chegamos aos Estados Unidos, vindos da Inglaterra, [na] primavera de 1937. Chegamos naquele que foi talvez o ponto mais baixo da Grande Depressão. A economia sofreu novo colapso em 1936, depois de uma recuperação muito fraca. Em 1937, a economia americana estava num estado pior que na maioria dos países europeus, mas a luta para nos adaptarmos numa economia extremamente deprimida era, para nós, motivo de enorme empolgação. Acho que todos vocês sabem que, economicamente, o New Deal* foi um fracasso. Estávamos em meio a uma economia totalmente deprimida. Mas a sociedade era forte, e era um país onde havia muito pouca ou nenhuma inveja, e o povo era basicamente honesto, com uma grande dose de doçura. O que me incomoda hoje não é a economia. O que me incomoda neste país é que nossa sociedade atual perdeu a doçura. Ficou amarga, terrivelmente amarga, e acho que não há muito que o governo possa fazer, ou que provavelmente vá fazer. Na verdade, do jeito que estamos indo, o governo está tornando-a ainda mais amarga.

Creio que é apenas por meio desse tipo de atividade com as instituições não lucrativas, essa demonstração de autoestima às pessoas, esse tipo de iniciativa para resolver nossos maiores problemas sociais, que conseguiremos fazer deste país, novamente, uma sociedade. É por isso que acho que o trabalho que todos os associados à Drucker Foundation for Nonprofit Management estão fazendo, ou estão interessados em fazer, tem uma importância tão grande, e é por isso que nossos esforços e nossos resultados até agora são tão comoventes.

Peter F. Drucker, discurso ao conselho consultivo da
Drucker Foundation for Nonprofit Management, 8 nov. 1992.

## II. REFLEXÃO

☒ Algumas de nossas maiores cidades têm grandes regiões que parecem zonas de guerra. Houve mais de quinhentos homicídios em Chicago em 2012, nas regiões economicamente necessitadas

---

\* Programa de combate à recessão implementado pelo presidente Franklin Delano Roosevelt que recorria, entre outras medidas, ao aumento dos gastos governamentais. (N.T.)

de South Side, dominadas por gangues e infestadas pelo tráfico. Uma grande parte da terceira maior cidade dos Estados Unidos deixou de ser civilizada. A taxa de homicídios per capita é mais alta em Chicago que nas subdesenvolvidas Cidade do México e São Paulo. Em Chicago, as soluções parecem ser ainda mais difíceis. Civilizar nossas três maiores cidades — Nova York, Los Angeles e Chicago — é um dos maiores desafios enfrentados pela sociedade americana. As taxas de homicídios per capita em nossas três maiores cidades são muitas vezes mais altas que as de Tóquio, Londres e Paris.[1]

## 1. COMO CIVILIZAR AS CIDADES

"Só o setor social pode criar aquilo de que nós precisamos: comunidades para os cidadãos."

Civilizar as cidades será, cada vez mais, a principal prioridade de todos os países — e em particular os países desenvolvidos, como os Estados Unidos, o Reino Unido e o Japão. No entanto, nem os governos nem as empresas podem proporcionar o novo tipo de comunidade de que necessitam todas as grandes cidades do mundo. Essa é uma tarefa para organizações não governamentais, não empresariais, sem fins lucrativos. Só o setor social pode criar aquilo de que precisamos atualmente, comunidades para os cidadãos — e sobretudo para os trabalhadores do conhecimento, com alto grau de instrução, que dominarão cada vez mais as sociedades desenvolvidas. Uma razão para isso é que apenas as organizações sem fins lucrativos podem proporcionar a enorme diversidade de comunidades de que necessitamos — de igrejas a associações profissionais, de organizações de auxílio aos sem-teto a academias de ginástica [...]. As organizações sem fins lucrativos também são as únicas que podem atender a segunda necessidade de uma comunidade eficiente, a necessidade de cidadania eficiente. O século XX assistiu a um crescimento explosivo tanto do governo quanto das empresas — principalmente nos países desenvolvidos. O século XXI necessita, acima de tudo, de um crescimento igualmente explosivo do setor social sem fins lucrativos, na construção de comunidades no novo ambiente social dominante, as cidades.

Peter F. Drucker com Joseph A. Maciariello,
"Civilizing the City", *The Daily Drucker*, 24 jun. 2004.

⊠ "Drucker considera o Exército de Salvação 'de longe a mais eficiente organização dos Estados Unidos. Ninguém chega nem perto, em relação à clareza da missão, à capacidade de inovar, aos resultados medidos, à dedicação e ao aproveitamento máximo do dinheiro'."[2]

## 2. COMPAIXÃO E CULTURA

Seria errado, mas não tão errado, dizer que toda a teoria da administração é uma nota de rodapé do trabalho de Peter Drucker. Quando perguntaram a Bill Gates qual o pensador da administração que mais o influenciou, ele teria respondido: "Drucker, é claro". Mas nos últimos anos o mundo descobriu que ele é mais do que simplesmente o "guru da administração", como costumam chamá-lo: ele é um teórico social defensor do espírito do homem. Se o Exército de Salvação quer salvar o mundo, é um casamento feito, talvez literalmente, no céu. Nenhuma outra grande organização dos Estados Unidos compreendeu e implementou com maior fidelidade as ideias de Peter Drucker em administração. O que é, exatamente, o Exército de Salvação? O nome é reconhecido de maneira quase universal, e inspira grande confiança no público, mas poucas pessoas sabem o que ele é realmente, ou até o que faz [...]. É difícil definir o Exército. Há quem se refira a ele como uma igreja, mas a definição mais comum é como provedor de serviços de caridade. Talvez a melhor descrição seja como um ministério metodista, ligado ao Movimento de Santidade, que nasceu para tratar das piores consequências do início da era industrial.

Gwen Purtill, *Compassion and Culture*, 2002, pp. 1-2.

⊠ Você compreende por que Drucker acreditava que os Estados Unidos perderam sua "doçura"? E entende agora por que ele acreditava que os maiores problemas dos Estados Unidos são sociais, e não econômicos?

## 3. VALORES ESPIRITUAIS

"Só a compaixão salva — a compreensão silenciosa da minha própria responsabilidade por tudo aquilo que estiver sendo feito com a mais insignificante criatura de Deus."

A sociedade precisa de um retorno aos valores espirituais — não como compensação ao material, mas para torná-la integralmente produtiva. Por mais que pareça distante para a grande maioria da humanidade, existe hoje a promessa da abundância material, ou pelo menos da suficiência material. A humanidade precisa retornar aos valores espirituais, pois precisa de compaixão. Necessita da experiência profunda do eu e você como uma pessoa só, compartilhada por todas as grandes religiões. Numa era de terror, de perseguições e de assassinatos em massa como a nossa, a casca dura da indiferença moral pode ser necessária para sobreviver. Sem ela, cederíamos talvez ao desespero paralisante. Mas a insensibilidade moral também é uma terrível doença da alma e da mente, e um enorme perigo. Ela instiga, quando não admite, a crueldade e as perseguições. Nós aprendemos que o humanitarismo ético do século XIX não impediu a bestialização do homem. Só a compaixão salva — a compreensão silenciosa da minha própria responsabilidade por tudo aquilo que estiver sendo feito com a mais insignificante criatura de Deus. Esse é o conhecimento do espírito.

O indivíduo precisa retornar aos valores espirituais, pois só pode sobreviver na atual situação humana reafirmando que o homem não é apenas um ser biológico e fisiológico, mas também um ser espiritual, uma criatura, e que existe sujeito ao Criador e para os Seus propósitos. Só assim o indivíduo saberá que a ameaça de aniquilamento instantâneo da espécie não invalida sua própria existência, seu sentido e sua responsabilidade.

Peter F. Drucker, *Landmarks of Tomorrow*, 1996, pp. 264-5.

[Ed. bras.: *Fronteiras do amanhã*, 1964.]

# III. IDEIAS PRÁTICAS

Você está engajado em uma organização cívica atuante no reforço dos laços sociais que ajudam a criar comunidades mais sadias?

Não deixe de conhecer a missão e o desempenho das organizações sem fins lucrativos que você apoia financeiramente. Nem todas têm a mesma eficiência. Por exemplo, os salários pagos aos altos executivos dessas organizações podem ir dos muito baixos aos exorbitantes.

Confira os salários dos altos diretores das instituições de caridade e a porcentagem de seus orçamentos dedicada à arrecadação de fundos. Por fim, confira seus resultados. Use esses dados para tomar decisões em relação ao padrão de suas contribuições.

Tente fazer campanha e eleger ocupantes de cargos públicos locais que compreendam as limitações dos governos e a necessidade de cooperação pública e privada no reforço do trabalho de nosso setor social e das instituições do setor público.

# Semana
# 45

## O PODER DO PROPÓSITO:

*Rick Warren sobre Peter Drucker*

## INTRODUÇÃO

A criação de igrejas pragmáticas por Rick Warren é resultado da aplicação e do desenvolvimento do trabalho de Peter Drucker a respeito da "teoria do negócio" (TN). Ela está no cerne do sistema de gestão de Drucker para todo tipo de organização. A TN, numa organização, exige que os executivos, além de especificarem a missão da organização, informem como essa missão combina com os pressupostos em relação a seu ambiente específico e quais são as competências centrais que ela possui e que são necessárias para o cumprimento de sua missão naquele ambiente (Peter F. Drucker e Joseph A. Maciariello, *Management: Revised Edition*, 2008, pp. 85-96).

Uma TN válida é uma hipótese relativa à missão necessária para dar certo, considerando as realidades vividas pela organização num determinado negócio ou domínio; suas competências centrais ou os conhecimentos exigidos; e seu próprio conjunto de valores. Sem uma teoria válida, a organização simplesmente não produzirá aquilo que

366

seus clientes e clientes em potencial valorizam. A TN é uma hipótese testada diariamente pelos fatos.

A principal diferença na TN entre as organizações com e sem fins lucrativos é que a "missão" é primordial para as não lucrativas. Estas são guiadas, antes de tudo, pelos valores que se buscam. Organizações que visam lucro, por sua vez, precisam dar prioridade aos clientes, e as competências e a missão precisam estar alinhadas com os valores do cliente naquele mercado específico. O título muda, então, de "guiada pela TN" para "guiada pela missão", quando passamos das organizações que visam lucro para as de serviço público. Fora isso, não há diferença.

Se a organização reuniu as competências certas para cumprir sua missão, o próximo passo é alinhar os membros da organização de alto a baixo, por meio de uma comunicação eficiente. Todos devem ser capazes de identificar seus propósitos com base na TN.

Ao depoimento a seguir, de Rick Warren, sobre o poder do propósito, seguem-se leituras de Drucker que especificam as exigências de uma TN válida. Warren usa "propósito" em vez de "missão", mas os dois termos representam a mesma coisa.

# I. LEITURA

Toda organização e toda vida humana são guiadas por alguma coisa. Algumas organizações são guiadas por personalidades; a força propulsora é o líder maior. O que acontece quando esse líder morre, vai embora, se aposenta ou muda de cargo? Todos nós já vimos isso acontecer. Organizações guiadas por personalidades são muito instáveis.

Uma das coisas que Peter ensinava é que o carisma é extremamente perigoso. Os líderes mais carismáticos do século XX, Peter cansou de ensinar, foram Mao, Stálin e Hitler. Nenhum deles ajudou muito, mas todos tinham um enorme carisma; então, é melhor não ter uma organização guiada pelo carisma; é melhor ter uma organização guiada por objetivos.

Peter diz [que] a primeira pergunta que deve ser feita é: "Qual é a minha missão? Qual é o meu negócio?". E você esclarece isso.[1] [...] Por que guiada por propósitos?

Primeiro, porque um propósito reforça o *moral*. Uma das razões pelas quais a Igreja Comunitária de Saddleback é a segunda maior dos Estados Unidos — 82 mil nomes no nosso rol — é [que] nosso moral é alto. Segundo, um propósito *reduz o conflito* nas organizações. Quando todos estão juntos no mesmo barco, ninguém tem tempo de fazê-lo balançar; você não se deixa distrair; você conhece seu propósito. Terceiro, o propósito proporciona uma *visão*. "Onde não há visão as pessoas perecem."[2] Quarto, o propósito permite a *concentração*. Na vida não há tempo para fazer tudo, e a boa notícia é [que] nem tudo na vida vale a pena ser feito. Citando uma frase de Peter, "Concentre-se no menor número de atividades que foquem na maior produtividade".[3] Foque em suas competências principais; foque nos seus pontos fortes; não seja o melhor dos piores. Se você quer que sua vida conte, se quer que sua organização conte, o segredo é o foco. Faça pouco, mas faça bem. Quinto, o propósito propicia *um método de avaliação*.

Na Igreja Saddleback nós alinhamos tudo o que fazemos em torno da missão. Orçamos pelo propósito, estruturamos pelo propósito, contratamos pelo propósito, agendamos pelo propósito, e eu prego pelo propósito. Tudo é guiado pelo propósito, porque Peter me ensinou que tudo começa pela missão. Você tem que saber qual é a sua missão.

> Rick Warren, discurso principal no Drucker Alumni Day,
> 13 nov. 2004. Transcrito e editado por mim a partir de uma
> fita cassete. Usado com permissão de Rick Warren.

---

# II. REFLEXÃO

☒ Missões guiadas por propósitos podem proporcionar uma visão, levar a um moral mais elevado, promover a concentração e propiciar a base de um método de avaliação.

# 1. A TEORIA DO NEGÓCIO

"Uma teoria do negócio clara, simples e penetrante, em lugar da intuição, caracteriza o empreendedor verdadeiramente bem-sucedido."

Uma teoria do negócio consiste em três partes. Primeiro, os pressupostos a respeito do ambiente da organização: a sociedade e sua estrutura, o mercado, o cliente e a tecnologia. Os pressupostos em relação ao ambiente definem aquilo pelo qual a organização é paga. Segundo, os pressupostos a respeito da missão específica da organização. Os pressupostos sobre a missão definem aquilo que a organização considera como resultados significativos — apontam para a forma como acredita estar fazendo diferença na economia e na sociedade como um todo. Terceiro, pressupostos a respeito das competências centrais necessárias para cumprir a missão da organização. As competências centrais definem onde a organização deve alcançar a excelência de modo a manter a liderança. Por exemplo, a academia militar de West Point, fundada em 1802, definiu como sua competência central a capacidade de produzir líderes dignos de confiança.

Todos os grandes criadores de empresas de que ouvi falar — dos Médici [em Florença], passando pelos fundadores do Banco da Inglaterra, até Thomas Watson, da IBM [...] — tinham uma ideia definida, tinham, na verdade, uma teoria clara do negócio, em que baseavam seus atos e decisões. Uma teoria do negócio clara, simples e penetrante, em lugar da intuição, caracteriza o empreendedor verdadeiramente bem-sucedido, aquele que constrói uma organização que pode resistir e crescer muito depois que ele se for.

> Peter F. Drucker com Joseph A. Maciariello, "Theory of the Business", *The Daily Drucker*, 1 jul. 2004.

☒ Missões devem ser testadas pelos fatos. Nenhuma missão dura para sempre!

## 2. COMUNIQUE E TESTE OS PRESSUPOSTOS
"A teoria do negócio é uma disciplina."

A teoria do negócio precisa ser conhecida e compreendida por toda a organização. Isso é fácil no começo de uma organização. Mas, à medida que ela se torna bem-sucedida, tende cada vez mais a considerar sua teoria como algo dado, e se torna cada vez menos consciente dessa teoria. Nesse momento a organização se torna negligente. Começa a querer cortar caminho. Começa a buscar o fácil, em vez de buscar o certo. Para de raciocinar. Para de questionar. Lembra-se das respostas, mas se esqueceu das perguntas. A teoria do negócio se transforma numa "cultura". Mas a cultura não substitui a disciplina, e a teoria do negócio é uma disciplina.

A teoria do negócio precisa ser constantemente testada. Não está gravada nas tábuas da lei. É uma hipótese. E é uma hipótese a respeito de coisas que estão em fluxo constante — a sociedade, os mercados, os clientes, a tecnologia. Logo, é preciso inserir na teoria do negócio a capacidade de mudar a si mesma. Algumas teorias são tão poderosas que duram muito tempo, Por fim, toda teoria se torna obsoleta e, em seguida, inválida. Isso aconteceu com a General Motors e com as telefônicas americanas. Aconteceu com a IBM. Também está acontecendo com os *keiretsu* [conglomerados] japoneses, em rápido processo de dissolução.

> Peter F. Drucker com Joseph A. Maciariello, "Theory of the Business",
> *The Daily Drucker*, 4 jul. 2004.

⊠ Conhecimentos-chave são essenciais para a realização da missão. E o conhecimento é perecível. Por isso, deve ser continuamente atualizado de acordo com a necessidade.

## 3. COMPETÊNCIAS CENTRAIS
"O conhecimento é um bem perecível."

Obter uma definição válida para o conhecimento específico de um negócio parece simples — enganosamente simples [...]. É preciso prática para fazer uma análise correta do conhecimento. A análise inicial pode redundar em generalidades constrangedoras, como "nosso negócio é comunicação", ou transporte, ou energia. Mas é evidente que todo negócio é comunicação, transporte ou energia. Esses termos genéricos são bons slogans para os congressos de vendedores; mas convertê-los em significados operacionais — isto é, fazer alguma coisa a partir deles (sem ser repeti-los) — é impossível. Com a repetição, porém, a tentativa de definir o conhecimento do próprio negócio logo fica mais fácil e compensadora [...].

Poucas respostas, além disso, são mais importantes que a resposta a essa pergunta. O conhecimento é um bem perecível. Tem que ser reforçado, reaprendido, repraticado o tempo todo [...]. Mas como trabalhar mantendo a excelência se não soubermos o que é excelência? Todo conhecimento, com o passar do tempo, se torna conhecimento errado. Ele se torna obsoleto [...]. "Nossa experiência recente casa com nossas conclusões anteriores, em relação a essa habilidade específica nos dar a liderança?"

Peter F. Drucker, Managing for Results, 1964, pp. 117-8.

☒ Se os integrantes de uma organização estão seguros quanto à própria missão, e ela está alinhada com a missão da organização, que também é uma missão de construção social, não há risco em seguir a liderança de alguém carismático como Rick Warren.

---

## III. IDEIAS PRÁTICAS

---

Sua organização decaiu, deixando de ser uma estrela e entrando em crise? O que isso diz a respeito de sua missão e teoria do negócio?

Estabeleça um grupo para comunicar sua missão a toda a organização e para testar a missão ou a teoria do negócio da organização.

Se a sua missão ou teoria do negócio ficou obsoleta, não procrastine. Repense os pressupostos e as competências centrais em que ela se baseia e atualize as premissas com base nas quais sua organização opera.

Mantenha o foco nas coisas que sua organização faz extremamente bem, de modo a ter êxito no cumprimento de sua missão. Dê apoio às áreas em que se exige excelência, através da oferta de educação contínua.

# Semana 46

## UM RUMO PARA A *RIQUEZA* E UM RUMO PARA A *INFLUÊNCIA*

## INTRODUÇÃO

A última consulta gravada de Rick Warren com Peter Drucker ocorreu em 27 de maio de 2004, depois do sucesso sem igual do livro *Purpose Driven Life* e do curso "Quarenta Dias com Propósito". O curso, como indica o título, é um guia de quarenta dias para indivíduos e igrejas. Centenas de milhares de igrejas em todo o mundo utilizaram o programa, que ajudou a criar diversos novos ministérios, entre eles alguns muito eficientes, no sistema prisional da Califórnia e em fábricas na China. O sucesso do livro e do curso trouxe para Rick e Kay Warren riqueza e influência inesperadas.

A pergunta com que ele se deparou foi: "Como vamos fazer para lidar com essa riqueza e influência inesperadas?". O caminho que eles escolheram serve de exemplo.

Observando o crescimento explosivo do trabalho religioso em Saddleback, Drucker continuou a cuidar da criação de uma estrutura que permitisse que esse crescimento não fosse prejudicado, protegendo ao mesmo tempo o patrimônio e o bem-estar de Rick e Kay

Warren. A igreja continuava a crescer, não apenas na sede em Lake Forest, na Califórnia, mas em diversas congregações-satélites nos Estados Unidos e mundo afora. O próprio Warren treinou mais de 100 mil ministros no paradigma pragmático. Enquanto isso, ministérios externos, para pessoas com HIV-aids, estavam crescendo na África, assim como os esforços para auxiliar países em desenvolvimento. Além disso, havia a demanda para que a igreja editasse publicações que dessem apoio a seus esforços globais. Sem uma estrutura organizacional apropriada e sem pessoas competentes, esse crescimento esmagador poderia facilmente ter derrubado a organização e a família Warren. Esses problemas não são um caso isolado, mas um fato comum em organizações empresariais que vivenciam um crescimento explosivo.

# I. LEITURA

### Peter Drucker

Acho que o equilíbrio entre manter a *dinâmica interna* e a *institucionalização* é muito delicado. E, no fim, sempre, ou a organização se institucionaliza ou se dissipa, mas você não chegou ao ponto em que haja motivo para se apressar.

### Rick Warren

Você continuou a falar do nosso movimento em rede, e por fim aconteceram duas coisas que afetaram o movimento quando o livro começou a fazer tanto sucesso. Primeiro, me trouxe uma grande notoriedade, que eu não tinha pedido. Os pastores me conheciam, mas eu não conhecia ninguém, por causa da nossa abordagem humilde em relação à expansão. Aí todo esse dinheiro começou a entrar. Kay e eu começamos a orar pedindo um rumo para a riqueza e um rumo para a influência. O que eu faço com a fama e o que eu faço com o dinheiro? Não acredito que Deus conceda fama e dinheiro a um pastor para a satisfação de seu próprio ego. Se não é para mim, então, o que eu tenho que fazer com isso?

Kay e eu tomamos quatro decisões. Primeiro, decidimos não mudar em nada o nosso estilo de vida. Não compramos uma casa maior, não compramos uma casa de veraneio. Eu ainda ando no mesmo Ford. Segundo, parei de retirar meu salário da igreja. Terceiro, fiz as contas do que a igreja tinha pagado a mim durante 24 anos e devolvi tudo. Fiz isso quando a revista *Time* escreveu uma matéria a meu respeito, alguns meses atrás. Eles sempre acham que os pastores estão atrás de dinheiro. Eu disse "Não — na verdade eu hoje sirvo minha igreja de graça". E estamos fazendo o dízimo às avessas. Agora, Kay e eu vivemos com 10% e doamos 90%. Assim, ninguém pode me acusar de estar fazendo isso por dinheiro. Quarto, criamos três fundações para financiar o plano PEACE. Foi por isso que lhe mandei um pouco de material sobre o plano PEACE.

Uma parte do plano é expandir o movimento, não apenas transformando antigas igrejas, mas abrindo outras. Quando eu viajei pelo mundo, comecei a pensar: "Quais são as maiores oportunidades para a igreja?", "Onde a igreja poderia fazer diferença?". Agora sinto que Deus está me chamando basicamente para liderar uma nova Reforma. E é uma reforma não de crença, mas de ação. A primeira Reforma foi uma reforma do "Em que a igreja acredita?". Esta é mais do "O que a igreja faz?".

O plano PEACE é o acrônimo de *Plant churches that promote reconciliation. Equip servant leaders. Assist the poor. Care for the sick. Educate the next generation* [Plante igrejas. Equipe líderes servidores. Ajude os pobres. Cuide dos doentes. Eduque a próxima geração nos países em desenvolvimento]. O objetivo do PEACE é levar a igreja para a rua e alcançar os não praticantes.

Estamos testando um protótipo do plano atualmente. Existem 3 mil grupos de pessoas no mundo inteiro que não foram alcançadas e não pertencem a nenhuma igreja de nenhuma denominação, nem católica, nem protestante, nada: 3 mil grupos de pessoas que não foram alcançadas. A maioria desses grupos tem menos de 500 mil pessoas. Trata-se de grupos linguísticos dentro de uma cultura que está dentro de outra cultura. Ao olharmos esses grupos, pegamos o mundo e o dividimos em dez segmentos. Este ano, temos 64 grupos trabalhando com 51 grupos de pessoas diferentes. Eles estão testando nosso novo plano PEACE.[1]

# II. REFLEXÃO

☒ Rick e Kay Warren decidiram usar sua riqueza e influência para começar a se envolver na construção de nações, unindo organizações de todos os setores do mundo para auxiliar os países a atingir níveis mais elevados de saúde, educação e bem-estar, e níveis mais baixos de crime e corrupção. O projeto-piloto em Ruanda está se expandindo agora a outros países mundo afora.

## 1. A LINHA DO TEMPO DO PLANO PEACE

A linha do tempo de uma década do plano PEACE em Ruanda, da visão inicial ao projeto-piloto, e daí à sua extensão a outros países, é a seguinte:[2]

(a) 2003 — A visão inicial do plano PEACE foi criada depois de um encontro de Rick Warren com uma igreja africana de cinquenta membros, que cuidava de 25 órfãos vítimas da aids.

(b) 2004 — O presidente de Ruanda, Paul Kagamé, convidou Rick e Kay Warren a ajudar Ruanda a tornar-se uma nação que segue os preceitos da igreja pragmática, inaugurando, assim, o plano PEACE no ano seguinte.

(c) 2005 — O plano PEACE começou a unir todas as igrejas em Ruanda.

(d) 2008 — Vinte mil pessoas se reuniram no estádio Amahoro (um dos poucos santuários administrados pelas Nações Unidas, onde em 1994 as pessoas podiam se refugiar do genocídio ruandês, que levou ao assassinato de aproximadamente 800 mil pessoas).

(e) 2012 — Vinte e três mil pessoas de todas as denominações cristãs se reuniram para comemorar o primeiro Dia Nacional de Ação de Graças de Ruanda.

(f) 2013 — O comitê ruandês do PEACE se reúne para estabelecer outras igrejas pragmáticas, em outros sete países da África: Burundi, República Democrática do Congo, Uganda, Tanzânia, Malaui, Sudão do Sul e Nigéria (Delta do Níger).

☒ Warren aprendeu os benefícios de criar um piloto do plano PEACE a partir dos ensinamentos de Peter Drucker.

## 2. COMO "PILOTAR"

Nenhum estudo, nenhuma pesquisa de mercado, nenhuma simulação em computador substitui o teste da realidade. Toda melhoria ou novidade, portanto, tem que ser testada em pequena escala, ou seja, precisa ser pilotada. A maneira de fazer isso é encontrar alguém na empresa que realmente deseje o novo. Como foi dito antes, tudo que é novo acarreta problemas. E precisa de um defensor. Precisa de alguém que diga "Eu vou fazer isto dar certo" e que comece a trabalhar. Essa pessoa precisa ser alguém respeitado na organização. Não precisa nem ser alguém de dentro da organização. Uma boa maneira de pilotar um novo produto ou um novo serviço costuma ser encontrar um cliente que realmente deseje o novo e esteja disposto a trabalhar com quem produz para que o novo produto dê verdadeiramente certo. Se o teste-piloto for bem-sucedido — se ele descobrir os problemas que ninguém antecipou, sejam de design, de mercado ou de serviço —, a mudança, em geral, apresentará um risco relativamente baixo. E em geral também fica bastante claro onde lançar as mudanças e como lançá-las, isto é, qual a estratégia empreendedora que deve ser utilizada.

Peter F. Drucker e Joseph A. Maciariello, Management: Revised Edition, 2008, p. 403.

⊠ Drucker foi um defensor ferrenho da pilotagem de projetos inovadores, em pequena escala, antes de lançá-los em grande escala. Isso é particularmente importante em relação a programas governamentais complexos, que costumam passar pelas consequências indesejadas de programas legislativos bem-intencionados. Os gestores públicos precisam aprender pela experiência, e pilotar é uma forma de adquirir experiência.

## 3. "CERTIFIQUE-SE DE QUE VOCÊ NÃO VAI APRENDER PELA EXPERIÊNCIA"

Sem dúvida, uma das principais razões para o êxito de tantos programas do New Deal foi o fato de ter havido experiências anteriores em "pequena escala" em estados e municípios — nos estados do Wisconsin e de Nova York, por exemplo, na cidade de Nova York ou numa das gestões reformistas de Chicago. E os extraordinários gestores do New Deal — Frances Perkins no Departamento do Trabalho, Harold Ickes no Departamento do Interior e Arthur Altmeyer no Departamento da Seguridade Social — haviam todos aprendido com essas experiências anteriores de pequena escala [...]. "Certifique-se de que você não vai aprender pela experiência" é a receita para o mau desempenho na administração pública.

> Peter F. Drucker e Joseph A. Maciariello, *Towards the Next Economics and Other Essays*, 2010, p. 158.

## 4. EQUÍVOCOS COMUNS AO LANÇAR MUDANÇAS

Quando se faz algo novo, é comum que se cometam alguns equívocos. Um deles é partir da ideia para a operação em grande escala. Não se esqueça de testar a ideia. Não pule o estágio do piloto. Se fizer isso, e pular do conceito para a grande escala, até os defeitos pequenos e corrigíveis vão destruir a inovação [...]. Outro equívoco comum é tentar remendar o que é velho em vez de partir diretamente para o novo [...]. Uma das missões críticas do executivo é saber a hora de dizer: "Chega. Vamos parar de fazer melhorias. Essas calças já têm remendos demais".

> Peter F. Drucker, *Managing the Non-Profit Organization: Principles and Practices*, 1990, p. 70.

---

# III. IDEIAS PRÁTICAS

---

Garanta que os projetos inovadores em sua organização tenham defensores apaixonados, como o presidente Paul Kagamé, de Ruanda, e o casal Warren, para conduzir esses projetos ao longo das inevitáveis dificuldades que enfrentarão nas fases de projeto, implantação e promoção.

Você pode encontrar um cliente que, como o presidente Kagamé, esteja genuinamente em busca de um novo produto ou serviço desenvolvido por você, e disposto a trabalhar com você para que esse produto ou serviço dê certo. Tire partido da proposta.

Avalie uma transformação inovadora que tenha ocorrido recentemente em sua organização. Que consequências indesejadas, positivas ou negativas, ocorreram? O que essas consequências ensinam a respeito do processo de lançamento de mudanças?

Que mudanças inovadoras você gostaria de introduzir em sua organização? Você possui entusiasmo suficiente pelo projeto e por seu potencial para dar o melhor de si na busca do êxito? Você também é capaz de aceitar o fracasso e dizer "Já chega" se seguidas tentativas não derem certo?

# Semana 47

## COMO SERMOS ÚTEIS PARA OS OUTROS E PARA NÓS MESMOS

---

## INTRODUÇÃO

---

O artigo "The Unfashionable Kierkegaard" [O antiquado Kierke-gaard], de Peter Drucker, foi publicado pela primeira vez na *Sewanee Review* (1949, pp. 587-602). Drucker considerava esse texto seu melhor ensaio,[1] que foi republicado em 1993 como o capítulo 30 de sua cole-tânea de ensaios *The Ecological Vision*.[2] Na introdução desse livro, ele explica por que escreveu o artigo, e por que era tão importante para ele (p. 426): "'The Unfashionable Kierkegaard' foi escrito, portanto, como uma afirmação da dimensão existencial, espiritual, individual da Criatura. Foi escrito para afirmar que não basta haver uma socie-dade — nem mesmo para a sociedade. Foi escrito como uma afirma-ção da esperança".

Compartilhamos os frutos da prosperidade, entre eles cuidados de saúde melhores e expectativas de vida mais longas. Eles nos levam a um leque inteiramente novo de condições e opções, em especial a oportunidade de passar do sucesso à relevância. Peter Drucker sabia que o ponto de mutação ocorreu no século XX, e que foi a gestão pro-

380

fissional que viabilizou esse progresso. Só que ele criou desafios existenciais e, para ele e para outros, isolamento.

Peter Drucker centrou seu foco no setor não lucrativo porque acreditava que a necessidade predominante na nossa cultura é a "existencial". Os "frutos da prosperidade" não engendram a realização pessoal, e isso fica mais que evidente quando alcançamos a prosperidade. Há diversos exemplos de que a fama e a fortuna, por si sós, não geram vidas realizadas. Lee Iacocca,* por exemplo, pouco tempo depois de ter deixado o setor automobilístico, contou em seu livro *Straight Talk* (1988, p. 36) [ed. bras.: *Falando francamente*, 1988]: "Aqui estou eu, no crepúsculo da vida, ainda tentando entender qual o sentido [...]. Posso dizer o seguinte: Fama e Fortuna são um saco".

Drucker sabia muito bem que um propósito existencial proporciona sentido e esperança para a vida e preenche a necessidade expressa por Iacocca. Mas muitos acham difícil compreender o termo "existencial". Para Drucker, é uma necessidade universal de inspiração, eficiência e esperança. Embora essas sejam necessidades importantes de preencher ao longo da vida, são ainda mais importantes quando tentamos fazer a transição do sucesso para a relevância. Preencher essas necessidades é uma forma de encarar a realidade de nossa própria mortalidade.

Vimos na Leitura 3 da Semana 39 que George Bernard Shaw, que preferia se definir como ateu,[3] encontrou a felicidade e a esperança em sua vida — ou, como ele expressou, "autêntica alegria" — exaurindo-se completamente na busca de tudo aquilo que pudesse torná-lo útil em prol da comunidade. Claramente, ele estava olhando além de si mesmo em busca de realização pessoal ao encarar a própria mortalidade. Ele estava preenchendo uma necessidade existencial em sua vida com a busca de metas humanitárias dignas.

---

* Célebre executivo da Ford e da Chrysler. (N.T.)

# I. LEITURA

Meu *trabalho* tem sido totalmente dedicado à sociedade. Mas desde o início, nos distantes idos de 1928, eu sabia que minha *vida* não seria nem poderia ser totalmente dedicada à sociedade, que precisava de uma dimensão existencial que transcendesse a sociedade. Mesmo assim, todo o meu trabalho tem sido com a sociedade — à exceção desse ensaio sobre Kierkegaard.

Embora a fé de Kierkegaard não baste para superar a terrível solidão, o isolamento e a dissonância da existência humana, ela pode torná-la suportável ao lhe dar significado. A filosofia dos credos totalitários permite a morte do homem. É perigoso subestimar a força de uma tal filosofia, pois, em períodos de dor e sofrimento, de catástrofes e horrores, poder morrer é muito bom. Porém, não é suficiente. A fé de Kierkegaard também permite a morte do homem; mas também lhe permite viver. A fé é a crença de que em Deus o impossível é possível, que n'Ele o tempo e a eternidade são uma coisa só, que tanto a vida quanto a morte fazem sentido. A fé é a noção de que o homem é criatura — não é autônomo, não é o mestre, não é o fim, não é o centro — e *mesmo assim é responsável e livre* [grifo meu]. É a aceitação da solidão essencial do homem, ser dominado pela certeza de que Deus está sempre com o homem, mesmo "na hora de nossa morte".

> Peter F. Drucker com Joseph A. Maciariello, "Human Existence in Tension", *The Daily Drucker*, 25 dez. 2004.

# II. REFLEXÃO

☒ Drucker acreditava que uma importante necessidade existencial da pessoa é integrar as duas dimensões da existência — a vida no presente e a vida no espírito.

## 1. A SIMULTANEIDADE DA VIDA NO ESPÍRITO E DA VIDA NA CARNE E O SENTIDO DE UM PARA O OUTRO

Kierkegaard se situa bem no centro da grande tradição ocidental da experiência religiosa, a mesma de Santo Agostinho e são Boaventura, de Lutero, são João da Cruz e Pascal. O que o diferencia e lhe dá premência particular nos dias de hoje é a ênfase no sentido da vida no tempo e na sociedade para o homem de fé, o cristão. Kierkegaard é "moderno", não apenas por empregar o vocabulário moderno da psicologia, da estética e da dialética — as características efêmeras badaladas pela onda Kierkegaard —, mas porque se preocupa com a doença específica do Ocidente atual: o declínio da existência humana, a simultaneidade da vida no espírito e da vida na carne, a negação do sentido de um para o outro.

> Peter F. Drucker, "The Unfashionable Kierkegaard", 1949, p. 601; republicado em *The Ecological Vision*, 1993, p. 438.

☒ As megaigrejas conseguem realizar coisas que as igrejas pequenas e as instituições do setor social não conseguem. Por exemplo, podem oferecer oportunidades para um serviço significativo na comunidade ao mesmo tempo que proporcionam ao voluntário um senso maior de propósito. Isso pode trazer esperança de desenvolvimento e formação desses dois tipos de comunidade, que fazem tanta falta nos Estados Unidos.

## 2. AS MEGAIGREJAS AJUDAM A PREENCHER O DESEJO DE DRUCKER POR INSPIRAÇÃO, ESPERANÇA E EFICIÊNCIA

Vince Barabba[4] chama a atenção para o gosto de Drucker pela grandeza. "Há certas coisas que um elefante consegue fazer, e um camundongo não consegue", dizia. Graças à sua grande escala — até 10 mil membros por instituição —, as megaigrejas proporcionam serviços sociais de todos os tipos. Ao recriarem a comunidade americana desgastada pelo ácido da modernidade, as grandes igrejas pastorais estão realizando o sonho de Peter Drucker, de uma nova forma de sociedade pós-moderna, baseada no compromisso, em vez do conformismo.

Jack Beatty, *The World According to Peter Drucker*, 1998, p. 186.
[Ed. bras.: *O mundo segundo Peter Drucker*, 1998.]

☒ A maioria das igrejas de dimensões significativas não pode utilizar totalmente seus talentos leigos. Por isso, encaixá-los no trabalho voluntário a serviço da comunidade é indispensável para o crescimento e o desenvolvimento da pessoa e também da igreja. Esse trabalho propicia às pessoas uma oportunidade de serem úteis, tanto para si mesmas quanto para outros.

---

# III. IDEIAS PRÁTICAS

A busca da *salvação pela sociedade* fracassou sistematicamente nos Estados totalitários e nas democracias ocidentais. Sabemos que são falsas as promessas dos Estados totalitários, que buscam convencer o indivíduo de que o Estado é tudo que existe, e que o propósito primordial da vida é a identificação com os interesses do Estado. Os programas sociais "do berço ao túmulo" de algumas democracias ocidentais geram a crença de que o Estado provê todas as necessidades dos cidadãos. Essa crença também é falsa. Precisamos encontrar sentido e propósito na vida por nós mesmos. Isso significa que temos que lidar com tensões — o aqui, o agora, o além. Você progrediu na racionalização dessas duas dimensões da vida?

Está sendo útil aos outros? Como?

Drucker considerava "The Unfashionable Kierkegaard" seu melhor ensaio. Por que você acha que ele pensava assim? (ver <www.druckersociety.at/index.php/peterdruckerhome/texts/the-unfashionable-kierkegaard>).

Reflita sobre a declaração de fé de Drucker em seu artigo sobre Kierkegaard: "A fé é a crença de que, em Deus, o impossível é possível, que n'Ele o tempo e a eternidade são uma coisa só, que tanto a vida quanto a morte fazem sentido". Isso pode lhe proporcionar esperança para o presente e para o futuro?

# Semana
# 48

## O QUE FAZ UM LÍDER LUTAR?

---

## INTRODUÇÃO

---

A integridade na liderança inspira a confiança e faz os líderes se comprometerem a ver o mundo como ele é e não como gostariam que fosse. Líderes eficientes lutam pelas prioridades da *organização*, e não pelas tarefas que achavam que dominariam sua gestão. Portanto, os líderes devem aprender continuamente e cercar-se de especialistas nas áreas necessárias para resolver os problemas atuais e por vir.

Liderança é responsabilidade. Por isso, líderes fortes selecionam subordinados que podem ajudá-los a cumprir suas responsabilidades. Pode ser difícil lidar com alguns desses subordinados; nesses casos, os líderes têm que assegurar que a contribuição necessária virá. Salmon P. Chase foi nomeado secretário do Tesouro por Abraham Lincoln quando este tomou posse na presidência, em 1861. Chase teve êxito no estabelecimento de um banco nacional, e daquilo que posteriormente viria a ser o Internal Revenue Service, o fisco americano. Sempre que algo não ocorria conforme sua vontade, Chase pedia demissão, e Lincoln era obrigado a se humilhar e pedir a ele que voltasse — porque Lincoln precisava do talento de Chase para arrecadar dinheiro e financiar o esforço da União na Guerra de Secessão. Em 1864, porém, quando Chase pediu demissão pela quarta vez, Lincoln aceitou, para espanto do próprio Chase. Naquele momento, Chase já dera sua contribuição ao esforço de guerra. Suas qualidades, e a discórdia que ele provocava, já não eram mais necessárias.

Chase tinha o que Lincoln chamava de "febre presidencial". Em 1864, quando ainda compunha o gabinete de Lincoln, começou a fazer campanha aberta pela candidatura à presidência — um ato claro de insubordinação. Muitos ficaram perplexos quando Lincoln, depois de suportar a insubordinação de Chase durante anos, nomeou-o sexto presidente da Suprema Corte americana (no lugar de Roger Taney, falecido em outubro de 1864). Lincoln era conhecido pela magnanimidade, mas parte da legislação de direitos civis aprovada durante seu primeiro mandato estava para ser testada nos tribunais, e ele também sabia que Chase se opunha à escravidão. Lincoln sabia que tinha em Chase um defensor da abolição. Uma vez mais, Lincoln fez a pergunta: "O que este homem pode fazer?", e a resposta era: muita coisa!

# I. LEITURA

Permita que eu diga de forma rude: não acredito em líderes. Todo o papo sobre líderes é um nonsense perigoso. É diversionismo. Esqueça. E me entristece ver que, depois do século xx, que teve como grandes líderes Hitler, Stálin e Mao — talvez os maiores em centenas de anos —, alguém ainda queira líderes, quando esses exemplos de maus líderes ainda são tão recentes. Deveríamos ter muito receio de líderes. Deveríamos perguntar: "O que os faz lutar? Quais são seus valores? Dá para confiar neles?". E não: "Eles têm carisma?". Tivemos carisma demais nos últimos cem anos. Truman foi o melhor presidente que os Estados Unidos já tiveram, o que mais realizou. Ele não era um líder que gostava de aparecer — pelo contrário, todos o subestimavam, a começar por ele próprio. Por isso, vejo pouca utilidade num CEO super-homem. Quanto aos salários altos, acho um escândalo. J. P. Morgan, que não tinha ojeriza a dinheiro, disse em 1906 que qualquer organização, qualquer empresa onde a cúpula recebe mais que vinte vezes o salário médio está sendo mal administrada. Ele se recusava a investir nela. Essa ainda é uma regra boa, e seguindo-a eu não investiria em muitas de nossas grandes empresas [...]. Aliás, os CEOs que conheci — e não foram poucos — não enxergavam a si próprios como super-homens. Eles montavam equipes. Eram líderes de equipes.

"Management Guru Peter Drucker", entrevista à rádio WBUR
para a National Public Radio, 8 dez. 2004.

# II. REFLEXÃO

☒ Muito mais importante que as características específicas de um líder é aquilo por que ele luta. Alguns líderes muito eficientes mantêm um comportamento muito discreto.

## 1. QUAIS SÃO OS VALORES CERTOS E ERRADOS?

A pergunta não é ter valores ou não — todo ser humano tem e todo grupo humano, qualquer que seja sua forma de organização, também. A pergunta é: esses valores estão certos ou errados? São valores que dão vida ou valores que causam a morte? E, como nos lembra lorde Griffiths — e todas as pesquisas recentes o confirmam —, a empresa mais bem-sucedida não é aquela cujos valores são puro oportunismo, pura ganância, puro egoísmo e autoglorificação, nem mesmo no curto prazo. A empresa vencedora é aquela que tem um conjunto de valores que permite que ela e as pessoas que trabalham nela respeitem a si próprias, sintam orgulho e evoluam.

Resposta de Peter F. Drucker a Brian Griffiths (lorde Griffiths de
Fforestfach), "The Business of Values", 2005, p. 55.

⊠ Salários e bônus escandalosos são um indicador de valores que
estimulam a ganância. Comentando os salários e bônus elevados,
Drucker argumentou: "Poucos altos executivos podem imaginar
o ódio, o desprezo e a ira despertados — não pelo baixo escalão,
que nunca teve uma opinião exaltada a respeito dos 'patrões',
mas em meio ao médio escalão".[1]

## 2. OS VALORES QUE AJUDAM AS ORGANIZAÇÕES A ATRAVESSAR PERÍODOS ADVERSOS

É a empresa com esses valores, a empresa que acredita existir para
dar uma contribuição, em vez de apenas tomar algo, que vai atravessar períodos adversos. Nas vacas gordas, os valores podem parecer um
enfeite. Podem ser tratados — e constantemente são — como uma
espécie de capricho, um "algo a mais" bacana. É nos períodos de adversidade, nos períodos que testam a alma de um homem, que os valores se tornam necessários. Se os valores certos estão ausentes nesse
momento, não há incentivo para que o ser humano faça aquele esforço a mais, para que tenha aquela dedicação extra, para que realize o
pesado trabalho de repensar a estratégia, tentar algo novo, reconstruir. Não é apenas por dinheiro que as pessoas farão isso. Elas farão
isso se acreditarem que aquilo que a empresa faz e pode fazer é importante. E essa crença é incutida pelos valores certos.

> Resposta de Peter F. Drucker a Brian Griffiths (lorde Griffiths de
> Fforestfach), "The Business of Values", 2005, p. 55.

⊠ Estabelecer e nutrir os valores certos é uma área na qual o
resultado é primordial, assim como o cumprimento da missão
da organização e o desenvolvimento de pessoal. Valores
também sustentam uma organização, da mesma forma que os
nutrientes sustentam um organismo.

⊠ Os salários e bônus elevados pagos aos altos executivos solapam
os valores necessários para que uma organização atravesse com
sucesso períodos de adversidade.

## 3. OS VALORES SÃO UM COMPROMISSO COM A AÇÃO

Pregações não são valores — são, na melhor das hipóteses, boas intenções [...]. Então é preciso perguntar: qual a ação decisiva, mais incontestável, que mais expressa os valores da organização? É a decisão pessoal. Em toda organização — e não apenas nos negócios — os verdadeiros valores dos líderes são julgados por quem eles promovem, quem demitem, quem premiam e quem punem. As decisões sobre pessoal são altamente visíveis [...]. As pessoas numa organização, mesmo as maiores, não são abstrações. Elas são reais [...]. Mesmo em organizações de médio porte, muita gente, inclusive pessoas bem no topo, muitas vezes não têm como julgar a lógica, que dirá a sabedoria, desta ou daquela decisão de negócios. Mas sempre têm como — e o fazem — julgar os valores por trás de uma decisão sobre pessoal.

> Resposta de Peter F. Drucker a Brian Griffiths (lorde Griffiths de Fforestfach), "The Business of Values", 2005, p. 56.

☒ Dois dos maiores presidentes americanos, Abraham Lincoln e Harry Truman, se cercavam de subordinados fortes. Eles não tinham medo nem eram intimidados pela força dos subordinados. Pelo contrário, tinham orgulho desses subordinados, elogiavam-nos, e promoviam aqueles que podiam ajudar a suportar as tremendas responsabilidades do exercício da presidência dos Estados Unidos, principalmente em períodos extraordinários.

# III. IDEIAS PRÁTICAS

Que valores a sua organização esposa? Como eles combinam com os valores em ação? Tenha em mente que a compatibilidade total é difícil de atingir.

Os valores de sua organização sustentam a vida? Em caso negativo, o que você e outras pessoas podem fazer para mudá-los?

Seus valores são fortes o bastante para atravessar períodos adversos? Ou são valores para tempos de bonança? Se não forem fortes o bastante, o que pode ser feito para reforçá-los ou corrigi-los?

As decisões sobre pessoal em sua organização geram vida? Inspiram confiança? Caso contrário, o que você pode fazer para modificá-las?

# Semana 49

## VOCÊ SE TORNA ALGUÉM AO CONHECER SEUS VALORES

## INTRODUÇÃO

Trabalhar numa organização cujos valores não são compatíveis com os seus coloca você numa posição forçada e desconfortável. É preciso fazer a escolha entre continuar num emprego em que você se sente cada vez mais desconectado de quem você é, de seus valores fundamentais, e procurar um novo emprego no qual seus valores fundamentais estejam em sincronia com os da organização.

Quando você abre mão dos seus valores, acaba perdendo autoestima. Esse desconforto crescente pode assombrá-lo diariamente, à medida que você sente o desgaste de seus valores fundamentais no trabalho. E é difícil separar os valores do trabalho dos valores do resto do seu mundo.

Existe uma maneira de driblar essa diferença de valores, mas se ela persiste muito tempo acaba consumindo sua própria autoestima e criando desconforto e angústia entre os mais próximos a você, por conta das mudanças constantes na sua personalidade, à medida que você vai perdendo a confiança que tinha.

# I. LEITURA

Tem um homem rico que eu conheço há muitos anos. Ele veio à minha palestra na Pensilvânia, em abril do ano passado. É um homem muito generoso. Depois da palestra fomos jantar. Fiquei observando-o enquanto ele falava de dinheiro, dinheiro e dinheiro. "Por que você fala tanto de dinheiro?", perguntei. "Que diferença ele faz? Por que você o quer tanto?" Ele respondeu: "Pelo que mais eu poderia me interessar?". Eu disse: "Quantos anos você tem?". "Cinquenta e seis." "Você sente que sua vida faz algum sentido?" Ele olhou para mim e disse: "É engraçado você me perguntar isso, porque hoje mesmo, de manhã, me fiz essa pergunta. Não. Não faz". A maioria das pessoas muito ricas que conheci — e não foram poucas — é gente desesperadamente triste. Felizmente, eles são raros. O restante de nós evolui.

Você se torna alguém quando conhece seus valores, a contribuição que dá, e ela é exterior a você. É melhor dar do que receber, mas você tem que saber o que dar. É muito difícil saber.

Diálogo Drucker-Buford, 9 ago. 1993.

# II. REFLEXÃO

☒ Drucker definiu o lado existencial da vida — como tornar-se alguém e o que isso acarreta. Enquanto pessoa, ele aprendeu que "dar é uma bênção maior que receber". Isso era parte de seu sistema de valores. Ele achava mais difícil saber o que dar do que saber o que receber.

## 1. O QUE FAZER NUM CONFLITO DE VALORES?

"Eu não via razão para ser o homem mais rico do cemitério."

Raramente ocorre um conflito entre os pontos fortes de uma pessoa e sua forma de agir. Os dois são complementares. Mas às vezes ocorre um conflito entre os valores da pessoa e seus pontos fortes. O que uma pessoa faz bem — até muito bem — e com êxito pode não se encaixar com seu sistema de valores. Ela talvez não sinta que está dando uma contribuição, nem que está fazendo algo que valha a dedicação de uma vida (ou de grande parte dela).

Muitos anos atrás, também tive que optar entre aquilo que eu fazia muito bem, e com êxito, e meus valores. Eu estava me saindo extremamente bem como jovem gerente de investimentos na Londres de meados da década de 1930; era algo que claramente combinava com meus pontos fortes. No entanto, eu não me enxergava dando uma contribuição como gerente de investimentos. *Meus valores, percebi, eram as pessoas* [grifo meu]. E eu não via razão para ser o homem mais rico do cemitério. Eu não tinha dinheiro, não tinha emprego em meio à Depressão, e não tinha perspectivas. Mas pedi demissão — e foi a decisão correta. Em outras palavras, os valores são e precisam ser o teste definitivo.

Peter F. Drucker, *Management Challenges for the 21ˢᵗ Century*, 1999, p. 178.

⊠ Pode existir um conflito entre aquilo que você faz bem e seus próprios valores como ser humano. Você precisa dar um fim nisso; do contrário, vai sofrer no "teste do espelho".

## 2. QUAIS SÃO OS MEUS VALORES?

Para gerir a si mesmo, é preciso saber: "Quais são os meus valores?". No que diz respeito à ética, as regras são as mesmas para todos, e o teste é simples. Eu o chamo de "teste do espelho".

Dizem que o diplomata mais respeitado das Grandes Potências no início do século xx foi o embaixador da Alemanha em Londres. Claramente, ele estava predestinado a algo grande, no mínimo o cargo de ministro das Relações Exteriores de seu país, se não o de chanceler. No entanto, em 1906, ele pediu demissão subitamente. O rei Eduardo vii ocupava o trono britânico havia cinco anos, e o corpo diplomático ia lhe oferecer um grande jantar. Como decano do corpo diplomático, o embaixador da Alemanha seria o mestre de cerimônias. O rei Eduardo vii era um famigerado mulherengo, e deixou claro que tipo de jantar queria — no final [...] prostitutas despidas e luzes baixas. E o embaixador da Alemanha preferiu renunciar a presidir esse jantar. "Eu me recuso a ver um cafetão no espelho, na hora de fazer a barba."

Esse é o teste do espelho. O que a ética exige é que se faça a pergunta a si mesmo: "Que tipo de pessoa eu quero ver de manhã, na hora de fazer a barba ou de passar o batom?". Em outras palavras, a ética é um sistema claro de valores. E ela não varia muito — um comportamento ético num tipo de organização ou de situação é um comportamento ético em outro tipo de organização ou de situação.

Peter F. Drucker e Joseph A. Maciariello, *Management: Revised Edition*, 2008, p. 488.

⊠ Trabalhar numa organização que tem um sistema de valores incompatível com o seu o obriga a fazer concessões e a perder autoestima.

## 3. QUAL É O SISTEMA DE VALORES DE MINHA ORGANIZAÇÃO?

Trabalhar numa organização cujo sistema de valores é inaceitável para a pessoa, ou incompatível com [ele ou ela], condena essa pessoa tanto à frustração quanto ao mau desempenho [...]. Uma executiva brilhante e extremamente bem-sucedida se viu totalmente frustrada depois que sua antiga empresa foi adquirida por outra maior. Na verdade, ela recebeu uma ótima promoção — e foi alçada a um cargo naquilo que ela sabia fazer melhor. Parte de sua função era selecionar pessoas para cargos importantes. Ela acreditava piamente que só se devia recrutar fora da empresa, para cargos importantes, depois de esgotar todas as possibilidades internas. Mas a empresa onde ela então se encontrava, como executiva sênior de recursos humanos, acreditava que, ao preencher um cargo importante que ficava vago, era preciso primeiro pesquisar externamente, "para trazer sangue novo". Há bons argumentos para uma e outra visão (embora, pela minha experiência, o certo seja fazer um pouco dos dois). Mas elas são fundamentalmente incompatíveis, não como políticas, mas como valores. Elas evidenciam visões diferentes da relação entre a organização e as pessoas; visões diferentes da responsabilidade de uma organização perante seu pessoal e em relação ao seu desenvolvimento; visões diferentes [de] qual deve ser a contribuição mais importante de uma pessoa para uma empresa, e assim por diante. Depois de vários anos de frustração, a executiva de recursos humanos pediu demissão, com enorme prejuízo financeiro pessoal. Seus valores simplesmente não eram compatíveis com os valores da organização.

Peter F. Drucker e Joseph A. Maciariello, *Management: Revised Edition*, 2008, pp. 488-9.

Peter Drucker doou sua sabedoria, seu tempo e seus recursos, e esse projeto é um exemplo disso. Ele sabia por que lutava. Os valores, para ele, não eram relativos, embora seus valores permitissem e incentivassem a pluralidade de pensamento. Tendo servido com ele e tido a oportunidade de trabalhar com ele numa organização que levava seu nome, aprendi que ele praticava aquilo que ensinava. Aprendi que devo tentar fazer o mesmo. Ele ensinou que, se você abre mão dos seus valores, abre mão da autoestima.

---

## III. IDEIAS PRÁTICAS

---

Aquilo que você faz combina com seu sistema de valores? A contribuição que você dá é algo a que vale dedicar sua vida? É algo pelo qual você gostaria de ser lembrado?

Você passa no teste do espelho? "Gosta da pessoa que vê no espelho todos os dias?" Em caso negativo, por que não?

O sistema de valores de sua organização entra em conflito com seus valores pessoais? Em caso afirmativo, o que você está fazendo a respeito? Pense na possibilidade de criar um plano, ou para mudar os valores que o ofendem ou para ir trabalhar numa organização cujos valores sejam mais compatíveis com os seus.

# *Semana* 50

## COMO VOCÊ QUER SER LEMBRADO?

## INTRODUÇÃO

Peter Drucker se importava profundamente com as pessoas. Meu oftalmologista, por exemplo, me contava várias "anedotas de Drucker" após minhas consultas. Seu pai era oftalmologista e amigo de Drucker. Quando ele era menino, Drucker e a mulher iam jantar na sua casa. A cada visita, Drucker perguntava sobre o jovem, como ele estava e que planos fazia, não apenas para ser educado, mas de uma maneira que mostrava que realmente se importava e queria saber.

Também fui objeto das preocupações de Drucker, quando estava me recuperando de uma longa doença. De vez em quando, Drucker me perguntava como eu estava. Ele me ligava depois de cirurgias, e ligou uma vez quando eu não andava muito bem. No pior momento de minha doença, ele simplesmente me ouvia. Ter notícias de Peter Drucker e perceber que ele era meu amigo e que estava tentando me animar era um incentivo. Em encontros sociais ele perguntava à minha mulher como eu estava; ela respondia, muito irritada comigo, que eu só pensava em trabalhar. Para surpresa de minha esposa,

397

Drucker respondeu, com seu forte sotaque austríaco: "Ei, Judy, nunca tente impedi-lo". Ele sabia que eu amava meu trabalho tanto quanto ele, e que isso ia me ajudar a manter o foco e afastar minha mente da doença; ia ajudar, por si só, no processo de recuperação. Quando comecei a melhorar, ele percebeu pela forma como eu me portava, e comentou. Drucker era um observador arguto do comportamento humano, e estava sempre prestando atenção.

Com Drucker, aprendi a importância das boas maneiras. Ele costumava escrever bilhetes e dava telefonemas para agradecer às pessoas que eram gentis com ele. As boas maneiras, ele ensinava, são o lubrificante das organizações. Suas próprias maneiras pareciam indicar a dignidade e o valor que ele reconhecia nas pessoas.

Talvez minha experiência mais comovente, como colega de Peter Drucker, tenha ocorrido em dezembro de 2002. Meu filho, Patrick, tinha trabalhado comigo quando estava na faculdade, pesquisando a obra de Drucker naquilo que se relacionava a meus projetos de livro sobre "trabalho e natureza humana". Ele achava que conhecia bastante bem a obra de Drucker (dizia que estava "druckerizado"). Quando teve que escolher um MBA, seguiu os passos de seu chefe em um banco de investimentos de Nova York e começou a frequentar a Universidade Columbia. Quando Patrick começou a acumular créditos no MBA frequentando eventos com executivos importantes que iam à Columbia como visitantes, ficou surpreso ao ver quantos deles se referiam à importância dos conselhos recebidos de Drucker. Absolutamente frustrado, ele voltou para casa nas férias de Natal, em dezembro de 2002, na esperança de conversar com Drucker sobre os rumos de sua vida. Relutei em concordar, por não querer incomodar Drucker. Minha mulher insistiu. Por isso, pouco antes da volta de nosso filho a Nova York, pedi a Peter que viesse almoçar conosco no sábado seguinte. Ele me surpreendeu, aceitando o convite com entusiasmo, mandando um fax para meu escritório e deixando recados na minha caixa postal em casa e no trabalho. Ele passou três horas conosco no almoço, dando conselhos a Patrick sobre seu futuro. Meu filho saiu do encontro sentindo-se enriquecido e me disse: "Sinto como se tivesse ganhado dois semestres de conhecimento nessas três horas". Patrick se sentiu engrandecido e empoderado. Ele tinha recebido três horas de aconselhamento de uma pessoa com vasto dom intelectual, visão histórica e sabedoria — tudo concentrado nas questões pessoais de Patrick. Até hoje, conversamos sobre os conselhos específicos dados por Drucker; de certa forma, mantivemos uma tradição oral em relação àquele almoço e aos sábios conselhos recebidos por Patrick. E eu sempre me dispus a passar à frente, a outros estudantes, os conselhos que ele deu a Patrick.

As pessoas eram importantes para Peter Drucker. As técnicas de seus mais de vinte anos de mentoria a líderes de diversas organizações confirmam o que sua obra desenvolve bem: Drucker acreditava fervorosamente que as organizações precisam desenvolver as pessoas, e que as organizações mais duradouras conseguem![1]

# I. LEITURA

O último encontro de Bob Buford com Peter Drucker ocorreu em 29 de setembro de 2005, aproximadamente seis semanas antes da morte de Peter Drucker, em 11 de novembro daquele ano. Bob tinha interesse particular na forma como Drucker gostaria de ser lembrado — seu legado.

### Peter Drucker

Sou um escritor. Por isso, meu legado é minha obra. Meu legado são meus livros. Naquilo que me diz respeito, considero meus livros meu legado, e não uma instituição. Estou satisfeito; os livros estão aí; ou eles vão sobreviver ou não, e há razões para que continuem em catálogo. Fiz o planejamento necessário para manter meus livros importantes em catálogo durante muito tempo. A editora da Harvard Business School concordou em editá-los, caso um dia a HarperCollins deixe de publicá-los. A Harvard Business School Press vai mantê-los em catálogo durante pelo menos dezessete anos após minha morte. Foi a única medida que adotei. Isso não me preocupa.

Diálogo Drucker-Buford, 29 set. 2005.

# II. REFLEXÃO

☒ Fazer a si mesmo a pergunta "Como eu quero ser lembrado?" lhe proporciona uma oportunidade de mudar o foco de seus esforços e, nesse processo, envolver-se numa renovação pessoal.

## I. RENOVAÇÃO PESSOAL

"Como você quer ser lembrado?"

Quando eu tinha treze anos, tinha um ótimo professor de religião [o padre Pfliegler], que um dia perguntou diretamente a cada um dos meninos da classe: "Como você gostaria de ser lembrado?". É claro que nenhum de nós foi capaz de responder. Então ele deu uma risada e disse: "Eu sabia que vocês não iam conseguir responder. Mas se quando chegarem aos cinquenta anos ainda não conseguirem responder, então terão desperdiçado a vida".

Eu sempre pergunto a mim mesmo: "Como você quer ser lembrado?". É uma pergunta que o leva a renovar a si mesmo, porque o impele a enxergar a si mesmo como outra pessoa — a pessoa que você pode vir a ser. Se você tiver sorte, alguém com a autoridade moral do padre Pfliegler vai lhe fazer essa pergunta cedo o bastante em sua vida para que você continue a fazê-la ao longo dela.

Peter F. Drucker com Joseph A. Maciariello,
"Self-Renewal", *The Daily Drucker*, 8 jun. 2004.

☒ Os desejos de juventude de Schumpeter eram ser um grande amante, um grande cavaleiro e um grande economista.
Esses desejos, como a maior parte dos desejos de nossa juventude, desaparecem com a idade. Essa é a razão para fazer periodicamente a pergunta: "Como eu quero ser lembrado?". Schumpeter se tornou, de fato, um grande economista — junto com Keynes, um dos dois maiores economistas do século xx. Sua ênfase na produtividade, na inovação e no desenvolvimento

econômico foi uma contribuição decisiva para nosso conhecimento de economia.

## 2. AS RESPOSTAS MUDAM COM A IDADE

Joseph Schumpeter, um dos maiores economistas do século [xx], dizia aos 25 anos que queria ser lembrado como o melhor cavaleiro da Europa, como o maior amante da Europa e como um grande economista. Aos sessenta anos, pouco antes de morrer, voltaram a lhe fazer a mesma pergunta [quem fez isso foi o pai de Drucker, na presença de Peter, cinco anos antes da morte de Schumpeter, em 8 de janeiro de 1950]. Ele já não falava mais de cavalaria, nem de mulheres. Disse que queria ser lembrado como o homem que alertara precocemente para os perigos da inflação. É assim que ele gostaria de ser lembrado — e é algo pelo qual vale a pena ser lembrado. Fazer essa pergunta o transformou, ainda que a resposta dada aos 25 anos fosse particularmente estúpida, mesmo para um jovem de 25 anos.

> Peter F. Drucker, *Managing the Non-Profit Organization:*
> *Principles and Practices*, 1990, p. 202.

☒ Cada um de nós pode lutar para dar contribuições à vida dos outros.

## 3. A DIFERENÇA QUE SE PODE FAZER NA VIDA DOS OUTROS

"Uma coisa pela qual vale a pena ser lembrado é a diferença que se faz na vida dos outros."

"Nunca me esqueci daquela conversa", disse Drucker, antes que Schumpeter continuasse: "Sabe, Adolph, já cheguei àquela idade em que sei que não basta ser lembrado por livros e teorias. Não fazemos diferença a não ser que façamos diferença na vida das pessoas". Naquela conversa, aprendi três coisas. Primeiro, que é preciso perguntar a si mesmo como você quer ser lembrado. Segundo, que isso muda à medida que se envelhece. A resposta tem que mudar com o próprio amadurecimento e com as transformações no mundo. *Por fim, uma coisa pela qual vale a pena ser lembrado é a diferença que se faz nas vidas das pessoas* [grifo meu].

Peter F. Drucker e Joseph A. Maciariello, *Management: Revised Edition*, 2008, p. 511.

☒ É importante, principalmente quando se envelhece, pensar no propósito da vida. Citando o discurso de Rick Warren aos alunos e amigos da Drucker School, em maio de 2004: "Não há nenhuma pergunta mais fundamental que esta: 'O que é que eu vim fazer no mundo?'". Warren tem uma resposta, assim como [o filósofo] Immanuel Kant, embora suas respostas sejam distintas. Ambos fizeram a mesma pergunta. E é por isso que é importante que cada um de nós possa perguntar e, se possível, solucionar.

---

## III. IDEIAS PRÁTICAS

---

É importante fazer a você mesmo a pergunta "Como eu quero ser lembrado?" de vez em quando, porque isso o motiva a agir rumo à pessoa que você quer se tornar. É uma pergunta que, quando feita seriamente, pode levar à revitalização pessoal.

Quando fizer a pergunta "Como eu quero ser lembrado?", tire o foco de si mesmo e olhe para a contribuição que gostaria de fazer na vida dos outros.

Leve em conta, mais uma vez, duas notas pessoais de Drucker em seu movimento rumo à resposta para a pergunta feita neste capítulo: "Eu [...] tive que optar entre aquilo que eu fazia muito bem, e com êxito, e meus valores. Estava me saindo extremamente bem como jovem gerente de investimentos na Londres de meados da década de 1930; era algo que claramente combinava com meus pontos fortes. No entanto, eu não me enxergava dando uma contribuição como gerente de investimentos [...]. E não via razão para ser o homem mais rico do cemitério".[2] E: "Em 1934, como jovem economista em um banco mercantil de Londres, assisti a um seminário de Keynes em Cambridge.

De repente me dei conta de que Keynes estava interessado no comportamento das *commodities*, enquanto eu estava interessado no comportamento das pessoas".[3]

Como *você* quer ser lembrado?

# Semana 51

## "FAZEMOS MENTORIA [...] PORQUE TEMOS A VISÃO DAQUILO QUE UMA PESSOA PODE VIR A SE TORNAR"[1]

## INTRODUÇÃO

Peter Drucker foi mentor de Rick Warren por cerca de 25 anos. Durante esse tempo, Warren desenvolveu o paradigma voltado para propósitos na gestão de igrejas, como descrito em seu livro *Igreja com propósitos* (1995). Numa pesquisa com pastores e ministros americanos feita em 2005 por George Barna, um dos principais pesquisadores do mercado religioso nos Estados Unidos, esse livro foi eleito o segundo mais influente, atrás de outro livro de Warren, *Purpose Driven Life* (2002).[2]

Perto do final da vida, Drucker pôde recapitular as mentorias que havia realizado, como as de Warren e Buford, dentre muitas outras, sabendo ter dado uma contribuição substancial às vidas e, por intermédio deles, à vida de muitas outras pessoas.

Rick Warren considerava Peter Drucker uma das três pessoas com maior influência em sua vida. Transcrevi seu discurso em homenagem a Drucker, feito em 13 de novembro de 2004, no Dia dos Alunos Drucker em Claremont. O evento anual era também a comemoração do 95º aniversário de Peter Drucker. Em meio às palavras de Warren figuram citações da obra de Drucker, que procurei registrar da forma mais fiel possível. Outros trechos desse discurso de Warren se encontram nas Semanas 8 e 45.

# I. LEITURA

Sem sombra de dúvida, não tenho como exagerar a influência de Peter Drucker em minha vida. Se vocês fizerem uma visita à Igreja Saddleback, verão as digitais dele por toda parte, por causa de sua influência como autor, amigo e mentor nos últimos vinte ou 25 anos. Devo dizer que Peter Drucker é um dos três homens com maior influência na minha vida. E hoje me pediram que compartilhasse o que Peter representa para mim, e um pouco das lições e da sabedoria que ele me transmitiu, sabedoria que pusemos em prática em nossa igreja e que ajudou literalmente dezenas de milhares de outras igrejas. Temos igrejas pragmáticas em 120 países; delas, são 37 mil só nos Estados Unidos. E, como estou falando de Peter, como estamos lhe fazendo uma homenagem por seu 95º aniversário, vou lhes mostrar o que Peter me ensinou, e quero dar um exemplo disso no nosso caso.

Quero começar com duas coisas que Peter dizia. A primeira, eu o ouvi dizer várias vezes, pelo menos uma dúzia: "O mais importante fenômeno sociológico da segunda metade do século foi o surgimento da igreja pastoral".[3]

A segunda, que me influenciou muito, é: "A função da gestão numa igreja é torná-la mais parecida com uma igreja e menos parecida com um negócio".[4]

É uma frase genial.

Acabamos de comemorar nossa 25ª Páscoa. Tínhamos 39 mil pessoas na igreja, um campus de cinquenta hectares, abrimos 36 igrejas novas no sul da Califórnia e estamos ajudando dezenas de milhares de igrejas mundo afora. Treinamos cerca de 350 mil pastores [...] em 56 países. Mas como foi que evoluímos de duas pessoas, eu e minha mulher, para a posição onde Saddleback está hoje, auxiliando outras igrejas? Grande parte disso vem da visão que recebi de Peter Drucker. Aprendi muitas verdades importantes, e talvez vocês queiram anotar algumas. Acho que o que vou descrever são "frases essenciais de Drucker".

A primeira é: líderes não perguntam "O que eu quero?". Líderes perguntam: "O que precisa ser feito?".[5]

Por isso, comecei não com a pergunta "O que eu quero?", mas com "O que precisa ser feito e onde isso precisa ser feito?".

Em seguida, a pergunta que você tem que fazer é: "O que precisa ser feito na minha vida, e onde eu preciso fazer?".

O segundo princípio de Drucker é "A missão antes de tudo".[6]

Todos vocês sabem perguntar "Qual é o nosso negócio?". E o nosso, eu lhes digo, é estarmos preparados para ajudar as pessoas a se guiarem por propósitos.

Você conhece organizações bem-sucedidas. Elas sabem o que se espera delas e o que não se espera delas, o que é importante e o que não é importante. Não é preciso lembrá-las; elas conhecem com clareza suas identidades. Elas têm um propósito claro.

# II. REFLEXÃO

☒ A reflexão seguinte foi adaptada por mim com base nas respostas de Warren às perguntas da plateia, ao final do discurso.

☒ Ao tentar explicar por que *Purpose Driven Life* é um livro tão popular, Warren disse que não existe pergunta mais fundamental que "O que vim fazer no mundo?". É uma pergunta que se aplica a qualquer pessoa.

☒ Peter Drucker trata da questão do propósito em seu artigo "The Unfashionable Kierkegaard".[7] O mesmo faz Immanuel Kant em sua *Crítica da razão pura*.

# 1. MISSÃO OU ORIENTAÇÃO POR PROPÓSITOS

Os líderes se comunicam, no sentido de que as pessoas à sua volta sabem o que eles estão tentando fazer. Eles são orientados por propósitos — sim, por propósitos. Eles sabem como se estabelece uma missão. E, além disso, sabem dizer não. A pressão sobre os líderes para fazer 984 coisas diferentes é insuportável. Por isso, aqueles que são eficientes sabem dizer não e sustentar esse não. A consequência é que não ficam sufocados. A maioria dos líderes tenta fazer 25 coisas ao mesmo tempo e acaba não fazendo nada. Eles são muito populares, porque sempre dizem sim. Mas acabam não fazendo nada.

> Rich Karlgaard, "Drucker on Leadership: An Interview
> with Peter F. Drucker", *Forbes*, 19 nov. 2004.

☒ Para nos tornarmos tudo aquilo que podemos ser, é impossível adicionar atividades continuamente a nosso trabalho e nossa vida sem deixar algumas outras de lado.

# 2. DESAPEGO CRIATIVO

Uma pergunta fundamental para os líderes é: "Quando se deve parar de despejar recursos em coisas que já atingiram seu objetivo?". A armadilha mais perigosa para um líder é aquele quase sucesso em que todo mundo diz que um empurrãozinho a mais e a coisa vai dar certo. Você tenta uma vez. Tenta duas. Tenta três vezes. Nessa hora já deveria estar evidente que vai ser muito difícil. Por isso, sempre dou o seguinte conselho a meu amigo Rick Warren: "Rick, não me conte o que você está fazendo. Conte-me o que você parou de fazer".

> Rich Karlgaard, "Drucker on Leadership: An Interview
> with Peter F. Drucker", *Forbes*, 19 nov. 2004.

☒ Podemos aprender mais a respeito da obra de Drucker vendo aqueles que tiveram sua mentoria pondo em prática seus ensinamentos. Rick Warren notabilizou-se por fazer a pergunta de Drucker: "Se ainda não fizemos isso, deveríamos fazer, sabendo o que sabemos?" (*Management Challenges for the 21st*

*Century*, 1999, p. 74). Warren descartou diversos programas bem-sucedidos cujo objetivo havia sido atingido para abrir espaço para programas e atividades ainda mais fundamentais para a missão.

## 3. O QUE PRECISA SER FEITO?

Os líderes bem-sucedidos não começam perguntando: "O que eu quero fazer?". Eles perguntam: "O que precisa ser feito?". Em seguida, perguntam: "De todas as coisas que fariam diferença, quais são as certas para mim?". Eles não entram em coisas que não sabem fazer. Garantem a realização de outras necessidades, mas com a ajuda de outras pessoas. Líderes bem-sucedidos garantem o próprio sucesso! Eles não têm medo da força alheia. Andrew Carnegie* queria que em sua lápide fosse gravada a seguinte inscrição: "Aqui jaz um homem que sabia colocar a seu serviço homens mais capazes do que ele próprio".

Rich Karlgaard, "Drucker on Leadership: An Interview with Peter F. Drucker", *Forbes*, 19 nov. 2004. (Por ocasião do 95º aniversário de Drucker. Ele morreu em 11 nov. 2005, pouco antes de completar 96 anos.)

---

# III. IDEIAS PRÁTICAS

Você tem um objetivo claro na vida? Reflita a respeito. Qual é a sua missão?

Enquanto líder, você pergunta "O que eu quero?" ou "O que precisa ser feito?".

Sabendo o que é preciso fazer em sua vida, pergunte: "Onde isso precisa ser feito?".

Você se envolve com a mentoria de outros? Tem uma influência positiva na vida de outras pessoas e na sociedade?

Como você gostaria de ser lembrado? A vida de Drucker o auxilia a responder essa pergunta? E a mentoria dele?

---

* Industrial e filantropo americano de origem escocesa (1835-1919). (N.T.)

# Semana 52

## OS DEZ PRINCÍPIOS DE PETER DRUCKER PARA ENCONTRAR SENTIDO NO SEGUNDO TEMPO DA VIDA:

*Relato de Bob Buford*

## INTRODUÇÃO

Bob Buford prestou-nos um grande serviço detalhando os dez princípios de Drucker para atingir a relevância. Embora o foco primordial de Bob sejam as atividades no segundo tempo da vida, os princípios se aplicam a todas as fases de nossa vida.

À medida que repassar cada um desses princípios, pense na forma de colocá-los imediatamente em prática. Por exemplo, o Princípio 6, "Conheça seus valores", será cada vez mais importante à medida que você progredir em sua carreira. Mas agora você deve tentar se empregar num cargo cujos valores sejam compatíveis com os seus. Ficar numa posição onde esteja desalinhado com seus valores ou vai corrompê-lo ou torná-lo cínico. Aprendi isso muito cedo na minha própria carreira, e comecei a cogitar uma virada certa noite em que, depois de um dia difícil cuidando de uma tarefa para a qual eu tinha me preparado e de que antes eu gostava, tive uma sensação de vazio. O vazio resultava da descoberta de que eu já não compartilhava os valores importantes para o cargo.

Você precisa ficar atento ao Princípio 5, "As oportunidades surgem sem ser pedidas". Uma vez conhecidos seus pontos fortes e valores, e tendo começado a pensar nos "melhores cargos possíveis", esteja alerta para oportunidades únicas. A dificuldade é que muitas vezes as oportunidades se apresentam na hora errada, obrigando-o a tomar uma decisão difícil. Se você deixa passar uma oportunidade porque não é a hora certa, pode se arrepender mais adiante, porque não aparecerá outra oportunidade. Comigo foi assim.

O Princípio 8, "Conheça a diferença entre colher e semear", é um pano de fundo muito importante para este projeto. A obra de Drucker foi tão extensa ao longo de aproximadamente setenta anos que muitas vezes sua sabedoria esteve à frente de seu tempo, o que tornou difícil para alguns de nós pô-la em prática. Este é um projeto em que Drucker está colhendo e aplicando os frutos da obra de uma vida inteira. Embora eu tenha estudado a obra de Drucker durante a maior parte de minha vida profissional, sempre descubro que os exemplos de aplicações de seus princípios aprofundam minha compreensão de como aplicá-los a meu próprio trabalho. Estudar e aplicar você mesmo esses princípios lhe trará um conhecimento que pode ser utilizado de imediato.

O Princípio 9 é: "Boas intenções não bastam; defina os resultados que você deseja". Os resultados são necessários nas organizações com e sem fins lucrativos. No entanto, muitas das sem fins lucrativos estão repletas de gente bem-intencionada, muito idealista, que quer salvar o mundo. Essas pessoas precisam estabelecer metas realistas, buscando otimizar, e não maximizar, o desempenho de suas organizações. Aquelas que visam lucro, em compensação, precisam reconhecer que a definição de resultados e medições adequadas de desempenho terão influência no comportamento. Por isso, deve-se dar uma atenção especial a essa definição.

Por fim, em relação ao Princípio 10, sabemos que o conhecimento avança em grande velocidade na maioria das profissões. Por isso, você e eu temos que nos manter atualizados. Do contrário, vamos ficar obsoletos em pouco tempo!

Em suma, vivenciei os benefícios desses dez princípios, principalmente aqueles que ilustrei nesta introdução. Eu o incentivo a estudá-los, aplicá-los da forma que julgar adequada e tentar chegar a um bom termo.

# I. LEITURA

(1) Descubra quem você é.

"Toda pessoa que está na rota do sucesso", dizia Drucker, "tende a pensar em recolocação apenas como algo que se faz quando se fracassou. Mas eu diria que é bom se recolocar quando você é um sucesso, porque é aí que tem condições de fazer isso." Mas não é possível se recolocar em busca da relevância, segundo Drucker, sem saber quem você é e onde se encaixa.

(2) Recoloque-se onde a eficiência e a realização pessoal serão maiores.

"No início da carreira", dizia Drucker, "a tendência das pessoas é ter um horizonte de tempo muito limitado, de uns quatro anos. Elas não conseguem visualizar o que vem depois." Quando chegam a atingir um certo sucesso, porém, esse horizonte de tempo aumenta. "De repente elas começam a pensar nas alternativas para dali a vinte, trinta anos, até mais." Essa visão de longo prazo costuma trazer clareza onde antes não havia.

(3) Encontre seu cerne existencial.

"Há uma forte correlação entre grandes realizações e a capacidade de encontrar respostas para as perguntas básicas da vida", dizia Drucker. "Acredito que as pessoas mais bem-sucedidas são aquelas que têm muita fé [...]; há uma correlação importante entre a fé religiosa, o compromisso religioso e o sucesso em prol da comunidade."

(4) "Torne sua vida seu objetivo final; a única meta que vale a pena é transformar uma vida comum numa vida que tenha sentido."

(5) Planejar não adianta.

"As oportunidades surgem sem ser pedidas", insistia Drucker. Isso significa que é preciso ser flexível, estar pronto para agarrar as oportunidades certas quando elas se apresentam. "Planejamento demais cega para as oportunidades [...]. A oportunidade bate à porta, mas só uma vez. Você tem que estar pronto para o acaso."

(6) Conheça seus valores.

"Se você não respeitar uma função, não apenas irá executá-la mal, mas ela irá corrompê-lo, e pode acabar com você", dizia Drucker. "Por exemplo, 99% dos médicos não podem se tornar diretores de hospital. Por quê? Porque eles não têm respeito pela função. Eles são médicos, e acham que dirigir hospitais é coisa para burocratas."

(7) Defina o que é, para você, terminar bem.

"Minha definição de sucesso mudou muito tempo atrás", dizia Drucker. "Eu adoro escrever e dar consultoria — às vezes perco a noção do tempo quando estou fazendo essas duas coisas. Mas para mim o que importa agora é terminar bem, e como eu quero ser lembrado. Fazer diferença em algumas vidas é uma meta que vale a pena. Permitir que algumas pessoas façam aquilo que querem — é assim que eu realmente quero ser lembrado."

(8) Conheça a diferença entre colher e semear.

"Durante muitos anos medi meu trabalho pela produção — principalmente em termos de livros e outras coisas que estava escrevendo", dizia Drucker. "Fui muito produtivo durante muitos anos. Hoje já não sou tão produtivo, porque estes são os anos de colheita, e não de semeadura."

(9) Boas intenções não bastam; defina os resultados que você deseja.

Muitas instituições sem fins lucrativos obtêm resultados ruins porque "não fazem as perguntas certas, não sabem antes de tudo que resultados desejam. Elas têm a melhor das intenções, mas boas intenções servem apenas (como diz o ditado) para pavimentar o caminho do inferno".

(10) Reconheça o lado negativo de "Quem para de aprender para de crescer".

"Vejo cada vez mais pessoas por volta dos 45 anos, ou mais, que tiveram grande sucesso", dizia Drucker, "saíram-se muito bem no trabalho e na carreira, mas que, pela minha experiência, acabam em um de três grupos. Um grupo vai se aposentar; não costuma durar muito tempo. O segundo grupo continua a fazer o que está fazendo, mas vai perdendo o entusiasmo, sentindo-se menos animado. O terceiro grupo continua a fazer o que está fazendo, mas procura formas de dar uma contribuição. Sente que já recebeu muito e procura uma chance de retribuir. Não se satisfaz apenas em assinar cheques; quer se engajar, ajudar outras pessoas de uma maneira mais positiva." São esses, dizia Drucker, que terminam bem.

Bob Buford, disponível em: <www.druckersociety.at/files/
ten-principles-for-life-from-peter-drucker.pdf>, s.d.

---

# II. REFLEXÃO

---

☒ O Princípio 3, o cerne existencial, ou a resposta para as perguntas básicas da vida, pode ter um efeito poderoso em sua vida e em suas contribuições para a vida de outras pessoas.

## 1. PETER DRUCKER DEU SIGNIFICADO À VIDA DE MUITAS PESSOAS AO LONGO DE DÉCADAS

Em cada um dos dez princípios da primeira parte você ouvirá ideias que se encontram na maioria das grandes religiões. Na minha própria vida, várias ideias centrais encontram paralelo na Bíblia. O pressuposto geral dos dez princípios de Peter é que todos nós somos criados para desfrutar do sucesso e, no fim das contas, da relevância. Peter Drucker compreendia os princípios da vida porque compreendia como os indivíduos têm em mente, de forma assustadora e maravilhosa, a eternidade [...]. Procure o lado espiritual nos dez princípios de vida de Drucker e espere descobrir seu próprio sucesso — e, mais importante que isso, sua própria relevância.

Bob Buford, <www.druckersociety.at/files/
ten-principles-for-life-from-peter-drucker.pdf>, s.d.

⊠ Na Leitura 2, observe o "raio surgido do nada" de Drucker e como ele se encaixa com o comentário de Pasteur, para quem "a sorte favorece a mente preparada", na Leitura 3.

## 2. O MOMENTO DE "SORTE" DE PETER DRUCKER

No final do outono de 1943, quando eu estava prestes a comemorar meus 34 anos, recebi uma proposta que foi como um raio surgido do nada. "Meu nome é Paul Garrett", disse uma voz ao telefone. "Sou o encarregado das relações públicas da General Motors (GM) e estou ligando em nome do vice-presidente da empresa, o sr. Donaldson Brown." O sr. Brown queria saber se eu teria interesse em realizar um estudo da estrutura e das políticas de gestão da GM do ponto de vista externo. Na época, a GM era a maior empresa do mundo [...]. Eu ainda não tinha realizado um grande projeto de investigação de uma grande empresa por dentro. A primeira vez que tive a ideia de um projeto assim foi em Vermont, quando estava escrevendo meu segundo livro importante, *The Future of Industrial Man* [1942]. Tive a forte sensação de que precisava descobrir como as grandes empresas se comportavam, enquanto organizações [...]. Todos os executivos de empresas a quem consegui ser apresentado recusaram [...]. Bem na hora em que eu estava profundamente desmotivado pela incapacidade de lançar o projeto, recebi a ligação da GM. Naquela época, a GM era não apenas a maior empresa do mundo, mas também a mais inovadora. Sob a liderança de Alfred Sloan, figura-chave que ajudara a empresa a renascer de uma quase falência, a GM se tornou pioneira na criação do estilo moderno de organização corporativa, tendo sido a primeira no mundo a implementar o conceito de departamentalização, ou descentralização. Ainda hoje me sinto um felizardo por ter tido esse momento.

> Peter F. Drucker, *My Personal History*, artigo 17, 2009.

⊠ Quando se pergunta a inovadores sobre as circunstâncias em torno de uma inovação específica, às vezes eles a atribuem à sorte. No entanto, ao nos aprofundarmos nas circunstâncias que cercam a maioria dessas inovações, descobrimos que, sim, a sorte cria uma ideia ou evento inovador — mas em geral o inovador ou inovadora já está imerso numa área geral há bastante tempo, e sabe e é capaz de identificar um evento inovador quando o vê.

### 3. OS "GOLPES DE SORTE" DE LOUIS PASTEUR

Pasteur fez não apenas uma, mas várias descobertas em sua carreira. Isso levou algumas pessoas a dizer que ele tinha sorte. O próprio Pasteur dizia que a sorte só favorece a mente preparada. Em outras palavras, a sorte só ajuda aqueles que estão preparados para reconhecê-la. O maior dom de Pasteur talvez tenha sido sua capacidade de perceber coisas pequenas que outras pessoas deixavam passar. Algumas dessas coisas pequenas se mostraram a fonte de seus golpes de sorte.

Linda Wasmer Smith, *Louis Pasteur, Disease Fighter*, 2008, p. 10.

# III. IDEIAS PRÁTICAS

Faça anotações sobre os dez princípios de Drucker para "Encontrar sentido no segundo tempo da vida" conforme se aplicam à sua vida. Volte aos princípios e a suas anotações de tempos em tempos. Refaça as anotações quando necessário.

Tente, como Pasteur e Drucker, "perceber as coisas pequenas que outras pessoas deixam passar". Leia jornais e periódicos de alta qualidade e reflita sobre coisas que sejam significativamente diferentes de suas expectativas. Acompanhe-as, para ver se são modismos ou tendências genuínas.

Se encontrar tendências novas e genuínas, identifique as oportunidades que elas criam para você e sua organização. Reflita sobre o que seria necessário para transformar essa oportunidade em realidade para você e sua organização.

Prepare-se e sonhe com um segundo tempo significativo. Quando surgirem oportunidades inesperadas que o aproximem de seu sonho, pergunte a si mesmo: "O que seria preciso para eu tirar partido dessa oportunidade imediatamente?".

# LIÇÕES APRENDIDAS

Este capítulo resume as principais lições aprendidas ao longo do ano, à medida que você passou pelas leituras, reflexões e exercícios. Este livro é inteiramente dedicado a ajudá-lo a se tornar um líder eficiente em sua organização. Isso significa estar comprometido com a realização das coisas certas para os interessados, principalmente clientes, funcionários, acionistas e a sociedade perante a qual você é responsável.

## Liderança eficiente

Nossa premissa é que, enquanto algumas pessoas são líderes natos, a maioria de nós tem que aprender a se tornar líderes eficientes. E não é possível aprender isso pela simples leitura de um livro, por mais inspirado que este seja. A liderança eficiente é aprendida por *preceitos*, ou princípios gerais; e *prática*, ou aplicação real dos preceitos aos problemas práticos que encontramos enquanto líderes. As 52 semanas de treinamento que você completou vão ajudá-lo a se tornar um líder eficiente, tanto pelo uso dos preceitos quanto pelas oportunidades para praticá-los. É um processo que precisa ter continuidade durante toda a sua vida. Os líderes eficientes que você viu ao longo deste ano aprenderam continuamente.

Para ser um líder você precisa ter seguidores, e seus seguidores precisam ter adquirido confiança na sua liderança. Para que seus seguidores adquiram confiança, você, como líder, precisa possuir integridade de caráter e propósitos elevados. A integridade de caráter é conquistada pela coerência: suas palavras precisam combinar com seus atos. Essas qualidades resultarão na confiança dos colegas em relação à sua liderança. E isso, como aprendemos, cria a "boa liderança".

A boa liderança no grupo dirigente de uma organização tem o potencial para transformar para melhor a vida das pessoas. Por exemplo, pode elevar a visão do que é possível e o desempenho de um indivíduo a um patamar muito mais alto. Pode até contribuir para desenvolver a personalidade de um indivíduo além do que ele julgava possível.

Foram essas qualidades e padrões elevados que buscamos desenvolver ao longo do ano. A seguir, um resumo do processo que adotamos.

## Como ser um líder eficiente

Em primeiro lugar, os líderes fazem aquilo de que a organização *precisa*, e não necessariamente aquilo que querem fazer. Eles perguntam "O que precisa ser feito?", e não "O que eu gostaria de fazer?". Eles gerenciam em duas dimensões temporais e garantem que as metas de curto prazo sejam compatíveis com a missão de longo prazo e a visão da organização. Para isso, separam as tarefas *importantes* daquelas que são apenas *urgentes* no momento.

Aprendi que os líderes eficientes sabem que a chave do sucesso é a *concentração* do esforço, e que se dedicam àquelas áreas em que até mesmo um sucesso diminuto terá um impacto muito grande na contribuição e nos resultados. Eles evitam fazer várias coisas ao mesmo tempo e asseguram que as tarefas mais importantes sejam realizadas primeiro. Colocam *pressão sobre o próprio tempo* e sabem que as oportunidades autênticas, muitas vezes, surgem nos momentos menos oportunos. Eles criam espaço para essas novas oportunidades ao delegar, adiar ou descartar atividades que naquele momento estão tomando o tempo necessário para ir em busca de novos projetos, e obtêm as informações que lhes permitam adquirir uma vantagem competitiva sustentável. Eles tiram proveito total da análise estatística e asseguram que as pessoas das quais dependem forneçam as informações de que precisam. Em compensação, também sabem de que informações os colegas precisam para ser eficientes e as fornecem em caráter regular e num formato utilizável.

Sabemos o quanto é importante para os líderes criar um comitê de administração ativamente envolvido com a gestão na criação, implementação e monitoramento das estratégias, recursos e resultados da organização. É importante que os líderes trabalhem com os membros do comitê, que lhes atribuam tarefas relevantes, que lhes proporcionem informações na hora certa, que lhes permitam realizar essas tarefas, e que monitorem o desempenho do CEO e da organização.

Os membros do comitê precisam participar das principais decisões da organização e realizar tarefas específicas atribuídas a eles enquanto membros de um ou mais subcomitês. Os membros do comitê também são responsáveis por uma sucessão pacífica. Eles fazem isso como parte de seus deveres comuns, avaliando candidatos considerados capazes de assumir altas responsabilidades administrativas. Dos membros do comitê espera-se que dediquem uma parte substancial do tempo às responsabilidades do próprio comitê e que ajudem a tornar eficientes o CEO e a organização.

## A gestão das instituições pluralistas da sociedade

Vimos que a gestão é uma "função constituinte", ou a força organizadora capaz de viabilizar e preservar a existência de uma instituição. A gestão profissional de organizações de grande porte surgiu inicialmente no setor que visa lucro, nos Estados Unidos, na Alemanha e no Japão, no final do século XIX, mas seu rápido crescimento é um produto do século XX.

A liderança e a gestão eficientes são necessárias para todas as diversas instituições da sociedade. A sociedade precisa da gestão empresarial profissional para gerar a riqueza que sustenta a si própria e às instituições sociais. A riqueza produzida pelas empresas é, por meio dos impostos, a base do financiamento das atividades do governo, assim como a base do trabalho das organizações de caridade e sem fins lucrativos. Para que a riqueza da sociedade seja usada da forma mais eficiente, é uma prioridade a gestão profissional dessas organizações não empresariais.

As organizações governamentais e sem fins lucrativos, ao contrário das empresas, não têm um resultado financeiro natural. Por isso, a definição de seus resultados é essencial para uma gestão eficiente dessas instituições e de seus recursos. Uma declaração de missão corretamente elaborada, seguida por uma definição de resultados e uma medição adequada do desempenho, é necessária para avaliar o andamento da gestão de todas as organizações; mas essas declarações são um desafio particular para o terceiro setor e as organizações governamentais, onde o resultado financeiro não é uma exigência natural. A falta dele pode ter um efeito bastante pernicioso. Pense, por exemplo, numa agência governamental que mede o sucesso pelo tamanho da organização sob a jurisdição do líder. Isso motiva a criação de uma burocracia que desperdiça recursos. O mesmo pode ocorrer quando uma organização sem fins lucrativos não define claramente sua missão, os resultados esperados e uma medição adequada do desempenho.

Para racionalizar o desempenho numa sociedade de organizações, cada uma deve buscar sua própria missão como prioridade máxima, sem esquecer que deve a própria existência à sociedade da qual faz parte. É um órgão da sociedade, e nenhum órgão pode funcionar fora de um corpo sadio. Portanto, os executivos das organizações têm duas missões: a primordial é gerar riqueza, transformar vidas e governar; a secundária é apoiar programas das comunidades onde elas funcionam. Afinal, como vimos, diversas necessidades da sociedade fogem entre os dedos e não são atendidas pela operação normal das empresas, das entidades sem fins lucrativos e governamentais. Essas organizações, portanto, têm que liderar para além dos próprios limites, se quisermos que as necessidades da sociedade sejam atendidas.

**A importância da alta direção e a cultura do desempenho**

A prioridade inicial na gestão de qualquer organização, como vimos, é estabelecer uma alta direção eficiente, que propiciará governança e criará uma cultura do desempenho. Sem uma cultura sustentada pela cúpula, provavelmente essa organização, na melhor das hipóteses, vai fazer água ou vivenciar um lento declínio. O único recurso cujo desempenho pode ser expandido — em muitos casos, de maneira significativa — é o humano. Para que isso ocorra, as pessoas têm que ser adequadamente selecionadas, lideradas, escaladas e treinadas. Mas tudo isso depende do estabelecimento da cultura ou das condições adequadas, e isso tem que começar, e ser modelado, por aqueles que estão no topo da organização.

Vimos que a liderança eficiente das organizações da sociedade é particularmente importante neste período de rápidas transformações globais e enormes rupturas. No nível nacional, grandes problemas, como a poluição ambiental e o terrorismo, têm âmbito global e exigem cooperação entre os países para uma gestão eficiente. Mesmo com uma cooperação global, serão problemas muito difíceis de resolver; talvez tenhamos que simplesmente aprender a lidar com eles e minimizar os danos e rupturas que provocam. No nível doméstico, a transição do trabalho braçal para o intelectual está causando perturbações que só podem ser resolvidas por meio da reeducação, para os trabalhadores manuais, e pelo aumento da produtividade, para os trabalhadores do setor de serviços. Reeducar os trabalhadores da indústria e dos serviços, aumentando sua produtividade, é uma tarefa ao mesmo tempo social e econômica. São tarefas que exigirão um alto nível de unidade na política de nossa sociedade, que hoje parece estar fraturada nos Estados Unidos. As tarefas apresentadas aqui não são liberais nem conservadoras, mas simplesmente problemas prementes e transições que todo país terá que realizar por meio da construção de coalizões sólidas. Não podemos esquecer que as pessoas em nossas organizações necessitam de valores com alto grau de continuidade para conseguir atravessar este período de transição.

No entanto, períodos de ruptura, como o que estamos vivendo atualmente, também geram oportunidades para aqueles que estão ativamente à procura delas. Devem-se liberar recursos para tirar proveito dessas novas oportunidades. Isso pode ser feito deixando de lado programas e unidades que estejam antiquados e não sejam mais produtivos. Embora isso nunca seja simples, é particularmente difícil para as organizações governamentais nas quais programas consolidados, mas que não são mais necessários, criam poderosos interesses políticos. Vimos um método promissor de desapego para todos os setores da economia, proposto pelo professor Robert N. Anthony. Nesse método, "especialistas externos" são empregados para avaliar periodicamente a missão de um departamento ou de uma agência, seus resultados e custos — em outras palavras, avaliar a razão de ser daquela entidade. Embora isso não seja uma garantia de eliminação de desperdício, fraude e abusos, pode lançar uma luz sobre as áreas que estão limitando a capacidade da organização, e da sociedade, de tirar proveito da mudança, liberando recursos exigidos para lançar programas, produtos e serviços novos e inovadores.

### A importância da missão

Vimos que uma boa declaração de missão pode ser usada pela direção como uma ferramenta poderosa de implementação do objetivo de uma organização e para manter-se nos limites desse objetivo, ou ajustar o objetivo conforme mudam as circunstâncias. Todos que têm uma responsabilidade importante na implementação dos diversos aspectos da missão precisam ser envolvidos na negociação do texto. A missão deve, até onde for possível, ser redigida de modo a servir todos os interessados naquela organização, por ordem de prioridade.

Uma vez criada a declaração de missão, ela deve ser usada para "forçar as pessoas" a refletir sobre como seus cargos contribuem ou podem contribuir para o cumprimento da missão da organização. O objetivo é usar a declaração de missão como um documento dinâmico que integre o trabalho de todos os membros da organização, ao mesmo tempo que está a serviço dos clientes e dos demais interessados.

### As perguntas fundamentais de Drucker

Sabemos que a essência da abordagem de Drucker para a administração é olhar para as organizações sob a ótica do marketing. De todas as perguntas fundamentais de Drucker, formuladas de diferentes maneiras conforme o setor e as circunstâncias, duas são sempre feitas com uma pergunta-corolário. A primeira é: "Quem é o cliente?". Seu corolário é: "Quem é o não cliente?". A segunda é: "O que o cliente valoriza?". Seu corolário é "O que o não cliente valoriza?". É simples, mas muitos executivos não percebem isso. Uma vez conhecidos nossos clientes e valores, precisamos refletir esses valores em todos os nossos sistemas gerenciais — por exemplo, na publicidade, no design de produtos, na operação, no marketing e nos serviços.

Uma abordagem sólida da pesquisa de marketing, no entanto, também exige fazer as perguntas-corolários. Vimos o poder dessa abordagem nas leituras e dos exercícios.

## Mudanças de fase na organização

Empreendedores inovam. Quando bem-sucedida, uma inovação pode ser licenciada a uma empresa maior, em condições de obter um rápido ganho de escala; mas na maior parte do tempo é o empreendedor que lança um novo negócio. Se esse negócio é bem-sucedido, o empreendedor terá que garantir o financiamento, criar os mecanismos de controle apropriados e estabelecer uma equipe de direção qualificada. Do contrário, é altíssimo o risco de fracasso do novo negócio. Supondo que ele se saia bem, o empreendedor ou empreendedora terá que tomar uma decisão em relação a seu papel futuro; do contrário, o negócio terá dificuldades. O empreendedor fará a transição para se tornar um executivo eficiente, aprendendo a ser um CEO? Ou vai trabalhar com os demais membros da equipe de alta direção para identificar, com base nas necessidades e nos pontos fortes individuais, as atividades-chave que cada um deve realizar? Isso é o que chamamos de mudança de fase, e todo empreendedor precisa fazer essa mudança para que a organização continue a crescer e se desenvolver.

## Estrutura organizacional

A estrutura organizacional é uma ferramenta do executivo, um meio para atingir os fins de curto e longo prazo da organização. Diversos métodos organizacionais podem ter a mesma eficácia numa situação particular, mas alguns métodos podem ser negativos tanto para as pessoas quanto para o objetivo. Os exemplos do livro deixam claro que, numa sociedade de organizações do conhecimento, a informação torna conectada a organização, e informação é poder. O conhecimento está se expandindo e continuará a fazê-lo. À medida que isso ocorre, continuará a se fragmentar e a se especializar. É improvável que qualquer grande organização baseada no conhecimento possua todo o conhecimento especializado de que necessita para a realização de suas tarefas. Continuarão a surgir diversas formas de cooperação entre organizações, entre elas as joint ventures, as parcerias, as alianças e as organizações em rede.

## O desenvolvimento de pessoas

Qualquer que seja a estrutura organizacional, sabemos que Drucker acreditava que "as organizações mais duradouras desenvolvem suas pessoas, tanto do ponto de vista intelectual quanto moral". Não é tarefa fácil. O desenvolvimento intelectual representa a expansão da capacidade do indivíduo de obter desempenho no emprego e na vida. O desenvolvimento moral de uma pessoa representa desenvolver o caráter dessa pessoa. Isso é ainda mais difícil e não pode ser ensinado, mas precisa ser aprendido. Como pode ser aprendido? Prestando muita atenção nos exemplos dados por aqueles em cargos de liderança na organização — sobretudo os líderes que a pessoa admira — e, então, lutando para tornar esses traços parte do próprio caráter. Para proteger a si mesmos e à sociedade contra o lado ruim da natureza humana, os gestores precisam definir sanções pesadas àqueles que violam as normas éticas estabelecidas pela organização e recompensar aqueles cujo comportamento ético seja exemplar.

Ao desenvolver as pessoas tanto do ponto de vista intelectual quanto moral, a organização presta um enorme serviço na melhoria do status do indivíduo e no auxílio à realização de algumas das aspirações mais nobres que uma sociedade livre tem em relação a seus cidadãos. O líder também se comporta de uma maneira que é percebida como legítima pelos funcionários e pela sociedade.

Considerando os escândalos do passado recente e o mal que eles fizeram à sociedade, o restabelecimento da legitimidade da gestão deve ser prioridade máxima das empresas e dos governos.

## A decisão sucessória

Decisões relativas à sucessão no cargo mais alto de uma organização são um tema crucial na gestão. Vi muitas decisões sucessórias darem errado, e quando isso ocorre duas ou mais vezes seguidas, até organizações consolidadas correm sério risco, sobretudo neste período de rápidas transformações. É tarefa do CEO e do comitê de direção formar um subcomitê, encarregá-lo da sucessão e procurar candidatos, tanto internos quanto externos, durante um período razoável de tempo. Embora não raro as decisões sucessórias se deem de maneira imprevista, é bastante razoável esperar que o comitê conheça a lista potencial de prováveis candidatos internos suscetíveis de preencher o cargo mais alto. Também deve ser prioridade dos membros do comitê a realização de grande número de contatos, para provê-los com informações a respeito de possíveis candidatos externos. No entanto, a decisão sucessória para o cargo mais alto sempre será uma aposta, porque ninguém sabe que problemas o novo CEO vai enfrentar, ou como a pessoa indicada vai evoluir à altura dos desafios desconhecidos que ele, ou ela, enfrentará no futuro.

## O poder do propósito

Vimos que uma das organizações preferidas de Drucker era o Exército de Salvação, e repassamos rapidamente as razões disso. Ele gostava do Exército por causa de sua missão simples, trabalhar com "os mais pobres dentre os pobres e os piores dentre os piores", e sua eficiência no atendimento das necessidades humanas — sua disposição para envolver-se em projetos sociais difíceis, como o tratamento do vício em drogas e álcool, melhorar a vida de jovens problemáticos, proporcionar trabalho a presidiários e lidar com alguns outros problemas americanos muito complicados. Nessas áreas sociais, o Exército muitas vezes alcança resultados que o governo tem dificuldade para alcançar. Está disposto a profissionalizar sua gestão e converter as pessoas que atende em membros produtivos da sociedade. Atende as necessidades à medida que elas surgem e depende da enorme generosidade do povo americano para continuar a obter recursos para necessidades não atendidas, praticando assim o "financiamento *just-in-time*". À medida que seus projetos crescem e a organização se expande, continua a aumentar a escala de sua capacidade de liderar e gerir, mapeando os ensinamentos de Drucker no interior da organização. O Exército de Salvação é um exemplo para todos nós.

## A metodologia da ecologia social de Drucker

Vimos que a metodologia da "ecologia social" de Drucker é útil para qualquer executivo em qualquer organização. A ideia é identificar tendências que não foram percebidas ou transformações nas tendências em curso na sociedade, na demografia, na tecnologia, nas instituições, nas percepções e nos eventos inesperados, e converter em oportunidades algumas dessas transformações. Vimos como Drucker identificou uma série de instituições emergentes, entre elas as megaigrejas. As megaigrejas estão transformando a paisagem americana, não apenas no âmbito do protestantismo, mas também na cultura e na economia. Observamos como Tom Luce fez para identificar excelentes práticas educacionais nas escolas americanas e disseminar essas práticas a outras.

Identificadas essas tendências, o passo seguinte do ecologista social é entender o que gera a excelência nessas transformações dentro das instituições novas ou já existentes. Essa informação, então, é organizada na forma de melhores práticas — no caso de Luce, aquelas que podem ser imitadas por diretores de escolas e professores. Em seguida, Luce trabalhou com diretores e professores, por meio de sua rede de diretores, para tornar eficientes outras escolas.

Portanto, a meta do ecologista social é tornar mais eficientes os cidadãos e as instituições da sociedade. A ecologia social, quando realizada de maneira eficiente, resulta na disseminação de inovação e de melhores práticas. Propicia um método notável de concretização das ideias detalhadas por Everett Rogers em seu livro fundamental, *Diffusion of Innovations*. Ajuda a sociedade a atender as necessidades dos cidadãos e das organizações. Vimos como essa metodologia pode ser poderosa quando usada com eficiência, como ilustrado pela Associação Willow Creek e sua Cúpula de Liderança Global.

## Do sucesso à relevância

Vimos que uma das ideias mais importantes de Drucker é a oportunidade — acessível a cada vez mais pessoas na sociedade do conhecimento — de provocar mudanças econômicas e sociais, ao impor "uma nova ideia ao futuro que ainda está por vir", que tenta dar forma a algo novo e útil. A passagem do sucesso à relevância é uma dessas novas ideias. Os trabalhadores do conhecimento têm vida útil longa, muitas vezes de mais de cinquenta anos, e por um motivo ou outro já não encontram satisfação em suas carreiras primárias. Muitos têm um desejo crescente de fazer aquilo que sempre sonharam, mas não puderam realizar em razão de seu compromisso de vida para com outros. E quando estão prontos para essa transição, podem ter necessidade de ajuda, para ter uma visão mais clara e fazer o teste da realidade antes de assumir um compromisso total com o sonho. Muitos precisam de ajuda para combinar seus interesses e pontos fortes com uma oportunidade suscetível de dar frutos. É nisso que pode ajudar a mentoria por parte de pessoas mais experientes que fizeram essa mudança de vida.

Vimos exemplos de pessoas que atingiram suas metas em segundas carreiras ou com o trabalho voluntário. Está muito claro, porém, que é melhor começar a trabalhar cedo como voluntário, numa área de interesse, e adquirir experiência antes de fazer a transição para uma segunda carreira ou para uma área inteiramente nova que envolva inovação social.

Quando se abraça um projeto que envolve inovação social, sabemos que é melhor que seja numa área em que a pessoa tenha entusiasmo e dê uma contribuição singular. Sem essa contribuição singular e sem esse profundo entusiasmo, dificilmente essa pessoa vai suportar os altos e baixos de um projeto novo. O aprendizado das lições deste livro pode ajudá-lo a evitar as armadilhas e tomar uma decisão sensata.

Passar do sucesso à relevância exige fazer nossa autogestão, como devem fazer os trabalhadores do conhecimento. Quanto mais nos gerenciamos enquanto tais, maior a probabilidade de fazer com êxito a transição do sucesso à relevância, e maior a probabilidade de conseguirmos satisfazer esse desejo até mesmo em nossa carreira primária.

### Caráter e legado

Uma pergunta que Peter Drucker fazia com frequência no final de entrevistas era: "Como você gostaria de ser lembrado?". Acabamos percebendo que essa é uma pergunta com a qual nem todos queremos lidar. Não a fazemos nem com a frequência nem com a precocidade necessárias. Isso exige enfrentarmos nossa própria condição de criatura e a compreensão de que a vida é finita e de que um dia teremos que deixá-la. Muitas pessoas que serviram de exemplo neste livro já faleceram.

Vimos que se nós, como Peter Drucker, temos uma visão da eternidade, a única coisa que resta são as pessoas. Portanto, a coisa que tem mais chance de sobreviver a nós é aquilo que fazemos na vida e pela vida das pessoas. Vimos que, à medida que envelhecemos, a resposta à pergunta do legado vai mudando, conforme evolui nosso conhecimento de nós mesmos e avaliamos melhor nossos verdadeiros pontos fortes e como nossa experiência de vida pode servir no auxílio aos outros. Fazer essa pergunta constantemente é um verdadeiro exercício de mentoria, porque mantém diante de nós aquilo que é relevante e aquilo que devemos deixar de lado.

Uma observação final: à medida que envelhecemos, tendemos a amadurecer, no sentido de que enxergamos mais claramente nosso verdadeiro eu e as necessidades dos outros. O viés competitivo costuma arrefecer, e nossas intenções em relação a nossos irmãos humanos tendem a se tornar mais puras. Isso nos coloca numa posição mais favorável para enxergar onde podemos e devemos dar nossa contribuição para a vida dos outros. Conhecer a nós mesmos é um processo que dura a vida toda, e que temos uma chance de abordar melhor quando envelhecemos. E conhecer a nós mesmos e aos pontos fortes que só nós temos nos coloca numa posição mais favorável para auxiliar os outros. Esse processo pode ser altamente satisfatório.

## Conclusão

Repassamos algumas das lições contidas ao longo deste ano de treinamento com Drucker. Viajei pela mesma estrada que você. Faço-lhe os melhores votos para o restante de sua jornada. Espero que, ao olhar para trás, para aquilo que realizou ao longo deste ano, você o faça com grande satisfação.

# APÊNDICE

## SUMÁRIO DOS PRINCÍPIOS DE DRUCKER

Este apêndice resume os princípios fundamentais de Drucker para seu uso como referência. Os princípios estão relacionados na ordem em que aparecem no livro.

### LÍDERES EFICIENTES

1. "Líderes eficientes *fazem a coisa certa* e *são dignos de confiança*" (p. 23).
2. "A confiança é a convicção de que um líder realmente pensa naquilo que está dizendo" (p. 26).
3. "A liderança eficaz [...] não se baseia [...], e sim, na coerência" (p. 26).
4. "A qualidade principal de um líder é, inegavelmente, a integridade" (p. 26).
5. "É comum que as organizações mais duradouras e bem-sucedidas levem seus membros a uma evolução intelectual e moral que vai além da capacidade original [das pessoas]" (p. 30).

## A GESTÃO É UMA ATIVIDADE HUMANA

1. "'A liderança se testa na adversidade', disse Xenofonte 2500 anos atrás" (p. 61).[1]

## OLHO NO QUE É IMPORTANTE, NÃO NO QUE É URGENTE

1. "Priorize o que é *importante* em vez do que é *urgente*" (p. 67).
2. "[Os] líderes eficientes que conheci [...] não começavam com a pergunta 'O que eu quero?'; começavam com a pergunta *'O que precisa ser feito?'*" (pp. 70-1).
3. "[A] melhor prova de que é falso o risco de podar em excesso [as atividades urgentes] é a notável eficiência de tantas pessoas com deficiências e doenças graves" (p. 70).
4. "Gestores precisam, por assim dizer, manter um olho no chão e outro no céu — um malabarismo e tanto" (p. 75).
5. "[...] Principie sempre pelo longo prazo, para depois retornar e dizer: 'O que faremos hoje?'" (p. 76).

## O MAPA PARA A EFICIÊNCIA PESSOAL

1. "Como você definiria as partes específicas do trabalho que exigem intervenção?" (p. 82).
2. Concentre-se nas perguntas importantes: "Qual é o nosso negócio?", "Qual deveria ser o nosso negócio?", "Qual não deveria ser?", "Quem é o nosso cliente?", "O que o cliente valoriza?" (p. 82).
3. "[...] Foque naquelas áreas em que mesmo um pequeno êxito de sua parte pode vir a ter um grande impacto, [...] porque isso [...] fará uma autêntica diferença" (p. 82).
4. "A concentração é a chave para os resultados econômicos" (p. 83).
5. "Quando o líder é incapaz de se livrar do ontem, de se desapegar do ontem, simplesmente não será capaz de criar o amanhã" (p. 85).
6. "O executivo eficiente sabe que o tempo é o fator limitador" da eficiência (p. 87).
7. "Como você cuidou do seu desenvolvimento pessoal?" [...] "Começo a pressionar o tempo que tenho. [...] Forço a mim mesmo a ficar sobrecarregado e olho para a pilha de coisas, à procura daquilo que devo jogar fora" (p. 88).

8. "Justamente porque sabe que, no fim das contas, o responsável final é ele e ninguém mais, o líder eficiente não tem medo da força de seus pares e subordinados" (p. 90).

9. "[...] Ser líder não é ter cargos, privilégios, títulos ou dinheiro; ser líder é ser *responsável*" (p. 91).

10. "Líderes eficientes delegam, mas não aquilo que dará exemplo. Isso eles *fazem*" (p. 92).

11. "Que informações devo transmitir às pessoas com quem trabalho e de quem dependo? [...] De que informações eu mesmo preciso? E de quem? E sob que formato? E com que rapidez?" (p. 97).

12. "O teste decisivo para um sistema informacional é a ausência de surpresas" (p. 98).

13. "Para a *estratégia*, é preciso obter informações organizadas sobre o ambiente externo. [...] É nelas que estão os resultados. Dentro de uma organização, existem apenas centrais de custos" (p. 99).

14. "Liderança é quando se eleva a visão das pessoas a um ponto mais alto, quando se eleva o desempenho de uma pessoa a um padrão mais alto, quando se constrói uma personalidade para além de suas limitações normais" (p. 102).

15. "Nada prepara melhor o terreno para esse tipo de liderança que uma cultura de gestão que confirma, na prática cotidiana da organização, princípios estritos de conduta e responsabilidade, altos padrões de desempenho e respeito pelo indivíduo e por seu trabalho" (p. 102).

16. "Sempre que uma instituição falha de forma tão consistente quanto a exibida pelos comitês de direção em quase todo grande fiasco dos últimos quarenta ou cinquenta anos, é inútil pôr a culpa em indivíduos. É a instituição que não funciona" (p. 104).

17. "Os [CEOs são] responsáveis por tornar eficientes seus comitês de direção" (p. 105).

18. "Não é o carisma que importa. O que importa é [se] o líder conduz na direção certa ou errada" (p. 105).

19. "A função mais importante do executivo é a tomada de decisões. [...] Executivos [...] seguem um processo disciplinado, definindo antes de tudo o problema que têm diante de si. [...] Uma vez definido corretamente o problema, o passo seguinte é estabelecer as condições mínimas que a decisão tem que alcançar" (p. 106).

## A GESTÃO NUMA SOCIEDADE PLURALISTA DE ORGANIZAÇÕES

1. "Em toda e qualquer instituição e em todo e qualquer setor, os líderes [...] têm duas responsabilidades. São responsáveis e responsabilizáveis pelo desempenho de suas instituições, e isso exige que eles e suas instituições sejam concentrados, focados, limitados. No entanto, eles também são responsáveis pela comunidade como um todo" (p. 118).

2. "Foi no século passado que nos tornamos uma sociedade de organizações. No tempo em que os gestores eram raros, era possível depender dos talentos naturais. Agora precisamos de um número enorme de gestores" (p. 120).

3. [...] "Gestão não é 'Gestão de Negócios' — embora tenha atraído a atenção primeiro nos negócios —, mas a governança de qualquer instituição na sociedade moderna" (p. 121).

4. "O novo pluralismo requer aquilo que poderíamos chamar de responsabilidade cívica: dar algo à comunidade na busca de seus próprios interesses ou objetivos" (p. 122).

5. "'Pelos seus frutos os conhecereis' bem poderia ser o princípio básico constituinte da nova sociedade pluralista de instituições" (p. 123).

6. "A primeira missão de toda organização é tornar eficiente a alta direção" (p. 125).

7. "Empresas precisam de um órgão central de governança e de um órgão central de avaliação e análise. Da qualidade desses dois órgãos, que, juntos, [compõem] a alta direção, dependem em grande parte o desempenho, os resultados e a cultura da empresa" (p. 128).

8. "Em qualquer grande instituição — a Igreja, por exemplo, ou o Exército —, a descoberta, o desenvolvimento ou o teste dos líderes de amanhã é uma tarefa essencial, à qual os melhores devem dedicar integralmente seu tempo e sua atenção" (p. 129).

9. "As políticas que cada país adota impõem restrições à estratégia das empresas transnacionais" (p. 134).

10. "À medida que uma empresa vai se tornando uma confederação, ou um sindicato, aumenta a necessidade de uma alta direção independente, poderosa e responsável" (p. 135).

11. "O objetivo de uma organização é 'fazer pessoas comuns fazerem coisas incomuns'" (p. 140).

12. "Empresas empreendedoras encaram o empreendedorismo como um dever. São disciplinadas, [...] trabalham nesse sentido, [...] adquirem prática" (p. 141).

13. "Uma organização humana com cultura de desempenho é aquela em que a energia produzida é maior que a soma dos esforços nela investidos" (p. 141).

14. "As atividades de consciência não têm por objetivo ajudar a organização a fazer melhor aquilo que ela já faz. O objetivo é lembrar constantemente à organização aquilo que ela tem que fazer e não está fazendo" (p. 142).

### COMO NAVEGAR NUMA SOCIEDADE EM TRANSIÇÃO

1. "As necessidades sociais vão aumentar em duas áreas. Primeiro, vão aumentar naquilo que é tradicionalmente considerado caridade: a ajuda aos pobres, aos deficientes, aos desamparados, aos vitimizados. E aumentarão ainda mais rapidamente naqueles serviços cujo objetivo é transformar a comunidade e transformar as pessoas. Num período de transição, o número de pessoas necessitadas sempre aumenta" (p. 149).

2. "Dos programas americanos dos últimos quarenta anos em que se tentou atacar um problema social por meio da ação do governo, nenhum produziu resultados de monta. Mas agências independentes, sem fins lucrativos, conseguiram, sim, resultados expressivos" (p. 150).

3. "O exercício da cidadania, dentro e por meio do setor social, não é uma panaceia para os males da sociedade pós-capitalista e para o Estado pós-capitalista, mas pode ser um pré-requisito no combate a esses males" (p. 151).

4. "Eu acho que está cego e surdo qualquer um que não esteja incomodado com a direção que o mundo está tomando. A crença no progresso, que herdamos do século XVIII, é coisa do passado. A crença num mundo dominado pelo Ocidente está acabando" (p. 154).

5. "A forma mais eficiente de administrar a transformação é criando-a" (p. 155).

6. "Quando chove maná, tem gente que pega um guarda-chuva. Outros procuram uma colher de sopa" (p. 156).

7. "O que devo fazer para estar preparado para o perigo, para as oportunidades e, acima de tudo, para a mudança?" (p. 156).

8. "Há uma necessidade crescente de instituições verdadeiramente transnacionais [...] A invasão militar do Iraque, no inverno e na primavera de 1991, pode ter sido um ponto de partida [...] [P]ela primeira vez nos registros históricos, praticamente todos os Estados-Nações agiram juntos para derrotar um ato de terrorismo — pois foi isso que representou a invasão do Kuwait pelo Iraque" (p. 157).

9. "Estamos em meio a uma transição importantíssima, em que o novo — não apenas novas estruturas, novas organizações, mas fundamentalmente novos conceitos, novas maneiras de ver o mundo, novas formas de nos relacionarmos como indivíduos, como organizações e como países — terá que ser criado" (p. 160).

10. "Acho que estamos num período de enorme incerteza e perigo [...]. Trata-se da incerteza, a sensação de que o chão sob seus pés está tremendo e que você não sabe se é hora de pular fora, de mergulhar de cabeça ou não. Isso é que está incomodando as pessoas" (pp. 160-1).

11. "E é um momento muito empolgante, porque também é um período em que as ações dos indivíduos, as ações das pequenas e grandes organizações, as ações de países e governos realmente importam" (p. 161).

12. "A mobilidade para cima, na sociedade do conhecimento, cobra um preço alto: as pressões psicológicas e os traumas emocionais de toda disputa destrutiva" (p. 162).

13. "Uma empresa pode ser definida como um processo que converte um recurso externo, no caso o conhecimento, em resultados externos, no caso valor econômico" (p. 163).

14. "A administração é aquilo que tradicionalmente se chamava de profissão liberal — 'liberal' porque lida com os fundamentos do conhecimento; autoconhecimento, sabedoria e liderança; 'profissão' porque lida com a prática e a aplicação" (p. 164).

15. Gerir sua própria carreira é igualmente importante. "Tiraram a escada, e não deixaram nem a estrutura imaginária de uma corda para subir. Parece mais uma trepadeira, e não se esqueça de trazer sua própria faca" (p. 164).

16. "O importante é identificar o 'futuro que já chegou'" (p. 169).

17. "O desafio importante na sociedade, [na] economia [e na] política é explorar as transformações que já ocorreram, utilizando-as como oportunidades" (p. 169).

18. "De todas as transformações externas, as demográficas — definidas como as transformações na população, no seu tamanho, na sua estrutura etária, na sua composição, no emprego, no nível educacional e na renda — são as mais evidentes" (p. 171).
19. "O envelhecimento rápido da população e a redução rápida da população jovem significam que haverá problemas sociais" (p. 171).
20. "A teoria organiza uma realidade nova; raramente cria essa realidade" (p. 172).
21. "Talvez tenha chegado a hora de empreendedores abrirem escolas com base naquilo que sabemos a respeito do aprendizado, e não com base em histórias da carochinha sobre esse assunto que nos impingem há anos e anos" (p. 176).
22. "Na sociedade do conhecimento importam menos as matérias e mais a capacidade do aluno de continuar aprendendo e motivado a aprender" (p. 177).
23. "O sucesso que motiva é realizar excepcionalmente bem algo em que já se é bom" (p. 178).

## COMO SUSTENTAR SUA ORGANIZAÇÃO EM MEIO ÀS TRANSFORMAÇÕES

1. "Organizações precisam de novidade de vez em quando, e no entanto precisam ao mesmo tempo de continuidade. A missão, ou o objetivo, continua igual. Por isso, há necessidade de gente comprometida com a missão. Mas às vezes você também precisa fazer mudanças radicais" (p. 184).
2. "É justamente porque a mudança é uma constante que a base tem que ser ainda mais forte" (p. 185).
3. "Organizações grandes não têm como ser versáteis. Uma organização grande é eficiente graças a sua massa, mais que a sua agilidade. A massa permite que a organização acione muitos mais tipos de conhecimento e talento do que seria possível a qualquer indivíduo ou pequeno grupo" (p. 187).
4. "Prever o futuro só vai lhe criar problemas. A tarefa é gerir o que existe e tentar criar aquilo que podia e devia existir" (p. 188).
5. "Em medicina há um velho ditado que diz: 'Se não jogar nada fora, você submerge no seu lixo', e muito depressa. Isso vale para qualquer organização, e mesmo assim, quando você acredita numa causa, [jogar fora] é algo difícil de fazer quando não se tem fins lucrativos" (p. 192).

6. "Se ainda não fizemos isso, devemos começar agora? E se a resposta for 'não', 'O que devemos fazer agora?'" (p. 194).

7. "Saber que um produto existente será abandonado num futuro próximo, liberando recursos, pode ajudar a concentrar sua mente em inovações" (p. 195).

8. "A declaração de missão é sua ferramenta para forçar — e estou usando propositalmente uma palavra sem ambiguidade — seu pessoal a refletir: 'Qual é o meu objetivo? Qual é a minha meta? E, para mim, o que representa contribuir?'" (p. 198).

9. "Use a controvérsia para obter unidade e comprometimento" (p. 200).

10. "São necessárias três coisas [para uma boa declaração de missão]: oportunidades, competência e comprometimento" (p. 202).

11. "Você se concentra naquilo que faz de melhor; você se concentra na necessidade real do mercado e reage a ela; e você luta por excelência antes de se expandir, porque inúmeros empreendimentos enxergam um monte de oportunidades de mercado e começam a se fragmentar, sem dispor dos recursos para realizá-las com qualidade. Por isso, começam a buscar atalhos, a empurrar com a barriga, e em pouco tempo perderam tudo aquilo [que] no mercado chamam de 'diferenciação do produto'" (pp. 206-7).

12. "O consumidor raramente compra o que a empresa acha que está vendendo" (p. 209).

13. "É preciso supor que o cliente é racional. Mas a racionalidade dele não é necessariamente a mesma do fabricante; é produto de sua própria situação" (p. 209).

14. "A gestão dos trabalhadores do conhecimento é uma 'tarefa de marketing'. E no marketing não se começa pela pergunta 'O que queremos?'. Começa-se pela pergunta: 'O que o outro quer? Quais são seus valores? Quais são suas metas? O que ele considera resultado?'" (p. 210).

15. "Vi diversas empresas em que uma estrela construiu um negócio e não tem sucessor, não se perpetuou, e a empresa cai na burocracia" (p. 214).

16. "Se você não refletir desde o início sobre os papéis das principais pessoas, tribos vão se formando e surgem disputas pelo poder na organização, que [acabam] sendo fatais em seu estágio inicial" (p. 215).

17. "A transformação da empresa de uma que o proprietário-empreendedor toca com 'ajudantes' para uma que exige gestão é o que os físicos chamam de mudança de fase, semelhante à mudança da água para o gelo" (p. 216).

**COMO ESTRUTURAR SUA ORGANIZAÇÃO**

1. "Tudo que sei é que, quanto maior o controle, menor o crescimento. A grande lição do século xx é que o planejamento centralizado não funciona" (p. 225).

2. "Descentralização dá a entender que existem regras sob as quais cada unidade funciona. Estamos falando, na verdade, de uma confederação. Você quer que essas igrejas sejam independentes, mas que carreguem a chama, certo? Isso é uma confederação" (p. 226).

3. "Os países desenvolvidos estão evoluindo rapidamente para uma sociedade em rede" (p. 230).

4. "Mas numa parceria — seja com um terceirizado, um parceiro de joint venture ou uma empresa na qual se possui participação minoritária — não se pode dar ordens. Só se pode conquistar a confiança" (p. 231).

5. "A organização de sistemas é uma extensão do princípio de montagem de equipes. A diferença é que, enquanto uma equipe consiste de indivíduos, uma organização de sistemas monta a equipe a partir de uma ampla variedade de diferentes organizações" (p. 232).

**COMO GERIR SUA EQUIPE**

1. "Com estrelas, a briga é constante, porque toda estrela quer fazer algo que não faz muito bem. Quando se é estrela, seu horizonte é muito limitado e seu humor também" (p. 240).

2. "O executivo eficiente sabe que seus subordinados são pagos para ter desempenho, e não para agradar aos superiores. Sabe que não importam quantas crises a prima-dona terá, desde que traga clientes" (p. 241).

3. "Concentre-se em transformar pessoas de alta competência em estrelas" (p. 242).

4. "Exponha as estrelas para elevar o desempenho da organização" (p. 243).

5. "O simples fato de alguém não ter bom desempenho num cargo para o qual foi indicado não significa que seja um funcionário ruim, que a empresa deva descartar. Significa apenas que ele ou ela está na função errada" (p. 248).

6. "Quem ganha uma segunda chance costuma se sair bem. Dê uma segunda chance a quem quer tentar. Uma pessoa que tenta e mesmo assim não consegue pode estar no lugar errado. A pergunta então é: onde ele ou ela deveria estar?" (p. 250).

7. "Uma sociedade funcional precisa ser sempre capaz de organizar a realidade concreta numa ordem social [...]. Nenhuma sociedade pode funcionar a menos que dê a seus membros individuais um status e uma função social e a menos que o poder social decisivo seja um poder legítimo" (p. 255).

### A ESCOLHA DO SUCESSOR

1. "O problema sucessório: 'Como se faz para manter ou preservar a sabedoria, o aconselhamento e o exemplo de um fundador e ainda assim impedir que ele destrua seu sucessor?'" (p. 262).
2. "A decisão sucessória precisa se concentrar na manutenção do espírito que conserva viva a instituição. As soluções precisam se adequar àquela organização específica e manter a cultura de desempenho" (p. 264).
3. "A maior prova da sinceridade e da seriedade da direção é uma ênfase inabalável na integridade de caráter. Isso, acima de tudo, tem que ser simbolizado pelas decisões do 'pessoal' da direção. Pois é pelo caráter que se exercita a liderança; é o caráter que dá o exemplo e é imitado" (p. 264).
4. "[...] a moral de uma organização vem do topo. Se uma organização tem excelente moral é porque a moral de sua cúpula é elevado. Se a moral cai, é porque a cúpula apodreceu; como diz o ditado em inglês, 'O peixe começa a apodrecer pela cabeça'. Só se deve nomear alguém para um cargo importante se a alta direção deseja que seu caráter sirva de modelo para os subordinados" (pp. 264-5).
5. "Escolha sucessores com base em seus pontos fortes, e não para minimizar os pontos fracos" (p. 266).
6. "A ideia de que existem pessoas 'certinhas', pessoas que só têm pontos fortes e não têm pontos fracos (quer se use o termo 'homem completo', 'personalidade madura', 'personalidade adaptável' ou 'generalista'), é uma receita para a mediocridade, e até para a incompetência. Gente muito forte também tem muitos pontos fracos, sempre. Para todo pico existe um vale" (p. 267).
7. "Organizações incapazes de se perpetuar fracassaram. Portanto, uma organização precisa encontrar hoje os homens e mulheres que vão geri-la amanhã. Precisa renovar seu capital humano. Precisa melhorar constantemente seus recursos humanos" (p. 271).
8. "Uma organização [que] apenas perpetua os níveis atuais de visão, excelência e realizações perdeu a capacidade de se adaptar. E como a única

coisa certa nas questões humanas é a mudança, ela não será capaz de sobreviver em um futuro transformado" (pp. 271-2).

9. "Muito poucos refletiram sobre as perguntas a respeito da sucessão: 'De que tipo de pessoas precisamos para nos suceder? Que tipo de experiência elas devem ter? Como treiná-las? Como testá-las? Como filtrá-las?'" (p. 273).

10. "As perguntas que eu faço às organizações sem fins lucrativos em busca de sucessores são: 'Quais são os resultados no cargo? De que competências vocês precisam? De que experiências precisam?'" (p. 273).

## AS LIÇÕES DO SETOR SOCIAL SOBRE O PODER DO PROPÓSITO — PARTE I

1. "Uma área prioritária [para a Fundação] — talvez a principal, a julgar pelo retorno que temos recebido — é a criação de maneiras como uma organização sem fins lucrativos (e principalmente as menores) pode avaliar a si mesma — sua missão; seu desempenho e seus resultados; sua estrutura e sua organização; sua alocação de recursos; e — necessidade premente — seu desempenho na atração e no uso de recursos, tanto humanos quanto financeiros. Tem que ser uma espécie de caixa de ferramentas de autoavaliação" (p. 286).

2. "As melhores instituições sem fins lucrativos dedicam muita reflexão à definição da missão da organização" (p. 286).

3. "A gestão precisa sempre levar em conta tanto o presente quanto o futuro; tanto o curto quanto o longo prazo. Um problema gerencial não é resolvido quando se compra o lucro imediato pondo em risco a saúde de longo prazo, e até a sobrevivência da empresa" (p. 290).

4. "O gestor precisa viver sempre no presente e no futuro ao mesmo tempo. É preciso manter o bom desempenho da empresa no presente — do contrário, não existirá empresa para ter desempenho no futuro. E é preciso tornar a empresa capaz de ter desempenho, crescer e se transformar no futuro" (p. 291).

5. "A primeira — mas também a mais difícil — tarefa do executivo de uma instituição sem fins lucrativos é fazer todos os envolvidos concordarem com os objetivos de longo prazo da instituição. O consenso em relação ao longo prazo é a única forma de integrar todos esses interesses" (pp. 291-2).

6. "Rapidamente constatei que [os executivos eficientes] começam pela definição da transformação fundamental que a instituição busca na socie-

dade e no ser humano; então, eles incutem essa meta nas preocupações de cada um dos envolvidos com a instituição" (p. 292).

## O EXÉRCITO DE SALVAÇÃO

7. "O Exército de Salvação é 'de longe a mais eficiente organização dos Estados Unidos. Ninguém chega nem perto, em relação à clareza da missão, à capacidade de inovar, aos resultados medidos, à dedicação e ao aproveitamento máximo do dinheiro'" (p. 298).
8. [Sobre a capacidade do Exército de Salvação de financiar seus programas:] "Isso não me surpreende. Muito tempo atrás aprendi que, quando se trazem resultados, o apoio aparece. E vocês trazem resultados, e os resultados falam por si. Mas me impressiona a clareza que vocês têm em relação à alocação de recursos, porque no meu próprio trabalho com organizações sem fins lucrativos esse é um problema constante, um dilema entre cuidar da necessidade imediata e ao mesmo tempo construir o futuro, o que exige não apenas muitos recursos, mas muita dedicação" (p. 302).
9. "Sua atividade de arrecadação de fundos é um sucesso porque vocês permitem que o americano médio esteja à altura de suas crenças, valores e compromissos" (p. 302).
10. "Ponha os recursos onde estiverem os resultados" (p. 302).
11. "A recompensa pelo serviço é mais serviço" (p. 302).

### AS LIÇÕES DO SETOR SOCIAL SOBRE O PODER DO PROPÓSITO — PARTE II

### AS ESCOLAS PÚBLICAS

12. "Sei que nas suas propostas você diz que vouchers não vão salvar o sistema de ensino, e você tem toda a razão, porque, como eu lhe disse no almoço, e vi que você concordou, os vouchers são ao mesmo tempo inevitáveis e necessários, no mínimo para tirar dessa enorme inércia o sistema das escolas públicas. É preciso provocar as escolas públicas; os vouchers são a provocação" (p. 306).
13. "[...] as escolas podem alcançar resultados, apesar de toda a pressão contrária" (p. 307).
14. "[...] na sociedade do conhecimento, as escolas passarão a ser cobradas por desempenho e resultados" (p. 308).

440

15. "[...] abraçar a nova tecnologia de aprendizado e ensino é um pré-requisito para o sucesso de um país e de uma cultura, assim como para a competitividade econômica" (p. 309).

16. "A tecnologia será importante, mas antes de tudo por nos forçar a fazer coisas novas, e não por nos permitir fazer melhor coisas antigas [...]. O verdadeiro desafio à frente não é a tecnologia propriamente dita, e sim o uso que faremos dela" (p. 309).

17. "Eis as novas especificações [para a educação]:

"A escola precisa proporcionar alfabetização universal de alto nível — muito além do significado atual de 'alfabetização'.

"Ela precisa imbuir os estudantes, de todos os níveis e todas as idades, da motivação para aprender e da disciplina para continuar a aprender.

"A escola tem que ser um sistema aberto, acessível tanto àqueles com alto nível de instrução quanto àqueles que, por um motivo ou outro, não puderam ter acesso à educação avançada nos primeiros anos de vida.

"Ela tem que proporcionar conhecimento tanto como substância quanto como processo — o que os alemães diferenciam com os termos *Wissen* e *Können*" (pp. 309-10).

### AS LIÇÕES DO SETOR SOCIAL SOBRE O PODER DO PROPÓSITO — PARTE III

#### AS MEGAIGREJAS

18. "O fenômeno sociológico mais significativo da segunda metade do século xx foi o surgimento de uma grande igreja pastoral" (p. 314).

19. "O ponto de partida da gestão não pode mais ser seu próprio produto ou serviço, tampouco seu próprio mercado e os usos finais conhecidos de seus produtos e serviços. O ponto de partida tem que ser aquilo que os consumidores valorizam" (p. 316).

20. "A maioria dos estudos de caso é esquecida no minuto seguinte ao final da aula. Se eu puder criar instabilidade na aula e alavancar a energia para o aprendizado, eles nunca esquecerão esse estudo de caso" (p. 317).

#### COMO EVOLUIR DO SUCESSO À RELEVÂNCIA

1. "Ao longo da vida, a grande maioria das pessoas bem-sucedidas tem que mudar de rumo por volta dos sessenta anos" (p. 324).

2. "À medida que você envelhece, concentra-se mais em fazer coisas que proporcionam realização, satisfação e crescimento pessoal a você próprio, ou em fazer coisas que tenham um impacto exterior a você?" (p. 324)

3. "Mas será a minoria, as pessoas [que] enxergam a expectativa de vida mais longa como uma oportunidade tanto para si próprias quanto para a sociedade, que cada vez mais se tornarão os líderes e modelos. Serão cada vez mais eles as 'histórias de sucesso'" (p. 325).

4. "O objetivo do trabalho de construção do futuro não é decidir o que deve ser feito amanhã, e sim o que deve ser feito hoje para que haja um amanhã" (p. 326).

5. "Estamos aprendendo lentamente a realizar esse trabalho de maneira sistemática, com direção e controle. [...] Há duas abordagens diferentes, ainda que complementares. Uma é descobrir e explorar o espaço existente entre uma aparente ruptura na economia e na sociedade e o impacto integral dessa ruptura — poderíamos dizer a antecipação de um futuro que já chegou" (p. 326).

6. "[A segunda abordagem] é impor ao futuro ainda por chegar uma nova ideia, tentando dar direção e forma àquilo que está por vir. Poderíamos dizer a construção do futuro que já chegou" (p. 326).

7. "Você pode ter sofrido alguns golpes duros. Muitos homens e mulheres nem sequer chegam ao segundo tempo sem sofrimento [...]. Mesmo quando você sofre pouco, é inteligente o bastante para entender que não se pode jogar o segundo tempo como jogou o primeiro. [...]. Mas agora você aspira a algo além do sucesso. Vem, então, a realidade do jogo propriamente dito: o relógio não para" (pp. 330-1).

8. "A fama não é a única medida da vida. Eu gostaria de ter isso em mente e continuar a fazer aquilo que faço" (p. 331).

9. "Esta é a autêntica alegria da vida, exaurir-se a um propósito que você próprio reconhece como poderoso; ser uma força da natureza, e não um torrãozinho febril e egoísta de aflições e queixumes, reclamando que o mundo não se dedica à sua felicidade" (p. 332).

10. "A vida não é uma 'vela fugaz' para mim. É uma espécie de tocha maravilhosa da qual me apoderei por um instante, e que quero fazer brilhar o máximo possível antes de entregá-la às futuras gerações" (p. 332).

11. "Aquilo que se sabe fazer [...] pode não valer a dedicação de uma vida [...]" (pp. 332-3).

12. "Para uma pessoa ser eficiente numa organização, seus valores precisam ser compatíveis com os valores da organização. Eles não precisam ser idênticos, mas precisam ser parecidos o bastante para coexistir" (p. 332).

13. "As pessoas precisam de um processo que as ajude a ir do sucesso à relevância [...] Acho que pessoas assim precisam de muita ajuda, de três maneiras diferentes. Uma é simplesmente identificar as possibilidades. Outra é refletir a respeito do que estão tentando fazer. E a terceira são preparação, treinamento e aprendizado com os outros e entre si" (p. 335).

14. "Buscar relevância numa atividade costuma ser uma oportunidade incrível, mas muitas pessoas não têm a imaginação necessária para identificar as possibilidades" (pp. 334-5).

15. "[...] todos os empreendedores sociais que eu conheço começaram a trabalhar na segunda empresa de sua escolha muito antes de chegar ao auge na empresa de origem" (p. 337).

16. "Eles aproveitam mal as pessoas; não as escalam *na área em que têm talento, mas na área em que precisam* [grifo meu] na igreja" (p. 338).

17. "Veja essa geração inteira de pessoas, jovem em termos de expectativa de vida, saudável, próspera, cheia de energia, com algum tempo livre e o desejo de evoluir [...]. Eles querem dar uma contribuição que vá além do dinheiro, e estão treinados e preparados para isso. Mas não sabem como se organizar de verdade para fazer isso" (p. 341).

18. "Se, depois de refletir, a resposta à pergunta 'Onde eu me encaixo?' é que você não se encaixa no seu emprego atual, a pergunta seguinte é 'Por quê?'. Será porque você não concorda com os valores da organização? Sua organização está corrompida? Isso certamente lhe fará mal, porque você acaba ficando cínico e desdenhoso de si próprio, caso se veja numa situação cujos valores sejam incompatíveis com os seus" (p. 343).

19. "Assuma um pouco o controle de sua carreira [...]. Estou falando de um planejamento de carreira no seguinte sentido: 'O que eu tenho que aprender, quais são meus pontos fortes, como posso desenvolvê-los, onde eu me encaixo, será que eu me encaixo mesmo nesta empresa?' É preciso assumir a responsabilidade de fazer essas perguntas de vez em quando e tomar atitudes compatíveis com as respostas" (p. 344).

20. "Desenvolva um interesse fora do trabalho que seja genuíno, real e importante. Não um hobby, mas um interesse genuíno, que o faça vivenciar

uma realidade diferente, com colegas diferentes, cuja opinião você considere relevante" (p. 344).

21. "O Halftime é mais parecido com uma start-up empreendedora. A pessoa vê uma lacuna no mercado, vai em busca de investidores-anjos e monta uma pequena equipe para ajudar o empreendedor solitário. É uma sequência mais ou menos assim: (1) Arrá! Tive uma ideia. (2) Realize um teste de mercado com base numa hipótese de valor adicionado para o cliente. (3) Prove a hipótese — de que existe um cliente. (4) Aumente a escala — cresça e expanda-se usando endividamento e capital de risco" (p. 347).

22. "A gestão (mais que qualquer nova ciência ou inovação em particular) é a nova tecnologia que está transformando a economia americana numa economia empreendedora. Trata-se de transformar os Estados Unidos numa sociedade empreendedora" (p. 348).

23. "Empreendedores bem-sucedidos não esperam que uma 'luz' os ilumine com uma ideia brilhante; eles põem mãos à obra" (p. 349).

24. "A ascensão da sociedade empreendedora pode ser uma grande virada histórica [...] [O Estado de bem-estar social] pode sobreviver, apesar dos desafios demográficos representados pelo envelhecimento da população e pela redução da natalidade. Mas só sobreviverá se a economia empreendedora conseguir elevar bastante a produtividade" (p. 350).

25. "A autogestão é uma revolução nas relações humanas. Ela exige do indivíduo coisas inéditas, e exige ainda mais do trabalhador do conhecimento. Na verdade, exige que todo trabalhador do conhecimento pense e se comporte como um CEO" (p. 354).

26. "O esgotamento, mal mais comum entre os trabalhadores do conhecimento na casa dos quarenta anos, raramente resulta do estresse. A causa mais comum, bem mais comum, é o tédio no trabalho. Por isso, a autogestão exige que você se prepare para o segundo tempo de sua vida" (p. 355).

27. "A relevância não exige uma mudança de rumo de 180 graus. Em vez disso, faça um pequeno retroajuste, de modo a pôr em prática seu talento de uma forma que lhe permita passar mais tempo cuidando de coisas relacionadas ao que está na sua caixa [seus pontos fortes e valores]. E faça isso de maneira a recuperar a emoção da sua primeira venda" (pp. 355-6).

**CARÁTER E LEGADO**

1. "O que me incomoda hoje não é a economia. O que me incomoda neste país é que nossa sociedade atual perdeu a doçura. Ficou amarga, terrivelmente amarga, e acho que não há muito que o governo possa fazer, ou que provavelmente vá fazer. Na verdade, do jeito que estamos indo, o governo está tornando-a ainda mais amarga" (p. 361).

2. "[...] apenas por meio desse tipo de atividade com as instituições não lucrativas, essa demonstração de autoestima às pessoas, esse tipo de iniciativa para resolver nossos maiores problemas sociais, que conseguiremos fazer deste país, novamente, uma sociedade" (p. 361).

3. "Só o setor social pode criar aquilo de que nós precisamos: comunidades para os cidadãos" (p. 362).

4. "O século xx assistiu a um crescimento explosivo tanto do governo quanto das empresas [...]. O século xxi necessita, acima de tudo, de um crescimento igualmente explosivo do setor social sem fins lucrativos, na construção de comunidades no novo ambiente social dominante, as cidades" (pp. 362-3).

5. "Só a compaixão salva — a compreensão silenciosa da minha própria responsabilidade por tudo aquilo que estiver sendo feito com a mais insignificante criatura de Deus" (p. 364).

6. "Uma TN válida é uma hipótese relativa à missão necessária para dar certo, considerando as realidades vividas pela organização num determinado negócio ou domínio; suas competências centrais ou os conhecimentos exigidos; e seu próprio conjunto de valores. Sem uma teoria válida, a organização simplesmente não produzirá aquilo que seus clientes e clientes em potencial valorizam. A TN é uma hipótese testada diariamente pelos fatos" (pp. 366-7).

7. "Uma teoria do negócio clara, simples e penetrante, em lugar da intuição, caracteriza o empreendedor verdadeiramente bem-sucedido" (p. 369).

8. "A teoria do negócio precisa ser constantemente testada. Não está gravada nas tábuas da lei. É uma hipótese. E é uma hipótese a respeito de coisas que estão em fluxo constante — a sociedade, os mercados, os clientes, a tecnologia. Logo, é preciso inserir na teoria do negócio a capacidade de mudar a si mesma" (p. 370).

9. "O conhecimento é um bem perecível. Tem que ser reforçado, reaprendido, repraticado o tempo todo" (p. 371).

10. "Acho que o equilíbrio entre manter a *dinâmica interna* e a *institucionalização* é muito delicado. E, no fim, sempre, ou a organização se institucionaliza ou se dissipa, mas você não chegou ao ponto em que haja motivo para se apressar" (p. 374).

11. "Nenhum estudo, nenhuma pesquisa de mercado, nenhuma simulação em computador substituem o teste da realidade. Toda melhoria ou novidade, portanto, têm que ser testadas em pequena escala, ou seja, precisam ser pilotadas" (p. 377).

12. "Tudo que é novo acarreta problemas. E precisa de um defensor. Precisa de alguém que diga 'Eu vou fazer isto dar certo' e que comece a trabalhar nisso. Essa pessoa precisa ser alguém respeitado na organização" (p. 377).

13. "'Certifique-se de que você não vai aprender pela experiência' é a receita para o mau desempenho na administração pública" (p. 378).

14. "Uma das missões críticas do executivo é saber a hora de dizer: 'Chega. Vamos parar de fazer melhorias. Essas calças já têm remendos demais'" (p. 378).

15. Drucker sobre grandeza: "Há certas coisas que um elefante consegue fazer e um camundongo não consegue" (p. 383).

16. "A pergunta não é ter valores ou não — todo ser humano tem e todo grupo humano, qualquer que seja sua forma de organização, também. A pergunta é: esses valores estão certos ou errados? São valores que dão vida ou valores que causam a morte?" (p. 388).

17. "É a empresa com esses valores, a empresa que acredita existir para dar uma contribuição, em vez de apenas tomar algo, que vai atravessar períodos adversos. [Os valores] podem ser tratados [...] como uma espécie de capricho, um 'algo a mais' bacana. É nos períodos de adversidade, nos períodos que testam a alma de um homem, que os valores se tornam necessários. Se os valores certos estão ausentes nesse momento, não há incentivo para que o ser humano faça aquele esforço a mais, para que tenha aquela dedicação extra, para que realize o pesado trabalho de repensar a estratégia, tentar algo novo, reconstruir" (p. 389).

18. "Pregações não são valores — são, na melhor das hipóteses, boas intenções [...]. Então é preciso perguntar: qual a ação decisiva, mais incontestável, que mais expressa os valores da organização? É a decisão pessoal" (p. 390).

19. "Você se torna alguém quando conhece seus valores, a contribuição que dá, e ela é exterior a você. É melhor dar do que receber, mas você tem que saber o que dar. É muito difícil saber" (p. 393).

20. "[...] também tive que optar entre aquilo que eu fazia muito bem, e com êxito, e meus valores. Eu estava me saindo extremamente bem como jovem gerente de investimentos na Londres de meados da década de 1930; era algo que claramente combinava com meus pontos fortes. No entanto, eu não me enxergava dando uma contribuição como gerente de investimentos. Meus valores, percebi, eram as pessoas. E eu não via razão para ser o homem mais rico do cemitério [...]. Em outras palavras, os valores são e precisam ser o teste definitivo" (p. 394).

21. "O que a ética exige é que se faça a pergunta a si mesmo: 'Que tipo de pessoa eu quero ver de manhã, na hora de fazer a barba ou de passar o batom?'. Em outras palavras, a ética é um sistema claro de valores" (p. 395).

22. "Trabalhar numa organização cujo sistema de valores é inaceitável para a pessoa, ou incompatível com [ele ou ela], condena essa pessoa tanto à frustração quanto ao mau desempenho" (p. 395).

23. "Como você quer ser lembrado?" (p. 400).

24. "Eu sempre pergunto a mim mesmo: 'Como você quer ser lembrado?'. É uma pergunta que o leva a renovar a si mesmo, porque o impele a enxergar a si mesmo como outra pessoa — a pessoa que você pode vir a ser" (p. 400).

25. "Uma coisa pela qual vale a pena ser lembrado é a diferença que se faz na vida dos outros" (p. 401).

26. "Fazemos mentoria [...] porque temos a visão daquilo que uma pessoa pode vir a se tornar" (p. 404).

27. "Você conhece organizações bem-sucedidas. Elas sabem o que se espera delas e o que não se espera delas, o que é importante e o que não é importante. Não é preciso lembrá-las; elas conhecem com clareza suas identidades. Elas têm um propósito claro" (p. 406).

28. "Uma pergunta fundamental para os líderes é: 'Quando se deve parar de despejar recursos em coisas que já atingiram seu objetivo?'" (p. 407).

29. "Os líderes bem-sucedidos não começam perguntando: 'O que eu quero fazer?'. Eles perguntam: 'O que precisa ser feito?'. Em seguida, perguntam: 'De todas as coisas que fariam diferença, quais são as certas para mim?'" (p. 408).

30. "'As oportunidades surgem sem ser pedidas' [...]. Isso significa que é preciso ser flexível, estar pronto para agarrar as oportunidades certas quando elas se apresentam" (p. 411).

31. "Boas intenções não bastam; defina os resultados que você deseja" (p. 412).

32. "Minha definição de sucesso mudou muito tempo atrás. Eu adoro escrever e dar consultoria — às vezes perco a noção do tempo quando estou fazendo essas duas coisas. Mas para mim o que importa agora é terminar bem, e como eu quero ser lembrado. Fazer diferença em algumas vidas é uma meta que vale a pena. Permitir que algumas pessoas façam aquilo que querem — é assim que eu realmente quero ser lembrado" (p. 412).

33. "Reconheça o lado negativo de 'Quem para de aprender para de crescer'" (p. 412).

34. "Pasteur fez não apenas uma, mas várias descobertas em sua carreira. Isso levou algumas pessoas a dizer que ele tinha sorte. O próprio Pasteur dizia que a sorte só favorece a mente preparada" (p. 415).

# NOTAS

**SEMANA 1: COMO DESENVOLVER LÍDERES, E NÃO FUNCIONÁRIOS [pp. 23-9]**

1. Peter F. Drucker, entrevista com o reverendo James Flamming, 1989: "Sabe, Jim, quando eu contei a um empresário amigo meu que estou gravando esse programa sobre organizações sem fins lucrativos, ele perguntou: 'Qual a importância disso?'. E eu respondi: 'Estamos criando a comunidade funcional e a democracia funcional do amanhã, fora das nossas empresas. Elas tiveram a oportunidade, mas acho que a perderam. Estamos criando-a no setor sem fins lucrativos'. E ele ficou olhando para mim como se eu fosse um marciano. Eu disse: 'Porque vocês, nas empresas, *não são líderes criadores*. Vocês estão criando *burocratas*. É no setor sem fins lucrativos que estamos criando cidadãos que vão assumir a responsabilidade pela comunidade e criar a autogovernança'. E não foi fácil fazê-lo entender. Mas, basicamente, o que essa pequena comunidade da Nova Inglaterra fez por quatrocentos agricultores vocês estão fazendo agora em sua igreja, que é, nesse aspecto, como uma pequena comunidade: criar responsabilização, habilidades e exemplos. Acho que isso torna o setor sem fins lucrativos maior que seu tamanho ou contribuição, como construtores de uma *comunidade responsável e autônoma*".

**SEMANA 3: TRÊS PERGUNTAS BÁSICAS PARA UMA SOCIEDADE DE ORGANIZAÇÕES QUE FUNCIONE BEM [pp. 39-46]**

1. Disponível em: <ccdl.libraries.claremont.edu/cdm4/document.php?-CISOROOT=/dac&CISOPTR=2279&REC=2>. Acesso em: 23 ago. 2011.

2. Entre os convidados estavam Mort Myerson, CEO da Perot Business Systems e, até a venda da empresa para a General Motors, em 1984, presidente e CEO da Electronic Data Systems (EDS); C. William Pollard, CEO da Service-Master Company; C. Gregg Petersmeyer, assessor do presidente George H. W. Bush e diretor do Office of National Service (inclusive o programa Points of Light [Pontos de Luz]); John Diebold, fundador do Diebold Group; John E. Jacob, diretor do comitê de administração da Universidade Howard; Andy Grove, cofundador e CEO da Intel Corporation; Richard Schubert, presidente da Cruz Vermelha americana; William Podlich, cofundador da PIMCO, empresa internacional de investimentos sediada em Newport Beach, estado da Califórnia; James Osborne, comandante nacional do Exército de Salvação; Philip Henry, produtor e editor da "The Nonprofit Drucker", série de fitas de áudio sobre a gestão de organizações sem fins lucrativos; o padre Leo Bartell, bispo auxiliar para o ministério social da diocese de Rockford, estado de Illinois; Dolores E. Cross, primeira reitora da Chicago State University; Lawrence Robert Tollenaere, CEO e diretor do comitê da American Pipe and Construction Company; John Bachmann, sócio-gerente da Edward Jones; e John A. McNeice Jr., diretor e CEO do Colonial Group.

3. "Managing to Minister: An Interview with Peter Drucker". LeadershipJournal.net, 1989. Disponível em: <www.christianitytoday.com/le/1989/spring/89l2014.html>. Acesso em: 24 jun. 2011.

**SEMANA 4: EDUCAÇÃO E GESTÃO [pp. 47-55]**

1. Disponível em: <www.youtube.com/watch?v=JGyQRy-Zcj4>. Acesso em: 11 dez. 2013.

2. Disponível em: <www.cgu.edu/pages/6627.asp>. Acesso em: 11 dez. 2013.

3. O livro do padre Beltran, *Faith and Struggle on Smokey Mountain* (Orbis, 2012), é uma boa introdução ao problema e às promessas da gestão na base da pirâmide.

**SEMANA 5: UMA GESTÃO ENRAIZADA NA NATUREZA DA REALIDADE [pp. 56-63]**

1. Drucker, "Introduction: What Makes an Effective Executive". In: _____. *The Effective Executive*, 1967, p. xi.

2. Clark Clifford, "Preserving the Free World in the Truman Presidency: Intimate Perspectives", in: Kenneth W. Thompson (Org.), *Portraits of American Presidents*. Nova York: University Press of America, 1984, v. 2, p. 18.

3. A entrevista foi publicada na revista *Academy of Management Executive* (v. 17, n. 3, pp. 9-12, ago. 2003). Disponível em: <www.jstor.org/stable/4165974>. Acesso em: 19 out. 2013.

**SEMANA 6: PRIORIZE O QUE É *IMPORTANTE* EM VEZ DO QUE É *URGENTE* [pp. 67-72]**

1. Charles Hummel, *The Tyranny of the Urgent*. Ed. rev. e ampl. Madison: IVP Books, 1994.

**SEMANA 8: CONCENTRAÇÃO [pp. 81-6]**

1. Peter Drucker cunhou esse nome para a megaigreja que não apenas deu certo para ele como foi decisiva em sua obra. Para Drucker, a igreja pastoral se preocupa com o atendimento das necessidades espirituais dos seus membros, ao mesmo tempo que proporciona oportunidades para que eles cresçam e se desenvolvam.

**SEMANA 10: ALFABETIZAÇÃO INFORMACIONAL PARA EFICIÊNCIA EXECUTIVA [pp. 94-100]**

1. Peter F. Drucker, "The Coming of the New Organization", *Harvard Business Review*, p. 3, jan.-fev. 1988.

2. James Manyika et al., "Big Data: The Next Frontier for Innovation, Competition, and Productivity", *McKinsey Global Institute Report*, maio 2011. Disponível em: <www.mckinsey.com/insights/business_technology/big_data_the_next_frontier_for_innovation>. Acesso em: 26 jan. 2014.

**SEMANA 11: PRINCÍPIOS DE LIDERANÇA E GESTÃO PROFISSIONAIS**
**[pp. 101-14]**

1. Eis as cinco recomendações do trabalho do comitê, resumidas a partir do extenso trabalho de Ira M. Millstein, Holly J. Gregory e Rebecca C. Grapass, "Six Priorities for Boards in 2006" (*Law and Governance*, v. 10, n. 3, pp. 17-9, mar. 2006): (1) Providencie *fluxos corretos de informação* que permitam ao comitê estabelecer a própria agenda e organizar o próprio trabalho. (2) Crie *níveis de compensação* que reflitam o desempenho, comparáveis a responsabilidades predefinidas para a alta direção. (3) Nomeie um subcomitê para se concentrar nas questões relacionadas à *sucessão gerencial* nos postos-chave. (4) Vá além das questões relacionadas à *conformidade dos relatórios* e insista no *desempenho ético em toda a corporação*. (5) Assegure que as demonstrações financeiras reflitam a verdadeira situação econômica da empresa e de seus componentes.

2. Drucker, "What Business Can Learn from Nonprofits", jul.-ago. 1989. Disponível em: <www.brynmawr.edu/businessworkshops/management/documents/Drucker-Whatbusinesscanlearnfromnonprofits.pdf>, p. 4. Acesso em: 29 jan. 2014.

3. Carta de Robert A. G. Monks a Jonathan G. Katz, secretário da Comissão de Valores Mobiliários, 2 jun. 2003. Disponível em: <https://www.sec.gov/rules/other/s71003/gagmonks060203.htm>. Acesso em: 23 abr. 2014.

4. Drucker, "The Bored Board". In: _____. *Towards the New Economics and Other Essays*, Nova York: Harper & Row, 1981, p. 110. Reeditado pela Harvard Business School Publishing, Cambridge, 2010.

5. Mary L. Shapiro (secretária da Comissão de Valores Mobiliários), "SEC Adopts New Measures to Facilitate Director Nominations by Shareholders", 25 ago. 2010. Disponível em: <www.sec.gov/news/press/2010/2010-155.htm>. Acesso em: 23 abr. 2014.

6. "Para recuperarmos a capacidade dos gestores de gerir, teremos que tornar os comitês novamente eficientes — e isso deve ser considerado uma responsabilidade do CEO." Drucker, "What Business Can Learn from Nonprofits", p. 5, jul.-ago. 1989.

**SEMANA 12: GESTÃO [pp. 117-24]**

1. Veja mais em: <constitution.laws.com/10th-amendment#sthash.5PY opx34.dpuf>. Acesso em: 26 dez. 2013.

2. Frances Hesselbein, <blogs.hbr.org/2010/06/how-did-peter-drucker-see-corp>, 9 jun. 2010. Acesso em: 26 dez. 2013.

3. Rosabeth Moss Kanter; "Upsize, Downsize". *The New York Times*, 27 set. 1995. Disponível em: <www.nytimes.com/1995/09/27/opinion/upsize-down-size.html>. Acesso em: 30 mar. 2014.

4. "Is it possible to be a good governor?" Disponível em: <www.amazon.com/Firing-William-Buckley-Possible-Governor/dp/B007QK7LTK>. Acesso em: 26 dez. 2013. O programa também está disponível em: <hoover.org>.

**SEMANA 13: A PRIMEIRA MISSÃO DE TODA ORGANIZAÇÃO É TORNAR EFICIENTE A ALTA DIREÇÃO [pp. 125-30]**

1. Drucker, *Innovation and Entrepreneurship*, 1985, p. 116.

**SEMANA 14: O CONTROLE POR MISSÃO E ESTRATÉGIA, E NÃO PELA HIERARQUIA [pp. 131-7]**

1. Disponível em: <www.lincolnelectric.com/en-us/company/pages/lin-coln-worldwide.aspx>. Acesso em: 19 dez. 2013.

2. Minhas conclusões se baseiam na análise dos dados em <www.worth-ingtonindustries.com>. Acesso em: 19 dez. 2013.

3. Disponível em: <www.nucor.com>. Acesso em: 19 dez. 2013.

**SEMANA 15: COMO SUSTENTAR A CULTURA DE UMA ORGANIZAÇÃO [pp. 138-43]**

1. "A lei da entropia negativa afirma que os sistemas sobrevivem e mantêm sua ordem interna característica apenas enquanto importam do ambiente mais energia do que despendem no processo de transformação e exportação." Dhiren N. Panchal, Daniel Katz e Robert Kahn, *The Social Psychology of Organizations*. 2. ed. Nova York: Wiley, 1978. Disponível em: <sites.idc.ac.il/dice/files/activity2.pdf>. Acesso em: 18 dez. 2013.

**SEMANA 16: O PROBLEMA AMERICANO É SOCIAL [pp. 147-52]**

1. Winston Churchill, "Book Review, The End of Economic Man". *London Times Literary Supplement*, p. 306, 27 maio 1939.

2. Center on Education Policy, "Are Private Schools Better Academically Than Public Schools?", 2007, p. 6.

3. Transcrição do encontro Drucker-Buford, ago. 1998.

4. Robert D. Putnam e David E. Campbell, *American Grace*. Nova York: Simon & Schuster, 2010, p. 471.

**SEMANA 20: COMO VER O FUTURO QUE JÁ CHEGOU [pp. 174-9]**

1. Drucker e Maciariello, "Drucker's Ideas for School Reform". In: _____. *Management Cases: Revised Edition*. Nova York: HarperCollins, 1999, Caso 49, pp. 230-8.

2. "Mais de 19 mil das quase 28 mil escolas privadas dos Estados Unidos estão ligadas a igrejas [...]. As escolas católicas continuam a ser o maior grupo de escolas ligadas a igrejas nos Estados Unidos, com cerca de 8250 nos ensinos fundamental e médio, comparados a cerca de 13 mil para todas as religiões juntas." Harold G. Unger, *Encyclopedia of American Education*. 3. ed. Nova York: InfoBase, 2007, p. 230.

3. Pearson Index of Cognitive Skills and Educational Attainment. Disponível em: <thelearningcurve.pearson.com/index/index-ranking>. Acesso em: 16 dez. 2013.

4. Drucker, *Innovation and Entrepreneurship*, 1985, p. 110.

5. *Reading Recovery in North America: An Illustrative History*. Columbus: Reading Recovery Council of North America, 2000, p. 8.

**SEMANA 21: CONTINUIDADE E MUDANÇA [pp. 183-9]**

1. A monografia *Friedrich Julius Stahl: His Conservative Theory of the State* foi traduzida para o inglês por Martin Chemers e publicada em *Society*, v. 39, ed. 5, p. 46, jul.-ago. 2002. Disponível em: <www.druckersociety.at/files/p_drucker_stahl_en.pdf>. Acesso em: 16 dez. 2013.

2. Schumpeter descreve esse processo de forma muito acessível no capítulo 7 de seu livro *Capitalism, Socialism and Democracy*, 1942, pp. 81-110. A citação é da p. 83.

**SEMANA 22: DESAPEGO E INOVAÇÃO SISTEMÁTICOS [pp. 190-6]**

1. Ver <health.usnews.com/best-hospitals/pediatric-rankings/neonatal-care?page=5>. Acesso em: 18 dez. 2013.

2. Robert N. Anthony, "Zero-Based Budgeting Is a Fraud". *The Wall Street Journal*, 27 abr. 1977. Resumido em u.s. General Accounting Office, "Zero Based Budgeting", pp. 5-6, jul. 1977. Disponível em: <archive.gao.gov/otherpdf1/093985.pdf>. Acesso em: 18 dez. 2013.

3. É o que Drucker chama de "inovação sistemática" em *Innovation and Entrepreneurship* (1985), principalmente nos capítulos 1-11.

**SEMANA 24: UMA INTRODUÇÃO À PESQUISA DE MERCADO COM NÃO CLIENTES [pp. 204-11]**

1. Robert D. Putnam e David E. Campbell (2010) reconheceram o papel pioneiro de Bill Hybels e da Igreja Comunitária Willow Creek. Formada por Hybels em 1975, Willow Creek foi a "primeira da megaigrejas evangélicas americanas" (p. 113). Não praticantes, ou não clientes — aqueles que não frequentam instituição religiosa alguma —, recebem uma atenção particular no estudo de Putnam e Campbell. O autor se refere a esse grupo como *nones* ("nenhuns"), gente sem nenhuma filiação religiosa (p. 16).

2. Special Report, disponível em: <www.economist.com/node/5165460>. Acesso em: 31 jan. 2014.

3. Chester I. Barnard, *The Functions of the Executive*, 1971, p. 256.

**SEMANA 25: MUDANÇAS DE FASE NO CRESCIMENTO E TRANSFORMAÇÃO DE UMA ORGANIZAÇÃO [pp. 212-9]**

1. Wilson Greatbatch, *The Making of the Pacemaker: Celebrating a Lifesaving Invention*. Amherst: Prometheus, p. 35.

2. A história completa da invenção do marca-passo e dos avanços posteriores se encontra em Joseph A. Maciariello, "Innovation and Management for the Common Good: Drucker's Lost Art of Management", em *Entrepreneurial Management: Challenges and Perspectives: Festschrift for Prof. Peter Gomez* (Berne: Haupt Berne, 2012, pp. 325-44).

**SEMANA 26: CENTRALIZAÇÃO, CONFEDERAÇÃO E DESCENTRALIZAÇÃO [pp. 223-8]**

1. Um tratamento exaustivo e abalizado de várias das questões discutidas nesta introdução se encontra em U.S. Department of State, Office of the Historian. Disponível em: <history.state.gov/milestones/1776-1783>. Acesso em: 2 jan. 2014. Uma extensa discussão da descentralização federal, aplicada a redes, alianças, confederações e sindicatos se encontra em Maciariello e Linkletter, *Drucker's Lost Art of Management*, 2011, capítulo 4, pp. 133-80.

**SEMANA 27: A ORGANIZAÇÃO EM REDE [pp. 229-35]**

1. Karen L. Higgins e Joseph A. Maciariello, "Leading Complex Collaboration in Network Organizations: A Multidimensional Approach", in: Michael M. Beyerlein et al., *Complex Collaboration: Building the Capabilities for Working Across Boundaries*. Nova York: Elsevier, 2004, pp. 203-41.

**SEMANA 28: COMO GERIR ESTRELAS [pp. 239-44]**

1. Drucker, *The Effective Executive*, 1967, p. 72.

2. Disponível em: <www.whitehouse.gov/about/presidents/ulyssessgrant>. Acesso em: 17 dez. 2013.

**SEMANA 29: UMA SEGUNDA CHANCE PARA QUEM FRACASSOU [pp. 245-51]**

1. Avaliação de MacArthur a respeito de Eisenhower. Confirmada posteriormente no documentário "MacArthur", em Walter Goodman, arquivo do *New York Times*, 17 maio 1999. Disponível em: <www.nytimes.com/1999/05/17/arts/television_review_the_general_at_center_of_the_stage.html>. Acesso em: 18 jul. 2014.

2. "Eisenhower Takes Command", 25 jun. 1942. Disponível em: <www.history.com/this-day-in-history/eisenhower-takes-command>. Acesso em: 28 jan. 2014.

SEMANA 30: DE QUE TIPO DE ORGANIZAÇÃO OS ESTADOS UNIDOS PRECISAM PARA REFORÇAR A SOCIEDADE AMERICANA? [pp. 252-8]

1. Peter F. Drucker, prefácio a Don M. Frick e Larry C. Spears (orgs.), *On Becoming a Servant Leader*. San Francisco: Jossey-Bass, 1966, pp. xi-xii.

2. HuffPost Healthy Living, "Mindfulness in the Corporate World: How Businesses Are Incorporating the Eastern Practice", publicado em 29 ago. 2012 e atualizado em 7 jan. 2013. Disponível em: <www.huffingtonpost.com/2012/08/29/mindfulness-businesses-corporate-employees-meditation_n_1840690.html>. Acesso em: 3 mar. 2014.


SEMANA 31: A ESCOLHA DO SUCESSOR [pp. 261-8]

1. Derek Bok foi o 25º reitor de Harvard, de 1971 a 1991. Havia sido diretor da faculdade de direito de Harvard de 1968 a 1971. Disponível em: <www.harvard.edu/history/presidents/bok>. Acesso em: 9 set. 2013.

2. Disponível em: <www.hermanmiller.com/about-us/who-is-herman-miller/company-timeline/1990.html>. Acesso em: 1 fev. 2014.


SEMANA 32: COMO PLANEJAR A SUCESSÃO NUMA ORGANIZAÇÃO [pp. 269-80]

1. "John M. Stropki to Retire". Disponível em: <www.lincolnelectric.com/en-us/Company/NewsRoom/Pages/john-stropki-retire.aspx>. Acesso em: 25 mar. 2014.

2. Disponível em: <www.christianitytoday.com/ct/2013/october-web-only/chuck-smith-86-dies-after-cancer-battle.html>. Acesso em: 3 out. 2014.

3. Disponível em: <calvarychapelassociation.com/national-international--regional-leadership>. Acesso em: 1 fev. 2014.


SEMANA 33: A MISSÃO [pp. 283-8]

1. Maciariello e Linkletter, *Drucker's Lost Art of Management*, 2011, pp. 135-40.

**SEMANA 34: COMO CONCILIAR VÁRIOS INTERESSES NUMA MISSÃO [pp. 289-95]**

1. "Managing to Minister: An Interview with Peter Drucker". Leadership-Journal.net, 1 abr. 1989. Disponível em: <www.christianitytoday.com/le/1989/spring/89l2014.html>. Acesso em: 30 dez. 2013.

**SEMANA 35: O EXÉRCITO DE SALVAÇÃO [pp. 296-303]**

1. Transcrição do encontro Drucker-Buford, 29 jan. 1991, p. 19.

2. Esta parte se baseia em trechos de diversas entrevistas de Drucker sobre o Exército de Salvação, mas exceto quando indicado a fonte é uma entrevista gravada: v. 3, fita 5A da série de cassetes "Leadership and Management in the Non-Profit Institution".

3. De Robert Lenzer e Ashlea Ebeling, "Peter Drucker's Picks", *Forbes*, v. 160, n. 3, 11 ago. 1997, pp. 97-9. O mesmo apoio entusiasta de Peter Drucker à obra do Exército de Salvação aparece na capa de Robert A. Watson, *The Most Effective Organization in the U.S.* Nova York: Crown Business, 2001. O livro foi publicado por Watson logo depois de deixar o cargo de comandante nacional do Exército de Salvação.

4. Transcrição do encontro Drucker-Buford, 29 jan. 1991, p. 19.

**SEMANA 37: A APLICAÇÃO DA METODOLOGIA DA "ECOLOGIA SOCIAL" DE PETER DRUCKER [pp. 312-20]**

1. Incluí esta citação num debate no simpósio pan-acadêmico "Serving the Public Concern Through Virtuous Management in Crises, 'Ordinary,' and Exemplary Times", na conferência da National Academy of Management, Atlanta, ago. 2006.

2. Thumma, Travis e Bird, *Megachurches Today 2005: Summary of Research Findings*, p. 1. Disponível em: <hirr.hartsem.edu/megachurch/megastoday-2005summaryreport.pdf>. Acesso em: 22 jul. 2011.

3. Ibid., p. 7.

4. Scott Thumma, Dave Travis e Warren Bird, *Innovation 2007*. Dallas: Leadership Network, 2007.

5. Transcrição da entrevista Jim Mellado-Joe Maciariello, 11 out. 2011, p. 18.

6. Everett M. Rogers (1931-2004) foi professor e catedrático do Departamento de Comunicação e Jornalismo da Universidade do Novo México.

7. Consultoria de Jim Mellado e Bob Buford com Everett Rogers, 30 jul. 1996, Albuquerque, Novo México.

8. Rogers identifica cinco categorias sobrepostas de usuários que adotam inovações: (1) inovadores, (2) usuários iniciais, (3) maioria inicial, (4) maioria tardia e (5) retardatários. Como mostra a curva de adoção de Rogers, a categoria 1 representa aproximadamente 2% do total de usuários, seguida por 14% de usuários iniciais, 34% da chamada maioria inicial, outros 34% da maioria tardia e 16% de retardatários.

SEMANA 38: DEPOIS DO SUCESSO, A BUSCA DA RELEVÂNCIA [pp. 323-7]

1. "A origem da citação é um encontro no início de 1971 do pessoal do PARC, o Palo Alto Research Center, com planejadores da Xerox. Num impulso apaixonado, eu gritei a frase!" E-mail, 17 set. 1998, de Alan Kay para Peter W. Lount. Disponível em: <www.smalltalk.org/alankay.html>. Acesso em: 4 jan. 2014.

2. "O design do primeiro tablet PC foi realizado em 1968, muito antes que a maioria das tecnologias necessárias para fabricá-lo tivesse sido inventada. O projeto era o Dynabook, e seu autor, o cientista Alan Kay. Visava o público infantil. Com seu ambiente de aplicativos em janelas, linguagem de programação gráfica e teclado sem partes móveis, a ideia é que fosse uma máquina robusta e barata, que liberaria a criatividade." *The Wall Street Journal*. Disponível em: <online.wsj.com/ad/article/laptop-invented#top>. Acesso em: 4 jan. 2014.

3. Para informações sobre a patente de Lincoln, ver: <www.abrahamlincolnonline.org/lincoln/education/patent.htm>. Acesso em: 4 jan. 2014.

4. Abraham Lincoln, Speeches and Writings. Disponível em: <www.abrahamlincolnonline.org/lincoln/speeches/gettysburg.htm>. Acesso em: 4 jan. 2014.

**SEMANA 39: TRABALHE NO SETOR EM QUE SUA CONTRIBUIÇÃO SEJA ÚNICA [pp. 328-33]**

1. Barbara Tuchman, *A Distant Mirror: The Calamitous 14th Century*. Nova York: Random House, 1978.

2. Drucker, *My Personal History*, 2009, artigo 12.

**SEMANA 40: POR QUE AS PESSOAS PRECISAM DE UM PROCESSO QUE AS AJUDE A IR DO SUCESSO À RELEVÂNCIA [pp. 334-9]**

1. Halftime Institute. Disponível em: <www.halftime.org/the-halftime--institute>. Acesso em: 23 out. 2013.

**SEMANA 42: O SEGUNDO TEMPO DA VIDA É PARA OS EMPREENDEDORES [pp. 346-51]**

1. Disponível em: <www.independentsector.org/scope_of_the_sector#sthash.lBXpkCYs.dpbs>. Acesso em: 21 out. 2013.

**SEMANA 44: A SOCIEDADE AMERICANA PERDEU SUA DOÇURA [pp. 359-65]**

1. Fonte: <www.nbcchicago.com/blogs/ward-room/The-Deadliest-Global-City-163874546.html#ixzz2lQKB3Ewa>. Acesso em: 22 nov. 2013.

2. Purtill, em *Compassion and Culture*, 2002, p. 2.

**SEMANA 45: O PODER DO PROPÓSITO [pp. 366-72]**

1. "A missão é prioridade e seu papel como líder." Drucker, *Managing the Non-Profit Organization: Principles and Practices*, 1990, p. 1.

2. Provérbios 29:18.

3. "A concentração é a chave para o resultado econômico. Este exige que os gestores concentrem seus esforços no menor número possível de produtos, linhas de produtos, serviços, clientes, mercados, canais de distribuição, usos finais e assim por diante, dentre aqueles que produzam a maior receita possível." Drucker, *Managing for Results*, 1964, 1986, p. 11.

**SEMANA 46: UM RUMO PARA A *RIQUEZA* E UM RUMO PARA A *INFLUÊNCIA*
[pp. 373-9]**

1. Rick Warren apresentou formalmente sua nova visão para a Igreja Saddleback, o lançamento do plano PEACE em Ruanda, na comemoração do 25º aniversário da Igreja Comunitária Saddleback, realizada no Anaheim Stadium em 17 de abril de 2005. O presidente de Ruanda estava na plateia, assim como representantes de várias organizações participantes da igreja, do governo, de empresas e da educação. Disponível em: <www.bpnews.net/bpnews.asp?ID=20603>. Acesso em: 13 nov. 2013.

2. "Church, Community, Country, 2013, Rwanda PEACE Plan". Disponível em:<saddlebackmediawest.s3.amazonaws.com/12907-RwandaReportFINAL lr.pdf?AWSAccessKeyId=02SEKEM7N07K11AZCQ02&Expires=13892996 03&Signature=hAJKSa%2fZtMn8THRyudW3fxbasDY%3d>. Acesso em: 9 jan. 2014.

**SEMANA 47: COMO SERMOS ÚTEIS PARA OS OUTROS E PARA NÓS MESMOS
[pp. 380-5]**

1. Segundo um de seus biógrafos. Ver Beatty, *The World According to Peter Drucker*, 1998, p. 98.

2. New Brunswick: Transaction Publishers, 1993, pp. 427-39.

3. Ver Dayananda Pathak, *George Bernard Shaw, His Religion and Values*. Nova Delhi: Mittal, 1985, p. 19.

4. Amigo de Drucker e gerente-geral de estratégia corporativa da General Motors até a aposentadoria, em 2003.

**SEMANA 48: O QUE FAZ UM LÍDER LUTAR? [pp. 386-91]**

1. "Seeing Things as They Really Are", *Forbes*, 10 mar. 1997. Disponível em: <www.forbes.com/forbes/1997/0310/5905122a.html>. Acesso em: 5 jan. 2014.

**SEMANA 50: COMO VOCÊ QUER SER LEMBRADO? [pp. 397-403]**

1. *Concept of the Corporation*, 1946, p. 28.

2. Drucker e Maciariello, *Management: Revised Edition*, 2008, p. 490.

3. Peter F Drucker com Joseph A. Maciariello, "Economics as a Social Dimension", *The Daily Drucker*, 22 jan. 2004.

**SEMANA 51: "FAZEMOS MENTORIA [...] PORQUE TEMOS A VISÃO DAQUILO QUE UMA PESSOA PODE VIR A SE TORNAR" [pp. 404-8]**

1. Walter C. Wright, *Mentoring: The Promise of Relational Leadership, Paternoster*. Eugene: 2004, pp. 70-1.

2. Barna Group, "Survey Reveals the Books and Authors That Have Most Influenced Pastors". Disponível em: <https://www.barna.org/barna-update/article/5-barna-update/178-survey-reveals-the-books-and-authors-that-have-most-influenced-pastors#.UlZoLWTuWFc>. Acesso em: 10 out. 2013.

3. Ver, por exemplo, a citação de Peter F. Drucker na revista *Forbes*, 5 out. 1998, p. 169: "Pense nas megaigrejas pastorais que têm crescido tão rapidamente nos Estados Unidos desde 1980, e que são certamente o fenômeno social mais importante nos Estados Unidos nos últimos trinta anos".

4. "Drucker's Impact on Leadership Network", Leadership Network Advance, <www.pursuantgroup.com/leadnet/advance/nov05o.htm>. Acesso em: 28 set. 2013.

5. Peter F. Drucker, "Leadership Means to Get the Right Things Done". In: _____. *Executive Summary: A Conversation with Peter Drucker on Leadership and Organizational Development*, 2002, pp. 5-6.

6. Drucker, *Managing the Non-Profit Organization*, 1990, p. xviii.

7. Drucker considerava que seu melhor ensaio era sobre Kierkegaard: "The Unfashionable Kierkegaard", 1949, pp. 587-602; republicado em *The Ecological Vision*, 1993, capítulo 30, pp. 427-39. Disponível em: <www.druckersociety.at/files/p_drucker_kierkeg_en.pdf>.

**APÊNDICE [pp. 428-47]**

1. "O verdadeiro teste de um líder é se seus seguidores aderirão à sua causa pela própria volição, suportando as mais árduas vicissitudes sem que a isso tenham sido forçados, e permanecendo firmes nos momentos de maior perigo." *Helênicas*, de Xenofonte, editadas por Robert B. Strassler. Disponível em: <www.thelandmarkancientstories.com/Xenophon.htm>. Acesso em: 14 abr. 2014.

# REFERÊNCIAS BIBLIOGRÁFICAS

BARNARD, Chester I. *The Functions of the Executive*, edição do trigésimo aniversário. Cambridge: Harvard University Press, 1971. [Ed. bras.: *As funções do executivo*. São Paulo: Atlas, 1971.]

BEATTY, Jack. *The World According to Peter Drucker*. Nova York: Free Press, 1998. [Ed. bras.: *O mundo segundo Peter Drucker*. São Paulo: Futura, 1998.]

BUFORD, Bob. *Halftime: Changing Your Game Plan from Success to Significance*. Grand Rapids: Zondervan, 1994, 2008. [Ed. bras.: *A arte de virar o jogo no segundo tempo da vida*. São Paulo: Mundo Cristão, 2005.]

CENTER ON EDUCATION POLICY. "Are Private Schools Better Academically Than Public Schools?", 2007. Disponível em: <www.edline.com/uploads/pdf/PrivateSchoolsReport.pdf>. Acesso em: 24 set. 2013.

COLLINS, Jim. *Good to Great: Why Some Companies Make the Leap and Others Don't*. Nova York: HarperCollins, 2001. [Ed. bras.: *Good to Great: Empresas feitas para vencer*. São Paulo: HSM, 2001.]

DRUCKER, Peter F. *The End of Economic Man*. Nova York: John Day, 1939.

_____. *The Future of Industrial Man*. Nova York: John Day, 1942.

_____. *Concept of the Corporation*. Nova York: John Day, 1946.

_____. "The Unfashionable Kierkegaard", *Sewanee Review*, v. 57, n. 4, outono 1949, pp. 587-602.

DRUCKER, Peter F. *The Practice of Management*. Nova York: Harper & Row, 1954. [Ed. bras.: *Prática da administração de empresas*. Rio de Janeiro: Fundo de Cultura, 1962.]

_____. *Landmarks of Tomorrow*. Nova York: Harper & Row, 1959. [Ed. bras.: *Fronteiras do amanhã*. Rio de Janeiro: Fundo de Cultura, 1964.]

_____. *Managing for Results*. Nova York: Harper & Row, 1964. [Ed. bras.: *Administrando para obter resultados*. São Paulo: Pioneira, 2002.]

_____. *The Effective Executive*. Nova York: Harper & Row, 1967. [Ed. bras.: *O gerente eficaz*. Rio de Janeiro: Zahar, 1997.]

_____. *The Effective Executive Video Series*. Washington: Bureau of National Affairs, 1968. (Transcrição da série de fitas de vídeo.)

_____. *The Age of Discontinuity*. Nova York: Harper & Row, 1969; New Brunswick, NJ: Transaction Publishers, 1992.

_____. *Management: Tasks, Responsibilities, Practices*. Nova York: Harper & Row, 1973, 1974. [Ed. bras.: *Administração: tarefas, responsabilidades, práticas*. São Paulo: Pioneira, 1975.]

_____. *Adventures of a Bystander*. Nova York: John Wiley & Sons, 1978; New Brunswick: Transaction Publishers, 1994.

_____. *Managing in Turbulent Times*. Nova York: Harper & Row, 1980.

_____. *Innovation and Entrepreneurship*. Nova York: Harper & Row, 1985. [Ed. bras.: *Inovação e espírito empreendedor*. São Paulo: Cengage Learning Brasil, 2010.]

_____. "Teaching the Work of Management". *New Management*, outono 1988, pp. 2-5.

_____. *The New Realities*. Nova York: Harper & Row, 1989; New Brunswick: Transaction Publishers, 2003. [Ed. bras.: *As novas realidades*. São Paulo: Thompson Pioneira, 1997.]

_____. "What Business Can Learn from Nonprofits", *Harvard Business Review*, jul.-ago. 1989, pp. 84-101.

_____. *Managing the Non-Profit Organization: Principles and Practices*. Nova York: HarperCollins, 1990. [Ed. bras.: *Administração de organizações sem fins lucrativos*. São Paulo: Pioneira, 1994.]

_____. *The Ecological Vision*. New Brunswick: Transaction Publishers, 1993.

_____. *Post-Capitalist Society*. Nova York: HarperCollins, 1993. [Ed. bras.: *Sociedade pós-capitalista*. São Paulo: Pioneira, 1993.]

_____. *Managing in a Time of Great Change*. Nova York: Truman Talley, 1995.

[Ed. bras.: *Administrando em tempos de grandes mudanças*. São Paulo: Pioneira, 1995.]

DRUCKER, Peter F. "Not Enough Generals Were Killed". In: HESSELBEIN, Frances; GOLDSMITH, Marshall; BECKHARD, Richard (Orgs.). *The Leader of the Future*. San Francisco: Jossey-Bass, 1996.

_____. *Management*. Oxford: Butterworth-Heineman, 1999, versão resumida de *Management: Tasks, Responsibilities, Practices*.

_____. *Management Challenges for the 21st Century*. Nova York: HarperCollins, 1999. [Ed. bras.: *Desafios gerenciais para o século XXI*. São Paulo: Pioneira, 2001.]

_____. "Managing Oneself", *Harvard Business Review*, mar.-abr. 1999, pp. 65-73.

_____. *Executive Summary: A Conversation with Peter Drucker on Leadership and Organizational Development*. Monrovia, EUA: World Vision, 5 fev. 2002.

_____. *Managing in the Next Society*. Nova York: St. Martin's, 2002. [Ed. bras.: *A administração na próxima sociedade*. São Paulo: Nobel, 2002.]

_____. *A Functioning Society*. New Brunswick: Transaction Publishers, 2003.

_____. *Driving Change*. Phoenix: Corpedia Education, 2004.

_____. *The Next Society*. Phoenix: Corpedia Education, 2004.

_____. "Management Guru Peter Drucker", entrevista radiofônica em 8 dez. 2004 a Tom Ashbrook no programa "On Point", da rádio WBUR, de Boston, para a National Public Radio. Disponível em: <www.on pointradio. org/shows/2005/08/20050802_a_main.asp>.

_____. *The Essential Drucker: The Best of Sixty Years of Peter Drucker's Essential Writings on Management*. Nova York: HarperCollins, 2008. [Ed. port.: *O essencial de Drucker: Uma seleção das melhores teorias do pai da gestão*. Lisboa: Actual, 2009.]

_____. "Managing in Two Time Dimensions", *Drucker Insights*, v. 10, 2 fev. 2009. Disponível em: <www.youtube.com/watch?v=V1xppECWZPw>.

_____. *My Personal History*. Trad. de Yo Makino. Tóquio: Nihon Keizai Shimbun, 2009.

_____. *Towards the Next Economics and Other Essays*. Boston: Harvard Business School Publishing, 2010.

DRUCKER, Peter F.; MACIARIELLO, Joseph A. *The Daily Drucker*. Nova York: HarperCollins, 2004.

DRUCKER, Peter F.; MACIARIELLO, Joseph A. *The Effective Executive in Action*. Nova York: HarperCollins, 2006. [Ed. bras.: *O gerente eficaz em ação*. Rio de Janeiro: LTC, 2007.]

_____. *Management: Revised Edition*. Nova York: HarperCollins, 2008.

_____. *Management Cases: Revised Edition*. Nova York: HarperCollins, 2009. [Ed. bras.: *50 casos reais de administração*. São Paulo: Cengage Learning, 2011.]

EISENHOWER, Dwight David. Atribuído por Steve Metivier. Disponível em: <www.inspirationalspark.com/leadership-quotations.html>. Acesso em: 27 jan. 2014.

GRIFFITHS, Brian. "The Business of Values". In: HOLT, Donald D. (Org.). *The Heart of a Business Ethic*. Nova York: University Press of America, 2005, cap. 2.

HARRIS, T. George. "The Post-Capitalist Executive: An Interview with Peter F. Drucker", *Harvard Business Review*, maio-jun.1993, pp. 114-22.

HEDRICK, Larry (Org.). *Xenophon's Cyrus the Great: The Arts of Leadership*. Nova York: St. Martin's Griffin, 2007.

HERTZBERG, Daniel. "Billy Beane on the Future of Sports: A Tech-Driven Revolution". *The Wall Street Journal*, 7 jun. 2014. Disponível em: <www.wsj.com/articles/billy-beane-on-the-future-of-sports-a-tech-driven-revolution-1404762964>. Acesso em: 19 jul. 2014.

HOOVER INSTITUTION. "The Moral Basis of a Free Society". *Policy Review*, n. 86. Stanford: Hoover Institution Press, 1 nov. 1997. Disponível em: <www.hoover.org/moral-basis-free-society>. Acesso em: 19 jul. 2014.

KARLGAARD, Rich. "Drucker on Leadership: An Interview with Peter F. Drucker". *Forbes*, 19 nov. 2004. Disponível em: <www.forbes.com/2004/11/19/cz_rk_1119drucker.html>. Acesso em: 10 out. 2013.

KEYNES, John M. *A Tract on Monetary Reform*. Londres: Macmillan, 1924.

LUCE, Tom; THOMPSON, Lee. *Do What Works: How Proven Practices Can Improve America's Public Schools*. Dallas: Ascent Education, 2005.

MACIARIELLO, Joseph A. *Lasting Value: Lessons from a Century of Agility at Lincoln Electric*. Nova York: Wiley, 2000.

_____. "Managing for Results, Planning for Succession: An Interview with Peter F. Drucker", 6 dez. 2005. Disponível em: <http://www.management.com.ua/interview/int002.html>. Acesso em: 10 out. 2013.

MACIARIELLO, Joseph A.; LINKLETTER, Karen E. *Drucker's Lost Art of Management*. Nova York: McGraw-Hill, 2011.

MCCULLOUGH, David. *Truman*. Nova York: Simon & Schuster, 1992.

POLLARD, C. William. *The Soul of the Firm*. Nova York: HarperCollins, 1996.

PURTILL, Gwen. "The Most Effective Organization in the U.S.: The Salvation Army and Peter Drucker", in: CAPITAL RESEARCH CENTER, *Compassion and Culture*, abr. 2002, pp. 1-2. Disponível em: <https://www.capitalresearch.org/pubs/pdf/x3760152596.pdf>. Acesso em: 22 nov. 2013.

RIEL, Kevin. "A Model Citizen with a Business Model to End Poverty", *Flame*. Claremont: Claremont Graduate University, 2009, p. 1. Disponível em: <www.cgu.edu/pages/6627.asp>. Acesso em: 12 dez. 2013.

ROGERS, Everett. *Diffusion of Innovations*. 5. ed. Nova York: Free Press, 2003.

SCHUMPETER, Joseph A. *Capitalism, Socialism, Democracy*. Nova York: Harper, 1942. [Ed. bras.: *Capitalismo, socialismo e democracia*. Rio de Janeiro: Fundo de Cultura, 1961.]

SHAW, G. Bernard. *Man and Superman: A Comedy and Philosophy*. Nova York: Bretano's, 1903. [Ed. bras.: *Homem e super-homem*. São Paulo: Melhoramentos, 1951.]

SLOAN, Alfred P. *My Years with General Motors*. Nova York: Doubleday, 1963, 1990. [Ed. bras.: *Meus anos com a General Motors*. São Paulo: Negócio, 2001.]

SMITH, Linda Wasmer. *Louis Pasteur, Disease Fighter*. Ed. rev. Berkeley Heights: Enslow, 2008.

TARRANT, John J. *The Man Who Invented the Corporate Society*. Boston, MA: Cahners, 1976. [Ed. bras.: *Drucker: o homem que revelou a sociedade empresarial*. São Paulo: Pioneira, 1979.]

THUMMA, Scott; TRAVIS, Dave; BIRD, Warren. *Megachurches Today 2005: Summary of Research Findings*. Hartford: Hartford Seminary, fev. 2006.

WARREN, Rick. *The Purpose Driven Church*. Grand Rapids: Zondervan, 1995. [Ed. bras.: *Uma igreja com propósitos*. São Paulo: Vida, 1998.]

_____. *The Purpose Driven Life*. Grand Rapids: Zondervan, 2002. [Ed. bras.: *Uma vida com propósitos*. São Paulo: Vida, 2003.]

_____. "The Influence of Peter Drucker on My Life". Discurso proferido no Drucker Alumni Day, em Claremont, Califórnia, 13 nov. 2004.

_____. "The Future of Evangelicals: A Conversation with Pastor Rick Warren", 13 nov. 2009. Disponível em: <www.pewforum.org/2009/11/13/the-future-of-evangelicals-a-conversation-with-pastor-rick-warren/#12>. Acesso em: 24 out. 2013.

WELCH, Jack. *Winning*. Nova York: HarperCollins, 2005. [Ed. bras.: *Paixão por vencer*. São Paulo: Elsevier, 2005.]

ZAHAR, Shaker A. "An Interview with Peter Drucker", *Academy of Management Executive*, v. 17, n. 3, ago. 2003.

# ÍNDICE REMISSIVO

50 casos reais de administração ver Management Cases: Revised Edition

"Abandonment" (texto de Drucker), 84-5

Academy of Management Executive, 59, 62

ação: valores como compromisso com, 390

acionistas, 289

ACM, sede campestre, 292, 315

ações, 62

acontecimentos inesperados, 349, 351

Adams, John, 150-1

Administração de organizações sem fins lucrativos: princípios e práticas ver Managing the Non-Profit Organization: Principles and Practices

Administração na próxima sociedade, A ver Managing in the Next Society

Administrando em tempos de grandes mudanças ver Managing in a Time of Great Change

Administrando para obter resultados ver Managing for Results

Adventures of a Bystander (Drucker), 279

adversidade, 61

Affordable Care Act, 60

África, 374, 376

afro-americanos, 168

Age of Discontinuity, The [A era da descontinuidade] (Drucker), 170-1, 187, 304

agilidade organizacional, 187-8

469

Agostinho de Hipona, santo, 178, 383

AIDS, 374, 376

AIG, 103

Alcoólicos Anônimos, 150, 348

Alemanha, 49, 275, 360, 418

alfabetização, 176, 309; informacional, 94-100

alianças, 230-1

Amazon, 234

ambiente da organização, 369

América do Sul, 153

análise de feedback, 19

Anglicana, Igreja, 184

Anthony, Robert N., 191, 421

aparelho, 42

aposentadoria, 31, 171, 277, 287, 325, 334, 337, 340-1, 355

Apple, 320, 323

aprendizado permanente, paradigma, 52-4

aprendizagem, 31, 412; como matéria, 176-7; métodos, 178-9; permanente, 52-3, 309; *ver também* educação

aquisições, 110

Argentina, 132-4, 136

Armstrong, Neil, 159

*Arte de virar o jogo no segundo tempo da vida, A ver Halftime: Changing Your Game Plan from Success to Significance*

Artigos da Confederação, 224

*Novas realidades, As ver New Realities, The*

Ashbrook, Tom, 40, 119, 154, 224

Associação Americana de Cardiologia, 193

Associação Willow Creek (WCA), 287, 315-9, 425

atletas, salários dos, 240

autoestima, 392, 396

autogestão, 32-3, 352-5, 426

autoridade, 253; legítima, 255

avaliação, 368

baby boomers, 173

balanço, 253

Banco da Inglaterra, 369

Banco Mundial, 49

bandeirantes, 284, 348

Barabba, Vince, 383

Barna, George, 404

Barnard, Chester I., 302

Barsky, Constance, 174-5, 178

basquetebol, 95, 98-9

Batalha de Shiloh, 243

Beane, Billy, 99

Beatriz, rainha da Holanda, 25

Beatty, Jack, 383-4

Beauregard, P. G. T., 243

beisebol, 98-9; Jackie Robinson, 254

Beltran, padre Ben, 47-8

bem comum, 121, 252

bem-estar, produtos, 60

Bíblia, 192, 240, 413

boas maneiras, 398

Boaventura, são, 383

Bok, Derek, 262, 264, 266, 456

Bolles, Dick, 288

Bono, 319

Boston Celtics, time de basquete, 95

470

Botts, Timothy, 39

Brooklyn Dodgers, time de beisebol, 254

Brown, Donaldson, 414

Buchanan, James, 90, 261-2

Buckley, William F., Jr., 118

Buford, Bob, 148, 167, 256-7, 285, 292-3, 296, 313, 318, 328-31, 333-6, 342, 352, 404; anfitrião do octogésimo aniversário de Drucker, 39; correspondência de Drucker com, 81-3, 89-90; Drucker-Buford, diálogo, 256-7, 263-4, 329-30, 335, 338, 341, 347, 354, 393, 399; Drucker-Buford, projeto de diálogo, 13, 18, 101, 128, 149, 293; Drucker-Buford-Luce, diálogo, 307-8; Drucker-Buford-Warren--Patterson, diálogos, 168, 175-6, 214; e Luce, 305-6; *Halftime*: *Changing Your Game Plan from Success to Significance*, 306, 330-1, 339, 343, 352, 356; Halftime Institute, 328-30, 336, 339, 346-51, 356; Leadership Network, 128, 292, 304-5, 313, 317-8, 328-30, 346-7; sobre o mau uso de voluntários, 338; sobre os dez princípios de Drucker para alcançar a relevância, 409-13

Burning Bush (igreja), 330

burocracia, 138, 141, 183, 188, 419

Bush, George H. W., 157

Bush, George W., 68

*Business 2.0*, revista, 171

"Business of Values, The" (palestra de lorde Griffiths), 388-90

Butler, Universidade, 95

Califórnia, 118-9, 124, 168

Calvary Chapel, 276, 278-9

Campbell, David E., 152

Campbell, J. Kermit, 265

capitalismo, 188; Era do, 51

caráter, 264-5, 417, 423, 427; *ver também* integridade

CARE (Cooperative for American Relief Everywhere), 248-9, 348

caridade, organizações de, 149, 193, 284, 348, 350, 418; salários dos altos diretores, 365; *ver também* organizações do setor social

carisma, 102, 105, 114, 265, 269, 367, 387

Carlos v da Espanha, 263

Carnegie, Andrew, 408

carreira(s): assumir a responsabilidade pela, 164; nova, 324-6; planejamento, 344; segunda ou paralela, 287, 342, 344, 355-6, 426; *ver também* trabalho

Carville, James, 149

Católica, Igreja, 192-3, 233

católicas, escolas, 192-3, 453

católicos, hospitais, 192-3

"Center of the Knowledge Society, The" (texto de Drucker), 51

central, planejamento, 225-7

centralização, 223-8

CEOs, 103, 105, 109, 112, 267, 388, 418, 424; dar as cartas ou se associar, 135; no novo milênio, 129; papel ao se aposentar, 280

"Changing Leader, The" (texto de Drucker), 155

Chase, Salmon P., 90, 386-7

Chicago, 361

China, 50, 153-4, 176

Churchill, Winston, 70, 147

cidadania, 24, 28, 151-2, 285

ciências sociais, 61-2

Cineplex, 225

Ciro, o Grande, 57

*Ciropédia* (Xenofonte), 56, 61, 63

"Civilizing the City" (texto de Drucker), 362-3

Claremont Colleges, 159

Clay, Marie, 174-5, 177

Cleveland, 118, 124

clientes, 367; "O que o cliente valoriza?", 40, 45-6, 82, 316, 421-2; "Quem é o nosso cliente?", 40, 44, 421-2; comportamento irracional, 209, 211; foco nas necessidades da organização e não nos clientes, 212; mudanças nas percepções, 349, 351; objetivo de uma empresa, criar, 43; pesquisa de mercado de não clientes, 204-11

Clifford, Clark, 57

Clinton, Bill, 149

Coca-Cola, em Atlanta, 132-4, 136

colher *versus* semear, 410, 412

Collins, Jim, 272, 313

colônia asiática nos EUA, 168

colônias americanas dos Estados Unidos, 223-4

comando: de organizações em rede, 231-2; parceria *versus*, 135

Comissão de Valores Mobiliários, 103

comitê de direção, 102-5, 109-14, 216, 418; atitudes internas que facilitam o funcionamento, 112-3; como órgão avaliador, 109-10; como órgão de relações públicas e comunitárias, 111; e afastamento da alta direção, 110; e decisões sucessórias, 270, 418, 424; qualificações para, 103; três funções, 109-11

Common Core, 176

"Como eu aprendo?", 55

"Como eu quero ser lembrado?", 72, 397-403, 412, 426

compaixão, 364

compartilhamento do trabalho, 52-3

Compassion and Culture (Purtill), 363

competência, 85, 114, 242

competências centrais, 366-71

comportamento tirânico na alta direção, 126

comunidade, 24, 28, 121-2, 284

comunidade hispânica nos EUA, 168

Comunidades Eclesiais de Base (CEBS), 47-9

comunidades fabris autárquicas, 24

comunismo, 42, 147

concentração, 71, 81-2, 84-6; propósito e, 84, 368; recursos humanos e, 83

*Concept of the Corporation* [O conceito da corporação] (Drucker), 24, 30, 126, 172, 227, 323

conclusões de atitude, 34

concorrência, 173, 187

condições mínimas, 107-8

condições-limite, 107

confederação, 223-8; caminho para atingir, 135; Toyota como exemplo, 227-8

Conferência de Cúpula Drucker, 81, 292, 315

confiança, 26, 137; aprendizagem, 26; discordância e, 201; integridade e, 26-7; liderança e, 25-6; organizações em rede e, 229, 231

confiança, relações baseadas na, 136

conflito: redução pelo propósito, 368; solução, 230

Congresso Continental, 223-4

conhecimento, 163-5, 410; chave, 370; como substância e processo, 310; especialização, 165; expansão, 422; gestão como integração, 125-6; novos, 349, 351; perecível, 370; produtividade, 54; recurso decisivo para uma empresa, 163; ver também aprendizagem

consciência, atividades de, 91, 139, 142, 183, 233

consciência, decisões de, 142-3

consequências inesperadas, 379

conservadoras, instituições, 255

Constituição dos EUA, 117, 151, 224, 283

constituinte, função, 418

consumidores ver clientes

continuidade e mudança, 183-9; agilidade organizacional, 187; necessidade de equilíbrio, 185

contratações, 245

contribuição singular, trabalhar na área, 328-33

controle por missão e estratégia, e não hierarquia, 131-7

controle, sistema de, 258

controvérsia: como organizar, 203; construtiva, 197-8, 201; necessidade, 201; obter unidade e compromisso com ela, 200

Convenção Constitucional dos EUA, 224

Coreia do Sul, 24, 49-51

corporação que se torna confederação ou sindicato, 135-6

corrupção e escândalos, 61-3, 103, 343, 423

Corte Suprema dos EUA, 254

crescimento, 183-4, 228; mudanças de fase, 212-9, 422

criação do futuro, 326

crises, 72, 76, 109

crises econômicas, 62; asiática, 52, 98; de 2008, 103; Grande Depressão, 62, 199, 360

cristã, tradição, 149, 152

Crítica da razão pura (Kant), 406

Cruz Vermelha Americana, 284-5, 348

cultura, 370; diversidade, 232

cultura e espírito, 250; como sustentar, 138-43; de desempenho, 141,

473

419-21; necessidade do elemento perturbador, 140-1; que vem de cima, 264-5; sucessão, 261-8

Cúpula de Liderança Global (CLG), 313, 317, 319-20, 425

curadores, 112

curto prazo e longo prazo, interesses, 289

custos irrecuperáveis, 194

dados, análise estatística, 95-8, 100, 417

*Daily Drucker, The* (textos de Drucker e Maciarello): "A Functioning Society", 255; "Abandonment", 84-5; "Civilizing the City", 362-3; "Defining Business Purpose and Mission; The Customer", 43-4; "Demands on Political Leadership; Beware Charisma", 105; "Human Existence in Tension", 382; "Identifying the Future", 169-70; "Leadership Is Responsibility", 91-2; "Managing Knowledge Workers", 210-1; "Managing Oneself", 32-3, 81; "Self-Governing Plant Community", 27; "Self-Renewal", 400; "Society of Performing Organizations", 123; "Systematic Innovation", 349; "The Center of the Knowledge Society", 51; "The Change Leader", 155; "The Network Society", 230-1; "The New Corporation's Persona", 127; "Theory of the Business", 369-70; "Turbulence;

Threat or Opportunity", 156-7; "Understanding What the Customer Buys", 45

Daly, James, 171

Davis, Bennett, 174

debate, 203; *ver também* controvérsias

decisões, 105-6, 114; condições mínimas, 107-8; consciência, 142-3; de pessoal, 72, 141-3, 264, 390-1; e segunda chance para quem fracassa, 245-9, 251; procedimento correto em decisões de pessoal, 245; definição do problema ao tomá-las, 106; e o futuro que já chegou, 172; estrutura de decisões, no caso Nakamura, 106-7, 109

Declaração de Independência dos EUA, 224, 253-4

"Defining Business Purpose and Mission: The Customer" (texto de Drucker), 44

"Defining Business Purpose and Mission" (texto de Drucker), 43

delegação de atividades, 88, 92, 417

"Demands on Political Leadership: Beware Charisma" (texto de Drucker), 105

demissões, 52, 245

demografia, alterações, 167-73, 320, 327, 349-51

DePodesta, Paul, 99

DePree, Max, 253, 265

desafio, 31

*Desafios gerenciais para o século XXI*

*ver Management Challenges for the 21st Century*

desapego, 85, 88, 92, 158, 187, 320, 407-8, 417, 420; como ação correta em três casos, 194; em organizações de serviços sem fins lucrativos, 192-4; no Exército de Salvação, 300-1; no governo, 190-1; pergunta "se ainda não fizemos, deveríamos começar a fazer?", 196; sistemático, 190-6

descentralização, 223-8, 331, 414; na General Motors, 227

descontentamento criativo, 31

desempenho, 141; cultura, 419-21; em escolas, 308-9, 311; em instituições sem fins lucrativos, 294; funcionários-estrelas, 242-3; manutenção do moral, 138-43; no Exército de Salvação, 298-300, 302; padrões, 250

desempenho, avaliação: no Exército de Salvação, 300

desestabilizadoras, instituições, 255

destruição criativa, 187

diferença que se faz na vida dos outros, 401-2, 412

*Diffusion of Innovations* (Rogers), 318, 320, 425

difusão de inovações, 304-9, 311, 313, 315, 318, 320, 329

dignidade, 254, 258

dinâmica interna, 374

disciplina, 370

diversidade, 232

*Do What Works: How Proven Practices Can Improve America's Public Schools* [Faça o que dá certo: como práticas comprovadas podem melhorar a escola pública americana] (Luce e Thompson), 310

Dodd-Frank, lei (Reforma de Wall Street e Proteção do Consumidor), 104

Donne, John, 76

Douglas, Stephen, 262

Driving Change (Drucker), 134

Drucker Foundation *ver* Peter F. Drucker Foundation for Nonprofit Management

Drucker Nonprofit, série de fitas cassete, 205

"Drucker on Leadership: An Interview with Peter F. Drucker" (Karlgaard), 407

Drucker School *ver* Peter F. Drucker and Masatoshi Ito Graduate School of Management

Drucker, Doris, 68, 285, 359, 360

Drucker, Peter: "golpe de sorte", 414; aniversário de 95 anos, 404-5, 408; aniversário de oitenta anos, 39; boas maneiras, 398; chegada aos EUA, 359; contribuições mais importantes, 120-1; divisão do tempo, 67-8, 70, 72; legado, 399; Medalha Presidencial da Liberdade, 68, 331; mentoria, 404; morte, 68-9, 399, 408; preocupação com os EUA, 359-60; preocupação com os outros, 397-

9; resumo dos princípios, 428-47; visão enraizada na natureza da liberdade, 57

*Drucker's Lost Art of Management* [A arte perdida da gestão druckeriana] (Maciarello e Linkletter), 101

Drucker-Buford, diálogo, 256-7, 263-4, 329-30, 335, 338, 341, 347, 354, 393, 399

Drucker-Buford, projeto de diálogo, 13, 18, 101, 128, 149, 293

Drucker-Buford-Luce, diálogo, 307-8

Drucker-Buford-Warren-Patterson, diálogos, 168, 175-6, 214

Drucker-Warren, diálogo, 184, 225-6, 234, 324

Dynabook, 323, 458

ecologia social, metodologia de Drucker, 312-20, 425-6

*Ecological Vision, The* (Drucker), 380, 383

ecologistas sociais, 169, 171, 312, 425

e-commerce, 234

*Economist, The*, 176, 207-8

Edsel (automóvel), 202

Eduardo VII, 394

educação, 51, 163, 165, 304-6, 348, 372, 425; como motor do desenvolvimento econômico da Coreia do Sul, 50-1; conquistas, 178; gestão e, 47-55, 59, 61; investimento de capital da Coreia do Sul, 49-50; matéria de aprendizagem, 177; melhores práticas, 305, 311;

métodos de aprendizagem, 178-9; Reading Recovery (projeto), 174-5, 177-9; tecnologia na, 308-9; turbulência, 174-9; *ver também* escolas

*Effective Executive in Action, The* (Drucker e Maciarello), 68, 272, 333, 353

*Effective Executive, The* (Drucker), 70, 76, 87, 267

eficiência, 70-1, 81; alfabetização informacional, 94-100; fazer *com que façam as coisas certas*, 25; organização do trabalho para, 87-92

Egito, 49

Eisenhower, Dwight D., 27, 49, 91, 105, 246; MacArthur e, 246

empreendedora, sociedade, 348-50; como sucessora da sociedade do bem-estar, 350

empreendedores, 140-1, 349, 422; em organizações conduzidas por estrelas, 212, 214; mudança de papel dos executivos, 214-6, 422; sociais, 325-6, 337, 342, 350-1, 355-6; teoria do negócio e, 369

*End of Economic Man, The* [O fim do homem econômico] (Drucker), 23, 147

entrevista, 245

entropia, 138, 452

Era Capitalista, 51

escândalos e corrupção, 61-3, 103, 343, 423

escolas, 150, 162, 176; católicas, 192-3, 453; desempenho, 308-9, 311;

diretores, 294, 307, 310; grandes, 307; inovação, 304-11; no Texas, 305, 307; propósito, 293; questões políticas, 309; resultados, 310-1; sociedade, 309-10; tecnologia, 308-9; valores, 309; *vouchers*, 306-7; *ver também* educação

escoteiros, 284

esgotamento (síndrome), 355

espaço, exploração, 159

espiritualidade, 383-4; trabalhadores do conhecimento e, 314; valores, 364; *ver também* religião, instituições religiosas

*Essencial de Drucker: Uma seleção das melhores teorias do pai da gestão, O ver Essential Drucker, The*

*Essential Drucker, The* (Drucker), 90-1

Estado de bem-estar social, 349-50

Estados Unidos: Constituição, 117, 151, 224, 283; Declaração de Independência, 224, 253-4; organizações no fortalecimento da sociedade, 252-8; perda da doçura na sociedade, 359-65; período difícil de transição, 153-8; transformações sociais e demográficas, 167-73

estratégia: controle pela, *versus* hierarquia, 131-7; informação e, 99

estrelas, organizações conduzidas por, 212, 214

estrutura da indústria, mudanças, 349, 351

estrutura de mercado, mudanças, 349-50

ética, 394-5, 423

E-Veritas Trading Network, 47-8

*Executive Summary: A Conversation with Peter Drucker on Leadership and Organizational Development* (Drucker), 25-6, 49-50, 96, 132-3, 134, 200-1, 240-1, 247

Exército de Salvação, 150, 286-7, 296-303, 348, 363, 424; avaliação de desempenho, desapego e alocação de recursos, 300-2; desempenho e resultados, 298-300, 302; mau desempenho no, 249; missão, 297-8; voluntários, 298

existencial, propósito, 380-2, 393, 411, 413

expectativa de vida e vida útil no trabalho, 324-5, 329-30, 337, 354-5, 426

expectativas, comparação com os resultados, 71

*Falando francamente ver Straight Talk*

família, 254

fascismo, 42, 147

fase, mudanças na organização, 212-9, 422

federalismo, 117; na General Motors, 227

federalista, O, 117

federativa, descentralização, 224

feedback, análise, 33, 35, 71; alocação de tempo, 72; como fazer, 33

Filipe II da Espanha, 263

financeiras, crises, 62; asiática, 52,

477

98; de 2008, 98, 103; Grande Depressão, 62, 199, 360

Flamming, reverendo James, 69, 448

"forçação", 34

Ford Motor Company, 202, 217-8

Ford, Henry, 217-8; experiência controlada em má gestão, 217-8

Ford, Henry, II, 217

fracasso, 379, 422; reposicionamento e, 411; segundas chances, 245-9, 251

Frances Hesselbein Leadership Institute, 118, 283

Frankfurter Allgemeine, 62

Friedrich Julius Stahl: His Conservative Theory of the State (Drucker), 185

Fromm, Chuck, 39

*Fronteiras do amanhã ver Landmarks of Tomorrow*

função, 253, 255-6

funcionários *versus* líderes, 23-8, 448

funcionários-estrelas, 239-44

"Functioning Society, A" (texto de Drucker), 255

*Functioning Society, A* (Drucker), 256

*Functions of the Executive, The* [As funções do executivo] (Barnard), 302

*Future of Industrial Man, The* [O futuro do homem industrial] (Drucker), 23, 414

futuro, 188-9, 280; como inventar, 86, 323, 326-31; na educação, 174-9; nas mudanças sociais e demográficas, 167-73; previsão, 169, 188, 323; que já chegou, 326, 328

futurólogos, 169

gargalos, 128-9

Garrett, Paul, 414

Gates, Bill, 363

General Electric (GE), 172, 263; Management Institute, 263

General Motors (GM), 24, 126, 172, 216, 263, 312, 370, 414; política de descentralização, 227

*Gerente eficaz, O ver Effective Executive, The*

*Gerente eficaz em ação, O ver Effective Executive in Action, The*

gestão: autogestão, 32-3, 352-5, 426; capacidade de quantificar, 59; como alternativa à tirania, 42; como atividade humana, 40; como integração de conhecimentos, 126; como mudança de fase, 216-7; como órgão governante de todas as instituições da sociedade moderna, 117-24; criação da palavra, 120; das instituições pluralistas da sociedade, 418-9; de superestrelas, 239-44; dos trabalhadores do conhecimento, 210-1; e a natureza da realidade, 56-63; educação e, 47-55, 59-60; em duas dimensões temporais, 290-1, 417; em duas dimensões temporais, 73-7; Ford como experiência controlada em má gestão, 217-9; integridade na,

61-2; interesses de curto e longo prazos, 289-90; liderança *versus*, 102; na cúpula, 225, 269; atividades-chave, 129; bem-estar da sociedade, 129; como forma de dar exemplo, 130; cultura do desempenho, 419-21; de multinacionais, 136; gargalos, 128-9; paternalismo, 126; primeiro papel da organização é torná-la eficiente, 125-30; nas organizações do terceiro setor, 123-4, 286; por objetivos, 63, 258, 331; princípios profissionais, 101-14; profissões liberais, 60-1, 121, 164; teoria do negócio, 366-7, 369-71; como disciplina, 370; competências centrais, 366-72; três partes, 369

gestor: tarefas, 75; *ver também* gestão

Gettysburg, discurso de, 324

*Good to Great: Empresas feitas para vencer ver Good to Great: Why Some Companies Make the Leap... and Others Don't*

*Good to Great: Why Some Companies Make the Leap... and Others Don't* (Collins), 272

governo, 254, 348, 361-2, 365, 418-20; centralização, confederação e descentralização, 223; colonial americano, 224; desapego, 190-1; federal, criação do, 224; pilotagem de programas, 377; programas econômicos, 190; programas sociais, 149-50; terceirização, 230

Grande Depressão, 62, 199, 360

Grant, Ulysses S., 243, 266, 268

Greatbatch, Warren, 213

Greatbatch, Wilson, 212-4, 219

Greenleaf, Robert, 252

Griffiths, Brian, 388-90

Grove, Andy, 88, 92, 214-6; empreendedor que virou executivo, 214-6

Guerra de Independência dos EUA, 224

Guerra de Secessão, 266-7, 387; Batalha de Shiloh, 243

habilidade profissional, 200

Haldane, Bernie, 288

*Halftime: Changing Your Game Plan from Success to Significance* (Buford), 306, 330-1, 339, 342-3, 352, 356

Halftime Institute, 328-30, 336, 339, 346-51, 356

Halleck, Henry, 266

Harris, T. George, 164-5

Hartford Seminary, 314

*Harvard Business Review* (HBR), 81, 101, 103, 118, 165, 207, 287, 316, 352

Harvard Business School, 316-8

Harvard Business School Press, 399

Harvard, faculdade de direito, 262, 264

Harvard, Universidade, 262, 264, 266

Hastings, Donald, 275

*Helênicas* (Xenofonte), 461

Herman Miller, Inc., 253, 265-6

Hertzberg, Daniel, 99

Hesselbein, Frances, 118, 285

Hewlett-Packard, 74

hierarquia, controle por missão e estratégia *versus*, 131-7

Higgins, Karen, 229

Hitler, Adolf, 105, 367, 387

HIV-AIDS, 374, 376

homicídios, 361

Hong Kong, 176

Honnold, Biblioteca, 159

Hoover Institution, 151

Hopkins, Harry, 70

hospitais, 94-5, 230, 284; administração, 412; católicos, 192-3

Hubbard, David, 31-2, 57-8, 112, 192-3, 198-200

Hughes & Luce, LLP, 304

"Human Existence in Tension" (texto de Drucker), 382

Humana Inc., 283

humanas, ciências, 61-2

humildade, 90-1, 93

Hummel, Charles, 72

Hybels, Bill, 204-8, 313-5, 317

Iacocca, Lee, 381

IBM, 334, 369-70

Ickes, Harold, 378

idades, distribuição das, 170-1, 173, 350

"Identifying the Future" (texto de Drucker), 169-70

*Igreja com propósitos, Uma ver The Purpose Driven Church*

*Igreja com propósitos* (Warren), 404

igrejas, 69, 82-3, 128, 152, 168, 208, 226, 255, 284; Calvary Chapel, 276, 278-9; com propósitos, 233, 404-5; Comunitária Saddleback, 138-9, 183, 229, 233, 270-1, 280, 314, 368, 373-4, 405; Comunitária Willow Creek, 205-8, 312-9; denominações, 233, 256; em rede, 233-4; escolas ligadas a, 150; liberais, 293-4; mega, 149, 208, 257, 271, 313-6, 329, 383-4, 425, 461; não praticantes e, 206, 316; papel no setor social, 151, 287; pastores, 69, 89, 208, 226, 270-1, 276, 293, 305; plano Peace, 375-6, 460; prédios do tamanho de estádios, 225; protestantes, 256, 314, 425; reconstrução da sociedade em torno, 148, 257; valores e, 233; visão, 293-4

igualdade de oportunidades, 253, 258

importante *versus* urgente, 67-72, 417; eficiência de pessoas com deficiência como exemplo, 70

impostos, 418

Inácio de Loyola, santo, 71

incertezas, 326

incongruência, 349, 351

Índia, 153-4

indiferença moral, 364

individualismo, 42

indivíduo: status e função social, 253, 255

indivíduo: transição para, 159-66

Indonésia, 50

"Influence of Peter Drucker on My

Life, The" (texto de Warren), 368, 402, 404-6

influência, rumo da, 373-9

informação, 96-7, 155; externa, necessidade, 99; mudança e continuidade, 186; perguntar o que você deve aos outros, 97; poder e, 224, 228

*Innovation and Entrepreneurship* (Drucker), 54, 140-1, 170-1, 173, 175, 195, 304, 348, 350

inovação, 141-2, 173, 183, 188, 319, 414, 422; categorias de usuários, 458; criação de riqueza através da, 187; desapego sistemático, 190-6; difusão, 313, 315, 318, 320, 329; janelas de oportunidade, 170; nas escolas, 304-11; necessidade de processo, 349; oportunidades, 348-9; sistemática, 349; social, 348, 426; sorte e, 414; usuários iniciais, 319-20, 458

*Inovação e espírito empreendedor ver Innovation and Entrepreneurship*

inovação social, 347-8, 426

instabilidade, 317, 320

institucionalização, 278, 374

integridade, 29, 56-7, 140-1; confiança e, 26-7; liderança e, 57, 63, 386, 417; na gestão, 61-2; organizações em rede, 230

Intel Corporation, 214-6

interessadas, partes, 289-95

interesses de curto e longo prazos, 289-90

Internal Revenue Service, 386

internet, 235

*Invent Radium or I'll Pull Your Hair: A Memoir* [Invente o rádio ou eu vou puxar seu cabelo: Memórias] (Doris Drucker), 360

investimento no ego gerencial, 191

Iraque, 157

Irrgang, William, 275

islã, 50

isolamento, 381-2

Israel, 56-7

Iverson, Ken, 136

James, George Bill, 98

Japão, 24, 49-50, 154, 162, 231, 275, 294, 370, 418

João da Cruz, são, 383

Johnston, Albert Sidney, 243

Jones, David A., 283

judaico-cristã, tradição, 149, 152

judeus, 56-7

Just for Kids (programa social), 304, 306

Kagamé, Paul, 376, 378

Kami, Mike, 334

Kant, Immanuel, 402, 406

Kanter, Rosabeth Moss, 118

Karlgaard, Rich, 407-8

Katz, Jonathan G., 103

Kay, Alan, 320, 323, 326, 458

Keynes, John Maynard, 289-90, 333, 400, 402

Kierkegaard, Søren, 380

Kroc, Ray, 53

Kuwait, 157

*Landmarks of Tomorrow* (Drucker), 304, 364

*Lasting Value: Lessons from a Century of Agility at Lincoln Electric* [Valor duradouro: lições de um século de agilidade na Lincoln Electric] (Maciariello), 131, 275-6

Leader to Leader Institute, 272, 283

*Leader to Leader*, revista, 272-4

"Leadership Is Responsibility" (texto de Drucker), 91-2

*Leadership Journal*, 41, 292, 294

Leadership Network, 128, 292, 304-5, 313, 317-8, 328-30, 346-7

Lee, Robert E., 266

legado, 427

Leonardo da Vinci, 160

liberdade, 34, 63, 253, 258

líderes, liderança, 30, 386-91, 416; adversidade, 61; autoridade legítima, 255; bem-sucedidos, 408; caráter, 264-5; carismáticos, 102, 105, 114, 265, 269, 367, 387; CEOs, 103, 105, 109, 112, 267, 388, 418, 424; aposentados, 280; e comando *versus* parceria, 135; no novo milênio, 129-30; confiança, 25-6; definição, 25, 28, 30; desenvolvimento, *versus* funcionários, 23-8, 448; e dizer não, 407; eficiente, 416-8; gestão *versus*, 102; integridade e, 57, 63, 386, 417; obsessão, 102; preparação de pessoas para, 102; princípios, 104-5; princípios profissionais, 101-5, 107-14; propósito, 407; realidade humana, enraizada segundo Drucker, 57; responsabilidade, 91-2, 105, 118, 386; salários, 365, 388-9; seguidores, 25-6, 91, 417; sucessão, 216, 423; chave para o sucesso da organização, 271-2; comitê diretor, 270, 418, 424; e líderes carismáticos, 269; em organizações sem fins lucrativos, 272-4; manter o espírito da organização, 261-8; na Calvary Chapel, 277-9; na Igreja Comunitária Saddleback, 270-1; na Lincoln Electric, 274-5, 277; planejamento, 269-80; trajetória de sucessão, 280; sucessores, 130, 214; escolha pelo fundador ou atual CEO, 274, 280; pontos fortes e fracos, 266-7; rejeição pelo fundador, 214; Sloan sobre a escolha, 279-80; tomada de decisões, 105-6; transição, 216; valores, 388-90

Lincoln Electric Company, 118, 131-2, 134, 137; sucessão, 274-5, 277

Lincoln, Abraham, 90, 261-2, 323-4, 326, 390; como inventor, 324; discurso de Gettysburg, 324; e Chase, 90, 386-7; e Grant, 243, 266, 268

Lincoln, James F., 274-5

Lincoln, John C., 274

livre empresa, 28

livros, impressão, 308

*London Times*, suplemento literário, 147

Los Angeles, 362

*Louis Pasteur, Disease Fighter* (Smith), 415

Lowenstein, barão, 62

Luce, Tom, 304-8, 310-11, 326, 337, 351, 425; Principals Network [Rede de Diretores de Escola], 306, 351

Luterana, Igreja, 185

Lutero, Martinho, 383

MacArthur, Douglas, 90, 246; e Eisenhower, 246

Maciariello, Judy, 398

Maciariello, Patrick, 398-9

Malásia, 50

*Man and Superman: A Comedy and Philosophy* [Homem e super-homem] (Shaw), 332

*Man Who Invented the Corporate Society, The* [Drucker: o homem que revelou a sociedade empresarial] (Tarrant), 344

*Management: Revised Edition* (Drucker e Maciariello), 26, 33, 97, 102, 121-2, 129, 135, 177, 216-8, 225, 228, 232, 242, 248-9, 290-1, 326, 366, 377, 394-6, 402;

*Management: Tasks, Responsibilities, Practices* [Administração; tarefas, responsabilidades, práticas] (Drucker), 24, 28, 42, 75, 111-2, 141-2, 261, 264-5

*Management Cases: Revised Edition* (Drucker e Maciariello), 52-3, 88, 106-7, 215-6, 286-8

*Management Challenges for the 21st Century* (Drucker), 34, 81, 98-9, 185-6, 194-5, 314, 316, 325, 337, 352, 354-5, 393-4, 407-8

*Managing for Results* (Drucker), 84, 163, 205, 208-10, 371

"Managing for Results, Planning for Succession: An Interview with Peter F. Drucker" (texto de Maciariello), 273-4, 285

*Managing in a Time of Great Change* (Drucker), 231

*Managing in the Next Society* (Drucker), 135, 162, 171

*Managing in Turbulent Times* (Drucker), 188

"Managing Knowledge Workers" (texto de Drucker), 210-1

"Managing Oneself" (texto de Drucker), 32-3, 81

*Managing the Non-Profit Organization: Principles and Practices* (Drucker), 76, 124, 201, 243, 250, 266, 291-2, 343, 378, 401

Manila, 47-9

Mao Tsé-Tung, 105, 367, 387

Mapes, Christopher, 274

marca-passo, 212-3

March of Dimes (Marcha dos Vinténs), 191

marketing, 231, 422

Marshall, George, 25, 57, 105, 246

Massaro, Anthony, 275

McCloy, John J., 49

McDonald's Corporation, 53-4

McNamara, Robert, 191

Médicis, 369

meditação, 257

Medtronic, 213

Megachurches Today 2005, pesquisa, 314

483

melhores práticas, 311, 329; para a educação, 305, 311; para organizações sem fins lucrativos, 287

Mellado, Jim, 316-9

mentoria, 404-8, 427; porque temos a visão daquilo que uma pessoa pode se tornar, 404

Mercosul, 154

"mestre, O" (Santo Agostinho de Hipona), 178

metas, 411; de longo prazo, 291-2; dos funcionários-estrelas, 243; mudança, 169; nas organizações em rede, 230

metodismo, 184

Metropolitan Tabernacle (templo), 226

*Meus anos com a General Motors ver My Years with General Motors*

Meyer, Eugene, 49

*millennials*, 173

missão, 43-6, 84, 113-4, 124, 186, 195, 258, 283-8, 303, 366-9, 371-2, 406, 417, 419; comprometimento com, 202-3; conciliar os vários interessados, 289-95; controle por missão *versus* hierarquia, 131-7; de instituições sem fins lucrativos, 293-4, 297, 367, 419; de longo prazo, 76; definição, 104; do Exército de Salvação, 297-8; e líderes, 407; específica, 369; estrutura organizacional, 130; importância, 421; reforço, 91; *ver também* propósito

missão, declaração de, 77, 104, 285-6, 288, 303, 419, 421; criação de unidade, 197-203; da Peter F. Drucker Foundation for Nonprofit Management, 283-5; favorita de Drucker, 198; necessidade de controvérsia na elaboração, 201

Monks, Robert A. G., 103-4

Moon, Kook-Hyun, 52-3

Moore, Gordon, 214

moral, 368

"Moral Basis of a Free Society, The" (texto da Hoover Institution), 151

moralidade, 138, 151, 423

Morgan, J. P., 120, 135, 388

motivação, 210

mudança(s), 149, 156, 158; continuidade e, 183-9; de fase, à medida que as organizações crescem e mudam, 212-9, 422; de percepção, humor e sentido, 349, 351; duas formas de criar riqueza, 187; erros ao apresentar, 378; instituições desestabilizadoras e, 255; na estrutura do setor ou do mercado, 349-50; sociais e demográficas, 320, 327, 349-51; sociais e demográficas, 167-73; valores e, 169, 183, 186, 188

multinacionais, 132; alta direção, 136

múltiplas tarefas, 417

*Mundo segundo Peter Drucker, O ver World According to Peter Drucker, The*

Mussolini, Benito, 105

*My Personal History* (Drucker), 331, 414

*My Years with General Motors* (Sloan), 172

Myra, Harold, 292

Nakamura Lacquer Company, 106-8

não clientes, pesquisa de mercado, 204-11

não, dizer, 407

National China Company, 107-8

National Executive Service Corps, 287-8

National Public Radio, 40-1, 120, 154, 224, 388

natureza humana e trabalho, 257-8

necessidades especiais, pessoas com, 70

necessidades sociais, crescimento, 149

"Network Society, The" (texto de Drucker), 230-1

"New Corporation's Persona, The" (texto de Drucker), 127

New Deal, 361, 378

*New Realities, The* (Drucker), 60-1, 161, 164, 172-3

*New York Times, The* 118

New York University, 334

*Next Society, The* (Drucker), 136

No Child Left Behind (programa), 176

"Not Enough Generals Were Killed" (texto de Drucker), 71

Nova York, 362

Noyce, Robert, 214

Nucor, 132, 136

"O que eles têm na caixa?", 334

"O que eu quero?", 71, 406, 408, 417

"O que eu quero?" *versus* "O que o outro quer?", 210, 231

"O que o consumidor valoriza?", 40, 45-6, 82, 316, 421-2

"O que precisa ser feito?", 71, 406, 408, 417

"O que tem na caixa?", 335

"O que você tem na sua caixa?", 339

"Onde eu me encaixo?", 340-5

Oakland Athletics, 99

obsolescência, 201

Ohio State University, 174-5

oportunidades, 87-9, 92, 140-1, 156, 158, 173, 410-1, 415, 417, 420; de inovação, 348-9; janelas, 170

oportunidades, conjunto, 348

ordem social, 255

Organização de Jovens Presidentes (OJP), 335

organização de sistemas, 232

organização do conhecimento (organização baseada na informação), 95-6

organização do trabalho para a eficiência, 87-92

organizações: centralização, confederação e descentralização, 223-8; como sustentar o moral, 138-43; como usar a declaração de missão para criar unidade, 197-203; conduzidas por estrelas, 212, 214; em rede, 229-35; estrutura, 422-3; guiada por propósitos, 366-72; guiadas por personalidades, 367; mais duradouras, 30; mudanças de fase, 422; mudanças de fase, 212-9; no fortalecimento da sociedade americana, 252-8; obsolescência, 201; perguntas a serem feitas antes de dedicar parte da vida a seu serviço, 30-5; sistema de valores, 395-6; sociedade de, 122, 254; teoria do negócio; como disciplina, 370; competências-chave, 366-71; três partes, 369; teoria do negócio em, 366-7, 369-71; tornar a alta direção eficiente, primeira tarefa, 125-30; transnacionais, 132, 134, 157; alta direção, 136; três perguntas fundamentais para uma sociedade funcional de, 39-46

organizações baseadas na informação (organizações do conhecimento), 95-7

órgão da sociedade, 28, 45

orquestras, 94-5

Osborne, James, 249, 297-302

*Paixão por vencer ver Winning*

paralela e segunda, carreiras, 287, 342, 344, 355-6, 426

parcerias, 231, 423; *versus* comando, 135

Pascal, Blaise, 383

passado, 85; prejuízos e problemas, 74, 76-7

Pasteur, Louis, 414-5

paternalismo, 126

Patterson, Tom, 167

Paulo, são, 62-3

Peace, plano, 375-6, 460

pedreiros, história chinesa, 199-200, 202

Pepsi-Cola, 133

percepção, mudanças de, 170

perguntas, 421-2; a serem feitas antes de dedicar uma parte da vida ao serviço de uma organização, 30-5; "Como eu aprendo?", 55; "Como eu quero ser lembrado?", 72, 397-403, 412, 426; "O que eu quero?", 71, 406, 408, 417; "O que eu quero?" *versus* "O que o outro quer?", 210, 231; "O que o cliente valoriza?", 40, 45-6, 82, 316, 421-2; "O que precisa ser feito?", 71, 406, 408, 417; "Onde eu me encaixo?", 340-5; "Qual é o nosso negócio?", 40, 43, 45, 82; "Quem é o nosso cliente?", 40, 44, 82, 421-2; "Se ainda não fizemos isso, devemos começar agora?", 196; três perguntas fundamentais para uma sociedade funcional de organizações, 39-46

períodos sabáticos para executivos, 118-9, 124

Perkins, Frances, 378

Perot, Ross, 305

perturbador, elemento, 138-41, 143

pesquisa de mercado de não clientes, 204-11, 422; não supor que os clientes são irracionais, 209

pessoa, como tornar-se uma, 392-6

pessoal, decisões de, 72, 141-3, 264, 390-1; dar uma segunda chance a quem fracassa, 245-9, 251; procedimento correto, 245

pessoas: como dívidas do gestor, 253; desenvolvimento, 423

Peter Drucker, Conferência de Cúpula, 81, 292, 315

Peter Drucker-Bill Hybels, diálogo, 207

Peter Drucker-Chuck Smith-Chuck Fromm, consultoria, 279

Peter Drucker-David Hubbard, diálogo, 31-2, 192-3, 198-200

Peter F. Drucker and Masatoshi Ito Graduate School of Management, 48; discurso de Warren em homenagem a Drucker, 84, 368, 402, 404-6

Peter F. Drucker Foundation for Nonprofit Management, 118, 161, 200, 272, 283, 286, 359, 361; declaração de missão, 283-5; preâmbulo, 283-5

Peter, Laurence J., 248

petróleo, 57

Pew Research Center, fórum sobre Religião e Vida Pública, 270-1

Pfliegler, padre, 400

*Pigmaleão* (peça de Shaw), 332

pilotagem, 377

planejamento: central, 225-7; estratégico, 73; oportunidade e, 410-2

planejamento estratégico, 73

Plano Marshall, 57

"plena atenção", 257

pluralismo, 117, 121-2

pluralistas, instituições da sociedade, 418-9

pobreza, 350

poder, 253; abuso, 258; do propósito, 366-72, 424; informação e, 224, 228; legitimidade, 255, 258

poliomielite, 191

Polk, James K., 261

Pollard, C. William, 43-4

poluição ambiental, 153, 157, 420

pontos fortes, 35, 72, 242, 244, 248, 332, 339, 344, 349-50, 393, 410; autogestão, 353; nos sucessores, 266-7; valores, 331-2

pontos fracos, 242, 244, 349; nos sucessores, 266-7

pós-capitalista, sociedade, 309

*Post-Capitalist Society* (Drucker), 50-1, 54, 149-51, 157, 161-2, 178, 304, 308-10

Powell, Colin, 313

*Practice of Management, The* (Drucker), 58, 61, 117, 128, 140, 172, 200, 204, 323

*Prática da administração de empresas ver Practice of Management, The*

prática e teoria, 172-3

previdência social, 378

prima-donas, 241

Primeira Guerra Mundial, 91-2, 360

Principals Network [Rede de Diretores de Escola], 306, 351

Princípio de Peter, 248

prioridades, importante *versus* urgente, 67-72, 417

Prison Fellowships (apoio a presidiários), 150

privatização, 331

problemas: definição, 106; resolução, 106

problemas sociais, 147-52; problemas dos EUA, 148; soluções governamentais, 149-50

processos, necessidade, 349

Proclamação da Emancipação (abolição da escravidão nos EUA), 324

produtividade: como passar de baixa para alta, 187; do conhecimento, 54; número de atividades, 83-4

profissões liberais, 164; e gestão, 60-1, 121, 164

promoções, 245-6, 248, 343, 390; Princípio de Peter e, 248

propósito, 24, 42, 84, 140, 254, 257, 406-8; avaliação e, 368; concentração e, 84, 368; conflitos e, 368; das igrejas, 293-4; das organizações, 140; existencial, 380-2, 393, 411, 413; líderes e, 407; moral e, 368; poder do, 424; poder do, 366-72; visão e, 368; *ver também* missão

propósito único, instituições com, 289

prosperidade, frutos, 381

protestantes, igrejas, 256, 314, 425

públicas e comunitárias, relações, 111

*Purpose Driven Life, The* (Warren), 183, 373, 404, 406

Purtill, Gwen, 363

Putnam, Robert D., 152

*Qual a cor do seu paraquedas?* (Bolles), 288

"Qual é o nosso negócio?", 40, 43, 45, 82

quantificação, capacidade, 59

"Quem é o nosso cliente?", 40, 44, 82, 421-2

Race to the Top (programa educacional), 176

*Reading Recovery: Guidelines for Teachers in Training* (Clay), 174

Reading Recovery (programa educacional), 174-5, 177-9

Reagan, Ronald, 118-9, 159

realidade: gestão enraizada na natureza, 56-63; teste de, 370, 377

realidade econômica global, 134

recolocação, 411

recursos, 163; como passar da baixa para a alta produtividade, 187; conhecimento como, 163-4; humanos, 83, 85, 272, 420

recursos, alocação, 73, 302; no Exército de Salvação, 301-2

rede, organizações em, 229-35, 423; igrejas, 233-4

rede, sociedade em, 230-1, 423

Redesigning Education (Wilson e Davis), 174

Reforma, 160, 375

relevância, 333, 413; autogestão e, 352-6; depois do sucesso, 323-7, 329-30, 345, 348, 355, 425-6; jornada de Buford, 342-3; dez princípios de Drucker para encontrar, 409-13; processo de passagem do sucesso à, 334-9; recolocação em busca de, 411

religião, instituições religiosas, 41, 151-2, 254, 256, 258, 383-4, 411; Bíblia, 192, 240, 413; Igreja Anglicana, 184; Igreja Católica, 192-3, 233; Igreja Luterana, 185; islã, 50; judaico-cristãs, 149, 152; metodismo, 184; trabalhadores do conhecimento e, 314; valores espirituais, 364; *ver também* igrejas

renovação pessoal, 400

responsabilidade, 27-8, 34, 54, 63, 114, 253, 284; cívica, 122, 151; liderança e, 91-2, 105, 118, 386; tirania, 42

responsabilidade e envolvimento cívico, 122, 151-2

responsabilidade social, 122

resultado financeiro, 419

resultados, 33, 45, 84-5, 91, 123, 163; comparados às expectativas, 71; concentração e, 83; curto prazo *versus* longo prazo, 73-7; definição, 410, 412; em escolas, 310-1; em organizações sem fins lucrativos, 410, 412, 419; no Exército de Salvação, 298-300, 302; que façam diferença, 34

Rickey, Branch, 254

riqueza *versus* influência, 373-9

riqueza, criação, 187, 418-9

riqueza, rumo para, 373-9

riscos, 326

Robbins, Paul, 292

Robinson, Jackie, 254

Rogers, Everett, 317-20, 329, 425, 458

Roosevelt, Franklin D., 25, 70, 191

Rosenberg, Julius, 198-9

Ruanda, 376, 378, 460

ruptura, 326-7, 420

Rússia, 49

Sabermetrics, 98-9

Saddleback, Igreja Comunitária, 138-9, 183, 229, 233, 270-1, 280, 314, 368, 373-5, 405; plano PEACE, 375-6, 460

salários, 365, 388-9

salvação pela sociedade, 384

samaritanos, 150

santo Agostinho de Hipona, 178, 383

santo Inácio de Loyola, 71

são Boaventura, 383

são João da Cruz, 383

são Paulo, 62; secularização, conceitos-chave, 63

Schaller, Lyle E., 257

Schlesinger, Leonard A., 316-7, 320

Schumpeter, Joseph, 187, 400-2

"Se ainda não fizemos isso, devemos começar agora?", 196

Sears, 198-9

segunda chance para quem fracassa, 245-51

segunda e paralelas, carreiras, 287, 342, 344, 355-6, 426

Segunda Guerra Mundial, 25, 105, 246

segunda metade da vida, dez princípios de Drucker para encontrar significado, 409-15

"Self-Governing Communities" (texto de Drucker), 27

"Self-Renewal" (texto de Drucker), 400

sem fins lucrativos, organizações *ver* terceiro setor, organizações

semear *versus* colher, 410, 412

ServiceMaster, 43

serviço, 28, 253; perguntas a fazer antes de dedicar uma parte da vida, 30-5

serviço público, organizações *ver* terceiro setor, organizações

servidora, liderança, 252-3

Sewanee Review, 380

Seward, William H., 90

Shaw, George Bernard, 331, 381

Shaw, Jack, 120

Shibusawa, Eiichi, 120

Shiloh, batalha, 243

Shine a Light, 272-4

Shubert, Richard, 285

Siemens, Georg, 120

significado, 24, 254, 257; na segunda metade da vida, dez princípios de Drucker, 409-15

Sindicatos, 27, 135, 225

sinfônicas, orquestras, 94-5

sistema de quartetos em dois turnos, 52-3

sistema de saúde, 60, 95, 193, 284, 348

Sloan, Alfred P: sobre sucessores, 279-80

Sloan, Alfred P., 172, 216, 253, 263, 414

Smith, Chuck, 276, 279

Smith, Fred, 128

Smith, Linda Wasmer, 415

Smoky Mountain, 48

Snow, C. P., 60, 61

sociedade: bem-estar e alta direção, 129; de organizações, 122, 254; em rede, 230-1, 423; escolaridade, 309-10; gestão como governante de todas as instituições, 117-24; gestão das instituições pluralistas, 121-2, 418, 419; papel das organizações no fortalecimento, 252-8; perda da doçura, 359-65; salvação pela, 384; transição, 159-66; três perguntas fundamentais, 39-46

sociedade do conhecimento, 51-2, 162, 164, 309, 422; aprendizagem, 176-7; preço do sucesso, 162

*Sociedade pós-capitalista ver Post-Capitalist Society*

"Society of Performing Organizations" (texto de Drucker), 123

sorte, 414

*Soul of the Firm, The* [A alma da empresa] (livro Pollard), 43-4

ssw, 107-8

Stahl, Friedrich Julius, 185

Stalin, Joseph, 105, 367, 387

Stanford, Universidade, 263

Stanton, Edwin, 90

Statcast, 99

status social, 253, 255-6

Stevens, Brad, 95-6

*Straight Talk* (Iacocca), 381

Stropki, John M., 276

subordinados: e líderes carismáticos, 102; fortes, 90-2, 390; pagos para ter desempenho, 241-2

subsidiárias no exterior, 132-4

sucessão, 216, 423; caminho claro, 280; comitê diretor, 270, 418, 424; como chave para o sucesso da organização, 271-2; e manutenção da cultura da organização, 261-8; líderes carismáticos, 269; na Calvary Chapel, 277-9; na Igreja Comunitária Saddleback, 270-1; na Lincoln Electric, 274-5, 277; nas organizações sem fins lucrativos, 272-4; planejamento, 269-80

sucesso, 178, 333, 342, 412-3, 422; definição, 412; líderes e, 408; recolocação, 411; relevância após, 329-30, 345, 348, 355, 425-6; autogestão e, 352-6; processo para atingir, 334-9; trajetória de Buford, 342-3; relevância após, 323-7

sucessores, 130, 214; escolha pelo fundador ou atual CEO, 274, 280; pontos fortes e fracos, 266-7; rejeição pelo fundador, 214; Sloan sobre a escolha, 279-80

Summers, Lawrence, 264, 266

superestrelas, 239-44

"Systematic Innovation" (texto de Drucker), 349

Taney, Roger, 387

Tarrant, John J., 344

"Teaching the Work of Management" (texto de Drucker), 257-8

tecnologia: da informação, 155; livros impressos, 308; nas escolas, 308-9

tédio, 325, 342, 354-5

tempo, gestão, 69, 71-2, 156; em duas dimensões, 73-7, 290-1, 417; organização do trabalho para a eficiência, 87-93; por Drucker, 67-8, 70, 72

tendências, 85-6, 95, 415

Teoria do Negócio (TN), 366-7, 370-1; como disciplina, 370; competências-chave, 366-71; três partes, 369-70

teoria e prática, 172-3

Teoria geral do emprego, do juro e da moeda (Keynes), 333

terceirização, 230

terceiro setor (sem fins lucrativos), organizações, 24, 41, 45, 69, 83, 112, 122, 124, 150, 165, 190, 256-7, 283-5, 296-7, 326-7, 336-7, 342, 350, 381, 410, 418; conflito interno, 201; demanda por, 122; desapego, 192-4; eficiência de uma liderança melhor, 69; igrejas, 151, 287; missão, 293-4, 297, 367, 419; necessidade de gestão, 123-4, 286; órgão para proporcionar melhores práticas, 287; perda da doçura na sociedade, 359-65; períodos sabáticos para executivos, 119, 124; planejamento para o desempenho, 294; resultados, 410, 412, 419; salários da alta diretoria, 365; sucessão, 272-4; teoria do negócio, 366-7; tomada de decisões ao doar para, 365; *ver também* voluntários

terceiro setor (sem fins lucrativos), organizações, 359-65

terrorismo, 153, 157, 420

teste do espelho, 394-5

Texas, 305, 307

Texas Instruments, 229

"Theory of the Business" (texto de Drucker), 369-70

Thompson, Lee, 310

tirania, 42

tomada de decisões, capacidade, 246

"tônus" do corpo, 265

tornar-se útil aos outros e a nós mesmos, 380-4

totalitários, estados, 384

Towards the Next Economics and Other Essays [Rumo à economia do futuro e outros ensaios] (Drucker), 102, 104, 378

Toyota, 227-8

trabalhadores do conhecimento, 32, 47-8, 54, 105, 162, 314, 329, 331, 420; autogestão, 354, 426; dupla vida, 330; duração da vida útil, 324-5, 354-5, 426; esgotamento, 355; funcionários-estrelas, 240; gestão, 210-1; motivação, 210; necessidades espirituais, 314; responsabilidade por suas carreiras, 165

trabalho: "Onde eu me encaixo?", 340-5; aposentadoria, 31, 171, 277, 287, 325, 334, 337, 340-1, 355; compreensão de como trabalhar melhor, 353; contribuição singular, 328-33; diferenças nos valores, 392-6, 409; esgotamento, 355; expectativa de vida, 324-5, 329-30, 337, 354-5, 426; interesses externos, 344; natureza humana e, 257-8; promoção, 245-6, 248, 343, 390; relação com as necessidades coletivas, 199-200; tédio, 325, 342, 354-5; *ver também* carreira

*Tract on Monetary Reform, A* [Tratado sobre reforma monetária] (Keynes), 290

transformações sociais, 167-73

transformador, líder, 140, 155, 173

transições: para a sociedade e os indivíduos, 159-66; para os Estados Unidos, 153-8

transnacionais, organizações, 132, 134, 157; alta direção, 136

*Truman* (McCullough), 56

Truman, Harry S., 56-7, 91, 387, 390

Tuchman, Barbara, 330

"Turbulence: Threat or Opportunity" (texto de Drucker), 156-7

turbulência, 156-7, 173, 188

*Tyranny of the Urgent, The* [A tirania da urgência] (Hummel), 72

U.S. News & World Report, 191

"Understanding What the Customer Buys" (texto de Drucker), 45

"Unfashionable Kierkegaard, The" (texto de Drucker), 380, 382-4, 406

União Europeia (UE), 153-4

unidade: criar usando a declaração de missão, 197-203; organização de sistemas e, 232

unitária, organização, 223

urgente *versus* importante, 71-2, 417; gestão em duas dimensões temporais, necessidade de distinguir uma da outra, 73

usuários iniciais, 319-20, 458

vacas gordas, períodos de, 62-3

valor, o que o cliente considera, 40, 45-6, 82, 316, 421-2

valores, 91, 161, 284, 332-3, 339, 349-50, 390, 410; adversidade, 389, 391; autoestima e, 392, 396; autogestão e, 353; comprometimento com a ação, 390; conhecimento, 392-6, 409, 412; da organização, 395-6; diferenças no local de trabalho, 392-6, 409; diversidade de, 232; escolaridade, 309; ética, 394-5, 423; igrejas e, 233; instituições conservadoras, 255; líderes, 388-90; organizações em rede, 229; pontos fortes, 331, 394; teste do espelho, 394-6; transformações, 169, 184, 186, 188

Veblen, Thorstein, 170

*Vida com propósitos, Uma ver Purpose Driven Life, The*

visão, 417; das igrejas, 293-4; de longo prazo, como integrar os interesses dos envolvidos, 291-2; propósito e, 368; *ver também* missão

visão de longo prazo, integração dos interesses dos envolvidos, 291-2

Volkema, Mike, 265

voluntários, 41, 119, 124, 208, 285, 336-7, 339, 342, 345, 356, 426; mau uso, 335, 337-8; motivação, 210; no Exército de Salvação, 298; *ver também* terceiro setor, organizações

Wall Street Journal, 99, 191

War on Poverty (programa social), 350

Warren, Rick, 138-9, 167, 183-4, 225-6, 229, 232-3, 270-1, 296, 314, 323, 366-8, 371, 378, 404, 407; discurso em homenagem a Drucker, 84, 368, 402, 404-6; Drucker-Buford--Warren-Patterson, diálogos, 168, 175-6, 214; Drucker-Warren, diálogo, 184, 225-6, 234, 324; Igreja Saddleback, 138-9, 183, 229, 233, 270-1, 280, 314, 368, 373-5, 405; plano PEACE, 375-6, 460; *The Purpose Driven Church*, 404; *The Purpose Driven Life,* 183, 373, 404, 406

Warren, Rick, 373-6

Watson, Thomas, 369

WBUR, 41, 120, 154, 224, 388

Weber, Max, 170

Welch, Jack, 272, 313

West Point, 369

Wharton Magazine, 102-4

"What Business Can Learn from Nonprofits" (texto de Drucker), 103, 207, 286, 315-6

Willis, George, 275

Willow Creek, Igreja Comunitária, 204-8, 312-9

Wilson Greatbatch Ltd. (WGL), 213

Wilson, Kenneth G., 174-5, 178

*Winning* (Welch), 272

*World According to Peter Drucker, The* (Beatty), 383-4

World Vision International, 24, 132, 240-1, 348

Worthington Industries, 132, 135

Xenofonte, 56, 61, 63, 461

*Xenophon's Cyrus the Great: The Arts of Leadership* (Hedrick), 56

Xerox, 320, 458

Yuhan-Kimberly (Y-K), 52-3

Zahar, Shaker A., 58-9, 61-2

TIPOGRAFIA Arnhem Blond
DIAGRAMAÇÃO acomte
PAPEL Pólen Soft
IMPRESSÃO Geográfica, abril de 2016

A marca FSC® é a garantia de que a madeira utilizada na fabricação do papel deste livro provém de florestas que foram gerenciadas de maneira ambientalmente correta, socialmente justa e economicamente viável, além de outras fontes de origem controlada.